KB232564

최신 개정된 법률·규정에 의한

해결하세요 한권으로 재건축 아파트 주택

편저 김만기

머리말

인간생활의 3대 요소는 의(衣), 식(食), 주(住)가 기본입니다. 그 중에서 주(住) 즉, 주택은 원시시대에는 동굴로 시작하여 오늘날에는 생활에 필요한 부분은 모두 갖춘 집을 짓고 편리하게 생활하고 있습니다. 이 같이 주택이란 인간을 비·바람이나 추위·더위와 같은 자연적 피해와 도난·파괴와 같은 사회적 침해로부터 보호하기 위한 건물을 말합니다.

그런데 최근의 주택은 나홀로 가구 증가와 개발 가능한 토지의 감소로 대규모 아파트단지 개발에서, 소형 아파트 및 오피스텔 등의 개발사업이 증가하고 있습니다. 그래서 정부에서는 이러한 주택 수요의 변화와 노후 아파트의 증가 문제를 해결하는 방안으로 도시지역을 계획적·체계적으로 정비하고 재건축하기 위하여 「도시 및 주거환경정비법」을 제정하여 시행하고 있습니다.

「주택재건축」이란 건물을 건축한 후 상당한 시간이 지나 건물이 훼손 또는 일부 멸실되거나, 그 밖의 사정으로 건물 가격에 비하여 지나치게 많은 수리비·복구비나 관리비용이 드는 경우 또는 부근 토지의 이용 상황의 변화 등의 사정으로 건물을 다시 지으면 그에 소요되는 비용에 비하여 현저한 효용의 증가가 있는 경우에 그 건물을 철거하여 그 대지 상에 새로운 건물을 건축하는 것을 말합니다.

그러나 주택재건축사업은 계획부터 준공·청산에 이르기까지 여러 행정 절차를 거치도록 복잡하게 되어 있고, 이 절차를 이행하는 과정에서 법령의 해석에 대한 견해 차이로 인한 분쟁 또는 관련 업무 종사자의 법령운영 미숙 등으로 주민의 피해가 지속적으로 발생하여 민원 등의 문제가 발생하여 왔습니다. 이는 추진위원회 또는 조합이 최근 법령개정 내용 및 정확한 법률 적용방법에 대하여 이해가 부족한 것이 중요한 원인 중 하나인 것으로 보입니다.

이 책에서는 이러한 법 제정취지에 맞춰 해설과 함께 이에 대한 질문과 답변 및 질의회신 사례을 모아 편집하였으며, 아울러 관련되는 서식들과 관계 법령을 수록하였습니다.

이러한 자료들은 대법원의 판례와 법제처의 생활법령 및 국토교통부의 질의회신 사례, 대한법률구조공단의 상담사례들을 참고하였으며, 이를 체계적으로 정리, 분석하여 누구나 이해하기 쉽게 편집하였습니다,

이 책이 많이 보급되어 주택재건축사업에서 발생하는 민원발생 및 분쟁을 방지하기 위하여 노력하는 실무자와 사업에 참여하는 각 분야의 모두에게 큰 도움이 되리라 믿으며, 열악한 출판시장임에도 불구하고 흔쾌히 출간에 응해 주신 법문북스 김현호 대표에게 감사를 드립니다.

2017. 7.
편저자

목 차

제1장 주택재건축의 개념

제2장 사업준비

제3장 주택재건축사업시행

제4장 주택 분양 및 관리처분계획

제5장 재건축사업완료

제6장 비용의 부담 및 감독 등

부 록

제1장

주택재건축의 개념

제1장 주택재건축의 개념

1. 주택재건축

「주택재건축」이란 건물을 건축한 후 상당한 시간이 지나 건물이 훼손되거나 일부 멸실되거나, 그 밖의 사정으로 건물 가격에 비하여 지나치게 많은 수리비·복구비나 관리비용이 드는 경우 또는 부근 토지의 이용 상황의 변화나 그 밖의 사정으로 건물을 다시 지으면 그에 소요되는 비용에 비하여 현저한 효용의 증가가 있는 경우에 그 건물을 철거하여 그 대지 상에 새로운 건물을 건축하는 것을 말합니다(「집합건물의 소유 및 관리에 관한 법률」 제47조제1항 참조).

2. 주택재건축사업

① 「주택재건축사업」이란 도로·상하수도·열·가스공급시설·공원·공용주차장 등과 같은 정비기반시설은 양호하나 노후·불량건축물이 밀집한 지역에서 주거환경을 개선하기 위하여 시행하는 사업으로 「도시 및 주거환경정비법」(이하 '도시정비법'이라 줄여 씁니다)에서 정하고 있는 정비사업 가운데 한 가지를 말합니다(도시정비법 제2조제2호다목).
② 「정비구역」'이란 정비사업을 계획적으로 시행하기 위하여 도시정비법 제4조에 따라 지정·고시한 구역을 말합니다(도시정비법 제2조제1호).
③ 「정비사업」이란 도시정비법에서 정한 절차에 따라 도시기능을 회복하기 위하여 정비구역 또는 가로구역에서 정비기반시설을 정비하거

나 주택 등 건축물을 개량하거나 건설하는 사업으로 주거환경개선사업, 주택재개발사업, 주택재건축사업(정비구역이 아닌 구역에서 시행되는 주택재건축사업 포함), 도시환경정비사업, 주거환경관리사업 및 가로주택정비사업이 여기에 해당합니다(도시정비법 제2조제2호).

3. 노후·불량건축물

① 「노후·불량건축물」이란 다음의 어느 하나에 해당하는 건축물을 말합니다(도시정비법 제2조제3호 및 시행령 제2조).

1. 건축물이 훼손되거나 일부가 멸실되어 붕괴, 그 밖의 안전사고의 우려가 있는 건축물
2. 내진성능이 확보되지 않은 건축물 중 중대한 기능적 결함 또는 부실 설계·시공으로 인한 구조적 결함 등이 있는 건축물로서 건축물을 건축하거나 대수선할 당시 건축법령에 따른 지진에 대한 안전 여부 확인 대상이 아닌 건축물이고 다음의 어느 하나에 해당하는 건축물
  가. 급수·배수·오수 설비 등의 설비 또는 지붕·외벽 등 마감의 노후화나 손상으로 그 기능을 유지하기 곤란할 것으로 우려되는 건축물
  나. 건축물의 내구성·내하력(耐荷力) 등이 「주택 재건축 판정을 위한 안전진단 기준」에 미치지 못할 것으로 예상되어 구조 안전의 확보가 곤란할 것으로 우려되는 건축물
3. 주변 토지의 이용 상황 등에 비추어 주거환경이 불량한곳에 소재하고 건축물을 철거하고 새로운 건축물을 건설하는 경우 그에 소요되는 비용에 비하여 효용의 현저한 증가가 예상되는 건축물

로서 특별시·광역시·특별자치시·도·특별자치도 또는 「지방자치법」 제175조에 따른 서울특별시·광역시 및 특별자치시를 제외한 인구 50만 이상 대도시의 조례(이하 "시·도조례"라 함)로 정하는 다음의 어느 하나에 해당하는 건축물

가. 「건축법」 제57조제1항에 따라 해당 시·도 조례가 정하는 대지 분할 금지 면적에 미달되거나 「국토의 계획 및 이용에 관한 법률」에 따른 도시·군계획시설 등의 설치로 인하여 효용을 다할 수 없게 된 대지에 있는 건축물

나. 공장의 매연·소음 등으로 인하여 위해를 초래할 우려가있는 지역 안에 있는 건축물

다. 해당 건축물을 준공일 기준으로 40년까지 사용하기 위하여 보수·보강하는데 드는 비용이 철거 후 새로운 건축물을 건설하는데 드는 비용보다 클 것으로 예상되는 건축물

4. 도시미관을 저해하거나 노후화로 인하여 구조적 결함 등이 있는 건축물로서 시·도조례로 정하는 다음의 어느 하나에 해당하는 건축물

가. 준공된 후 20년 이상 30년 이하의 범위에서 조례로 정하는 기간이 지난 건축물

나. 「국토의 계획 및 이용에 관한 법률」 제19조제1항제8호에 따른 도시·군기본계획의 경관에 관한 사항에 저촉되는 건축물

다. 건축물의 급수·배수·오수설비 등이 노후화되어 수선만으로는 그 기능을 회복할 수 없게 된 건축물

② 노후·불량주거지 개선계획 수립

국토교통부장관은 주택 또는 기반시설이 열악한 주거지의 주거환경 개선을 위하여 5년마다 개선대상지역을 조사하고 연차별 재정지원계

획 등을 포함한 노후·불량주거지 개선계획을 수립해야 합니다(도시
정비법 제82조의2).

◆ **주택재개발사업의 노후·불량건축물 판단기준**

(질의요지)

주택재개발사업을 함에 있어 도시정비법에서 규정하고 있는
노후·불량건축물의 판단은 건축물 준공 후 일정기간의 경과
만으로 판별해야 하는지 또는 과학적인 안전진단에 의하여
노후·불량상태를 판단하여야 하는지요?

(회신내용)

도시정비법 제2조제3호 및 같은 법 시행령 제2조에서 노후·
불량건축물에 대하여 규정하고 있으므로, 동 규정에 따라 노
후·불량건축물 여부를 판단하여야 할 것으로 보이고, 또한 같
은 법 시행령 별표1제2호에서 건축물이 노후·불량하여 그 기
능을 다할 수 없거나 건축물이 과도하게 밀집되어 있어 그
구역안의 토지의 합리적인 이용과 가치의 증진을 도모하기
곤란한 지역 등에 대하여 주택재개발사업을 위한 정비계획
을 수립하도록 하고 있으며, 별표1제5호에서는 무허가건축물
의 수, 노후·불량건축물의 수, 호수밀도, 토지의 형상 또는 주
민의 소득수준 등 정비계획 수립대상 구역의 요건은 필요한
경우 별표1제2호 등의 범위안에 서시·도조례로 이를 따로 정
할 수 있도록 하고 있습니다.

4. 주택재건축사업의 대상지역

4-1. 정비구역 내 대상지역

① 주택재건축사업을 위한 정비구역은 주거환경개선사업, 주택재개발사업, 도시환경정비사업, 주거환경관리사업 및 가로주택정비사업의 대상(도시정비법 시행령 별표 1 참고)에 해당하지 않는 지역으로 다음의 어느 하나에 해당하는 지역에 대하여 지정하여, 주택재건축사업을 시행할 수 있습니다(도시 정비법 시행령 제10조제1항 및 별표1 참조).

▶ 기존의 공동주택을 재건축하려는 경우에는 다음의 어느 하나에 해당하는 지역

1. 건축물의 일부가 멸실되어 붕괴, 그 밖의 안전사고의 우려가 있는 지역

2. 재해 등이 발생할 경우 위해의 우려가 있어 신속히 정비 사업을 추진할 필요가 있는 지역

3. 노후·불량건축물로서 기존 세대수 또는 재건축사업 후의 예정세대수가 300세대 이상이거나 그 부지면적이 1만㎡ 이상인 지역

4. 3 이상의 아파트 또는 연립주택이 밀집되어 있는 지역으로서 안전진단 실시결과 3분의 2 이상의 주택 및 주택단지가 재건축 판정을 받은 지역으로서 시·도 조례로 정하는 면적 이상인 지역

(용어해설)
아파트 : 주택으로 쓰는 층수가 5개 층 이상인 주택(1층 전부를 필로티 구조로 하여 주차장으로 사용하는 경우에는 필로티 부분을 층수에서 제외함)

연립주택 : 주택으로 쓰는 1개 동의 바닥면적(지하주차장 면적은 제외함) 합계가 660㎡를 초과하고, 층수가 4개 층 이하인 주택(1층 전부를 필로티 구조로 하여 주차장으로 사용하는 경우에는 필로티 부분을 층수에서 제외함)

필로티 구조 : 지면에 닿는 접지층에 있어서 기둥, 내력벽 등 하중을 지지하는 구조체 이외의 외벽, 설비 등을 설치하지 않고 개방시킨 구조로서 지상 층 부분이 기둥 등으로 이뤄져 통행공간이나 주차장등으로 활용할 수 있는 개방된 공간을 말합니다.

② 기존의 단독주택(나대지 및 단독주택이 아닌 건축물을 일부 포함할 수 있음)을 재건축하려는 경우에는 단독주택 200호 이상 또는 그 부지면적이 1만㎡ 이상인 지역으로서 다음에 해당하는 지역(단, 부지 면적이 5천㎡ 이상인 지역으로서 시·도 조례로 따로 정하는 지역은 다음에 해당하지 않더라도 가능함)

1. 해당 지역의 주변에 도로 등 정비기반시설이 충분히 갖추어져 있어 해당 지역을 개발하더라도 인근지역에 정비기반시설을 추가로 설치할 필요가 없을 것(추가로 설치할 필요가 있는 정비기반시설을 정비사업시행자가 부담하여 설치하는 경우에는 제외함)

2. 노후·불량건축물이 해당 지역 안에 있는 건축물 수의 3분의 2 이상이거나, 노후·불량건축물이 해당 지역 안에 있는 건축물의 2분의 1 이상으로서 준공 후 15년 이상이 경과한 다세대 주택 및 다가구 주택이 해당 지역 안에 있는 건축물 수의 10분의 3 이상일 것

4-2. 정비구역 외 대상지역

정비구역이 아닌 구역 안에 소재한 주택[사업계획승인 또는 건축허가(이하 '사업계획승인 등'이라 함)를 받아 건설한 아파트 또는 연립주택 중 노후·불량건축물에 해당하는 것으로서 다음의 어느 하나에 해당하는 주택(건축허가를 받아 주택 외의 시설과 주택을 동일 건축물로 건축한 것은 제외함)] 및 그 부속토지와 부대·복리시설 및 그 부속토지에 대하여 주택재건축사업을 시행할 수 있습니다(도시정비법 제2조제9호나목 및 시행령 제6조).

1. 기존 세대수가 20세대 이상인 것(지형여건 및 주변 환경으로 보아 사업시행상 불가피하다고 시장·군수 또는 자치구의 구청장이 인정하는 경우에는 아파트 및 연립주택이 아닌 주택을 일부 포함할 수 있음)

2. 기존 세대수가 20세대 미만으로서 20세대 이상으로 재건축하려는 것. 이 경우 사업계획승인 등에 포함되어 있지 않은 인접 대지의 세대수를 포함하지 않습니다.

■ 주택재건축사업이란 무엇이며, 주택재개발사업과의 차이점은 어떻게 되는지요?

Ⓠ 주택재건축사업이란 무엇이며, 그리고 주택재개발사업과의 차이점은 어떻게 되는지요?

Ⓐ 주택재건축이란, 건물을 건축한 후 상당한 시간이 지나 건물이 훼손되거나 일부 멸실되거나, 그 밖의 사정으로 건물가격에 비하여 지나치게 많은 수리비·복구비나 관리비용이 드는 경우 또는 부근 토지의 이용 상황의 변화나 그 밖의 사정으로 건물을 다시 지으

면 그에 소요되는 비용에 비하여 현저한 효용의 증가가 있는 경우에 그 건물을 철거하여 그 대지 상에 새로운 건물을 건축하는 것을 말합니다.

주택재건축사업이란, 도로·상하수도·열·가스공급시설·공원·공용주차장 등과 같은 정비기반시설은 양호하나 노후·불량건축물이 밀집한 지역에서 주거환경을 개선하기 위하여 시행하는 사업으로 도시정비법에 따른 정비사업 중 하나를 말합니다.

주택재건축사업은 일반적으로 도시·주거환경기본계획 수립 → 안전진단 → 정비계획수립 및 정비구역지정 → 추진위원회 구성 → 창립총회 → 조합설립인가 → 사업시행인가 → 분양공고 → 관리처분계획인가 → 철거 및 착공 → 준공인가 → 이전고시의 순으로 진행됩니다.

한편, 주택재개발사업이란, 도시 및 주거환경 정비사업 중 하나에 해당하는 사업으로서, 정비기반시설이 열악하고, 노후·불량건축물이 밀집한 지역에서 주거환경을 개선하기 위해 시행하는 사업을 말합니다.

■ 노후·불량건축물을 판단할 때 반드시 현장조사를 한 후에 판단해야 하는지요?

Ⓠ 지방자치단체에서 어떤 건축물이 도시정비법 제2조제3호다목 및 같은 법 시행령 제2조제2항제1호에 따른 '노후·불량건축물'에 해당하는지를 판단하기 위해서는 반드시 현장에 가서 그 건축물의 상태 등을 직접 조사해야 하는지요?

Ⓐ 지방자치단체에서 어떤 건축물이 도시정비법 제2조제3호 다목 및 같은 법 시행령 제2조제2항제1호에 따른 '노후·불량건축물'에 해당하는지를 판단하기 위해서 반드시 현장에 가서 그 건축물의 상태 등을 직접 조사해야 하는 것은 아닙니다.

■ 정비사업이란 무엇인가요?

Ⓠ 정비사업이란 무엇인가요?

Ⓐ 정비사업이란, 도시정비법에서 정한 절차에 따라 도시기능을 회복하기 위하여 정비구역안에서 정비기반시설을 정비하고 주택 등 건축물을 개량하거나 건설하는 사업으로, 다만 재건축사업은 정비구역이 아닌 구역에서 시행하는 사업을 포함하는 것입니다.

주택재건축사업은 정비기반시설은 양호하나 노후·불량건축물이 밀집한 지역에서 주거환경을 개선하기 위하여 시행하는 사업이고, 주택재개발사업은 정비기반시설이 열악하고 노후·불량건축물이 밀집한 지역에서 주거환경을 개선하기 위하여 시행하는 사업입니다.

5. 주택재건축사업의 개요

① 주택재건축사업은 주택재건축 정비사업조합이 시행하거나 시장·군수 또는 주택공사 등과 공동시행함이 원칙입니다. 그러나 일정한 사유가 있는 경우에는 시장·군수가 직접 시행하거나 한국토지주택공사, 지방공사 등을 사업시행자로 지정하여 시행할 수 있습니다.

② 주택재건축사업은 일반적으로 도시·주거환경기본계획 수립 → 안

전진단 → 정비계획수립 및 정비구역지정 → 추진위원회 구성 → 창립총회 → 조합설립인가 → 사업시행인가 → 분양공고 → 관리처분계획인가 → 철거 및 착공 → 준공인가 → 이전고시의 순으로 진행됩니다.

6. 주택재건축사업의 시행(시행주체에 따른 분류)

6-1. 조합에 의한 시행

주택재건축사업의 시행은 토지 등 소유자가 설립한 주택재건축 정비사업조합(이하 "조합"이라 함)이 시행하거나 조합이 조합원의 과반수 동의를 얻어 특별자치시장, 특별자치도지사, 시장, 군수, 자치구의 구청장(이하 '시장·군수'라 함) 또는 한국토지주택공사·지방공사(이하 "주택공사 등"이라 함)등, 건설업자 또는 등록사업자와 공동으로 시행하는 것이 원칙입니다(도시정비법 제8조제2항).

6-2. 시장·군수 등 공공에 의한 시행

천재지변 등의 사유로 긴급히 재건축을 시행할 필요가 있다고 인정되는 경우 또는 해당 지역의 토지면적 2분의 1 이상의 토지소유자와 토지 등 소유자의 3분의 2 이상에 해당하는 자가 요청하는 경우 등 일정한 경우에는 시장·군수가 직접 시행하거나, 시장·군수, 지정개발자 또는 주택공사등(주택공사 등이 건설업자 또는 등록사업자와 공동으로 시행하는 경우를 포함)을 사업시행자로 지정하여 시행할 수 있습니다(도시정비법 제8조제4항).

7. 주택재건축사업의 추진절차

7-1. 사업준비

① 기본계획 수립

특별시장·광역시장·특별자치시장·특별자치도지사 또는 시장은 재건축사업의 기본방향, 개략적인 정비구역의 범위 등의 내용이 포함된 도시·주거환경정비기본계획을 10년 단위로 수립해야 합니다(도시정비법 제3조제1항).

② 안전진단 실시

시장·군수는 정비계획의 수립, 주택재건축사업의 시행여부 결정 또는 안전사고를 방지하기 위해 안전진단을 실시해야 하지만, 천재지변 등으로 주택이 붕괴되어 신속히 재건축을 추진할 필요가 있다고 인정하거나 주택의 구조안전상 사용금지가 필요하다고 인정하는 경우에는 안전진단 없이 주택재건축사업을 진행시킬 수 있습니다(도시정비법 제12조제1항·제2항 단서 및 시행령 제20조제1항).

③ 정비계획 수립 및 정비구역 지정

자치구의 구청장 또는 광역시의 군수는 도시·주거환경기본계획에 적합한 범위에서 노후·불량건축물이 밀집하는 등의 일정한 요건에 해당하는 구역을 대상으로 구체적인 개발계획과 내용을 결정하는 정비계획을 수립하고, 정비계획에 대한 주민공람, 지방의회 의견청취 등의 절차를 거친 후 특별시장·광역시장에게 정비구역지정을 신청해야 합니다(도시정비법 제4조).

7-2. 사업시행

7-2-1. 사업시행방식

주택재건축사업은 원칙적으로 토지 등 소유자로 구성된 조합이 이를 단독으로 시행하거나 조합이 조합원 과반수의 동의를 얻어 시장·군수, 주택공사 등, 건설업자 또는 등록사업자와 공동으로 이를 시행할 수 있습니다(도시정비법 제8조제2항).

7-2-2. 추진위원회 구성 및 승인

주택재건축사업의 시행을 위해 조합을 설립하려는 경우에는 정비구역지정 고시 후 토지 등 소유자 과반수의 동의를 얻어 조합설립추진위원회(이하 "추진위원회"라 함)를 구성하여 시장·구수의 승인을 얻어야 합니다(도시정비법 제13조제1항 및 제2항).

7-2-3. 창립총회

추진위원회(추진위원회를 구성하지 않는 경우에는 토지 등 소유자를 말함)는 조합설립을 위한 토지 등 소유자의 동의를 받은 후 조합설립인가의 신청을 하기 전에 조합설립을 위한 창립총회를 개최해야 합니다(도시정비법 제14조제3항 및 시행령 제22조의2제1항).

7-2-4. 조합설립 인가

① 시장·군수, 지정개발자 또는 주택공사 등이 아닌 자가 주택재건축사업을 시행하려는 경우에는 토지 등 소유자로 구성된 조합을 설립해야 합니다(도시정비법 제13조제1항).

② 주택재건축사업의 추진위원회(도시정비법 제13조제6항에 따라 추진위원회를 구성하지 않는 경우에는 토지 등 소유자를 말함)가 조합

을 설립하려는 경우에는 다음과 같은 동의 기준을 모두 충족하여 시장·군수의 인가를 받아야 합니다(도시정비법 제16조제2항).

1. 주택단지 안의 공동주택의 각 동(복리시설의 경우에는 주택단지 안의 복리시설 전체를 하나의 동으로 봄)별 구분소유자의 과반수 동의(공동주택의 각 동별 구분소유자가 5 이하인 경우는 제외)와 주택단지 안의 전체 구분소유자의 4분의3 이상의 동의

2. 토지면적의 4분의 3 이상의 토지소유자의 동의

③ 만약 주택단지가 아닌 지역이 정비구역에 포함된 경우에는 주택단지가 아닌 지역 안의 토지 또는 건축물 소유자의 4분의 3 이상 및 토지면적의 3분의 2 이상의 토지소유자의 동의를 얻어야 합니다(도시정비법 제16조제3항).

◆ 토지등 소유자의 의미

(질의요지)

1인의 토지등소유자의 개념이 하나의 독립된 등기(별도등기)의 토지 혹은 건물이 1인 소유인 것을 지칭하는 것인지, 아니면 지구내에서 독립된 등기(토지 건물)를 2개 이상 소유하더라도 동일인인 경우 전부 합산하여 1인의 토지등 소유자로 볼 것인지요?

(회신내용)

도시정비법 제2조제9호에서 "토지등소유자"에 대하여 정의하고 있고, 같은 법 시행령 제28조제1항에 따라 토지등 소유자의 동의자수 산정은 주택재개발사업의 경우 1인이 다수 필지의 토지 또는 다수의 건축물을 소유하고 있는 경우에는 필지나 건축물의 수에 관계없이 토지등소유자를 1인으로 산

정하도록 하고 있으며, 주택재건축사업의 경우 1명이 둘 이
상의 소유권 또는 구분소유권을 소유하고 있는 경우에는 소
유권 또는 구분소유권의 수에 관계없이 토지등 소유자를 1
명으로 산정하도록 하고 있습니다.

7-2-5. 주민대표회의 구성 및 승인

토지면적 2분의 1 이상의 토지소유자와 토지 등 소유자의 3분의 2
이상에 해당하는 자가 시장·군수, 주택공사 등을 사업시행자로 지정
할 것을 요청할 수 있습니다. 이 경우 정비구역지정 고시(정비구역이
아닌 구역에서의 주택재건축사업의 경우에는 안전진단 결과에 따른
주택재건축사업의 시행결정을 말함) 후 토지 등 소유자의 과반수의
동의를 얻어 사업시행을 원활하게 하기 위한 주민대표회의를 구성하
고, 시장·군수의 승인을 받아야 합니다(도시정비법 제26조제1항 및
제3항).

7-2-6. 시행자 지정

천재지변, 「재난 및 안전관리 기본법」 제27조 또는 「시설물의 안전관
리에 관한 특별법」 제14조에 따른 사용제한·사용금지, 그 밖의 불가
피한 사유로 인하여 긴급히 재건축사업을 시행할 필요가 있다고 인정
되거나, 토지면적 2분의 1 이상의 토지소유자와 토지 등 소유자의 3
분의 2 이상에 해당하는 자가 시장·군수 또는 주택공사 등을 사업시
행자로 지정할 것을 요청하는 등의 일정한 경우에는 시장·군수가 지정
개발자 또는 주택공사 등(주택공사 등이 건설업자 또는 등록사업자와
공동으로 시행하는 경우를 포함)을 사업시행자로 지정하여 주택재건
축사업을 시행하게 할 수 있습니다(도시정비법 제8조제4항).

7-2-7. 사업시행인가

① 사업시행자(공동시행의 경우를 포함하되, 사업시행자가 시장·군수인 경우는 제외함)는 주택재건축사업을 시행하려는 경우(인가받은 내용을 변경하거나 재건축사업을 중지 또는 폐지하려는 경우 포함)에는 사업시행계획서를 작성하여 이를 시장·군수에게 제출하고 사업시행인가를 받아야 합니다(도시정비법 제28조제1항).

② 사업시행인가가 고시됨으로써 사업시행자는 주택재건축사업을 시행할 수 있는 지위 또는 권리를 부여받게 되고 각종 개별법상 인·허가 등이 의제되는 등 이해관계인에게 직접적이고 구체적인 법적 효과를 발생시킵니다(도시정비법 제32조제1항 참조).

7-2-8. 감리자 지정

조합이 시행하는 주택재건축사업의 사업계획승인권자(「주택법」 제15조제1항에 따른 사업계획승인권자를 말함)는 사업시행인가를 하였을 경우 해당 주택건설공사를 감리할 자를 지정해야 합니다(도시정비법 제32조제1항제1호, 「주택법」 제43조제1항 본문 및 「주택법 시행령」 제47조제1항).

7-3. 관리처분계획

7-3-1. 분양공고 및 분양신청

① 사업시행자는 사업시행인가의 고시가 있은 날부터 60일 이내에 개략적인 부담금 내역 및 분양신청기간 등 해당 사항을 토지 등 소유자에게 통지하고 분양의 대상이 되는 대지 또는 건축물의 내역 등을 해당 지역에서 발간되는 일간신문에 공고해야 합니다(도시정비법 제46조제1항).

② 대지 또는 건축물에 대한 분양을 받으려는 토지 등 소유자는 분양신청기간 이내에 사업시행자에게 대지 또는 건축물에 대한 분양신청을 해야 합니다(도시정비법 제46조제2항).

7-3-2. 관리처분계획 수립 및 인가

① 사업시행자는 분양신청기간이 종료된 경우에는 분양신청의 현황을 기초로 관리처분계획을 수립하여 시장·군수의 인가를 받아야 합니다(도시정비법 제48조제1항).
② 관리처분계획은 조합원총회의 의결사항이므로 관리처분계획인가를 신청하기 전에 반드시 조합원총회에서 조합원 총수의 과반수 찬성으로 의결을 거쳐야 합니다(도시정비법 제24조제3항제10호 및 제24조제7항).

7-4. 재건축사업 완료
7-4-1. 철거 및 착공

① 사업시행자는 관리처분계획의 인가를 받은 후 기존의 건축물을 철거해야 합니다. 다만, 「재난 및 안전관리 기본법」·「주택법」·「건축법」 등 관계 법령에 따라 기존 건축물의 붕괴 등 안전사고의 우려가 있거나 폐공가(廢空家)의 밀집으로 우범지대화의 우려가 있는 경우에 사업시행자는 기존 건축물의 소유자의 동의 및 시장·군수의 허가를 얻어 관리처분계획의 인가를 받기 전이라도 해당 건축물을 철거할 수 있습니다(도시정비법 제48조의2제1항 및 제2항).
② 사업시행자는 사업시행인가를 받은 날부터 5년 이내(일정한 경우 1년 연장 가능)에 공사를 시작하고, 공사착수를 신고할 때는 착공신고서(「주택법 시행규칙」 별지 제17호서식)에 관련 도서를 첨부하여

시장·군수에게 제출(전자문서에 의한 제출을 포함)해야 합니다(「주택법」 제16조제1항, 제2항 및 「주택법 시행규칙」 제12조제2항).

7-4-2. 준공인가

① 시장·군수가 아닌 사업시행자는 주택재건축사업에 관한 공사를 완료한 경우에는 시장·군수로부터 준공인가를 받아야 하며, 직접 주택재건축사업을 시행하는 시장·군수는 공사가 완료된 경우 그 공사의 완료를 해당 지방자치단체의 공보에 고시해야 합니다(도시정비법 제52조).

② 시장·군수는 준공인가를 하기 전이라도 완공된 건축물이 사용에 지장이 없는 등 일정한 경우에는 입주예정자가 완공된 건축물을 사용할 것을 사업시행자에 대하여 허가할 수 있습니다(도시정비법 제52조제5항).

7-4-3. 이전고시 및 청산

① 사업시행자는 공사완료 고시가 있은 경우 지체 없이 대지확정측량을 하고 토지의 분할절차를 거쳐 관리처분계획에 정한 사항을 분양을 받을 자에게 통지하고 대지 또는 건축물의 소유권을 이전해야 합니다(도시정비법 제54조제1항).

② 대지 또는 건축물을 분양받은 자가 종전에 소유하고 있던 토지 또는 건축물의 가격과 분양받은 대지 또는 건축물의 가격 사이에 차이가 있는 경우 사업시행자는 이전고시가 있은 후에 그 차액에 상당하는 금액을 분양받은 자로부터 징수하거나 분양받은 자에게 지급해야 합니다(도시정비법 제57조제1항 본문).

8. 주택재개발사업 등과의 구분

① 주택재건축사업은 도시정비법에서 정하고 있는 정비사업 가운데 하나로서 주택재개발사업, 주거환경개선사업 및 도시환경정비사업과 구분됩니다.
② 그 밖에 도시의 낙후된 지역에 대한 주거환경개선과 기반시설의 확충 및 도시기능의 회복을 광역적으로 계획하는 재정비촉진사업과도 구분됩니다.

8-1. 도시 및 주거환경 정비사업

「도시 및 주거환경 정비사업」이란 도시정비법에서 정한 절차에 따라 도시기능을 회복하기 위하여 정비구역(정비구역이 아닌 구역에서 시행하는 주택재건축사업 포함) 또는 가로구역에서 정비기반시설을 정비하거나 주택 등 건축물을 개량하거나 건설하는 다음의 사업을 말합니다(도시정비법 제2조제2호).

1. 주거환경개선사업 : 도시저소득주민이 집단으로 거주하는 지역으로서 정비기반시설이 극히 열악하고 노후·불량건축물이 과도하게 밀집한 지역에서 주거환경을 개선하기 위해 시행하는 사업
2. 주택재개발사업 : 정비기반시설이 열악하고 노후·불량건축물이 밀집한 지역에서 주거환경을 개선하기 위해 시행하는 사업
3. 주택재건축사업 : 정비기반시설은 양호하나 노후·불량건축물이 밀집한 지역에서 주거환경을 개선하기 위해 시행하는 사업
4. 도시환경정비사업 : 상업지역·공업지역 등으로서 토지의 효율적 이용과 도심 또는 부도심 등 도시기능의 회복이나 상권활성화 등이 필요한 지역에서 도시환경을 개선하기 위해 시행하는 사업

5. 주거환경관리사업: 단독주택 및 다세대주택 등이 밀집한 지역에서 정비기반시설과 공동이용시설의 확충을 통해 주거환경을 보전·정비·개량하기 위해 시행하는 사업

6. 가로주택정비사업: 노후·불량건축물이 밀집한 가로구역에서종전의 가로를 유지하면서 소규모로 주거환경을 개선하기 위해 시행하는 사업

8-2. 재정비촉진사업(뉴타운사업)

8-2-1. 재정비촉진사업의 개념

「재정비촉진사업」이란, 「도시재정비 촉진을 위한 특별법」에 따라 낙후된 지역에 대한 주거환경의 개선과 기반시설의 확충 및 도시기능의 회복을 광역적으로 계획하고 체계적·효율적으로 추진하기 위해 지정된 재정비촉진지구 안에서 시행되는 다음의 사업을 말합니다(제2조제1호 및 제2호).

1. 도시정비법에 따른 주거환경개선사업·주택재개발사업·주택재건축사업·도시환경정비사업·주거환경관리사업 및 가로주택정비사업

2. 「도시개발법」에 따른 도시개발사업

3. 「전통시장 및 상점가 육성을 위한 특별법」에 따른 시장정비사업

4. 「국토의 계획 및 이용에 관한 법률」에 따른 도시·군계획시설사업

5. 재정비촉진사업의 시행은 「도시재정비 촉진을 위한 특별법」에 따라 시행하되 「도시재정비 촉진을 위한 특별법」에서 정하지 않은 사항은 해당 사업에 관하여 정하고 있는 관계 법률에 따릅니다(제3조제2항).

8-2-2. 정비사업과 재정비촉진사업의 비교

구분	정비사업	재정비촉진사업
근거법률	도시 및 주거환경정비법	도시재정비 촉진을 위한 특별법
개발방식	소규모 블록별 개발	광역단위(생활권)별 선계획, 후개발
개발주체	지방자치단체가 정비계획수립. 민간(조합)이 정비계획에 따라 개발계획 수립 후 사업시행	지방자치단체가 재정비촉진계획 수립. 민간(조합)은 촉진계획 고시 후 사업시행
개발형태	주택개발 위주	다양한 사업방식 혼용(주거, 상업, 업무 등 복합 자족도시)
임대주택(소형주택)	전체 세대수의 17%(재개발). 추가 용적률의 30% ~ 50%를 소형주택 건설(재건축)	정비사업 임대주택 의무비율. 건축규제완화로 증가하는 용적률의 25% ~ 75% 이상(기반시설 인센티브는 제외)
비용지원		기반시설 설치비용의 국고 지원
행위규제	정비구역지정 고시일부터 개발행위 제한	촉진지구지정 고시일부터 개발행위 제한.토지거래허가 등
계획총괄		총괄계획가(전문가)
사업관리		총괄사업관리자(LH, 지방공사 등)
사업유형	정비구역별 다음의 개별 정비사업 주거환경개선사업 주택재개발사업 주택재건축사업 도시환경정비사업 주거환경관리사업 가로주택정비사업 ※ 정비구역 내 1개의 사업 존재	재정비촉진지구 내 포함된 다음의 사업 정비사업 도시개발사업, 시장정비사업 도시·군계획시설사업 ※ 촉진지구 내 수개의 개별 구역이 존재
사업절차	정비기본계획→정비계획 수립 및 구역지정→조합 인가→시공자 선정→사업시행인가→분양→공사→준공 및 이전	지구지정→재정비촉진계획 수립 및 결정→개별법에 따른 절차 이행

9. 주택재건축 관련 법제

① 주택재건축사업은 정비기반시설은 양호하나 노후·불량건축물이 밀집한 지역에서 주거환경을 개선하기 위하여 시행하는 사업으로 도시정비법에 따른 절차 및 방법에 의해 시행됩니다.

② 재건축사업을 시행하려는 사업시행자 등은 「환경영향평가법」, 「문화재보호법」, 「도시교통정비 촉진법」에 따른 각종 영향평가 또는 개선대책 등을 수립·실시해야 합니다. 또한 「대도시권 광역교통 관리에 관한 특별법」, 「학교용지 확보 등에 관한 특례법」, 「재건축초과이익 환수에 관한 법률」에 따른 사업시행을 위한 각종 부담금을 납부해야 합니다.

③ 그 밖에 주택재건축 관련 법제로는 「건축법」, 「국토의 계획 및 이용에 관한 법률」, 「도시재정비 촉진을 위한 특별법」, 「민법」, 「주택법」, 「집합건물의 소유 및 관리에 관한 법률」 등이 있습니다.

제2장 사업준비

제2장 사업준비

1. 기본계획수립

1-1. 도시 · 주거환경정비기본계획의 수립

① 특별시장 또는 광역시장, 그 밖에 서울특별시와 광역시를 제외한 인구 50만 이상의 대도시의 장은 재건축사업의 기본방향, 개략적인 정비구역의 범위 등의 내용이 포함된 도시·주거환경정비기본계획을 10년 단위로 수립해야 합니다.

② 도시·주거환경정비기본계획이 수립되어 공람 중인 정비예정구역에 대하여 3년 이내의 기간 동안 건축물의 건축 또는 토지의 분할이 제한될 수 있습니다.

◆ **정비기본계획수립시 정비예정구역 노후도 적용 시점**

(질의요지)

도시정비법 제3조에 따른 도시·주거환경정비기본계획을 수립할 때 정비예정구역 노후도(건축 준공 20년 이상)의 적용은 기준연도 시점인지 아니면 목표연도 이내 인지요?

(회신내용)

도시정비법 제3조제1항제9호의 규정에 따르면 정비예정구역별 정비계획의 수립시기를 포함한 단계별 정비사업 추진계획을 도시.주거환경정비기본계획(이하 "기본계획"이라 함)을 수립할 때에 포함하도록 하고 있고, 기본계획은 시장 등이 10년마다 수립하고 5년마다 그 타당성 여부를 검토하여 그 결과를 기본계획에

반영하도록 하고 있으며, 도시·주거환경정비기본계획 수립지침
(국토해양부 훈령 제2009-306호, 2009.8.13.) 4-1-1에 따르면 기
초조사에 의한 현황을 분석하고 장래를 예측한 후 계획을 수립
하되 목표연도에 유념하여 작성하도록 하고 있으므로, 기본계획
을 기준년도 시점으로 작성하면서 목표연도 범위 안에서 예측되
는 장래의 계획을 단계별로 반영할 수 있을 것으로 보입니다.

1-1-1. 10년 단위의 도시·주거환경정비기본계획의 수립

① 특별시장·광역시장·특별자치시장·특별자치도지사 또는 시장은 다
음의 사항이 포함된 기본계획을 10년 단위로 수립해야 합니다(도시
경정비법 제3조제1항 및 시행령 제8조).

1. 정비사업의 기본방향

2. 정비사업의 계획기간

3. 인구·건축물·토지이용·정비기반시설·지형 및 환경 등의 현황

4. 주거지 관리계획

5. 토지이용계획·정비기반시설계획·공동이용시설설치계획 및 교통계획

6. 녹지·조경·에너지공급·폐기물처리 등에 관한 환경계획

7. 사회복지시설 및 주민문화시설 등의 설치계획

8. 도시의 광역적 재정비를 위한 기본방향

9. 정비구역으로 지정할 예정인 구역(이하 '정비예정구역'이라함)의
   개략적 범위

10. 단계별 정비사업 추진계획(정비예정구역별 정비계획의 수립시기
    포함)

11. 건폐율·용적률 등에 관한 건축물의 밀도계획

12. 세입자에 대한 주거안정대책

13. 도시관리·주택·교통정책 등 도시·군계획과 연계된 도시정비의 기

본방향

14. 도시정비의 목표

15. 도심기능의 활성화 및 도심공동화 방지 방안

16. 역사적 유물 및 전통건축물의 보존계획

17. 정비사업의 유형별 공공 및 민간부문의 역할

18. 정비사업의 시행을 위하여 필요한 재원조달에 관한 사항

② 다만, 도지사가 기본계획을 수립할 필요가 없다고 인정하는 시(대도시가 아닌 지역을 말함)와 도시정비법 제8조제4항제1호에 따른 정비사업은 기본계획을 수립하지 않을 수 있습니다(도시정비법 제3조제1항 단서).

1-1-2. 5년 주기의 타당성 검토

특별시장·광역시장·특별자치시장·특별자치도지사 또는 시장은 기본계획에 대하여 5년마다 그 타당성 여부를 검토하여 그 결과를 기본계획에 반영해야 합니다(도시정비법 제3조제2항).

◆ 기본계획 타당성 검토 시기

(질의요지)

도시정비법 제3조제2항의 내용 중 '5년마다'라 함은 5년이 도래되는 시점인지 아니면 필요 시 타당성 검토를 통하여 기본계획에 반영할 수 있는지요?

(회신내용)

기본계획이 수립고시 된 후 신규 지역 포함을 위한 기본계획 변경여부에 대하여 기본계획수립권자인 특별시장, 광역시장 또는 시장이 도시계획차원에서 사업 추진의 시급성등

을 종합적으로 고려하여 신규 지역을 시기적으로 기본계획
에 포함시킬 필요가 있다고 판단된다면 도시정비법 제3조제
1항 및 제2항의 규정에 의한 도시·주거환경정비기본계획의
수립 또는 타당성 검토시기 외의 기간이라도 기본계획을 변
경할 수 있을 것입니다.

1-2. 도시·주거환경정비기본계획 수립·변경 절차
1-2-1. 주민 및 전문가 의견 청취

특별시장·광역시장 또는 시장은 작성된 기본계획(안)에 대하여 관련
분야 전문가와 주민대표 및 관계 기관이 참석하는 공청회를 개최하
거나 설문조사 등을 실시할 수 있습니다.

1-2-2. 주민공람 실시

① 특별시장·광역시장·특별자치시장·특별자치도지사 또는 시장은 기
본계획을 수립 또는 변경하려는 경우에는 14일 이상 주민에게 공람
해야 합니다(도시정비법 제3조제3항).

② 이 경우 특별시장·광역시장·특별자치시장·특별자치도지사 또는 시장
은 미리 공람의 요지 및 장소를 해당 지방자치단체의 공보 및 인터넷
(이하 "공보 등"이라 함)에 공고하고, 공람 장소에 관계 서류를 갖추
어 두어야 합니다(도시정비법 시행령 제9조제1항).

③ 주민(세입자 포함)은 공람기간 이내에 특별시장·광역시장·특별자치시
장·특별자치도지사 또는 시장에게 서면으로 의견을 제출할 수 있으며, 의
견을 제출받은 특별시장·광역시장·특별자치시장·특별자치도지사 또는 시장
은 제출된 의견을 심사하여 채택할 필요가 있다고 인정하는 경우에는 이
를 채택하고, 그렇지 않은 경우에는 의견을 제출한 자에게 그 사유를 알
려주어야 합니다(도시정비법 제31조제2항·제3항 및 시행령 제9조제2항).

◆ 정비예정구역 해제시 정비기본계획 변경 절차

(질의요지)

추진위원회가 구성되지 아니한 구역에 대하여 도시정비법 제4조의3제4항제3호에 따라 토지등소유자 100분의30 이상이 정비구역 해제를 요청하여 해제절차를 진행 중인 지역에 대하여 정비예정구역을 해제하는 정비기본계획변경(제4조의3제4항제3호에 따른 '정비구역 해제'와 동 해제에 따른 정비예정구역의 해제를 위한 기본계획 변경) 절차를 주민 공람, 시의회 의견청취 등의 행정절차를 거치지 않고 도시계획위원회에 상정하여 일괄처리(정비구역 해제와 이에 따른 정비예정구역 해제를 위한 기본계획 변경)할 수 있는지요?

(회신내용)

도시정비법 제4조의3제4항제3호에 따라 시·도지사 또는 대도시의 시장은 토지등소유자의 100분의 30 이상이 정비구역 등(추진위원회가 구성되지 아니한 구역에 한한다)의 해제를 요청하는 경우 지방도시계획위원회의 심의를 거쳐 정비구역 등의 지정을 해제할 수 있으며, 정비예정구역 해제에 따라 기본계획을 변경하고자 하는 경우 같은 법 제3조제3항에 따라 특별시장·광역시장·특별자치시장·특별자치도지사 또는 시장은 14일 이상 주민에게 공람하고 지방의회의 의견을 들은 후 「국토의 계획 및 이용에 관한 법률」 제113조제1항 및 제2항에 따른 지방도시계획위원회의 심의를 거쳐야 할 것입니다.

1-2-3. 지방의회 의견 청취 및 지방도시계획위원회의 심의

① 특별시장·광역시장·특별자치시장·특별자치도지사 또는 시장은 기본계획을 수립하거나 변경하려는 경우(경미한 사항을 변경하는 경우에는 제외함)에는 주민공람을 마친 후 지방의회의 의견을 들은 후 지방도시계획위원회의 심의(대도시의 시장이 아닌 시장이 기본계획을 수립 또는 변경하는 경우에는 제외함)를 거쳐야 합니다(도시정비법 제3조제3항).

② 이 경우 지방의회는 특별시장·광역시장·특별자치시장·특별자치도지사 또는 시장이 기본계획을 통지한 날부터 60일 이내에 의견을 제시해야 하며, 의견제시 없이 60일이 지난 경우에는 이의가 없는 것으로 봅니다(도시정비법 제3조제3항).

③ 특별시장·광역시장·특별자치시장·도지사·특별자치도지사 또는 대도시의 시장은 지방도시계획위원회의 심의를 거치기 전에 관계 행정기관의 장과 협의하여야 합니다(도시정비법 제3조제5항).

1-2-4. 도지사의 승인

대도시의 시장이 아닌 시장은 기본계획을 수립 또는 변경한 경우에는 도지사의 승인을 얻어야 하며, 도지사가 이를 승인함에 있어서는 지방도시계획위원회의 심의(경미한 사항을 변경하는 경우는 제외함)를 거쳐야 합니다(도시정비법 제3조제4항).

1-2-5. 공보 고시

특별시장·광역시장·특별자치시장·특별자치도지사 또는 시장은 기본계획이 수립 또는 변경된 경우 이를 지체 없이 해당 지방자치단체의 공보에 고시해야 하며, 이 경우 기본계획의 요지와 기본계획서의 열람장소를 고시해야 합니다(도시정비법 제3조제6항 및 시행규칙 제3조제1항).

1-2-6. 국토교통부장관 보고

① 특별시장·광역시장·특별자치시장·특별자치도지사 또는 시장은 기본계획을 수립하거나 변경한 경우에는 공보 고시내용에 기본계획서를 첨부하여 국토교통부장관에게 보고(전자문서에 의한 보고 포함)해야 합니다(도시정비법 제3조제7항 및 시행규칙 제3조제2항).
② 대도시가 아닌 시(인구 50만명 미만)의 시장은 도지사를 거쳐 국토교통부장관에게 보고(전자문서에 의한 보고 포함)해야 합니다(도시정비법 시행규칙 제3조제2항).

1-2-7. 경미한 사항의 변경 절차

① 기본계획의 다음과 같은 경미한 사항을 변경하는 경우에는 주민공람, 지방의회 의견청취, 지방도시계획위원회 심의 등의 절차를 생략할 수 있습니다(도시정비법 제3조제3항 단서·제4항 단서 및 시행령 제9조제3항).
1. 정비기반시설의 규모를 확대하거나 그 면적의 10% 미만을 축소하는 경우
2. 정비사업의 계획기간을 단축하는 경우
3. 공동이용시설에 대한 설치계획의 변경인 경우
4. 사회복지시설 및 주민문화시설 등의 설치계획의 변경인 경우
5. 정비구역으로 지정할 예정인 구역의 면적을 구체적으로 명시한 경우 해당 구역 면적의 20% 미만의 변경인 경우
6. 단계별 정비사업추진계획의 변경인 경우

7. 건폐율 및 용적률의 각 20% 미만의 변경인 경우

8. 정비사업의 시행을 위하여 필요한 재원조달에 관한 사항의 변경인 경우

9. 「국토의 계획 및 이용에 관한 법률」 제2조제3호에 따른 도시·군기본계획의 변경에 따른 변경인 경우

② 그 밖에 기본계획의 작성기준 및 작성방법은 「도시·주거환경정비기본계획 수립 지침」을 따릅니다(도시정비법 제3조제8항).

◆ **정비예정구역 20% 미만 변경 시 기본계획의 경미한 변경 여부**

(질의요지)

도시·주거환경기본계획 상의 '정비구역으로 지정할 예정인 구역 면적의 20퍼센트 미만의 변경을 하는 경우' 기본계획의 경미한 변경인지와 경미한 사항의 변경이라면, 기본계획 변경과 정비구역 지정을 동시에 처리할 수 있는지요?

(회신내용)

가. 도시·주거환경기본계획에 정비구역으로 지정할 예정인 구역의 면적을 구체적으로 명시한 경우로서 당해 구역 면적의 20퍼센트 미만의 변경인 경우는 경미한 사항을 변경하는 것으로 도시정비법 제3조제3항 단서 및 동법 시행령 제9조제3항제5호에 규정되어 있습니다.

나. 도시·주거환경기본계획을 수립 또는 변경하고자 하는 때의 절차는 도시정비법 제3조에 규정되어 있고, 정비구역의 지정은 기본계획에 적합한 범위 안에서 정비계획을 수립하여 절차를 거치도록 도시정비법 제4조에 규정되어 있으며 대통령령이 정하는 경미한 사항의 변경인 경우에 는 주민공

람 등 일부 절차를 거치지 아니할 수 있으므로 사업구역의 특성 및 여건을 고려하여 기본계획수립권자 및 정비구역지 정권자와 협의하여 처리하는 것이 바람직할 것입니다.

1-3. 도시·주거환경정비기본계획 수립에 따른 행위 제한

1-3-1. 행위 제한

국토교통부장관, 시·도지사, 시장, 군수 또는 구청장(자치구의 구청장을 말함. 이하 같음)은 비경제적인 건축행위 및 투기 수요의 유입 방지를 위해 기본계획을 공람 중인 정비예정구역에 대하여 3년 이내의 기간(1 회에 한하여 1년의 범위에서 연장할 수 있음)을 정하여 건축물의 건축 또는 토지의 분할을 제한할 수 있습니다(도시정비법 제5조제7항).

◆ **정비구역에서 상가를 2개 물건으로 구분등기하는 경우 행위제한 해당 여부**

(질의요지)

재건축정비구역내 1개 물건으로 등기된 상가를 2개 물건으로 구분등기하려는 경우 도시정비법에 이에 대한 행위제한 규정이 있는지요?

(회신내용)

도시정비법 제5조에 따른 행위제한 대상은 건축물의 건축, 공작물의 설치, 토지의 형질변경, 토석의 채취, 토지분할. 물건을 쌓아놓는 행위 등으로 규정하고 있습니다.

◆ 정비예정구역 행위제한 연장 여부

(질의요지)

도시정비법 제5조제7항에 의해 주택재개발정비예정구역에 대하여 최초 1년간만 행위제한을 하였을 경우 추가로 행위제한을 연장하고자 한다면 3년의 범위안에서 횟수 제한없이 행위제한을 할 수 있는지요?

(회신내용)

도시정비법 제5조제7항에 따라 국토해양부장관, 시·도지사 또는 시장·군수는 비경제적인 건축행위 및 투기 수요의 유입 방지를 위하여 제3조제3항에 따라 기본계획을 공람중인 정비예정구역 또는 정비계획을 수립중인 지역에 대하여 3년 이내의 기간(1회에 한하여 1년의 범위 안에서 연장할 수 있다)을 정하여 대통령령으로 정하는 방법과 절차에 따라 동조 동항 각 호의 행위(건축물의 건축, 토지의 분할)를 제한할 수 있도록 하고 있으므로, 행위제한은 2회(1회:3년 이내의 기간, 나머지 1회:1년 범위 안에서 연장)까지 가능합니다.

◆ 정비계획 상 존치지역에서의 신축 등 개별 건축행위의 가능여부

(질의요지)

주택재개발사업에서 기 수립된 정비계획을 변경할 때 정비구역내 존치지역에 대한 계획을 수립할 수 있는지와 가능하다면 정비계획 상 존치지역의 개별 토지등소유자가 정비사업과 별도로 신축 등 개별 건축행위의 가능여부

(회신내용)

도시정비법 제4조제1항제8호 및 같은 법 시행령 제13조제1항제3호에 따라 정비계획 수립 및 변경 시 "기존 건축물의 정비·개량에 관한 계획"을 포함하도록 하고 있으며, 도시정비법 제30조제9호 및 같은 법 시행령 제41조제2항 제6호에 따라 사업시행자는 "철거할 필요는 없으나 개보수할 필요가 있다고 인정되는 건축물의 명세 및 개보수계획"을 포함하여 사업시행계획서를 작성하여야 하며, 도시정비 법 제33조제1항에 따라 사업시행자는 일부 건축물의 존치 또는 리모델링(「주택법」제2조제15호 또는 「건축법」제2조 제1항제10호에 따른 리모델링을 말한다)에 관한 내용이 포함된 사업시행계획서를 작성하여 사업시행인가의 신청을 할 수 있으나, 이에 해당하지 않는 신축 등 건축행위는 정

비구역 내 존치지역에서 가능하지 않을 것입니다.

◆ 정비구역지정전 건축허가된 사항에 대한 행위제한

(질의요지)

정비구역 지정 고시 전에 건축허가 신청이 접수된 경우 도시정비법 제5조에 따른 행위제한 대상인지 여부

(회신내용)

도시정비법 제5조제3항 및 같은 법 시행령 제13조의4제4항에 의하면 법 제5조제1항의 규정에 따라 허가를 받아야 하는 행위로서 정비구역의 지정 및 고시 당시 이미 관계법령에 따라 행위허가를 받았거나 허가를 받을 필요가 없는 행위에 관하여 그 공사 또는 사업에 착수한 자는 정비구역이 지정·고시된 날부터 30일 이내에 그 공사 또는 사업의 진행상황과 시행계획을 첨부하여 관할 시장·군수에게 신고한 후

이를 계속 시행할 수 있으나, 그 공사 또는 사업에 착수하지 않은 경우에 대하여는 도시정비법 제5조제 1항의 적용을 받아야 할 것입니다.

1-3-2. 제한 내용 고시

국토교통부장관, 시·도지사 또는 시장, 군수 또는 구청장이 위와 같은 행위를 제한하려는 경우에는 제한지역·제한사유·제한대상행위 및 제한기간을 미리 관보(국토교통부장관의 경우) 또는 해당 지방자치단체의 공보(시·도지사 또는 시장·군수의 경우)에 게재하여 고시해야 합니다(도시정비법 시행령 제13조의5제1항 및 제4항).

1-3-3. 도시계획위원회의 심의 및 의견청취

① 행위를 제한하려는 자가 국토교통부장관인 경우에는 중앙도시계획위원회의 심의를 거쳐야 하며, 시·도지사, 시장, 군수 또는 구청장인 경우에는 해당 지방자치단체에 설치된 지방도시계획위원회의 심의를 거쳐야 합니다(도시정비법 시행령 제13조의5제2항).
② 행위를 제한하려는 자가 국토교통부장관 또는 시·도지사인 경우에는 중앙도시계획위원회 또는 시·도 도시계획위원회의 심의 전에 미리 제한하려는 지역을 관할하는 시장·군수의 의견을 들어야 합니다(도시정비법 시행령 제13조의5제3항).

1-3-4. 시장·군수·구청장의 허가

행위가 제한된 지역에서 건축물의 건축 또는 토지의 분할 행위를 하려는 자는 시장·군수·구청장의 허가를 받아야 합니다(도시정비법 시행령 제13조의5제5항).

1-4. 도시·주거환경정비기금

1-4-1. 도시·주거환경정비기금의 설치

① 기본계획을 수립하거나 승인하는 특별시장·광역시장·특별자치시장·도지사·특별자치도지사 또는 시장은 정비사업의 원활한 수행을 위하여 도시·주거환경정비기금(이하 '정비기금'이라 함)을 설치해야 합니다(도시정비법 제82조제1항 본문).

② 다만, 기본계획을 수립하지 않은 시장 및 군수의 경우에도 정비기금을 설치할 수 있습니다(도시정비법 제82조제1항 단서).

1-4-2. 정비기금의 재원

정비기금은 다음의 금액을 재원으로 조성합니다(도시정비법 제82조제2항 및 시행령 제71조).

1. 「지방세법」 제112조(과세표준에 지방세법 제111조의 세율을 적용하여 산출한 세액은 제외함)에 따라 부과·징수되는 재산세 중 10% 이상의 금액(해당 지방자치단체의 조례가 10% 이상의 범위에서 달리 정하는 경우에는 그 비율을 말함)

2. 도시정비법 제62조에 따른 부담금 및 정비사업으로 발생한 「개발이익 환수에 관한 법률」에 따른 개발부담금 중 지방자치단체의 귀속분의 일부

3. 도시정비법 제66조에 따른 정비구역(주택재건축구역은 제외함) 안의 국·공유지 매각대금 중 국유지의 경우 20%, 공유지의 경우 30% 이상의 금액(다만, 국유지의 경우 「국유재산법」 제2조제11호에 따른 중앙관서의 장과 협의를 해야 함)

4. 「재건축초과이익 환수에 관한 법률」에 따른 재건축부담금 중 지

방자치단체 귀속분

5. 도시정비법 제30조의3제3항에 따라 시·도지사, 시장, 군수 또는 구청장에게 공급된 소형주택의 임대보증금 및 임대료

6. 도시정비법 제4조제10항에 따라 사업시행자가 현금으로 납부한 금액

7. 그 밖에 특별시·광역시 또는 도의 조례(이하 "시·도 조례라 함)가 정하는 재원

1-4-3. 정비기금 용도 제한

정비기금은 다음의 어느 하나의 용도 이외의 목적으로 사용해서는 안 됩니다(도시정비법 제82조제3항).

1. 도시정비법에 따른 정비사업으로서 다음의 어느 하나에 해당하는 사항

 가. 기본계획의 수립

 나. 안전진단 및 정비계획의 수립

 다. 조합설립추진위원회의 운영자금 대여

 라. 그 밖에 도시정비법과 시·도 조례로 정하는 사항

2. 임대주택의 건설·관리

3. 임차인 주거안정 지원

4. 「재건축초과이익 환수에 관한 법률」에 따른 재건축부담금의 부과·징수

5. 주택개량 지원

1-4-4. 정비기금의 관리·운용 등

정비기금의 관리·운용과 개발부담금의 지방자치단체의 귀속분 중 정비기금으로 적립되는 비율 등에 관한 사항은 시·도 조례에 따릅

니다(도시정비법 제82조제4항).

■ 기본계획에 반영하지 않고 주택재건축이 가능한지요?

⒬ 「주택법」 제16조의 규정에 의한 사업계획승인을 얻어 건설한 공동주택이 노후·불량건축물에 해당하는 경우 재건축사업후의 예정세대수가 300세대 이상이거나 그 부지면적이 1만제곱미터 이상인 지역의 경우에도 도시정비법 시행령 제6조에 따라 기본계획에 반영하지 않고 주택재건축이 가능한지요?

Ⓐ 노후 불량건축물로서 기존 세대수 또는 재건축사업후의 예정세대수가 300세대 이상이거나 그 부지면적이 1만제곱미터 이상인 지역의 경우, 도시정비법시행령 제10조제1항[별표1] 제3호가목 및 도시 주거환경정비기본계획 수립지침 4-2-3(3)에 따라 정비계획 수립대상 구역입니다.

2. 안전진단 실시

2-1. 주택재건축사업의 안전진단

① 시장·군수 또는 자치구의 구청장은 정비계획의 수립 또는 주택재건축사업의 시행 여부를 결정하기 위해 안전진단을 실시해야 합니다.
② 천재지변 등으로 주택이 붕괴되어 신속히 재건축을 추진할 필요가 있다고 인정하거나 주택의 구조안전상 사용금지가 필요하다고 인정하는 경우에는 안전진단 없이 주택재건축사업을 진행시킬 수 있습니다.

2-2. 안전진단 실시

특별자치시장·특별자치도지사·시장·군수·자치구의 구청장(이하 '시장·
군수'라 함)은 정비계획의 수립, 주택재건축사업의 시행여부 결정 또
는 안전사고를 방지하기 위해 다음의 어느 하나에 해당하는 경우에
는 안전진단을 실시해야 합니다(도시 정비법 제12조제1항 본문).

1. 도시·주거환경정비기본계획의 단계별 정비사업추진계획에 따라 주
   택재건축사업의 정비예정구역별 정비계획의 수립시기가 도래한 경
   우

2. 정비계획의 입안을 제안하려는 자가 입안을 제안하기 전에 해당
   정비예정구역 안에 소재한 건축물 및 그 부속토지의 소유자 10
   분의 1 이상의 동의를 받아 안전진단 실시를 요청하는 경우

3. 정비구역이 아닌 구역에서의 주택재건축사업을 시행하려는가 추진
   위원회의 구성 승인을 신청하기 전에 해당 사업예정구역 안에 소
   재한 건축물 및 그 부속토지의 소유자 10분의 1 이상의 동의를
   받아 안전진단 실시를 요청하는 경우

4. 정비예정구역을 지정하지 않은 지역에서 주택재건축사업을 하려는
   자가 사업예정구역에 있는 건축물 및 그 부속토지의 소유자 10
   분의 1 이상의 동의를 받아 안전진단을 요청하는 경우

5. 도시정비법 제2조제3호나목에 해당하는 건축물의 소유자로 서 주
   택재건축사업을 시행하고자 하는 자가 해당 사업예정구역에 소재
   한 건축물 및 그 부속토지의 소유자 10분의 1 이상의 동의를 받
   아 안전진단 실시를 요청하는 경우

6. 위에 따라 주택재건축사업의 시행을 결정한 날부터 10년이 되는
   날까지 도시정비법 제28조에 따른 사업시행인가를 받지 않고 다

음의 어느 하나에 해당하는 경우로서 시장·군수가 안전사고의 우
려가 있다고 인정하는 경우
가. 「재난 및 안전관리 기본법」 제27조제1항에 따라 재난이 발생할
위험이 높거나 재난예방을 위하여 계속적으로 관리할 필요가 있
다고 인정하여 특정관리대상시설 등으로 지정하는 경우
나. 「시설물의 안전관리에 관한 특별법」 제7조제2항에 따라 재해
및 재난 예방과 시설물의 안전성 확보 등을 위하여 정밀안전진단
을 실시하는 경우
다. 「주택법」 제46조제4항에 따라 공동주택의 구조안전에 중 대한
하자가 있다고 인정하여 안전진단을 실시하는 경우

2-3. 안전진단 대상

① 주택재건축사업의 안전진단은 주택단지 내의 건축물을 그 대상으
로 합니다(도시정비법 제12조제2항 본문).
② '주택단지'란 주택 및 부대·복리시설을 건설하거나 대지로 조성되
는 일단의 토지로서 다음의 어느 하나에 해당하는 일단의 토지를
말합니다(도시정비법 제2조제7호).
1. 주택건설사업계획승인을 받아 주택과 부대·복리시설을 건설한 일
단의 토지
2. 1.의 토지 중 도시·군계획시설인 도로나 그 밖에 이와 유사한 시
설로 분리되어 각각 관리되고 있는 각각의 토지
3. 1.에 따른 일단의 토지 2 이상이 공동으로 관리되고 있는 경우
그 전체 토지
4. 토지분할 청구에 따라 분할된 토지 또는 분할되어 나가는 토지
5. 건축허가를 얻어 아파트 또는 연립주택을 건설한 일단의 토지

2-4. 안전진단 제외 대상

다음 건축물의 경우는 안전진단 대상에서 제외될 수 있습니다(도시정비법 제12조제2항 단서 및 시행령 제20조제1항).

① 시장·군수가 인정하는 경우

주택단지 내 건축물 중 다음의 어느 하나에 해당하여 시장·군수가 인정하는 경우에는 안전진단 대상에서 제외할 수 있습니다.

1. 천재지변 등으로 주택이 붕괴되어 신속히 재건축을 추진할 필요가 있다고 인정하는 경우
2. 주택의 구조안전상 사용금지가 필요하다고 인정하는 경우
3. 진입도로 등 기반시설 설치를 위하여 불가피하게 정비구역에 포함된 것으로 인정하는 건축물의 경우

② 공동주택 재건축사업의 경우

3 이상의 아파트 또는 연립주택이 밀집되어 있는 공동주택단지 지역으로 해당 지역이 특별시·광역시 또는 도의 조례가 정하는 면적 이상인 경우에는 안전진단 실시 결과 3분의 2 이상의 주택 및 주택단지가 재건축 판정을 받았다면 그 나머지 건축물에 대하여는 안전진단의 대상에서 제외됩니다.

③ 단독주택 재건축사업의 경우

기존의 단독주택(나대지 및 단독주택이 아닌 건축물을 일부 포함할 수 있음)을 재건축하려는 경우에는 단독주택 200호 이상 또는 그 부지면적이 1만㎡ 이상인 지역으로 노후·불량건축물이 해당 지역 안에 있는 건축물 수의 3분의 2 이상이거나, 노후·불량건축물이 해당 지역 안에 있는 건축물의 2분의 1 이상으로서 준공 후 15년 이상이 경과한 다세대 주택 및 다가구 주택이 해당 지역 안에 있는 건축물

수의 10분의 3 이상인 경우에는 그 나머지 건축물에 대하여는 안전
진단의 대상에서 제외됩니다.

◆ **잔여 노후불량건축물수에 대한 안전진단 대상 제외**

(질의요지)

도시정비법 제12조제2항의 규정상 주택재건축사업의 안전진
단은 주택단지내의 건축물을 대상으로 하고, 같은 법 시행령
제20조제1항제3호의 규정상 별표 1 제3호가목(4) 및 나목(2)
의 규정에 따라 노후불량건축물수에 관한 기준을 충족한 경
우 잔여 건축물은 안전진단 대상에서 제외할 수 있도록 하
고 있으나, 안전진단 대상에서 제외할 수 있는 별표 1 제3호
가목(4) (2005.5.18. 개정) 및 제3호라목(2012.7.31. 개정)의
"주택 및 주택단지" 및 "전체주택"에 대한 범위 및 기준은
무엇인지요?

(회신내용)

도시정비법 제12조제2항, 같은 법 시행령 제20조제1항제3호
및 별표 1<개정 2012.7.31.> 제3호라목에 따라 3 이상의
「건축법 시행령」별표1 제2호가목에 따른 아파트 또는 같은
호 나목에 따른 연립주택이 밀집되어 있는 지역으로서 제
20조에 따른 안전진단 실시 결과 전체 주택의 3분의 2 이상
이 재건축이 필요하다는 판정을 받은 지역으로서 시·도조례
로 정하는 면적 이상인 지역으로 노후불량건축물 수에 관한
기준을 충족한 경우 잔여 건축물의 경우에는 안전진단에서
제외할 수 있습니다. 이 때 "전체 주택"이란 주택단지 내
「건축법 시행령」별표1 제2호가목에 따른 아파트 또는 같은
호 나목에 따른 연립주택의 합을 말하는 것으로 판단됩니다.

◆ 재건축사업 시행 결정 시 안전진단 실시 대상

(질의요지)

주택재건축사업의 시행여부를 결정하기 위한 안전진단 실시 대상은 어떻게 결정되나요?

(회신내용)

가. 도시정비법 제12조제2항에서 같은 조 제1항에 따른 주택재건축사업의 안전진단은 주택단지내의 건축물을 대상으로 하도록 하고 있고, 도시정비법 시행령 제20조제1항으로 정하는 주택단지내 건축물의 경우에는 안전진단대상에서 제외할 수 있도록 하고 있습니다.

나. 또한, 도시정비법 시행령 별표1 제3호가목(4)에 따르면 3 이상의 「건축법 시행령」별표1 제2호가목에 따른 아파트 또는 같은 호 나목에 따른 연립주택이 밀집되어 있는 지역으로서 안전진단 실시 결과 3분의 2 이상의 주택 및 주택단지가 재건축 판정을 받은 지역으로서 시·도조례로 정하는 면적 이상인 지역을 주택재건축사업을 위한 정비계획 수립 대상 구역으로 규정하고 있습니다.

2-5. 안전진단 비용

2-5-1. 시장·군수의 부담

안전진단에 드는 비용은 원칙적으로 시장·군수가 부담합니다(도시정비법 시행령 제21조제1항).

2-5-2. 요청자 부담

시장·군수는 안전진단의 실시가 다음의 어느 하나에 해당하는 요청으로 실시된 경우에는 안전진단에 소요되는 비용을 해당 안전진단 실시를 요청하는 자에게 부담하게 할 수 있습니다[도시정비법 제12조제1항 단서, 부칙(법률 제9444호) 제9조 및 시행령 제21조제2항).

1. 정비계획의 입안을 제안하려는 자가 입안을 제안하기 전에 해당 정비예정구역 안에 소재한 건축물 및 그 부속토지의 소유자 10분의 1 이상의 동의를 얻어 안전진단 실시를 요청하는 경우

2. 정비구역이 아닌 구역에서의 주택재건축사업을 시행하려는 자가 추진위원회의 구성 승인을 신청하기 전에 해당 사업예정구역 안에 소재한 건축물 및 그 부속토지의 소유자 10분의 1 이상의 동의를 얻어 안전진단 실시를 요청하는 경우

■ 특별수선충당금 및 공동주택의 관리로 들어온 비용을 입주자대표회의의 의결을 거쳐 안전진단비용 등으로 전용이 가능한지요?

Ⓠ 특별수선충당금 및 공동주택의 관리로 들어온 비용을 입주자대표회의의 의결을 거쳐 재건축비용(안전진단비용 등)으로 전용이 가능한지요?

Ⓐ 공동주택의 관리 등으로 인해 발생한 수입의 용도 및 사용절차는 해당 공동주택의 관리규약에 따릅니다. 따라서 이에 대한 사용절차 등을 입주자대표회의의 의결사항으로 정하고 있다면 이에 따라야 하며, 따로 규정하고 있지 않다면 입주민의 의견을 수렴하여 결정하는 것이 적절하다고 판단됩니다. 다만, 특별수선충당금(현행 장기수선충당금)의 경우 「주택법」의 장기수선계획에 따라

공동주택 공용부분 주요시설의 교체, 보수 등에 사용하도록 하고 있으므로 이에 따라야할 것입니다.

■ **주택재건축 실시를 위해서 안전진단을 실시하려면 어떻게 해야 하나요?**

Ⓠ 주택재건축 실시를 위해서는 안전진단을 거쳐야 한다고 하요, 안전진단을 실시하려면 어떻게 해야 하나요?

Ⓐ 주택재건축사업의 안전진단은 특별자치시장, 특별자치도지사, 시장, 군수, 자치구의 구청장은 정비계획의 수립, 주택재건축사업의 시행여부 결정 또는 안전사고를 방지하기 위해 안전진단을 실시해야 합니다.

천재지변 등으로 주택이 붕괴되어 신속히 재건축을 추진할 필요가 있다고 인정하거나 주택의 구조안전상 사용금지가 필요하다고 인정하는 경우에는 안전진단 없이 주택재건축사업을 진행시킬 수 있습니다.

안전진단은 ① 도시·주거환경정비기본계획의 단계별 정비사업추진계획에 따라 주택재건축사업의 정비예정구역별 정비계획의 수립시기가 도래한 경우이거나 ② 건축물 및 그 부속토지의 소유자 10분의 1 이상의 동의를 얻어 요청이 있어야 합니다.

요청을 받은 특별자치시장, 특별자치도지사, 시장, 군수, 자치구의 구청장은 현지조사 등을 통하여 해당 건축물의 구조안전성, 건축마감, 설비노후도 및 주거환경 적합성 등을 심사하여 안전진단 실시 여부를 결정합니다.

그 후 안전진단을 실시한 결과 A ~ C 등급의 경우에는 유지보수, D 등급의 경우에는 조건부 재건축, E 등급의 경우에는 재건축 판정을 받아 재건축사업의 진행 여부를 결정하게 됩니다.

■ 재건축결의에 반대한 구분소유권자 매도청구권 규정이 위헌이 아닌지요?

ⓠ 저는 연립주택의 1가구를 구분소유하고 있는데, 얼마 전 각동별 가구의 5분의 4 이상이 찬성하여 재건축결의가 성립되었습니다. 그러나 저는 재건축에 찬성하지 않았고, 재건축에의 참가여부를 묻는 통지를 받고도 불참할 것을 통보하였습니다. 그런데 이 경우 법적으로 재건축참가자 등이 저의 구분소유권을 매도할 것을 청구 할 수 있다고 들었는데, 이러한 법 규정은 국민의 기본권을 과도하게 침해하는 것으로서 위헌이 아닌지요?

ⓐ 「집합건물의 소유 및 관리에 관한 법률」제47조 제1항, 제2항 및 제48조에 의하면 건물 건축 후 '상당한 기간'이 경과되어 건물이 훼손 또는 일부 멸실되거나 그 밖의 사정에 의하여 건물의 가격에 비하여 과다한 수선·복구비나 관리비용이 소요되는 경우에 관리단집회는 구분소유자 및 의결권의 각 5분의 4 이상에 의한 재건축결의를 할 수 있고, 재건축 결의에 찬성한 각 구분소유자 등은 재건축에 참가하지 아니하는 뜻을 회답한 구분소유자(그의 승계인을 포함한다.)에 대하여 구분소유권 및 대지사용권을 시가에 따라 매도할 것을 청구할 수 있는바, 이와 같은 규정이 명확성의 원칙에 위반되거나 헌법상 보장된 재산권 등을 침해한 것이 아닌지 문제될 수 있습니다.

이와 관련된 헌법재판소의 판례를 보면, "명확성의 원칙은 규율대상이 극히 다양하고 수시로 변화하는 것인 경우에는 그 요건이 완화되어야 하고, 특정 조항의 명확성 여부는 그 문언만으로 판단할 것이 아니라 관련 조항을 유기적·체계적으로 종합하여 판단하여야 하는바, 집합건물재건축의 요건을 건축후 "상당한 기간"이 경과되어 건물이 훼손되거나 일부 멸실된 경우로 표현한 것은 재건축 대상건물의 다양성으로 인하여 입법기술상 부득이한 것이라고 인정되며, 또 관련 조항을 종합하여 합리적으로 판단하면 구체적인 경우에 어느 정도의 기간이 "상당한 기간"에 해당하는지는 알 수 있다고 할 것이다."라고 하였습니다. 또한, 재건축참가자에게 재건축불참자의 구분소유권에 대한 매도청구권을 인정한 것이 기본권의 과도한 침해에 해당하는지에 관하여 위 판례는 "재건축제도는 공공복리를 위해 그 필요성이 인정된다고 할 수 있고, 재건축불참자의 구분소유권에 대한 재건축참가자의 매도청구권은 재건축을 가능하게 하기 위한 최소한의 필요조건이라 할 것이므로, 이를 인정한 것을 가지고 재건축불참자의 기본권을 과도하게 침해한다고 할 수 없다."라고 하였습니다(헌법재판소 1999. 9. 16. 선고 97헌바73 결정).

한편, 「집합건물의 소유 및 관리에 관한 법률」 제47조 제1항 및 제48조 제4항의 위헌여부에 관하여 대법원은 "집합건물의소유및관리에관한법률 제47조 제1항은 집합건물 재건축의 결의에 관하여 규정하고 있고, 동법 제48조는 그와 같은 결의가 있는 경우 재건축 불참자에 대하여 그 의사에 불구하고 그 구분소유권 및 대지사용권의 매도를 강요하는 규정으로서 재건축 불참자의 재산권에 대한 제한규정이기는 하나, 어떤 집합건물을 재건축의 대상으로 할 것인지는 건물의 건축 후 경과기간만으로 일률적으로 정할 수 있는 사항은 아니고, 각 건물의 건축 및 관리상태, 용도, 수선·복구비용이나 관리비용 등을 감안하여 개별적·구체적으로 정할 수밖에 없는 것이어서 동법 제47조 제1항이 재건축의 요건을 '건물 건축 후 상당한 기간'으로 규정한 것은 입법기술상 부득이하고, 또한 '건물 건축 후 상당한 기간'이라고 하는 문언 자체는 불확정적인 개념이기는 하나 건전한 상식과 통상적인 법감정을 가진 사람이라면 각 건물의 건축 및 관리상태 등의 요소를 감안하여 구체적으로 어느 정도의 기간이 그 기간에 해당하는지를 합리적으로 판단할 수 있으므로, 이를 가지고 국민이 그 규정내용을 알 수 없어 법적 안정성과 예측가능성을 확보할 수 없게 하고 법집행 당국에 의한 자의적 집행을 가능하게 하는 불명확한 규정이라고 할 수 없고, 동법 제48조 제4항 소정의 매도청구권은 재건축을 가능하게 하기 위한 최소한의 필요조건이라 할 것이므로, 재건축제도를 인정하는 이상 같은 조항 자체를 가지고 재건축 불참자의 기본권을 과도하게 침해하는 위헌적인 규정이라고 할 수 없으며, 한편 동법과 「토지수용법」(2003. 1. 1.부터는 토지수용법이 폐지되고 공익사업을위한토지등의취득및보상에관한법률이 시행됨)은 그 입법 목적을 전혀 달리하는 것으로서 매매대금의 지급시기 등에 관하여 서로 그 내용을 달리하고 있다는 이유만으로 집합건물의소유및관리에관한법률이 위헌이라고 할 수 없으며, 동법의 위와 같은 조항들로 인하여 집합건물 거주자인 구분소유자들이 자신의 의사와 관계없이 거주를 이전하여야 하게 되고, 이는 그들의 행복추구권·거주이전의 자유·주거의 자유에 영향을 미치게 됨은 분명하지만, 재건축에 반대하는 구분소유자들의 구분소유권 및 대지사용권에 대한 동법의 제한에는 합리적인 이유가 있다고 인정되므로, 동법의 그와 같은 조항들이 구분소유자들의 행복추구권·거주이전의 자유 및 주거의 자유의 본질적인 내용을 침해하거나 이를 과도하게 제한하여 위헌이라고 할 수 없다."라고 하였습니다(대법원 1999. 12. 10. 선고 98다36344 판결, 1999. 10. 22. 선고 97다49398 판결).

따라서 「집합건물의 소유 및 관리에 관한 법률」 제48조 제4항에서 재건축참가자에게 재건축불참자의 구분소유권에 대한 매도청구권을 인정한 것이 기본권의 과도한 침해에 해당되어 위헌이라고는 할 수 없을 것으로 보입니다.

(관련판례)

구 「주택건설촉진법」(2000. 1. 28. 법률 제6250호) 제44조의3제1항에서 "노후·불량주택의 소유자들이 해당 주택을 철거하고 그 철거한 대지 위에 주택을 건설하고자 하는 경우에는 시장 등에게 안전진단을 신청하여야 한다."고 규정하고 있기는 하나, 「집합건물의 소유 및 관리에 관한 법률」 제48조의 매도청구권을 행사하기 위한 요건으로 위 안전진단이 필요하다고 볼 근거가 전혀 없으므로, 가사 위 「주택건설촉진법」에 경과조치 규정이 없으므로 구법하에서 이루어진 안전진단은 무효이고, 따라서 재건축조합이 새로이 안전진단을 실시하여야 함에도 이를 이행하지 않고 재건축 결의를 한 후 조합원들에 대하여 매도청구권을 행사하였다고 하더라도, 그것만을 이유로 재건축조합의 조합원들에 대한 매도청구권의 성립을 부정할 수는 없다(대법원 2002. 3. 15. 선고 2001다77819 판결).

■ 단독주택지의 노후·불량건축물수에 관한 기준을 충족한 경우 안전진단을 실시하지 아니하고 정비사업을 추진할 수 있는지요?

ⓠ 단독주택지안에 1987년 준공된 66세대의 아파트(송유관 폭발사고로 구조상 문제가 있어 재건축을 허용)와 상가 등이 있는 경우 단독주택지의 노후·불량건축물수에 관한 기준을 충족한 경우 안전진단을 실시하지 아니하고 정비사업을 추진할 수 있는지요?

Ⓐ 도시정비법 시행령 별표 1 제3호 가목(4) 및 나목(2)의 규정에 의한 노후불량건축물수에관한 기준을 충족한 경우 잔여건축물에 대하여는 안전진단대상에서 제외될 수 있을 것 입니다.

■ 안전진단을 재정비촉진계획 결정전에 반드시 실시하여야 하는지 아니면 사업시행인가 전까지 안전진단 실시를 조건으로 재정비촉진계획 결정이 가능한지요?

ⓠ 재정비촉진구역을 공동주택 재건축 방식으로 결정하여 「도시재정비 촉진을 위한 특별법」(이하 "도촉법"이라 한다)제13조 제1항에 따라 재정비촉진계획을 결정하여 재정비정비구역 지정(정비계획 포함)을 의제 처리코자 할 경우에 도시정비법 제12조에 의한 안전진단을 재정비촉진계획 결정전에 반드시 실시하여야 하는지 아니면 사업시행인가 전까지 안전진단 실시를 조건으로 재정비촉진계획 결정이 가능한지요?

Ⓐ 도촉법 제3조에 따르면 재정비촉진사업을 시행함에 있어서이 법에

서 규정하지 아니한 사항에 대하여는 당해 사업에 관하여 정하고 있는 관계 법률에 따르도록 정하고 있고 관련 도시정비법 제12조에서 따르면 주택재건축사업의 정비계획수립시기가 도래한 때 안전진단을 실시토록 하고 있으며, 또한 도촉법 제13조에 따르면 재정비촉진계획이 결정 고시된 때에 정비계획의 수립 및 변경이 있는 것으로 보고 있으므로, 질의의 경우 재정비촉진계획 수립시기가 도래한 때 재건축사업의 안전진단을 실시하여야 합니다.

◆ **특별수선충당금을 재건축 안전진단 비용으로 사용 가능 여부**

(질의요지)

특별수선충당금 및 공동주택의 관리로 들어온 비용을 입주자 대표회의 의결을 거쳐 재건축추진비용(안전진단비용 등)으로 전용이 가능한지요?

(회신내용)

가. 주택법 시행령 제57조제1항제17호에 따라 공동주택의 관리 등으로 인하여 발생한 수입의 용도 및 사용절차는 당해 공동주택의 관리규약으로 정하도록 규정하고 있습니다. 따라서, 이에 대한 사용절차 등을 입주자대표회의의 의결사항으로 정하고 있다면 이에 따라야 하며, 따로 규정하고 있지 않다면 입주민의 의견을 수렴하여 결정하는 것이 적절하다고 판단됩니다.

나. 다만, 특별수선충당금(현행 장기수선충당금)의 경우 주택법상 장기수선계획에 의해 공동주택 공용부분 주요시설의 교체, 보수 등에 사용하도록 정하고 있으므로 이에 따라야 할 것으로 판단됩니다.

3. 안전진단 요청 및 실시 여부 결정

① 토지 등 소유자의 요청 등에 의해 안전진단을 실시하려는 경우에는 건축물 및 그 부속토지의 소유자 10분의 1 이상의 동의를 얻어야 합니다.

② 시장·군수 또는 자치구의 구청장은 현지조사 등을 통하여 해당 건축물의 구조안전성, 건축마감, 설비노후도 및 주거환경 적합성 등을 심사하여 안전진단 실시 여부를 결정해야 합니다.

3-1. 안전진단 요청
3-1-1. 안전진단 요청의 전제조건

① 안전진단 요청을 하려는 자는 다음의 어느 하나에 해당하는 조건을 충족해야 합니다(도시정비법」 제12조제1항 참조).

1. 정비계획의 입안을 제안하려는 자의 경우 입안을 제안하기 전에 해당 정비예정구역 안에 소재한 건축물 및 그 부속토지의 소유자 10분의 1 이상의 동의를 받을 것

2. 정비구역이 아닌 구역에서의 주택재건축사업을 시행하려는자의 경우 추진위원회의 구성 승인을 신청하기 전에 해당 사업예정구역 안에 소재한 건축물 및 그 부속토지의 소유자 10분의 1 이상의 동의를 받을 것

3. 정비예정구역을 지정하지 않은 지역에서 주택재건축사업을 하려는 자가 사업예정구역에 있는 건축물 및 그 부속토지의 소유자 10분의 1 이상의 동의를 받을 것

4. 도시정비법 제2조제3호나목에 해당하는 건축물의 소유자로서 주택재건축사업을 시행하고자 하는 자가 해당 사업예정구역에 소재

한 건축물 및 그 부속토지의 소유자 10분의 1 이상의 동의를 받을 것

3-1-2. 안전진단 실시를 위한 동의자 수 산정방법 및 동의 철회

① 동의자 수 산정방법

1. 소유권 또는 구분소유권이 여러 명의 공유에 속하는 경우에는 그 여러 명을 대표하는 1명을 토지 등 소유자로 산정하여 동의서를 받아야 하며, 1명이 둘 이상의 소유권 또는 구분소유권을 소유하고 있는 경우에는 소유권 또는 구분 소유권의 수에 관계없이 토지 등 소유자를 1명으로 산정하여 동의서를 받아야 합니다(도시정비법 제17조제3항 및 시행령 제28조제1항제2호).

2. 토지등기부등본·건물등기부등본·토지대장 및 건축물관리대장에 소유자로 등재될 당시 주민등록번호의 기재가 없고 기재된 주소가 현재 주소와 다른 경우로서 소재가 확인되지 않는 자는 토지 등 소유자의 수에서 제외해야 합니다(도시정비법 시행령 제28조제1항제4호).

② 동의의 철회 및 반대의 의사표시

1. 동의를 철회하거나 반대의 의사표시를 하려는 토지 등 소유자는 동의의 상대방 및 시장·군수 또는 자치구의 구청장(이하 '시장·군수'라 함)에게 철회서에 토지 등 소유자의 지장(指章)을 날인하고 자필로 서명한 후 주민등록증 및 여권 등 신원을 확인할 수 있는 신분증명서 사본을 첨부하여 내용증명의 방법으로 발송해야 하며, 이 경우 시장·군수가 철회서를 받은 경우에는 지체 없이 동의의 상대방에게 철회서가 접수된 사실을 통지해야 합니다(도시정비법 시행령 제 28조제6항).

2. 동의의 철회나 반대의 의사표시는 철회서가 동의의 상대방에게 도달한 때 또는 시장·군수가 동의의 상대방에게 철회서가 접수된 사실을 통지한 때 중 빠른 때에 효력이 발생합니다(도시정비법 시행령 제28조제7항).

3-1-3. 안전진단 요청

① 안전진단을 요청하려는 자는 다음의 서류를 시장·군수에게 제출(전자문서에 의한 제출 포함)해야 합니다(도시정비법 시행규칙 제5조 제1항 및 별지 제1호서식).

1. 안전진단 요청서
2. 사업지역 및 주변지역의 여건 등에 관한 현황도
3. 결함부위의 현황사진
4. 안전진단의 실시 여부 결정
5. 현지조사 및 검토

② 시장·군수는 현지조사 등을 통하여 해당 건축물의 구조안전성, 건축마감, 설비노후도 및 주거환경 적합성 등을 심사하여 안전진단 실시 여부를 결정해야 합니다(도시정비법 제12조제3항 전단).

안전진단 요청서				처리기한
				30 일

신청인	추진위원회의 명칭				조합설립추진위원회	
	대표자	성 명		생년월일		
		주 소			(전화)	-
	주된사무소의소재지			(전화)	-	

기존건축물	대 지 위 치						
	사업계획승인일		사 용 검 사 일				
	착 공 일		준 공 일				
	설 계 자		시 공 자				
	대 지 면 적	㎡	건 축 면 적				㎡
	연 면 적	㎡	용 적 률				%
	동 수		세 대 수				
	구 조 방 식		난 방 방 식				
	동 고 유 번 호	동명칭 및번호	연면적 (㎡)	동 고 유 번 호	동명칭 및번호	연면적 (㎡)	

신 청 사 유	

「도시 및 주거환경정비법」 제12조제1항 및 같은 법 시행규칙 제5조에 따라 위와 같이 안전진단을 신청합니다.

년   월   일

신청인 대표   (서명 또는 인)

시장·군수·구청장 귀하

※ **첨부서류**
1. 사업지역 및 주변지역의 여건 등에 관한 현황도
2. 결함부위의 현황사진

3-1-4. 안전진단 요청 반려

시장·군수는 안전진단의 요청이 있는 공동주택이 노후·불량건축물에 해당하지 않음이 명백하다고 인정하는 경우에는 그 사유를 명시하여 요청을 반려할 수 있습니다(도시정비법 시행령 제20조제2항).

3-1-5. 안전진단 실시 여부 통보

① 시장·군수는 안전진단의 요청이 있는 경우 요청일부터 30일 이내에 안전진단의 실시 여부를 결정하여 요청인에게 통보해야 합니다(도시정비법 시행령 제20조제3항 전단).
② 이 경우 시장·군수는 안전진단 실시 여부를 결정하기 전에 단계별 정비사업추진계획 등의 사유로 주택재건축사업의 시기를 조정할 필요가 있다고 인정하는 경우에는 안전진단의 실시 시기를 조정할 수 있습니다(도시정비법 시행령 제20조제3항 후단).

■ 주택재건축 실시를 위해서 안전진단을 실시하려면 어떻게 해야 하나요?

Ⓠ 주택재건축 실시를 위해서는 안전진단을 거쳐야 한다고 하네요, 안전진단을 실시하려면 어떻게 해야 하나요?

Ⓐ ◇ 주택재건축사업의 안전진단

특별자치시장, 특별자치도지사, 시장, 군수, 자치구의 구청장은 정비계획의 수립, 주택재건축사업의 시행여부 결정 또는 안전사고를 방지하기 위해 안전진단을 실시해야 합니다.

천재지변 등으로 주택이 붕괴되어 신속히 재건축을 추진할 필요가 있다고 인정하거나 주택의 구조안전상 사용금지가 필요하다고 인정하는 경우에는 안전진단 없이 주택재건축사업을 진행시킬 수 있습니다.

안전진단은 ① 도시·주거환경정비기본계획의 단계별 정비사업추진계획에 따라 주택재건축사업의 정비예정구역별 정비계획의 수립시기가 도래한 경우이거나 ② 건축물 및 그 부속토지의 소유자 10분의 1 이상의 동의를 얻어 요청이 있어야 합니다.

요청을 받은 특별자치시장, 특별자치도지사, 시장, 군수, 자치구의 구청장은 현지조사 등을 통하여 해당 건축물의 구조안전성, 건축마감, 설비노후도 및 주거환경 적합성 등을 심사하여 안전진단 실시 여부를 결정합니다.

그 후 안전진단을 실시한 결과 A ~ C 등급의 경우에는 유지보수, D 등급의 경우에는 조건부 재건축, E 등급의 경우에는 재건축 판정을 받아 재건축사업의 진행 여부를 결정하게 됩니다.

◆ 재건축정비사업촉진구역 지정 시 안전진단 사전실시 여부

(질의요지)

재정비촉진구역을 공동주택 재건축 방식으로 결정하여 도촉법 제13조 제1항에 따라 재정비촉진계획을 결정하여 재정비정비구역 지정(정비계획 포함)을 의제 처리코자 할 경우에 도시정비법 제12조에 의한 안전진단을 재정비촉진계획 결정 전에 반드시 실시하여야 하는지 아니면 사업시행인 가 전까지 안전진단 실시를 조건으로 재정비촉진계획 결정이 가능한지요?

(회신내용)

도촉법 제3조에 따르면 재정비촉진사업을 시행함에 있어서

이 법에서 규정하지 아니한 사항에 대하여는 당해 사업에 관하여 정하고 있는 관계 법률에 따르도록 정하고 있고 관련 도시정비법 제12조에서 따르면 주택재건축사업의 정비계획 수립시기가 도래한 때 안전진단을 실시토록 하고 있으며, 또한 도촉법 제13조에 따르면 재정비촉진계획이 결정 고시된 때에 정비계획의 수립 및 변경이 있는 것으로 보고 있음. 따라서 본 질의의 경우 재정비촉진계획 수립시기가 도래한 때 재건축사업의 안전진단을 실시하여야 합니다.

◆ 안전진단 요청 동의서 징구 시점

(질의요지)

도시정비법 제12조제1항에 따라 건축물 및 그 부속토지의 소유자 10분의 1이상의 동의를 받아 안전진단을 신청하는 경우, 해당 공동주택이 재건축 가능연한이 도래하기 전 시점(노후·불량건축물 기준 미충족)에 작성하여 징구한 "안전진단 요청을 위한 동의서"를 재건축 가능연한 도래 후(노후·불량건축물 기준 충족 후) 제출할 경우 유효한 동의서로 인정할 수 있는지요?

(회신내용)

도시정비법 제12조제1항제2호, 제3호, 제4호, 제5호에 따라 건축물 및 그 부속토지의 소유자 10분의 1 이상의 동의를 얻어 안전진단 실시를 요청하는 때에는 시장·군수는 재건축사업의 시행여부를 결정하기 위하여 안전진단을 실시하여야 합니다. 즉 재건축 시행여부는 안전진단 결과에 따르므로 해당 공동주택이 시·도조례에서 정하는 재건축 가능연한 기준을 미충족한 상태에서 징구한 안전진단 요청을 위한 동의서도 유효한 것으로 볼 수 있을 것으로 판단됩니다.

4. 안전진단 실시

① 시장·군수 또는 자치구의 구청장은 현지조사 등을 통해 안전진단의 실시가 필요하다고 결정한 경우에는 안전진단기관에 안전진단을 의뢰해야 합니다.

② 시장·군수 또는 자치구의 구청장은 안전진단의 결과와 도시계획 및 지역여건 등을 종합적으로 검토하여 정비계획의 수립 또는 주택 재건축사업의 시행 여부를 결정해야 합니다.

◆ **단독주택 지역에서 노후불량건축물에 대한 안전진단 실시**

(질의요지)

단독주택 지역에서 공동주택 이외의 건축물의 노후·불량건축물 판단과 관련하여, 안전진단 기관이 작성한 안전진단 매뉴얼을 기준으로 노후·불량 건축물을 판정할 수 있는지요?

(회신내용)

가. 도시정비법 제2조제3호다목에 따르면 건축물로서 대통령령으로 정하는 바에 따라 특별시·광역시·특별자치시·도·특별자치도 또는 인구 50만 이상 대도시의 조례로 같은 조제3호다목 각호의 요건에 해당하는 건축물을 노후·불량건축물로 정하도록 하고 있고, 「단독주택지 재건축 업무처리기준」 2-3-1에 따르면 노후·불량건축물에 해당하는지 여부가 불확실한 때에는 안전진단을 실시할 수 있으나, 안전진단 기준이 없거나 적용하기 곤란한 건축물에 대하여는 건축구조기술사 등 전문가의 조사 등으로 판단하도록 하고 있습니다.

나. 질의하신 노후·불량건축물의 판단을 위하여 안전진단기관의 매뉴얼 적용여부에 대하여는 시·도에서 조례 및 관련 규정 등을 검토하여 적용여부를 결정할 수 있을 것 입니다.

4-1. 안전진단 의뢰

특별자치시장, 특별자치도지사, 시장, 군수, 자치구의 구청장(이하 '시장·군수'라 함)은 현지조사 등을 통해 안전진단의 실시가 필요하다고 결정한 경우에는 다음의 안전진단기관에 안전진단을 의뢰해야 합니다(도시정비법 제12조제3항 및 시행령 제20조제4항).

① 국토교통부에 등록된 안전진단전문기관

② 한국시설안전공단

③ 한국건설기술연구원

④ 위에 따른 주택재건축사업의 안전진단은 다음의 구분에 따릅니다 (도시정비법 시행령 제20조제5항).

1. 구조안전성 평가 : 도시정비법 시행령 제2조제1항 각 호에 따른 노후·불량건축물을 대상으로 구조적 또는 기능적 결함 등을 평가하는 안전진단

2. 주거환경 중심 평가 : 1.외의 노후·불량건축물을 대상으로 주거생활의 편리성과 거주의 쾌적성 등을 중심으로 평가하는 안전진단

4-2. 안전진단 실시

시장·군수로부터 의뢰받은 안전진단기관은 「주택 재건축 판정을 위한 안전진단 기준」(국토교통부 고시 제2015-329호, 2015. 5. 29, 발령·시행)에 따라 안전진단을 실시해야 합니다(도시정비법 제12조제4항).

◆ 소규모 아파트를 통합한 재건축 예정구역의 안전진단을
실시하는 경우 표본동 산정은 어떻게 하나요?

(질의요지)

14개 소규모 단위 아파트를 통합한 재건축 예정구역의 안전
진단을 실시할 때 14개 소규모 단위 아파트(46동)를 통합하
여 하나의 단지로 적용하여 표본동 5~6동을 선정할 수 있는
지요? 아니면 14개 단지에 대해 각각 최소 표본동 1~2동을
선정하여야 하는지요?

(회신내용)

「주택 재건축 판정을 위한 안전진단 기준」 2-2-2.에서 현지
조사의 표본은 단지배치, 동별 준공일자·규모·형태 및 세대
유형 등을 고려하여 골고루 분포되게 선정하되, 최소한으로
조사해야 할 표본 동 수의 선정기준을 규정하고 있으며, 이
규정은 각각의 단지별로 적용되어야 할 것입니다.

4-3. 안전진단결과보고서 제출

① 안전진단을 실시한 안전진단기관은 다음의 사항이 포함된 안전진단
결과보고서를 작성하여 시장·군수 및 안전진단 실시를 요청한 자에게
제출해야 합니다(도시정비법 제12조제4항 및 시행규칙 제5조제2항).

내 용	세부 사항	
1. 구조 안전성 평가	가. 구조안전성에 관한 사항	(1) 기울기·침하·변형에 관련된 사항 (2) 콘크리트 강도·처짐 등 내하력 (耐荷力)에 관한 사항 (3) 균열·부식 등 내구성에 관한 사항
	나. 종합평가의견	

2. 주거 환경 중 심 평가	가.　주거환경에 관한 사항	1) 도시미관·재해위험도 (2) 일조환경·에너지효율성 (3) 층간 소음 등 사생활침해 (4) 노약자와 어린이의 생활환경 (5) 주차장 등 주거생활의 편리성
	나.　건축마감 및 노후설비도에 관한 사항	(1) 지붕·외벽·계단실·창호의 마감 상태 (2) 난방·급수급탕·오배수·소화설비 등 기계설비에 관한 사항 (3) 수변전, 옥외전기 등 전기설비 에 관한 사항
	다.　비용분석에 관한 사항	(1) 유지관리비용 (2) 보수·보강비용 (3) 철거비·이주비 및 신축비용
	라.　구조안전성에 관한 사항	(1) 기울기·침하·변형에 관련된 사항 (2) 콘크리트 강도·처짐 등 내하력 (耐荷力)에 관한 사항 (3) 균열·부식 등 내구성에 관한 사항
	마.　종합평가의견	

② 위반 시 제재

안전진단결과보고서를 거짓으로 작성한 자는 2년 이하의 징역 또는
2천만원 이하의 벌금에 처해집니다(도시정비법 제85조제2호).

4-4. 안전진단 결과 검토

시장·군수는 국토교통부에 등록된 안전진단전문기관이 제출한 안전
진단결과보고서를 받은 경우에는 한국시설안전공단 또는 한국건설기
술연구원에 안전진단결과보고서의 적정 여부에 대한 검토를 의뢰할
수 있습니다(도시정비법 시행령 제21조제3항).

5. 주택재건축사업의 시행 여부 결정 등

5-1. 정비계획수립 또는 주택재건축사업 시행 여부 결정

시장·군수는 안전진단의 결과와 도시계획 및 지역여건 등을 종합적으로 검토하여 정비계획의 수립 또는 주택재건축사업의 시행 여부를 결정해야 합니다(도시정비법 제12조제5항).

5-2. 결과 보고

시장, 군수 또는 구청장(자치구의 구청장을 말함. 이하 같음)은 정비계획의 수립 또는 주택재건축사업의 시행을 결정한 경우에는 지체없이 특별시장·광역시장·도지사에게 결정내용과 해당 안전진단결과보고서를 제출해야 합니다(도시정비법 제12조제6항).

5-3. 안전진단 결과에 대한 적정성 검토 및 조치

① 특별시장·광역시장·특별자치시장·도지사·특별자치도지사(이하 '시·도지사'라 함)는 필요한 경우 한국시설안전공단 또는 한국건설기술연구원에 안전진단결과의 적정성 여부에 대한 검토를 의뢰할 수 있습니다(도시정비법 제12조제7항).

② 국토교통부장관은 시·도지사에게 안전진단결과보고서의 제출을 요청할 수 있으며, 필요한 경우 시·도지사로 하여금 안전진단결과의 적정성 여부에 대한 검토를 하도록 요청할 수 있다(도시정비법 제12조제8항).

③ 특별시장·광역시장·도지사는 검토결과에 따라 시장, 군수 또는 구청장에게 정비계획 수립결정 또는 주택재건축사업 시행결정의 취소

등 필요한 조치를 요청할 수 있으며, 시장, 군수 또는 구청장은 특별한 사유가 없는 한 이에 응해야 합니다(도시정비법 제12조제9항 본문).

④ 다만, 특별자치시장 및 특별자치도지사는 직접 정비계획 수립결정 또는 주택재건축사업 시행결정의 취소 등 필요한 조치를 할 수 있습니다(도시정비법 제12조제9항 단서).

■ **주택재건축 실시를 위해서 안전진단을 실시하려면 어떻게 해야 하나요?**

Ⓠ 주택재건축 실시를 위해서는 안전진단을 거쳐야 한다고 하네요, 안전진단을 실시하려면 어떻게 해야 하나요?

Ⓐ 주택재건축사업의 안전진단은 특별자치시장, 특별자치도지사, 시장, 군수, 자치구의 구청장은 정비계획의 수립, 주택재건축사업의 시행여부 결정 또는 안전사고를 방지하기 위해 안전진단을 실시해야 합니다.

천재지변 등으로 주택이 붕괴되어 신속히 재건축을 추진할 필요가 있다고 인정하거나 주택의 구조안전상 사용금지가 필요하다고 인정하는 경우에는 안전진단 없이 주택재건축사업을 진행시킬 수 있습니다.

안전진단은 ① 도시·주거환경정비기본계획의 단계별 정비사업추진계획에 따라 주택재건축사업의 정비예정구역별 정비계획의 수립시기가 도래한 경우이거나 ② 건축물 및 그 부속토지의 소유자 10분의 1 이상의 동의를 얻어 요청이 있어야 합니다.

요청을 받은 특별자치시장, 특별자치도지사, 시장, 군수, 자치구의

구청장은 현지조사 등을 통하여 해당 건축물의 구조안전성, 건축
마감, 설비노후도 및 주거환경 적합성 등을 심사하여 안전진단
실시 여부를 결정합니다.

그 후 안전진단을 실시한 결과 A ~ C 등급의 경우에는 유지보
수, D 등급의 경우에는 조건부 재건축, E 등급의 경우에는 재건
축 판정을 받아 재건축사업의 진행 여부를 결정하게 됩니다.

6. 주택재건축 정비계획 수립 및 정비구역 지정

① 시장·군수 또는 자치구이 구청장은 도시·주거환경기본계획에 적합
한 범위에서 노후·불량건축물이 밀집하는 등의 구역지정 요건에 해
당하는 구역을 대상으로 해당 구역의 구체적인 개발계획과 내용을
결정하는 정비계획을 수립해야 합니다.

② 정비구역은 정비계획에 대한 주민공람, 지방의회 의견청취 등의
절차를 거친 후 시장·군수 또는 자치구의 구청장에 의해 특별시장·
광역시장 또는 도지사에게 정비구역지정 신청이 있어야 하며, 신청을
받은 시·도지사가 이를 지정해야 합니다. 다만, 인구 50만명 이상의
대도시 시장은 정비구역지정 신청 없이 직접 정비구역을 지정할 수
있습니다.

6-1. 정비계획
6-1-1. 정비계획 및 정비구역의 개념
① 「정비계획」이란 도시·주거환경기본계획(이하 "기본계획"이라 함)에
적합한 범위에서 노후·불량건축물이 밀집하는 등의 구역지정 요건에

해당하는 구역을 대상으로 해당 구역의 구체적인 개발계획과 내용을 결정하는 계획 또는 절차로서 정비사업 시행을 위한 구체적인 시행계획을 말합니다(도시정비법 제4조제1항).

② 「정비구역」이란 정비사업을 계획적으로 시행하기 위해 정비계획에 따라 지정·고시된 구역을 말합니다(도시정비법 제2조제1호).

6-1-2. 정비계획의 내용

정비계획에는 다음의 사항이 포함되어야 합니다(도시정비법 제4조제1항 및 시행령 제13조).

1. 정비사업의 명칭
2. 정비구역 및 그 면적
3. 「국토의 계획 및 이용에 관한 법률」 제2조제7호에 따른 도시·군계획시설(이하 '도시·군계획시설'이라 함)의 설치에 관한 계획
4. 공동이용시설 설치계획
5. 현금납부에 관한 사항
6. 건축물의 주용도·건폐율·용적률·높이에 관한 계획
7. 환경보전 및 재난방지에 관한 계획
8. 정비구역 주변의 교육환경 보호에 관한 계획
9. 세입자 주거대책
10. 정비사업시행 예정시기
11. 정비사업을 통하여 「민간임대주택에 관한 특별법」 제2조 제4호에 따른 기업형임대주택(이하 "기업형임대주택"이라함)을 공급하거나, 임대할 목적으로 주택을 「민간임대주택에 관한 특별법」 제2조제11호에 따른 주택임대관리업자(이하 "주택임대관리업자"라 함)에게 위탁하려는 경우에는 다음의 사항. 다만, 나.와 다.

의 사항은 건설하는 주택 전체 세대수에서 기업형임대주택 또는 임대할 목적으로 주택임대관리업자에게 위탁하려는 주택(이하 "임대관리 위탁주택"이라 함)이 차지하는 비율이 100분의 20 이상, 임대기간이 8년 이상의 범위 등에서 대통령령으로 정하는 요건에 해당하는 경우로 한정

가. 기업형임대주택 또는 임대관리 위탁주택에 관한 획지별 토지이용 계획

나. 주거·상업·업무 등의 기능을 결합하는 등 복합적인 토지이용을 증진시키기 위하여 필요한 건축물의 용도에 관한 계획

다. 「국토의 계획 및 이용에 관한 법률」 제36조제1항제1호 가목에 따른 주거지역을 세분 또는 변경하는 계획과 용적률에 관한 사항

라. 그 밖에 기업형임대주택 또는 임대관리 위탁주택의 원활한 공급 등을 위하여 필요한 사항으로서 대통령령으로 정하는 사항

12. 「국토의 계획 및 이용에 관한 법률」 제52조제1항에 따른 지구단위계획의 내용에 관한 계획(필요한 경우에 한함)

13. 정비사업의 시행방법

14. 기존 건축물의 정비·개량에 관한 계획

15. 정비기반시설의 설치계획

16. 정비구역을 둘 이상의 구역으로 분할하거나 서로 떨어진 둘 이상의 구역 또는 정비구역을 하나의 구역으로 결합하여 정비사업을 시행하는 경우 그 분할 또는 결합에 관한 계획

17. 건축물의 건축선에 관한 계획

18. 홍수 등 재해에 대한 취약요인에 관한 검토결과

19. 정비구역 및 주변지역의 주택수급에 관한 사항

20. 안전 및 범죄예방에 관한 사항

21. 그 밖에 정비사업의 원활한 추진을 위하여 특별시·광역시 또는 도의 조례(이하 "시·도 조례"라 함)가 정하는 사항

6-2. 정비계획 수립 대상

6-2-1. 정비계획 수립 대상지역

① 주택재건축사업을 위한 정비계획 수립 대상지역은 주거환경개선사업, 주택재개발사업, 도시환경정비사업을 위한 정비구역에 해당하지 않는 지역으로서 다음의 어느 하나에 해당하는 지역이어야 합니다(도시정비법 제4조제1항 및 제3항, 시행령 제10조제1항 및 별표 1 제3호).

② 도시정비법 시행령 제6조에 따른 정비구역 외에서의 주택재건축사업은 정비계획을 수립하지 않고도 건축위원회의 심의를 거쳐 사업시행인가를 받아 사업을 진행할 수 있습니다(도시정비법 제28조제2항 참조).

◆ **도시환경정비사업 정비예정구역에 대한 면적제한**

(질의요지)

도시·주거환경정비기본계획 수립 시 도시환경정비사업 정비예정구역 면적이 1만㎡ 이상이어야 하는 지 여부와 정비예정구역에 근린상업지역, 준주거지역 편입이 가능한지요?

(회신내용)

도시정비법 제2조제2호에 따라 도시환경정비사업은 상업지역·공업지역 등으로서 토지의 효율적 이용과 도심 또는 부도심 등 도시기능의 회복이나 상권 활성화 등이 필요한 지역

에서 도시환경을 개선하기 위하여 시행하는 사업으로, 같은 법 제3조제1항에 따라 특별시장·광역시장 또는 시장 은 정비 예정구역의 개략적 범위 등 동조 동항 각 호의 사항이 포함 된 도시·주거환경정비기본계획을 10년 단위로 수립하도록 하 고 있으나, 도시환경정비사업 정비예정구역에 대하여 별도의 면적 제한이나 용도지역 제한을 두고 있지 않습니다.

6-2-2. 대상지역 적합 여부 확인

① 시장·군수 또는 자치구의 구청장(이하 '시장·군수'라 함)은 정비계획을 수립하는 경우에는 다음의 사항을 조사하여 위의 재건축정비구역 대상에 적합한지 여부를 확인해야 하며, 정비계획을 변경하려는 경우에는 변경내용에 해당하는 사항을 조사·확인해야 합 니다(도시정비법 시행령 제10조제2항).

1. 주민 또는 산업의 현황
2. 토지 및 건축물의 이용과 소유현황
3. 도시·군계획시설 및 정비기반시설의 설치현황
4. 정비구역 및 주변지역의 교통상황
5. 토지 및 건축물의 가격과 임대차 현황
6. 정비사업의 시행계획 및 시행방법 등에 대한 주민의 의견
7. 그 밖에 시·도 조례로 정하는 사항

② 시장·군수는 사업시행자(사업시행자가 2 이상인 경우에는 그 대 표자를 말함)로 하여금 위의 조사를 하게 할 수 있습니다(도시정비 법 시행령 제10조제3항).

6-3. 주택재건축 정비계획 수립 및 정비구역 지정 절차
6-3-1. 정비계획 수립(입안)

① 시장, 군수 또는 구청장에 의한 정비계획 수립

자치구의 구청장 또는 광역시의 군수(이하 "구청장등"이라 함)는 기본계획에 적합한 범위에서 노후·불량건축물이 밀집하는 등의 구역지정 요건에 해당하는 구역을 대상으로 해당 구역의 구체적인 개발계획과 내용을 결정하는 정비계획을 수립해야 합니다(도시정비법 제4조제1항).

② 토지 등 소유자에 의한 정비계획 입안 제안

토지 등 소유자는 다음의 어느 하나에 해당하는 경우에 특별자치시장, 특별자치도지사, 시장, 군수 또는 구청장등에게 정비계획의 입안을 제안할 수 있습니다(도시정비법 제4조제4항).

1. 단계별 정비사업추진계획상 정비계획의 수립시기가 1년(시·도 조례로 그 이상의 연수로 정하는 경우에는 그 연수로 함)이상 경과하였음에도 불구하고 정비계획이 수립되지 않은 경우

2. 토지 등 소유자가 주택공사등을 사업시행자로 요청하고자하는 경우

3. 대도시가 아닌 시 또는 군으로서 시·도 조례로 정하는 경우

4. 정비사업을 통하여 기업형임대주택을 공급하거나, 임대할 목적으로 주택을 주택임대관리업자에게 위탁하려는 경우로서 도시정비법 제4조제1항제7호의2 각목을 포함하는 정비계획의 수립을 요청하고자 하는 경우

5. 도시정비법 제8조제4항제1호에 따라 정비사업을 시행하려는 경우

③ 위와 같이 정비계획의 입안을 제안하려는 자는 시·도 조례에 따라 토지 등 소유자의 동의를 받은 후 제안서에 정비계획도서, 계획설명서, 그 밖의 필요한 서류를 첨부하여 시장·군수에게 제출해야 합니다(도시정비법 시행령 제13조의2제1항).

④ 시장·군수는 제안이 있는 경우에는 제안일부터 60일 이내(부득이한 사정이 있는 경우 1회에 한하여 30일 연장 가능)에 정비계획에의 반영 여부를 제안자에게 통보해야 합니다(도시 정비법 시행령 제13조의2제2항).

6-3-2. 정비기반시설 및 국·공유재산 관리청의 의견 청취

시장·군수는 정비기반시설의 귀속 및 국·공유재산의 처분에 관한 사항이 포함된 정비계획을 수립하려는 경우에는 미리 해당 정비기반시설 및 국·공유재산의 관리청의 의견을 들어야 합니다(도시정비법 제4조제11항).

6-3-3. 주민통보, 주민설명회 및 주민공람

① 구청장등은 정비계획을 수립하여 이를 주민에게 서면으로 통보한 후 주민설명회를 하고, 30일 이상 주민에게 공람해야 합니다(도시정비법 제4조제1항).
② 정비계획을 주민에게 공람하려는 경우 시장·군수는 미리 공람의 요지 및 공람장소를 해당 지방자치단체의 공보 및 인터넷에 공고하고, 공람장소에 관계 서류를 비치해야 합니다(도시정비법 시행령 제11조제1항).

◆ **정비계획을 주민에게 서면통보하는 방법**

(질의요지)

도시정비법 제4조제1항에 따라 정비계획을 수립하여 주민에게 서면으로 통보하는 방법은 있나요?

(회신내용)

도시정비법 제4조제1항에 따라 시장·군수는 정비계획을 수립하여 이를 주민에게 서면으로 통보한 후 주민설명회를 하도록 하고 있으나, 서면통보의 방법에 대하여는 도시정비법에서 별도로 규정하고 있지 않습니다.

6-3-4. 주민 의견 제출

주민은 공람기간 이내에 시장·군수에게 서면으로 의견을 제출할 수 있으며, 시장·군수는 제출된 의견을 심사하여 채택할 필요가 있다고 인정하는 경우에는 이를 채택하고, 그렇지 않은 경우에는 의견을 제출한 자에게 그 사유를 알려주어야 합니다(도시정비법 시행령 제11조제2항).

6-3-5. 지방의회 의견 청취

구청장등은 정비계획에 대한 주민공람을 하며 지방의회의 의견을 들어야 합니다(도시정비법 제4조제1항).

6-3-6. 정비구역 지정 신청

① 구청장 등은 정비계획에 대한 지방의회 의견을 들은 후 이를 첨부하여 특별시장·광역시장에게 정비구역지정을 신청해야 합니다(도시정비법 제4조제1항).
② 도시정비법 제8조제4항제1호에 따라 정비구역을 지정 또는 변경하려는 경우에는 구청장등("군수"는 "구청장등"으로 봄)이 특별시장·광역시장에게 정비구역 지정을 신청하지 않고 직접 정비구역을 지정(변경지정을 포함)합니다(도시정비법 제4조제2항).

6-3-7. 지방도시계획의원회의 심의

특별시장, 광역시장, 특별자치시장, 특별자치도지사, 시장 또는 군수는 정비구역을 지정 또는 변경지정하려는 경우(경미한 사항을 변경하려는 경우에는 제외 가능함)에는 지방도시계획위원회의 심의를 거쳐야 합니다(도시정비법 제4조제5항).

6-3-8. 정비구역지정·고시 등

① 특별시장, 광역시장, 특별자치시장, 특별자치도지사, 시장 또는 군수는 정비구역을 지정 또는 변경지정한 경우에는 해당 정비계획을 포함한 지정 또는 변경지정 내용을 해당 지방자치단체의 공보에 고시해야 합니다(도시정비법 제4조제6항).

② 특별시장, 광역시장, 특별자치시장, 특별자치도지사, 시장 또는 군수는 정비구역을 지정 또는 변경지정한 경우에는 관계 서류를 일반인이 열람할 수 있도록 해야 합니다(도시정비법 제4조제6항).

③ 정비기반시설 설치를 위한 정비구역 지정

시·도지사 또는 대도시의 시장은 정비구역의 진입로 설치를 위하여 필요한 경우에는 진입로 지역과 그 인접지역을 포함하여 정비구역을 지정할 수 있습니다(도시정비법 제64조제3항).

6-3-9. 국토교통부장관 보고

특별시장, 광역시장, 특별자치시장, 특별자치도지사, 시장 또는 군수는 정비구역을 지정 또는 변경지정한 경우에는 그 사실을 국토교통부장관에게 보고해야 하며, 이 경우 다음의 사항을 포함하여 보고(전자문서에 의한 보고 포함)해야 합니다(도시정비법 제4조제6항 및 시행규칙 제4조).

1. 해당 정비구역과 관련된 도시·군계획(「국토의 계획 및 이용에 관한 법률」에 따른 도시·군기본계획 및 도시·군관리계획을 말함) 및 기본계획의 주요내용
2. 정비계획의 요약
3. 도시·군관리계획결정 조서

6-4. 정비계획의 변경

6-4-1. 정비계획의 내용 변경

정비계획의 내용을 변경할 필요가 있을 경우에는 정비계획 수립과 같은 절차를 거쳐 정비구역 변경지정을 신청해야 합니다(도시정비법 제4조제1항).

6-4-2. 정비계획의 경미한 사항의 변경

도시정비법 제7호의2다목을 포함하는 정비계획은 기본계획에서 정하고 있는 제3조제1항제10호에 따른 건폐율·용적률 등에 관한 건축물의 밀도계획에도 불구하고 수립할 수 있으며, 수립된 정비계획의 내용 중 다음의 어느 하나에 해당하는 경미한 사항을 변경하는 경우에는 주민에 대한 서면통보, 주민설명회, 주민공람 및 지방의회의 의견청취 절차를 거치지 않을 수 있습니다(도시정비법 제4조제1항 단서 및 시행령 제12조).

1. 정비구역 면적의 10% 미만의 변경인 경우
2. 정비기반시설의 위치를 변경하는 경우와 정비기반시설 규모의 10% 미만의 변경인 경우
3. 공동이용시설 설치계획의 변경인 경우

4. 재난방지에 관한 계획의 변경인 경우

5. 정비사업 시행예정시기를 1년의 범위에서 조정하는 경우

6. 「건축법 시행령」 별표 1에 따른 개별 용도범위에서의 건축물의 주 용도의 변경인 경우

7. 건축물의 건폐율 또는 용적률을 축소하거나 10% 미만의 범위에서 확대하는 경우

8. 건축물의 최고 높이를 변경하는 경우

9. 「국토의 계획 및 이용에 관한 법률」에 따른 도시·군기본계획, 도시·군관리계획 또는 기본계획의 변경에 따른 변경인 경우

10. 정비구역이 통합 또는 분할되는 변경인 경우

11. 「도시교통정비 촉진법」에 따른 교통영향평가 등 관계 법령에 따른 심의결과에 따른 건축계획의 변경인 경우

12. 그 밖에 위 1.부터 8.까지 및 9.부터 11.까지와 유사한 사항으로서 시·도 조례로 정하는 사항의 변경인 경우

◆ 정비구역지정고시 후 사업시행 예정시기가 변경된 경우 처리

(질의요지)

도시정비법 제4조제1항에 따라 정비계획을 수립하여 정비구역 지정 고시를 완료한 후 정비사업시행 예정시기가 변경되었을 경우 도시정비법 제4조제1항에 따라 주민설명회, 주민공람, 지방의회 의견청취를 하여야 하는 지와 정비구역지정고시 이후 도시정비법 제4조제1항제7호의 정비사업 시행 예정시기를 초과한 경우 해당 정비구역의 지정고시의 효력이 있는지요?

(회신내용)

가. 도시정비법 제4조제1항에 따르면 시장·군수는 기본계획에 적합한 범위에서 노후·불량건축물이 밀집하는 등 대통령령으로 정하는 요건에 해당하는 구역에 대하여 정비사업 시행 예정시기의 사항이 포함된 정비계획을 수립하여 이를 주민에게 서면으로 통보한 후 주민설명회를 하고 30일 이상 주민에게 공람하며 지방의회 의견을 들은 후 이를 첨부하여 시·도지사에게 정비구역지정을 신청하도록 하고 있고, 정비계획의 내용을 변경할 필요가 있을 때에는 같은 절차를 거쳐 변경지정을 신청하도록 하고 있습니다.

나. 다만, 정비사업시행 예정시기를 1년 범위안에서 조정하는 경우 등 도시정비법 시행령 제12조 각호의 어느 하나에 해당하는 경우에는 주민에 대한 서면통보, 주민설명회, 주민공람 및 지방의회의 의견청취를 거치지 아니할 수 있도록 하고 있음을 알려드리며, 도시정비법 제4조제1 항제7호의 정비사업시행 예정시기가 초과된 경우 해당 정비구역 지정고시의 효력에 대하여는 해당 정비구역 지정권자인 관할 시·도지사에게 문의함이 바람직합니다.

◆ 정비계획 변경으로 근린생활시설을 용도 변경할 수 있는지

(질의요지)

당초 주택재개발사업 정비구역 지정 시 토지이용계획상 용도를 공동주택과 일부 근린생활시설로 지정하였으나, 사업계획이 변경되어 근린생활시설을 근린생활시설 및 업무시설로 용도를 변경하는 정비계획 변경이 주택재개발 정비구역 내 가능한지요?

(회신내용)

도시정비법 제3조에 따라 특별시장·광역시장 또는 시장은 "토지이용계획·정비기반시설계획·공동이용시설설치계획 및 교통계획" 등 동조 동항 각 호의 사항이 포함된 도시·주거 환경정비 기본계획을 10년 단위로 수립하여야 하며, 같은 법 제4조제1항에 따라 시장·군수는 기본계획에 적합한 범위에서 노후·불량건축물이 밀집하는 등 대통령령으로 정하는 요건에 해당하는 구역에 대하여 동조 동항 각 호의 사항이 포함된 정비계획을 수립하여야 하므로, 정비계획 변경시 토지이용계획상 용도의 변경은 정비기본계획에 적합한 범위에서 이루어져야 할 것입니다.

◆ 용적률관련 정비계획의 경미한 변경

(질의요지)

재건축사업의 최초 정비구역 용적률은 200%이고, 도시정비법제30조의2에 의한 임대주택을 포함한 용적률이 220%인 경우, 용적률을 도시정비법 제30조의3에 따라 법적상한 용적률을 249.3%로 변경시 도시정비법 시행령 제12조제7호의 규정에 따른 정비계획의 경미한 변경인지 여부

(회신내용)

도시정비법 제30조의3은 기본계획 및 정비계획에 불구하고 용적률을 조정하는 것이므로 기본계획 및 정비계획의 변경 절차없이 사업시행계획서의 변경으로 해당 규정을 적용할 수 있습니다.

◆ 경관녹지부분을 모두 감하고 도로를 증가시키는 것이 정비계획의 경미한 변경인지

(질의요지)

주택재건축 정비사업의 기 고시(2013년)된 정비계획 내용 중 서측 등 경관녹지 2,178m2를 모두 감하고 사업부지 남측에 도로폭을 확장하여 도로면적 2,155m2를 증가시키는 경우 도시정비법 시행령 제12조제2호에 따라 정비계획의 경미한 변경에 해당하는지와 주민에 대한 서면통보 등 절차 이행 여부

(회신내용)

도시정비법시행령 제12조제2호에 따라 '정비기반시설의 위치를 변경하는 경우와 정비기반시설 규모의 10퍼센트 미만의 변경인 경우' 정비계획의 경미한 변경에 해당하며 이때 '정비기반시설 규모'란 도시정비법 제2조제4호 및 같은 법 시행령 제3조의 정비기반시설 전체의 규모를 의미함 따라서 정비기반시설 전체 규모가 10퍼센트 미만의 변경인 경우에는 정비계획의 경미한 변경에 해당하므로 도시정비법 제4조제1항 단서에 따라 정비계획변경 시 주민에 대한 서면통보, 주민설명회, 주민공람 등 절차를 거치지 아니할 수 있으며, 같은 조 제5항 단서에 따라 지방도시계획위원회의 심의를 거치지 아니할 수 있습니다.

다만, 정비계획 변경시 도시정비법 제4조제1항 본문 및 제5항 본문에서 정한 정비계획 변경 절차를 거칠 것인지, 같은 조 제1항 단서 및 제5항 단서에 따라 주민에 대한 서면통보 등 절차를 거치지 않을 것인지 여부는 정비계획 변경 내용에 대한 등 절차의 필요성에 대하여 정비계획수립권자인 지자체에서 판단하여 결정할 사항입니다.

◆ **연면적, 공동주택 동수 및 세대수 변경이 정비계획 경미한 변경인지**

(질의요지)

정비계획 변경으로 연면적, 공동주택 동수 및 세대수를 변경하고자 할 경우 도시정비법 시행령 제12조제7호 "건축물의 건폐율 또는 용적률을 축소하거나 10퍼센트 미만의 범위안에서 확대하는 경우"에 해당되어 '정비계획의 경미한 변경'인지 여부

(회신내용)

도시정비법 제4조제1항에 따라 정비계획에는 건축물의 주용도·건폐율·용적률·높이에 관한 계획 등 같은 항 각 호의 사항을 포함하도록 하고 있으나 연면적, 공동주택 동수 및 세대수는 정비계획 수립내용에 포함되지 않음을 알려드리며, 따라서 귀 질의하신 연면적, 공동주택 동수 및 세대수변경은 도시정비법 시행령 제12조제7호에 해당하지 않는 것입니다.

6-5. 정비구역의 분할 및 결합

① 시장·군수는 주택재건축사업의 효율적인 추진 또는 도시의 경관 보호를 위하여 필요하다고 인정하는 경우에는 정비구역을 2 이상의 구역으로 분할하거나, 서로 떨어진 2 이상의 구역(정비구역 대상 요건에 해당하는 구역에 한함) 또는 정비구역을 하나의 정비구역으로 지정 신청할 수 있습니다(도시정비법제34조제1항).

② 정비구역을 분할하거나 서로 떨어진 지역을 하나의 정비구역으로 지정하여 주택재건축사업을 시행하려는 경우 시행 방법과 절차에 관한 세부사항은 시·도 조례에 따릅니다(도시정비법 제34조제2항).

6-6. 정비구역 등 해제

6-6-1. 구청장등의 해제 요청에 따른 정비구역 등의 해제

① 구청장등의 정비구역 등 해제 요청

구청장등은 정비예정구역 또는 정비구역(이하 '정비구역 등'이라 함)이 다음의 어느 하나에 해당하는 경우 특별시장·광역시장에게 정비구역 등의 해제를 요청해야 하고, 특별자치시장, 특별자치도지사, 시장 또는 군수는 직접 정비구역 등을 해제해야 합니다(도시정비법 제4조의3제1항).

1. 정비예정구역에 대해 기본계획에서 정한 정비구역 지정 예정일부터 3년이 되는 날까지 특별자치시장, 특별자치도지사, 시장 또는 군수가 정비구역을 지정하지 않거나 구청장 등이 정비구역 지정을 신청하지 않는 경우

2. 조합이 시행하는 주택재건축사업이 다음의 어느 하나에 해당하는 경우

 가. 토지 등 소유자가 정비구역으로 지정·고시된 날부터 2년이 되는 날까지 추진위원회의 승인을 신청하지 않는 경우

 나. 토지 등 소유자가 정비구역으로 지정·고시된 날부터 3년이 되는 날까지 조합설립인가를 신청하지 않는 경우(도시정비법 제13조에 따라 추진위원회를 구성하지 않는 경우만 해당)

 다. 추진위원회가 추진위원회 승인일부터 2년이 되는 날까지 조합설립인가를 신청하지 않는 경우

 라. 조합이 조합설립인가를 받은 날부터 3년이 되는 날까지 사업시행인가를 신청하지 않는 경우

3. 도시정비법 제16조의2에 따라 추진위원회의 승인 또는 조합설립

인가가 취소되는 경우

② 주민공람 등

정비구역 등을 해제하거나 정비구역 등의 해제를 요청하는 특별자치시장, 특별자치도지사, 시장, 군수 또는 구청장등 정비구역 등의 해제에 관한 내용을 30일 이상 주민에게 공람하고 지방의회의 의견을 들은 후(이 경우 지방의회는 특별자치시장, 특별자치도지사, 시장, 군수 또는 구청장등 정비구역 지정의 취소에 관한 계획을 통지한 날부터 60일 이내에 의견을 제시해야 하며, 의견제시 없이 60일이 지난 경우 이의가 없는 것으로 봄) 이를 첨부해야 합니다(도시정비법 제4조의3제2항).

③ 해제 요청에 따른 정비구역 등의 해제

정비구역 등을 해제하거나 정비구역 등의 해제를 요청받은 특별시장, 광역시장, 특별자치시장, 특별자치도지사, 시장 또는 군수는 지방도시계획위원회의 심의를 거쳐 정비구역 등을 해제해야 합니다. 다만, 다음의 경우에는 도시정비법 제4조의3제1항제1호부터 제3호까지에 따른 해당 기간을 2년의 범위에서 연장하여 정비구역 등을 해제하지 않을 수 있습니다(도시 정비법 제4조의3제3항).

1. 정비구역 등의 토지등 소유자(도시정비법 제16조에 따라 조합을 설립한 경우에는 조합원을 말함) 100분의 30 이상의 동의로 도시정비법 제4조의3제1항제1호부터 제3호까지에 따른 해당 기간 도래 전까지 연장을 요청하는 경우

2. 정비사업의 추진상황으로 보아 주거환경의 계획적 정비 등을 위하여 정비구역 등의 존치가 필요하다고 인정하는 경우

6-6-2. 시·도지사 또는 대도시의 시장의 정비구역 등 지정 해제

① 특별시장, 광역시장, 특별자치시장, 특별자치도지사, 시장 또는 군수는 다음의 어느 하나에 해당하는 경우 지방도시계획위원회의 심의를 거쳐 정비구역 등의 지정을 해제할 수 있습니다. 이 경우 1. 및 2.에 따른 구체적인 기준 등에 필요한 사항은 시·도조례로 정합니다(도시정비법 제4조의3제4항).

1. 정비사업의 시행에 따른 토지 등 소유자의 과도한 부담이 예상되는 경우
2. 정비구역 등의 추진 상황으로 보아 지정 목적을 달성할 수 없다고 인정하는 경우
3. 토지 등 소유자의 30/100 이상이 정비구역 등(추진위원회가 구성되지 않은 구역에 한함)의 해제를 요청하는 경우

6-6-3. 해제된 정비구역 등의 환원 등

① 정비구역 등이 해제된 경우에는 정비계획으로 변경된 용도지역, 정비기반시설 등은 정비구역 지정 이전의 상태로 환원된 것으로 봅니다(도시정비법 제4조의3제5항).

② 정비구역 등이 해제된 경우 특별시장, 광역시장, 특별자치시장, 특별자치도지사, 시장 또는 군수는 해제된 정비구역 등을 주거환경관리사업구역으로 지정할 수 있습니다(도시정비법 제4조의3제6항).

6-6-4. 정비구역 등 해제에 대한 고시 및 통보 등

특별시장, 광역시장, 특별자치시장, 특별자치도지사, 시장 또는 군수는 정비구역 등을 해제하는 경우(도시정비법 제4조의3제3항 단서에 따라 해제하지 아니한 경우를 포함) 그 사실을 해당 지방자치단체의

공보에 고시하고 국토교통부장관에게 통보해야 하며, 관계 서류를 일반인이 열람할 수 있도록 해야 합니다(도시정비법 제4조의3제7항).

(행정심판례)

판단

1) 도시정비법에 따른 도시 주거·환경정비계획의 수립 및 정비구역의 지정은 관계 행정청이 법령의 범위 내에서 도시환경을 개선하고 주거생활의 질을 높이기 위해 도시정책상의 고도의 전문적, 기술적 판단을 기초로 하여 그 재량에 의해 행하는 것이라고 할 것이므로 재량권을 일탈·남용하지 않는 한 위법·부당하다고 할 수 없을 것이다.

2) 이 사건 토지의 용도지역을 자연녹지지역, 기반시설의 내용을 공공공지로 지정한 후 주민들이 이용하는 휴게시설 등을 설치하게 되면, 청구인의 인접한 잔여 토지 294㎡를 효율적으로 이용하는데 다소의 제한을 가져온다 하더라도 이 사건 토지를 공공공지로 지정함으로써 도시환경을 개선하고 주민 주거생활의 질을 높이도록 하는 공익이 이 사건 토지를 일반주거지역으로 변경함으로써 청구인이 얻게 되는 사익보다 더 크다고 인정되고, 청구인 외의 자가 소유하는 토지 313㎡도 마찬가지로 공공공지로 지정하고 있는 것으로 보아 청구인만이 특별히 불필요한 제한을 받는다고도 보기도 어려우며, 그밖에 피청구인이 법령을 위반하였거나 재량권을 일탈·남용하였다고 볼만한 다른 사정도 보이지 아니하므로 이 사건 토지를 포함하는 화서주공2단지아파트 재건축정비구역지정처분이 위법·부당하다고 할 수 없다(사건명 05-09671, 화서주공2단지아파트 재건축정비구역지정처분 취소청구).

■ 15년 이상이 경과한 다가구주택 및 다세대주택이 2/3 이상이 되면 건물주의 동의 없이 재건축이 가능한지요?

Ⓠ 15년 이상이 경과한 다가구주택 및 다세대주택이 2/3 이상이 되면 건물주의 동의 없이 재건축이 가능한지?

Ⓐ 도시정비법 시행령 제10조제1항과 관련하여 기존의 단독주 택을 재건축하고자 하는 경우에는 기존의 단독주택이 200호 이상 또는 그 부지면적이 1만제곱미터 이상인 지역으로서 노후·불량 건축물이 당해 지역 안에 있는 건축물수의 3분의 2 이상이거나, 노후·불량건축물이 당해 지역 안에 있는 건축물의 2분의 1 이상으로서 준공 후 15년 이상이 경과한 다세대 주택 및 다가구 주택이 당해 지역 안에 있는 건축물 수의 10분의 3 이상인 지역을 대상으로 정비계획을 수립할 수 있음을 알려드립니다.

■ '서로 떨어진 2 이상의 구역 또는 정비구역을 하나의 정비구역으로 지정 신청할 수 있다'에서 구역과 정비구역의 의미는 무엇입니까?

Ⓠ 가. 도시정비법 제34조제1항의 내용 중 서로 떨어진 2 이상의 구역 또는 정비구역을 제4조제1항에 따라 하나의 정비구역으로 지정 신청할 수 있다" 에서 구역과 정비구역의 의미는 무엇인지요?

나. 도시정비법 시행령 제12조제9호의 내용 중 "정비구역의 통합 또는 분할되는 변경인 경우" 에서 통합과 동시행령 제13조(정비계획의 내용)제1항제5호의 내용 중 서로 떨어진 둘 이상의 구역 또는 정비구역을 하나의 구역으로

결합하여 정비사업을 시행하는 경우 그 분할 또는 결합에 관한 계획" 에서 결합의 의미는 무엇인지요?

Ⓐ 가. 질의 "가"에 대하여, 도시정비법 제34조제1항 본문에서 "구역"이라 함은 동법 제4조제1항에 따라 대통령령으로 정하는 사항으로 동법 시행령 제10조제1항 [별표1]에서 규정하고 있는 정비계획의 수립대상구역을 말하는 것이며, "정비구역"이라 함은 동법 제4조제1항에 따라 정비구역으로 지정된 구역을 말합니다.

나. 질의 "나"에 대하여, 도시정비법 시행령 제12조제9호의 내용 중 정비구역의 "통합"이라 함은 인접된 정비구역을 합치는 것을 말하며, 동법 시행령 제13조제1항제5호의 "결합"이라 함은 서로 떨어진 2 이상의 구역 또는 정비구역을 하나의 정비구역으로 지정하는 것을 말합니다.

■ 도 조례가 미 개정인 상황에서 '평형별 세대수 비율 조정으로 인한 세대수 증가' 변경사항이 있는 경우 정비구역지정 변경절차를 이행해야 하는지

Ⓠ 종전 도시정비법 시행령 제13조제1항제7호 정비사업의 시행으로 증가할 것으로 예상되는 세대수에 관한 정비계획 내용이 개정·삭제되었으나, 도 조례가 미 개정인 상황에서 '평형별 세대수 비율 조정으로 인한 세대수 증가' 변경사항이 있는 경우 정비구역지정 변경절차를 이행하여야 하는지요?

Ⓐ 정비구역의 지정은 해당 시장,군수가 기본계획에 적합한 범위 안에서 도시정비법 제4조제1항 각호의 사항 및 같은 법 시행령 제

13조의 규정이 정하는 바에 따라 정비계획을 수립하여 주민공람 등 절차를 거쳐 시,도지사가 지정하는 것이며, 정비사업의 시행으로 증가할 것으로 예상되는 세대수는 2008.12.17 동법 시행령 제13조제1항제7호 개정으로 정비계획시 포함할 사항에서 제외되어 있으므로 세대수 변경은 사업시행인가 내용의 변경에 관한 사항으로 판단되며, 법령의 내용에 적합하지 않는 조례의 내용은 이를 조속히 개정할 필요가 있습니다.

◆ 재건축조합 취소에 따른 정비구역해제 가능 여부

(질의요지)

가. 도시정비법 제16조의2에 따른 조합설립인가 취소에 따라 정비구역지정이 해제될 수 있는지요?

나. 도시정비법 제4조의3에 따라 정비구역지정이 해제되면 매도청구소송 등으로 인한 재산권 규제가 해제되는지요?

(회신내용)

가. 도시정비법 제16조의2제1항제2호 및 제4조의3제1항제5호 및 제3항에 따라 시장·군수는 조합 설립에 동의한 조합원의 2분의 1 이상 3분의 2 이하의 범위에서 시·도 조례로 정하는 비율 이상의 동의 또는 토지등소유자 과반수의 동의로 조합의 해산을 신청하는 경우에는 조합설립인가를 취소하도록 하고 있으며, 조합설립인가가 취소되는 경우 시장·군수는 시·도지사 또는 대도시의 시장에게 정비구역 등의 해제를 요청하고, 시·도지사 또는 대도시의 시장은 지방도시계획위원회 심의를 거쳐 정비구역 등을 해제하도록 하고 있습니다.

나. 도시정비법 제4조의3제5항에 따라 정비구역등이 해제되

는 경우에는 정비계획으로 변경된 용도지역, 정비기반 시설 등은 정비구역 지정 이전의 상태로 환원된 것으로 보도록 하고 있으나, 질의하신 매도청구소송 등으로 인한 재산권 규제 등에 대해서는 도시정비법에서 별도 규정하는 사항이 없습니다.

◆ 도시정비법 제4조의3제4항에 따른 정비구역등 해제 가능 여부

(질의요지)

도시정비법 제4조의3제4항 각 호에 따라 정비사업의 시행에 따른 토지등소유자의 과도한 부담이 예상되는 경우, 정비예정구역 또는 정비구역의 추진 상황으로 보아 지정 목적을 달성할 수 없다고 인정하는 경우 등의 사유로 정비구역 등을 해제를 할 수 있는지요?

(회신내용)

도시정비법 제4조의3제4항에 따라 정비사업의 시행에 따른 토지 등 소유자의 과도한 부담이 예상되는 경우, 정비예정구역 또는 정비구역의 추진 상황으로 보아 지정 목적을 달성할 수 없다고 인정하는 경우, 토지등소유자의 100분의 30 이상이 정비구역등(추진위원회가 구성되지 아니한 구역에 한한다)의 해제를 요청하는 경우 시·도지사 또는 대도시 시장은 지방도시계획위원회의 심의를 거쳐 정비구역 등의 지정을 해제 할 수 있도록 하고 있습니다.

◆ 정비구역 등 해제시 정비예정구역과 정비구역 동시 해제 여부

(질의요지)

도시정비법 제4조의3제1항제5호에 따라 정비구역등 해제시

"정비예정구역"과 "정비구역"을 동시에 해제하여야 하는지
요?

(회신내용)

도시정비법 제4조의3제1항제5호에 따라 같은 법 제16조의 2
에 따라 추진위원회의 승인 또는 조합 설립인가가 취소되는
경우 시장·군수는 시·도지사 또는 대도시의 시장에게 정비구
역등(정비예정구역 또는 정비구역)의 해제를 요청하도록 하
고 있으므로, 추진위원회의 승인 또는 조합 설립인가가 취소
된 정비구역과 정비예정구역 모두 해제를 요청하여야 할 것
입니다.

◆ **도시정비법 제4조의3제1항제2호에 따른 정비구역 해제**
   대상 여부

(질의요지)

2008년 추진위원회 구성 승인을 얻고 2013년 정비구역 지정
을 받은 경우 도시정비법 제4조의3제1항제2호 가목 또는 다
목을 적용하여 정비구역 해제를 요청할 수 있는지요?

(회신내용)

가. 도시정비법 제4조의3제1항제2호가목에 따르면 토지등 소
유자가 정비구역으로 지정·고시된 날부터 2년이 되는 날까지
제13조에 따른 조합설립추진위원회의 승인을 신청하지 아니
하는 경우 시장·군수는 시·도지사 또는 대도시의 시장에게 정
비구역의 해제를 요청하도록 하고 있으므로, 조합설립추진위
원회 구성 승인을 얻은 경우는 동 규정을 적용할 수는 없을
것으로 판단되며,

나. 또한, 같은 법 부칙 <법률 제11293호, 2012.2.1.> 제3조

에서는 제4조의3 제1항제2호다목의 개정규정은 이 법시행
후 최초로 같은 법 제4조에 따라 정비계획을 수립하는 분부
터 적용하도록 하고 있어, 이 법 시행 당시 조합설립추진위
원회가 구성되어 있는 경우에는 도시정비법 제4조의3제1항
제2호다목의 적용 대상에서 제외됨이 타당할 것입니다.

7. 정비구역지정의 허가 및 제한

7-1. 정비구역지정 등에 따른 효과

① 정비구역이 지정·고시되면, 주택재건축 대상구역의 위치와 면적이
확정되므로 토지 등 소유자의 범위가 법적으로 확정됩니다.
② 정비구역 안에서 건축물 건축, 공작물 설치, 토지 형질변경, 토석
채취, 토지분할 등의 행위를 하려는 자는 시장·군수 또는 자치구의
구청장의 허가를 받아야 합니다.

7-2. 토지 등 소유자의 확정

① 「토지 등 소유자」란 다음의 어느 하나에 해당하는 자를 말합니
다(도시정비법 제2조제9호 본문 및 시행령 제6조). 다만, 도시정비법
제8조제4항에 따라 「자본시장과 금융투자업에 관한 법률」제8조제7
항에 따른 신탁업자가 사업시행자로 지정된 경우 토지등소유자가 정
비사업을 목적으로 신탁업자에게 신탁한 토지 또는 건축물에 대하여
는 위탁자를 토지등소유자로 봅니다(도시정비법 제2조제9호 단서).
1. 정비구역 안에 소재한 건축물 및 그 부속토지의 소유자
2. 정비구역이 아닌 구역에 소재한 다음의 주택 및 그 부속토지의

소유자와 부대·복리시설 및 그 부속토지의 소유자

「주택법」제15조에 따른 사업계획승인 또는 「건축법」제11조에 따른 건축허가를 받아 건설한 아파트 또는 연립주택(주택 외의 시설과 주택을 동일 건축물로 건축한 것은 제외함) 중 노후·불량건축물에 해당하는 것으로서 다음의 어느 하나에 해당하는 것을 말합니다.

1) 기존 세대수가 20세대 이상인 것(지형여건 및 주변 환경으로 보아 사업시행상 불가피하다고 시장·군수 또는 자치구의 구청장(이하 "시장·군수"라 함)이 인정하는 경우에는 아파트 및 연립주택이 아닌 주택을 일부 포함할 수 있음)

2) 기존 세대수가 20세대 미만으로서 20세대 이상으로 재건축하려는 것(사업계획승인 또는 건축허가에 포함되어 있지 않은 인접 대지의 세대수는 포함하지 않음)

② 위와 같이 토지 등 소유자는 원칙적으로 정비구역 안에 있는 토지 등의 소유자를 말하므로 정비구역이 지정·고시되면, 대상구역의 위치와 면적이 확정되므로 토지 등 소유자의 범위가 법적으로 확정됩니다.

③ 아파트 및 연립주택(「건축법 시행령」제3조의5 및 별표 1 제2호 가목·나목)이라 함은 아파트는 주택으로 쓰는 층수가 5개 층 이상인 주택(1층 전부를 필로티 구조로 하여 주차장으로 사용하는 경우에는 필로티 부분을 층수에서 제외함)을 말하고, 연립주택은 주택으로 쓰는 1개 동의 바닥면적(지하주차장 면적은 제외함) 합계가 660㎡를 초과하고, 층수가 4개 층 이하인 주택(1층 전부를 필로티 구조로 하여 주차장으로 사용하는 경우에는 필로티 부분을 층수에서 제외함)을 말합니다.

7-3. 정비구역 등에서의 건축제한

7-3-1. 제한 행위에 대한 시장·군수의 허가

① 정비구역 안에서 건축물 건축, 공작물 설치, 토지 형질변경, 토석채취, 토지분할 등 다음의 어느 하나에 해당하는 행위를 하려는 자(허가받은 사항을 변경받으려는 자 포함)는 시장·군수의 허가를 받아야 합니다(도시정비법 제5조제1항 및 시행령 제13조의4제1항).

② 위반 시 원상회복명령 및 벌칙

시장·군수는 허가 없이 제한 대상 행위를 한 자에 대하여 원상회복을 명할 수 있습니다. 이 경우 명령을 받은 자가 그 의무를 이행하지 않는 경우에는 시장·군수는 「행정대집행법」에 따라 이를 대집행할 수 있습니다(도시정비법 제5조제4항).

허가 또는 변경허가를 받지 않거나 거짓, 그 밖에 부정한 방법으로 허가 또는 변경허가를 받아 행위를 한 자는 2년 이하의 징역 또는 2천만원 이하의 벌금에 처해집니다(도시정비법 제85조제1호).

법인의 대표자나 법인 또는 개인의 대리인, 사용인, 그 밖의 종업원이 그 법인 또는 개인의 업무에 관하여 위의 위반행위를 하면 그 행위자를 벌하는 외에 그 법인 또는 개인에게도 해당 조문의 벌금형이 과해 집니다. 다만, 법인 또는 개인이 그 위반행위를 방지하기 위하여 해당 업무에 관하여 상당한 주의와 감독을 게을리하지 않은 경우에는 예외로 합니다(도시정비법 제87조).

③ 이 경우 시장·군수는 각 행위에 대한 허가를 하려고 할 경우에 시행자가 있다면 미리 그 시행자의 의견을 들어야 합니다(도시정비법 시행령 제13조의4제2항).

7-3-2. 예외적 신고

허가를 받아야 하는 행위로서 정비구역의 지정 및 고시 당시 이미 관계 법령에 따라 행위허가를 받았거나 허가를 받을 필요가 없는 행위에 관하여 그 공사 또는 사업에 착수한 자는 정비구역이 지정·고시된 날부터 30일 이내에 그 공사 또는 사업의 진행상황과 시행계획을 첨부하여 관할 시장·군수에게 신고함으로써 해당 공사 또는 사업을 계속 시행할 수 있습니다(도시정비법 제5조제3항 및 시행령 제13조의4제4항).

7-3-3. 허가 면제 대상

다음의 어느 하나에 해당하는 행위는 정비구역 내일지라도 허가를 받지 않고 할 수 있습니다(도시정비법 제5조제2항 및 시행령 제13조의4제3항).

1. 재해복구 또는 재난수습에 필요한 응급조치를 위하여 하는 행위
2. 농림수산물의 생산에 직접 이용되는 것으로서 다음의 간이공작물의 설치
 가. 비닐하우스
 나. 양잠장
 다. 고추, 엽연초, 김 등 농림수산물의 건조장
 라. 버섯재배사
 마. 종묘배양장
 바. 퇴비장
 사. 탈곡장
 아. 그 밖에 위의 공작물과 유사한 것으로서 국토교통부장관이 정하여 관보에 고시하는 공작물

3. 경작을 위한 토지의 형질변경

4. 정비구역의 개발에 지장을 주지 않고 자연경관을 손상하지 않는 범위에서의 토석 채취

5. 정비구역 안에 존치하기로 결정된 대지 안에서 물건을 쌓아 놓는 행위

6. 관상용 죽목의 임시식재(경작지에서의 임시식재는 제외함)

7-4. 정비계획 수립 중인 지역의 건축제한

7-4-1. 행위 제한

국토교통부장관, 특별시장·광역시장·특별자치시장·도지사·특별자치도지사(이하 '시·도지사'라 함), 시장, 군수 또는 구청장(자치구의 구청장을 말함)은 비경제적인 건축행위 및 투기 수요의 유입 방지를 위해 정비기본계획을 공람 중인 정비예정구역 또는 정비계획을 수립 중인 지역에 대하여 3년 이내의 기간(1회에 한하여 1년의 범위에서 연장할 수 있음)을 정하여 건축물의 건축 또는 토지의 분할을 제한할 수 있습니다(도시 정비법 제5조제7항).

7-4-2. 제한 내용 고시

국토교통부장관, 시·도지사, 시장, 군수 또는 구청장이 위와 같은 행위를 제한하려는 경우에는 제한지역·제한사유·제한대상행위 및 제한기간을 미리 관보(국토교통부장관의 경우) 또는 해당 지방자치단체의 공보에 게재하여 고시해야 합니다(도시정비법 시행령 제13조의5 제1항 및 제4항).

7-4-3. 도시계획위원회의 심의 및 의견청취

① 행위를 제한하려는 자가 국토교통부장관인 경우에는 중앙도시계획위원회의 심의를 거쳐야 하며, 시·도지사, 시장, 군수 또는 구청장인 경우에는 해당 지방자치단체에 설치된 지방도시계획위원회의 심의를 거쳐야 합니다(도시정비법 시행령 제13조의5제2항).

② 행위를 제한하려는 자가 국토교통부장관 또는 시·도지사인 경우에는 중앙도시계획위원회 또는 시·도 도시계획위원회의 심의 전에 미리 제한하려는 지역을 관할하는 시장·군수의 의견을 들어야 합니다(도시정비법 시행령 제13조의5제3항).

7-4-4. 시장·군수 허가

행위가 제한된 지역에서 건축물의 건축 또는 토지의 분할 행위를 하려는 자는 시장·군수의 허가를 받아야 합니다(도시정비법 시행령 제13조의5제5항).

7-5. 도시·군관리계획과 대등한 효력
7-5-1. 지구단위계획구역으로의 간주

정비구역의 지정 또는 변경지정에 대한 고시가 있는 경우 해당 정비구역 및 정비계획 중 다음의 어느 하나에 해당하는 사항은 「국토의 계획 및 이용에 관한 법률」 제49조 및 제51조제1항에 따른 지구단위계획 및 지구단위계획구역으로 결정·고시된 것으로 봅니다(도시정비법 제4조제7항 및 「국토의 계획 및 이용에 관한 법률」 제52조제1항).

1. 용도지역이나 용도지구를 세분하거나 변경하는 사항
2. 기존의 용도지구를 폐지하고 그 용도지구에서의 건축물이나 그 밖의 시설의 용도·종류 및 규모 등의 제한을 대체하는 사항

3. 지구단위계획구역의 지정목적 달성을 위하여 필요한 기반시설의
   배치와 규모
4. 도로로 둘러싸인 일단의 지역 또는 계획적인 개발·정비를 위하여
   구획된 일단의 토지의 규모와 조성계획
5. 건축물의 용도제한, 건축물의 건폐율 또는 용적률, 건축물높이의
   최고한도 또는 최저한도
6. 건축물의 배치·형태·색채 또는 건축선에 관한 계획
7. 환경관리계획 또는 경관계획
8. 교통처리계획
9. 그 밖에 토지 이용의 합리화, 도시나 농·산·어촌의 기능 증진 등
   에 필요한 사항

7-5-2. 지구단위계획구역의 정비구역으로의 간주

① 「국토의 계획 및 이용에 관한 법률」에 따른 지구단위계획구역에
대하여 정비계획의 내용을 모두 포함한 지구단위계획을 결정·고시(변
경 결정·고시하는 경우 포함)하는 경우 해당 지구단위계획구역은 정
비구역으로 지정·고시된 것으로 봅니다(도시정비법 제4조제8항).
② 이에 따라 정비구역에서는 관계 법령에 따른 용도지역 및 용도지
구에서의 건축물의 건축 제한, 용도지역의 건폐율, 용도지역의 용적
률, 대지의 조성, 공개 공지의 확보, 대지와 도로의 관계, 건축물의
높이 제한, 일조 등의 확보를 위한 건축물의 높이 제한, 부설주차장
의 설치에 대한 내용을 정비계획으로 정바는 바에 따라 완화하여 적
용할 수 있습니다(도시정비법 제4조제9항 및 「국토의 계획 및 이용
에 관한 법률」 제52조제3항).

7-6. 주택 등 건축물의 분양받을 권리산정 기준일

7-6-1. 정비구역지정·고시일 및 기준일 다음 날

① 정비사업으로 인하여 주택 등 건축물을 공급하는 경우 정비구역 지정·고시가 있은 날 또는 시·도지사가 투기억제를 위하여 기본계획 수립 후 정비구역지정·고시 전에 따로 정하는 날(이하 '기준일'이라 함)의 다음 날부터 다음의 어느 하나에 해당하는 경우에는 해당 토지 또는 주택 등 건축물의 분양받을 권리는 기준일을 기준으로 산정 함에 따라 그 이후에는 1주택만을 공급할 수 있습니다(도시정비법 제50조의2제1항).

1. 1필지의 토지가 수 개의 필지로 분할되는 경우
2. 단독 또는 다가구주택이 다세대주택으로 전환되는 경우
3. 하나의 대지범위 안에 속하는 동일인 소유의 토지와 주택 등 건 축물을 토지와 주택 등 건축물로 각각 분리하여 소유하는 경우
4. 나대지에 건축물을 새로이 건축하거나 기존 건축물을 철거하고 다세대주택, 그 밖의 공동주택을 건축하여 토지 등 소유자가 증 가되는 경우

② 시·도지사가 기준일을 따로 정하는 경우 시·도지사는 기준일·지정 사유·건축물의 분양받을 권리의 산정 기준 등을 해당 지방자치단체 의 공보에 고시해야 합니다(도시정비법 제50조의2제2항).

■ 토지 및 건축물의 소유권 중 건축물은 단독명의이나 토지가 공유 의 경우 토지 및 건축물을 소유자를 토지등 소유자로 인정할 수 있는지요?

⑫ 토지 및 건축물의 소유권 중 건축물은 단독명의(A)이나 토

지가 공유(A+B)의 경우 토지 및 건축물을 소유한 "A"를 토지등소유자로 인정할 수 있는 지요?

Ⓐ 도시정비법 제2조제9호나목에 주택재건축사업의 경우 "토지등소유자"라 함은 다음[(1) 정비구역안에 소재한 건축물 및 그 부속토지의 소유자,??(2) 정비구역이 아닌 구역안에 소재한 대통령령이 정하는 주택 및 그 부속토지의 소유자와 부대·복리시설 및 그 부속토지의 소유자]의 1에 해당하는 자이어야 하며, 동법 시행령 제28조(토지등소유자의 동의자수 산정방법 등)제1항제2호에 "주택재건축사업의 경우 소유권 또는 구분소유권이 수인의 공유에 속하는 때에는 그 수인을 대표하는 1인을 토지등소유자로 산정할 것"으로 규정하고 있는 바, "A"가 대표 토지등소유자로 할 경우 가능할 것으로 사료되나, 질의의 경우가 이에 해당하는지 여부는 인가권자가 관련서류를 종합적으로 검토하여 판단하여야 할 사항입니다.

8. 정비계획수립 및 정비구역지정

8-1. 정비계획 수립에 따른 주택규모 및 건설비율
① 사업시행자는 주택재건축사업으로 주택을 건설하려는 경우 국토교통부장관이 고시한 주택의 규모 및 건설비율에 따라 주택을 건설해야 합니다.
② 또한 시장·군수 또는 자치구의 구청장은 국토교통부장관의 고시한 주택의 규모 및 건설비율 기준을 주택재건축정비계획에 반영해야 합니다.

8-2. 주택의 규모 및 건설비율

8-2-1. 주택의 규모 및 건설비율

과밀억제권역에서는 85제곱미터 이하 규모의 주택을 건설하는 주택 전체 세대수의 60퍼센트 이상 건설해야 합니다[도시 정비법」제4조의2제1항, 시행령 제13조의3제1항제3호 및 「정비사업의 임대주택 및 주택규모별 건 설비율」(국토교통부 고시 제2016-519호, 2016. 4. 5. 발령·시행) 4-1].

8-2-2. 조합원 분양에 대한 특례

주택재건축사업조합의 조합원에게 분양하는 주택을 기존 주택(재건축 하기 전의 주택을 말함)의 주거전용면적을 축소하거나 30퍼센트의 범 위에서 확대하여 건설하고, 조합원 이외의 자에게 분양하는 주택을 모두 85제곱미터 이하 규모로 건설하는 때에는 위의 주택의 규모 및 건설비율 기준을 적용하지 않습니다(도시정비법 시행령 제13조의3제2 항 단서 및 「정비사업의 임대주택 및 주택규모별 건설비율」 4-3).

8-3. 정비계획 반영

특별자치시장, 특별자치도지사, 시장, 군수, 자치구의 구청장은 국토 교통부장관이 고시한 주택의 규모 및 건설비율 기준을 주택재건축정 비계획에 반영해야 합니다(도시정비법 제4조의2제2항).

◆ **지구단위계획 결정이후 정비구역 지정이 진행되는 경우 기존 계획이 실효 여부**

(질의요지)

국토계획법에 의한 지구단위계획 결정 이후 도시정비법에

의한 정비구역지정 및 사업시행인가 등이 진행된 경우 지구단위계획(결정조건 포함)이 실효되는 것인지요?

(회신내용)

도시정비법 제4조제7항에 의하면 제6항에 따라 정비구역의 지정 또는 변경지정에 대한 고시가 있는 경우 당해 정비구역 및 정비계획 중 국토계획법 제52조제1항 각호의 1에 해당하는 사항은 같은 법 제49조 및 제51조제1항에 따른 지구단위계획 및 지구단위계획구역으로 결정·고시된 것으로 보도록 하고 있으므로, 귀 질의의 경우 최초 지구단위계획 결정이후 정비구역지정 고시를 한 경우로서 최초 지구단위계획은 정비계획(지구단위계획)으로 변경된 것으로 보아야 할 것입니다.

◆ **한국토지주택공사에서 시행하는 주거환경정비사업의 정비구역 해제**

(질의요지)

조합이 사업시행자인 주택재개발사업이나 주택재건축사업 등의 경우, 도시정비법 제4조의3제4항제3호에 따라 조합설립추진위원회가 구성되지 않은 경우에는 토지등소유자의

100분의 30 이상이 정비구역의 지정 해제를 요청할 수 있는바, 한국토지주택공사 등이 사업시행자로서 조합설립추진위원회의 구성이 필요 없는 주거환경개선사업 정비구역의 경우에도 같은 규정을 적용하여 사업시행자 지정 후에 정비구역 지정 해제를 요청할 수 있는지요?

(회신내용)

한국토지주택공사 등이 사업시행자로서 조합설립추진위원회

의 구성이 필요 없는 주거환경개선사업 정비구역의 경우에는 도시정비법 제4조의3제4항제3호를 적용하여 사업시행자 지정 후에 정비구역 지정 해제를 요청할 수 없다고 할 것입니다.

◆ **도시환경정비사업에서 5년이내 사업시행인가를 신청하지 않은 경우 정비구역 해제 여부**

(질의요지)

조합이 시행하는 도시환경정비사업의 경우 정비구역으로 지정·고시된 날부터 5년이 되는 날까지 사업시행인가를 신청하지 아니하면 시장, 군수 또는 구청장이 도시정비법 제4조의3제1항제3호에 따라 해당 정비구역의 해제를 요청하여야 하는지요?

(회신내용)

조합이 시행하는 도시환경정비사업의 경우에는 정비구역으로 지정·고시된 날부터 5년이 되는 날까지 사업시행인가를 신청하지 아니하더라도 시장, 군수 또는 구청장이 도시정비법 제4조의3제1항제3호에 따라 해당 정비구역의 해제를 요청하여야 하는 것은 아니라고 할 것입니다.

◆ **정비구역 해제 절차 및 해제 절차 진행시 추진위원회 승인 관련**

(질의요지)

가. 시·도지사가 주민공람, 지방의회 의견을 들은 후 정비구역 해제가능여부

나. 정비구역 해제절차 진행 중 추진위원회 승인신청이 접수된 경우 승인가능 여부

(회신내용)

가. 도시정비법 제4조의3제1항 및 제2항에 따르면 제1항에 따라 정비구역등을 해제하거나 정비구역등의 해제를 요청하는 구청장은 정비구역등의 해제에 관한 내용을 30일 이상 주민에게 공람하고 지방의회의 의견을 들은 후 이를 첨부하여 특별시장·광역시장에게 정비구역등의 해제 를 요청하여야 한다고 규정하고 있기 때문에 구청장이 아닌 시·도지사가 주민공람, 지방의회 의견을 들은 후 정비구역등을 해제할 수는 없을 것입니다.

나. 도시정비법 제4조의3제1항에 따르면 시장, 군수 또는 구청장은 정비예정구역 또는 정비구역이 다음 각 호의 어느하나에 해당하는 경우 특별시장·광역시장·도지사에게 정비구역 등의 해제를 요청하여야 하고, 특별자치시장, 특별자치도지사 및 대도시의 시장은 직접 정비구역등을 해제하여야 한다고 규정을 감안할 때 도시정비법 제4조의3제1항은 강행규정이기 때문에 위 규정에 따라 해제절차가 진행 중인 정비구역등에서의 추진위원회 승인은 곤란할 것입니다.

◆ 공동주택 건축물의 배치계획 변경이 정비계획 경미한 변경인지

(질의요지)

주택재건축 정비구역 내 당초 주용도인 공동주택 5동을 배치하는 것으로서 정비계획수립 등 고시되었으나, 주택규모를 소형평형위주로 계획하면서 공동주택 1동 추가 및 건축물의 배치계획이 변동되는 정비계획 변경이 도시정비법 제4조제1항의 규정에 의한 변경인지, 같은 법 시행령 제12조의 규정에 의한 정비계획의 경미한 변경인지, 아니면 정비계획 변경 대상이 아닌지 여부

(회신내용)

도시정비법 제4조제1항에 따라 정비계획에는 건축물의 주용도·건폐율·용적률·높이에 관한 계획 등 같은 항 각 호의 사항을 포함하도록 하고 있으나 공동주택 동수 및 세대수 등은 정비계획 수립내용에 포함되지 않음을 알려드리며, 따라서 귀 질의하신 공동주택 동수 및 세대수 변경 등은 도시정비법 시행령 제12조에 따른 정비계획의 경미한 변경에 해당하지 않는 것입니다.

제3장

주택재건축사업시행

제3장 주택재건축사업시행

제1절 주택재건축사업의 시행

1. 주택재건축사업의 시행방법

① 주택재건축사업은 토지 등 소유자들로 구성된 주택재건축 정비사업조합이 이를 시행하거나 조합이 조합원 과반수의 동의를 얻어 시장·군수 또는 자치구의 구청장, 한국토지주택공사 또는 지방공사와 공동으로 이를 시행할 수 있습니다.

② 천재지변, 그 밖의 불가피한 사유로 인하여 긴급히 재건축사업을 시행할 필요가 있다고 인정되거나, 토지면적 2분의 1 이상의 토지소유자와 토지 등 소유자의 3분의 2 이상에 해당하는 자가 시장·군수 또는 주택공사 등을 사업시행자로 지정할 것을 요청하는 등의 일정한 경우에는 시장·군수가 지정개발자 또는 주택공사 등을 사업시행자로 지정하여 주택재건축사업을 시장·군수 등 공공에 의해 시행하게 할 수 있습니다.

1-1. 관리처분방식에 따른 시행

① 주택재건축사업은 정비구역 안 또는 정비구역이 아닌 구역에서 인가받은 관리처분계획에 따라 주택 및 주택, 부대·복리시설 및 오피스텔(「건축법」 제2조제2항에 따른 오피스텔을 말함)을 건설하여 공급하는 방법인 관리처분방식에 따릅니다(도시정비법 제6조제3항 본문).

② 주택단지 안에 있지 않는 건축물의 경우에는 지형여건·주변의 환

경으로 보아 사업시행상 불가피한 경우와 정비구역 안에서 시행하는 사업에 한하여 실시합니다(도시정비법 제6조제3항 단서).

③「주택단지」란 주택 및 부대·복리시설을 건설하거나 대지로 조성되는 일단의 토지로서 다음의 어느 하나에 해당하는 일단의 토지를 말합니다(도시정비법 제2조제7호).

1. 「주택법」 제15조에 따른 사업계획승인을 받아 주택과 부대·복리시설을 건설한 일단의 토지

2. 1.의 일단의 토지 중 도시·군계획시설인 도로나 그 밖에 이와 유사한 시설로 분리되어 각각 관리되고 있는 각각의 토지

3. 1.의 일단의 토지 2 이상이 공동으로 관리되고 있는 경우 그 전체 토지

4. 도시정비법 제41조에 따라 분할된 토지 또는 분할되어 나가는 토지

5. 「건축법」 제11조에 따라 건축허가를 얻어 아파트 또는 연립주택을 건설한 일단의 토지

1-2. 순환정비방식에 따른 시행방법의 특례

① 시행방법의 특례로서 사업시행자는 주택재건축사업을 원활히 시행하기 위해서 순환정비방식으로 시행할 수 있습니다. 이 경우 사업시행자는 정비구역의 내·외에 새로 건설한 주택 또는 이미 건설되어 있는 주택에 그 주택재건축사업의 시행으로 철거되는 주택의 소유자(정비구역에서 실제 거주하는 자에 한함. 주민등록지만 정비구역에 있는 경우는 제외함)가 임시로 거주하게 하는 등의 방식으로 그 정비구역을 순차적으로 정비하는 등 주택의 소유자의 이주대책을 수립해야 합니다(도시정비법 제35조제1항).

② 순환정비방식으로 주택재건축사업을 시행하는 경우에는 관리처분계획의 인가 신청 후 관련 서류를 한국토지주택공사 또는 지방공사(이하 "주택공사 등"이라 함)에 공공임대주택을 순환용주택으로 우선 공급할 것을 요청할 수 있습니다(도시 정비법 제35조제2항 및 시행령 제43조의2제1항).

2. 사업시행자에 따른 주택재건축사업의 시행방법

2-1. 조합에 의한 시행
주택재건축사업은 토지 등 소유자들로 구성된 주택재건축 정비사업조합(이하 "조합"이라 함)이 이를 시행하거나, 조합이 조합원 과반수의 동의를 얻어 특별자치시장, 특별자치도지사, 시장, 군수, 자치구의 구청장(이하 '시장·군수'라 함), 주택공사등, 건설업자 또는 등록사업자와 공동으로 이를 시행할 수 있습니다(도시정비법 제8조제2항).

2-2. 시장·군수 등 공공에 의한 시행
시장·군수는 주택재건축사업이 다음의 어느 하나에 해당하는 경우에는 직접 재건축사업을 시행하거나, 시장·군수가 지정개발자(아래 1. 및 8.의 경우에 한함) 또는 주택공사등(주택공사등이 건설업자 또는 등록사업자와 공동으로 시행하는 경우를 포함)을 사업시행자로 지정하여 주택재건축사업을 시행하게 할 수 있습니다(도시정비법 제8조제4항).
1. 천재·지변,「재난 및 안전관리 기본법」제27조 또는「시설물의 안전관리에 관한 특별법」제14조에 따른 사용제한·사용금지, 그 밖

의 불가피한 사유로 인하여 긴급히 재건축사업을 시행할 필요가 있다고 인정되는 경우(지정개발자에 의한 시행은 이 경우에 한함)

2. 조합설립추진위원회(이하 '추진위원회'라 함)가 시장·군수의 구성 승인을 얻은 날부터 3년 이내에 조합 설립인가를 신청하지 않거나, 조합이 조합의 설립인가를 얻은 날부터 3년 이내에 사업시행인가를 신청하지 않는 경우(이 경우 사업시행자 지정 고시일 다음 날에 추진위원회의 구성 승인 또는 조합의 설립인가는 취소된 것으로 봄)

3. 지방자치단체의 장이 시행하는 「국토의 계획 및 이용에 관한 법률」에 따른 도시·군계획사업과 병행하여 재건축사업을 시행할 필요가 있다고 인정되는 경우

4. 순환정비방식에 의하여 재건축사업을 시행할 필요가 있다고 인정되는 경우

5. 재건축사업의 시행이 도시정비법에 따른 명령·처분이나 사업시행계획서 또는 관리처분계획에 위반되었다고 인정되어 사업시행인가가 취소된 경우

6. 해당 정비구역 안의 국·공유지 면적 또는 국·공유지와 주택공사 등이 소유한 토지를 합한 면적이 전체 토지면적의 2분의 1 이상으로서 토지 등 소유자의 과반수가 시장·군수 또는 주택공사 등을 사업시행자로 지정하는 것에 동의하는 경우

7. 해당 정비구역 안의 토지면적 2분의 1 이상의 토지소유자와 토지 등 소유자의 3분의 2 이상에 해당하는 자가 시장·군수 또는 주택공사 등을 사업시행자로 지정할 것을 요청하는 경우(이 경우 토지 등 소유자가 정비계획의 수립에 대한 입안을 제안한 경우 입안제안에 동의한 토지 등 소유자는 주택공사 등의 사업시행자

지정에 동의한 것으로 봄. 다만, 사업시행자의 지정 요청 전에 시장·군수 및 주민대표회의에 사업시행자의 지정에 대한 반대의 의사표시를 한 토지 등 소유자의 경우는 제외함)

8. 주택재건축사업의 조합설립을 위한 동의요건 이상에 해당하는 자가 신탁업자를 주택재건축사업의 사업시행자로 지정하는 것에 동의하는 때

■ 원래 주택재건축은 재건축조합이 시행하는 것 아닌가요?

Ⓠ 시장이 주택재건축사업을 한국토지주택공사를 사업시행자로 지정하여 진행한다고 합니다. 원래 주택재건축은 재건축조합이 시행하는 것 아닌가요?

Ⓐ 조합이 시행하는 주택재건축사업 : 주택재건축사업은 ① 토지 등 소유자들로 구성된 주택재건축 정비사업조합이 이를 시행하거나 ② 조합이 조합원 과반수의 동의를 얻어 특별자치시장, 특별자치도지사, 시장, 군수, 자치구의 구청장, 한국 토지주택공사 또는 지방공사, 건설업자 또는 등록사업자와 공동으로 이를 시행할 수 있습니다.

시장·군수 등 공공이 시행하는 주택재건축사업 : 다만, 특별자치시장, 특별자치도시자, 시장, 군수, 자치구의 구청장은 주택재건축사업이 "천재·지변, 「재난 및 안전관리 기본법」 제27조 또는 「시설물의 안전관리에 관한 특별법」 제14조에 따른 사용제한·사용금지, 그 밖의 불가피한 사유로 인하여 긴급히 정비사업을 시행할 필요가 있다고 인정되는 때"와 같이 일정한 요건에 해당하는 경우에는 직접 재건축사업을 시행하거나, 특별자치시장, 특별자치도

지사, 시장, 군수, 자치구의 구청장이 주택공사 등을 사업시행자로 지정하여 주택재건축사업을 공공에 의해 시행하게 할 수 있습니다.

그 후 안전진단을 실시한 결과 A ~ C 등급의 경우에는 유지보수, D 등급의 경우에는 조건부 재건축, E 등급의 경우에는 재건축 판정을 받아 재건축사업의 진행 여부를 결정하게 됩니다

3. 주택재건축사업의 시행

3-1. 주택재건축 사업시행자

① 주택재건축사업은 원칙적으로 토지 등 소유자들로 구성된 주택재건축 정비사업조합이 단독으로 시행하거나, 시장·군수·구청장, 한국토지주택공사 또는 지방공사와 공동으로 이를 시행할 수 있습니다.

② 시장 · 군수는 천재지변 등 공공에 의한 사업시행 사유가 있는 경우에는 조합이 원칙적 시행자임에도 불구하고 직접 재건축사업을 시행하거나 지정개발자 또는 주택공사 등을 사업시행자로 지정하여 시행할 수 있습니다.

3-2. 원칙적 시행자 : 토지 등 소유자로 구성된 조합 등

주택재건축사업은 토지 등 소유자로 구성된 주택재건축 정비사업조합(이하 "조합"이라 함)이 시행하는 것이 원칙입니다. 그러나 조합이 조합원 과반수의 동의를 얻어 특별자치시장, 특별자치도지사, 시장, 군수, 자치구의 구청장(이하 '시장·군수'라 함), 한국토지주택공사 또는 지방공사(이하 "주택공사 등"이라 함), 건설업자 또는 등록사업

자와 공동으로 시행할 수 있습니다(도시정비법 제8조제2항).

3-3. 예외적 시행자 : 시장·군수 또는 토지주택공사 등

시장·군수는 천재지변 등 공공에 의한 사업시행 사유가 있는 경우에는 조합이 원칙적 시행자임에도 불구하고 직접 재건축사업을 시행하거나 지정개발자 또는 주택공사 등(주택공사등이 건설업자 또는 등록사업자와 공동으로 시행하는 경우를 포함)을 사업시행자로 지정하여 시행할 수 있습니다(도시정비법 제8조제4항).

3-4. 주택재건축사업의 대행
3-4-1. 사업대행자의 지정

시장·군수는 다음의 어느 하나에 해당하는 경우에는 해당 조합 또는 토지등소유자를 대신하여 직접 정비사업을 시행하거나 지정개발자 또는 주택공사등으로 하여금 해당 조합 또는 토지등소유자를 대신하여 정비사업을 시행하게 할 수 있습니다(도시정비법 제9조제1항).

1. 장기간 정비사업이 지연되거나 권리관계에 대한 분쟁 등으로 인하여 해당 조합 또는 토지등소유자가 시행하는 정비사업을 계속 추진하기 어렵다고 인정하는 경우
2. 토지등소유자(도시정비법 제16조에 따라 조합을 설립한 경우에는 조합원을 말함)의 과반수 동의로 요청하는 경우

3-4-2. 사업대행개시 결정 고시

시장·군수는 주택재건축사업을 직접 시행하거나 지정개발자 또는 주택공사 등으로 하여금 정비사업을 대행하게 하려 할 경우에는 다음

의 사항에 관한 사업대행개시결정을 하여 해당 지방자치단체의 공보 등에 고시하고, 이를 토지 등 소유자 및 사업시행자에게 통지해야 합니다(도시정비법 제9조제3항 및 시행령 제16조).

1. 주택재건축사업의 명칭
2. 사업시행자의 성명 및 주소(법인인 경우에는 법인의 명칭 및 주된 사무소의 소재지와 대표자의 성명 및 주소를 말함)
3. 정비구역(정비구역을 2 이상의 구역으로 분할하는 경우에는 분할된 각각의 구역을 말함)의 위치 및 면적
4. 주택재건축사업의 착수예정일 및 준공예정일
5. 대행개시결정일
6. 사업대행자
7. 대행사항

3-4-3. 사업대행개시 결정의 효과

① 업무집행 및 재산관리

사업대행개시 결정의 고시가 있은 경우 시장·군수, 지정개발자 또는 주택공사 등(이하 "사업대행자"라 함)은 그 고시일의 다음 날부터 사업대행완료의 고시일까지 자기의 이름 및 사업시행자의 계산으로 사업시행자의 업무를 집행하고 재산을 관리합니다(도시정비법 제9조제3항 및 시행령 제17조제1항 전단). 이 경우 도시정비법 또는 동법에 따른 명령이나 동법 제2조제11호에 따른 정관 등에 따라 사업시행자가 행하거나 사업시행자에 대하여 행하여진 처분·절차, 그 밖의 행위는 사업대행자가 행하거나 사업대행자에 대하여 행하여진 것으로 봅니다(도시정비법 시행령 제17조제1항 후단).

② 재산처분행위 등 제한

시장·군수가 아닌 사업대행자가 재산의 처분, 자금의 차입, 그 밖에 사업시행자에게 재산상 부담을 가하는 행위를 하려는 경우에는 미리 시장·군수의 승인을 얻어야 합니다(도시정비법 시행령 제17조제2항).

3-4-4. 사업대행의 완료

① 주택재건축사업을 대행하는 사업대행자는 사업시행자에게 청구할 수 있는 보수 또는 비용의 상환에 대한 권리로써 사업시행자에게 귀속될 대지 또는 건축물을 압류할 수 있습니다(도시정비법 제9조제2항).

② 사업대행자가 사업시행자에게 보수 또는 비용의 상환을 청구함에 있어서는 그 보수 또는 비용을 지출한 날 이후의 이자를 청구할 수 있습니다(도시정비법 시행령 제18조제1항).

③ 사업대행자는 사업대행의 원인이 된 사유가 없어지거나 재건축에 따라 새로 건축된 주택에 대한 등기를 완료한 경우에는 사업대행을 완료해야 합니다. 이 경우 시장·군수가 아닌 사업대행자는 미리 시장·군수에게 사업대행을 완료할 뜻을 보고해야 합니다(도시정비법 시행령 제18조제2항).

④ 시장·군수는 사업대행이 완료된 경우 다음의 사항을 해당 지방자치단체의 공보 등에 고시하고, 토지 등 소유자 및 사업시행자에게 각각 통지해야 합니다(도시정비법 시행령 제18조제3항).

1. 주택재건축사업의 명칭
2. 사업시행자의 성명 및 주소(법인인 경우에는 법인의 명칭 및 주된 사무소의 소재지와 대표자의 성명 및 주소를 말함)
3. 정비구역(정비구역을 2 이상의 구역으로 분할하는 경우에는 분할된 각각의 구역을 말함)의 위치 및 면적
4. 주택재건축사업의 착수예정일 및 준공예정일

5. 대행개시결정일

6. 사업대행자

7. 대행사항

8. 사업대행완료일

⑤ 사업대행자는 사업대행완료의 고시가 있은 경우에는 지체 없이 사업시행자에게 업무를 인계해야 하며, 사업시행자는 정당한 사유가 없는 한 이를 인수해야 합니다(도시정비법 시행령 제18조제4항).

⑥ 인계·인수가 완료된 경우에는 사업대행자가 주택재건축사업을 대행함에 있어서 취득하거나 부담한 권리와 의무는 사업시행자에게 승계됩니다(도시정비법 시행령 제18조제5항).

3-4-5. 사업대행자의 주의의무 등

① 사업대행자는 업무를 행함에 있어서 선량한 관리자로서의 주의의무를 다해야 합니다(도시정비법 시행령 제19조제1항).

② 사업대행자는 업무를 행함에 있어서 필요한 경우에는 사업시행자에게 협조를 요청할 수 있으며, 사업시행자는 특별한 사유가 없는 한 이에 응해야 합니다(도시정비법 시행령 제19조제2항).

3-5. 사업시행자 등의 권리·의무의 승계

사업시행자와 주택재건축과 관련하여 권리를 갖는 자(이하 '권리자'라 함)의 변동이 있은 경우에는 종전의 사업시행자와 권리자의 권리·의무는 새로이 사업시행자와 권리자로 된 자가 이를 승계합니다(도시정비법 제10조).

■ 도급 계약에서 완성된 목적물에 중요한 하자가 있는 경우 하자의
보수에 갈음한 손해배상의 범위는 어디까지 인가요?

Ⓠ 甲은 乙과 주택 신축공사 계약을 체결하였고, 乙은 이를 기
간 내 완공하였으나, 완성된 건물이 무너질 위험이 있어
다시 건축할 수 밖에 없는 상황이 되었습니다. 이러한 경
우 손해배상금으로 재건축에 드는 비용을 청구할 수 있는
지요?

Ⓐ 판례는 "도급계약에서 완성된 목적물에 하자가 있는 경우에 도급
인은 수급인에게 하자의 보수나 하자의 보수에 갈음한 손해배상
을 청구할 수 있고, 이때 하자가 중요한 경우에는 비록 보수에
과다한 비용이 필요하더라도 보수에 갈음하는 비용, 즉 실제로
보수에 필요한 비용이 모두 손해배상에 포함되며, 나아가 완성된
건물 기타 토지의 공작물(이하 '건물 등'이라 한다)에 중대한 하
자가 있고 이로 인하여 건물 등이 무너질 위험성이 있어서 보수
가 불가능하고 다시 건축할 수 밖에 없는 경우에는, 특별한 사정
이 없는 한 건물 등을 철거하고 다시 건축하는 데 드는 비용 상
당액을 하자로 인한 손해배상으로 청구할 수 있다"라고 하였습니
다.

따라서, 감정 결과 하자가 중대하여 그 보수가 불가능하고 철거
후 재시공하는 방법 이외에는 건물의 안전성을 갖출 다른 방법이
없는 것으로 확인된다면, 甲은 乙에게 철거하는 비용과 함께 다
시 시공하는데 드는 비용 상당액을 하자로 인한 손해배상금으로
청구할 수 있다 할 것입니다.

■ "사업시행자의 변동"에 사법상의 매매계약에 의한 사업시행자 지위의 양도 · 양수가 포함되는지요?

ⓠ 도시정비법 제10조에 따른 "사업시행자의 변동"에 사법상의 매매계약에 의한 사업시행자 지위의 양도 · 양수가 포함되는지요?

ⓐ 정비사업 시행자의 지위는 사법상의 계약에 의한 양도의 대상이 될 수 없을 뿐 아니라 사법상 권리의 양도계약에 의한 사업시행자의 변동은 도시정비법에 규정된 시행자 변동의 어느 유형에도 해당되지 않으므로, 「도시 및 주거환경정비법 제10조」에 따른 "사업시행자의 변동"에는 사법상의 매매계약에 의한 사업시행자의 양도·양수는 포함되지 않습니다.

■ 토지등소유자가 시장등과 공동으로 시행하는 경우 토지등소유자의 과반수의 동의를 얻어 사업을 시행할 수 있는지요?

ⓠ 도시환경정비사업에서 토지등소유자가 시장등과 공동으로 시행하는 경우 토지등소유자의 과반수의 동의를 얻어 사업을 시행할 수 있는지요?

ⓐ 도시정비법 제8조(주택재개발사업 등의 시행자)제3항에 "도시환경정비사업은 조합 또는 토지등소유자가 시행하거나, 조합 또는 토지등소유자가 조합원 또는 토지등소유자의 과반수의 동의를 얻어 시장·군수, 주택공사 등, 「한국토지공사법」에 의한 한국토지공사(공장이 포함된 구역에서의 도시환경정비사업의 경우를 제외한다), 건설업자, 등록사업자 또는 대통령령이 정하는 요건을 갖춘 자와 공동으로 이를 시행할 수 있다"고 규정하고 있음을 알려드립니다.

제2절 조합이 시행하는 주택재건축사업

1. 조합설립추진위원회

주택재건축사업의 시행을 위해 주택재건축 정비사업조합을 설립하려는 경우에는 정비구역지정 고시 후 토지 등 소유자 과반수의 동의를 얻어 조합설립추진위원회를 구성하여 시장·군수 또는 자치구의 구청장의 승인을 얻어야 합니다.

2. 조합설립추진위원회 구성

2-1. 추진위원회의 구성

① 특별자치시장, 특별자치도지사, 시장, 군수, 자치구의 구청장(이하 '시장·군수'라 함), 지정개발자, 한국토지주택공사 또는 지방공사(이하 "주택공사 등"이라 함)가 아닌 자가 주택재건축사업을 시행하려는 경우에는 토지 등 소유자로 구성된 주택재건축 정비사업조합(이하 "조합"이라 함)을 설립하여 시행해야 합니다(도시정비법 제13조제1항).

② 이러한 조합을 설립하려는 경우에는 정비구역지정 고시(정비구역이 아닌 구역에서의 주택재건축사업의 경우에는 안전진단 결과에 따른 주택재건축사업의 시행결정을 말함) 후 위원장을 포함한 5명 이상의 위원 및 토지 등소유자 과반수의 동의를 받아 조합설립추진위원회(이하 "추진위원회"라 함)를 구성하여 조합설립추진위원회 승인신

청서와 다음의 서류를 시장·군수에게 제출하고 승인을 받아야 합니다(도시정비법 제13조제2항).

1. 토지 등 소유자의 명부
2. 토지 등 소유자의 동의서
3. 위원장 및 위원의 주소 및 성명
4. 위원선정을 증명하는 서류

③ 정비사업에 대해 도시정비법 제77조의4에 따른 공공지원을 하려는 경우에는 추진위원회를 구성하지 않을 수 있습니다(도시정비법 제13조제6항).

□ 주택재건축정비사업 □ 가로주택정비사업	조합 설립(변경)인가신청서	처리기한
		30일

<table>
<tr><td rowspan="3">신
청
인</td><td colspan="2">조 합 명 칭</td><td colspan="3">주택재건축정비사업 · 가로주택정비사업조합(가칭)</td></tr>
<tr><td rowspan="2">대 표 자</td><td>성 명</td><td colspan="3">생년월일</td></tr>
<tr><td>주 소</td><td colspan="3">(전화:)</td></tr>
<tr><td rowspan="6">조
합
설
립
내
역</td><td colspan="2">설 립 목 적</td><td colspan="3">주택재건축정비사업의 시행</td></tr>
<tr><td colspan="2">주된 사무소의 소재지</td><td colspan="3">(전화:)</td></tr>
<tr><td rowspan="2">사업시행
예정구역</td><td>구역명칭</td><td>구역</td><td>구역 면적</td><td>(㎡)</td></tr>
<tr><td>위 치</td><td colspan="3"></td></tr>
<tr><td>조합원
수</td><td>명</td><td>사업시행인가신청
예정시기</td><td colspan="2">구역지정 고시일(년 월 일) 또는 조합설
립인가신청일(년 월 일) 부터 ( )이내</td></tr>
</table>

동 의 사 항	토지등 소유자수	(토지소유자: 명 (건축물소유자: 명 (지상권자: 명 (주택 및 토지소유자: 명 (부대복리시설 및 토지소유자: 명)	동의율	% (동의자수/ 토지등소유 자 수)

정비사업 전문관리업자	명 칭		대 표 자	
	주된 사무소의 소재지		(전화:)	

「도시 및 주거환경정비법」 제16조제2항 및 제3항에 따라 위와 같이 주택재건축정비
사업 · 가로주택정비사업조합 설립(변경)인가를 신청합니다.

년   월   일

신청인 대표   (서명 또는 인)

시장 · 군수 · 구청장 귀하

※ **첨부서류**	수수료
1. 설립인가의 경우	없 음

  가. 조합정관
  나. 조합원 명부(조합원자격을 증명하는 서류를 첨부합니다)
  다. 토지등소유자의 조합설립동의서 및 동의사항을 증명하는 서류
  라. 창립총회 회의록(총회참석자 연명부를 포함합니다)
  마. 토지 · 건축물 또는 지상권이 여러 명의 공유에 속하는 경우에는 그 대표자의 선임동의서
  바. 창립총회에서 임원 · 대의원을 선임한 경우에는 선임된 자의 자격을 증명하는 서류
  사. 주택건설 예정세대수, 주택건설 예정지의 지번 · 지목 및 등기명의자, 도시관리계획상
     의 용도지역, 대지 및 주변현황을 적은 사업계획서(주택재건축사업의 경우로 한정합니
     다)
  아. 주택건설예정 호수 및 세대수, 가로구역 및 가로주택정비사업 시행 구역의 범위 · 지
     번 · 지목 및 등기명의자, 도시 · 군관리계획의 용도지역, 대지 및 주변현황을 적은
     사업계획서(가로주택정비사업의 경우로 한정합니다)
  자. 그 밖에 특별시 · 광역시 또는 도의 조례가 정하는 서류

2. 변경인가의 경우 : 변경내용을 증명하는 서류

2-2. 추진위원회 구성을 위한 토지 등 소유자의 동의

① 추진위원회 구성을 위해 토지 등 소유자의 동의를 받으려는 자는 시장·군수로부터 연번을 부여받은 정비사업조합 설립추진위원회 설립 동의서에 추진위원회의 위원장, 위원, 추진위원회의 업무 및 운영규정을 미리 쓴 후 토지 등 소유자 과반수로부터 동의를 받아야 합니다(도시정비법 시행령 제21조의2제1항, 시행규칙 제6조제2항 및 별지 제2호의2서식).

② 추진위원회의 구성에 동의한 토지 등 소유자는 나중에 있을 조합설립에 동의한 것으로 봅니다. 다만, 조합설립인가 신청 전에 시장·군수 및 추진위원회에 조합설립에 대한 반대의 의사표시를 한 경우에는 그렇지 않습니다(도시정비법 제13조제3항).

③ 위반 시 제재

토지 등 소유자의 정비사업조합 설립추진위원회 설립동의서를 위조한 자는 5년 이하의 징역 또는 5천만원 이하의 벌금에 처해집니다(도시정비법 제84조의2제1항제2호).

④ 토지 등 소유자의 정비사업조합 설립추진위원회 설립동의서를 매도하거나 매수한 자는 3년 이하의 징역 또는 3천만원 이하의 벌금에 처해집니다(도시정비법 제84조의3제6호).

⑤ 토지 등 소유자의 동의를 받으려는 자는 그 동의를 받기 전에 다음의 사항을 설명·고지해야 합니다(도시정비법 제13조제4항, 시행령 제21조의2제2항).

1. 동의를 받으려는 사항 및 목적
2. 추진위원회의 구성에 동의한 경우에는 후에 있을 조합설립에 동의한 것으로 본다는 사항
3. 반대의사 표시의 절차 및 방법

[　] 주택재건축사업 [　] 가로주택정비사업		조합 설립동의서	

※ 색상이 어두운 란은 동의자가 적지 않습니다. (1쪽)

접수번호	접수일	발급일	처리기간

Ⅰ. 동의자 현황

인 적 사 항	성　　　명		생년월일	
	주민등록상 주　　　소		전화번호	
소 유 권 현 황	소유권 위치	(단독주택) (아파트·연립주택) (상가)	번지　통　반 동　　　호 동　　　호	
	등기상 건축물 지분(면적, ㎡)		등기상 대지 지분(면적, ㎡)	

※ 가로주택정비사업인 경우

권 리 내 역	토　　　지 (총　필지)	소재지(공유 여부)	면적(㎡)
		(　　　　　)	
		(　　　　　)	
	건　축　물	소재지(허가 유무)	동　수
		(　　　　　)	
		(　　　　　)	
	지　상　권 (건축물 외의 수목 또는 공작물의 소유 목적으로 설정한 권리를 말합니다)	설정 토지	지상권의 내용

Ⅱ. 동의 내용

1. 조합설립 및 정비사업 내용

가. 신축건축물의 설 계 개 요	대지 면적 (공부상 면적)	건축 연 면적	규　　모	비　　고
	㎡	㎡		
나. 공사비 등 정 비사업에 드 는 비용	철거비	신축비	그 밖의 비 용	합　　계

다. 나목에 따른 비용의 분담	1) 조합정관에 따라 경비를 부과·징수하고, 관리처분 시 가청산하며, 조합청산 시 청산금을 최종 확정한다. 2) 조합원 소유 자산의 가치를 조합정관이 정하는 바에 따라 산정하여 그 비율에 따라 비용을 부담한다. 3) 분양대상자별 분담금 추산방법(예시) 분양대상자별 분담금 추산액 = 분양예정인 대지 및 건축물의 추산액 - (분양대상자별 종전의 토지 및 건축물의 가격 × 비례율) * 비례율 = (사업완료 후의 대지 및 건축물의 총 수입 - 총사업비) / 종전의 토지 및 건축물의 총 가액
라. 신축 건축물 구분소 유권의 귀속에 관한 사항	※ 개별 정비사업의 특성에 맞게 정합니다. 다만, 신축 건축물의 배정은 토지소유자의 의사가 최대한 반영되도록 하되, 같은 면적의 주택 분양에 경합이 있는 경우에는 종전 토지 및 건축물의 가격 등을 고려하여 우선 순위를 정하거나 추첨에 따르는 등 구체적인 배정방법을 정하여 향후 관리처분계획을 수립할 때 분양면적별 배분의 기준이 되도록 합니다. (예시) 1) 사업시행 후 분양받을 주택 등의 면적은 분양면적(전용면적+공용면적)을 기준으로 하고, 대지는 분양받은 주택 등의 면적 비례에 따라 공유지분으로 분양한다. 2) 조합정관에서 정하는 관리처분계획에 관한 기준에 따라 주택을 소유한 조합원의 신축 건축물에 대한 분양면적 결정은 조합원의 신청규모를 우선적으로 고려하되, 같은 규모에서 경합이 있는 경우에는 종전 토지 및 건축물의 가격이 높은 순서에 따르고, 동·호수는 전산추첨으로 결정한다. 3) 조합원에게 우선분양하고 남는 잔여주택 및 상가 등 복리시설은 관계법령과 조합정관이 정하는 바에 따라 일반분양한다. 4) 토지는 사업완료 후 지분등기하며 건축물은 입주조합원 각자 보존등기한다.

2. 조합장 선정동의

본 조합의 대표자(조합장)는 조합원총회에서 조합정관에 따라 선출된 자로 한다.

3. 조합정관 승인
 「도시 및 주거환경정비법」 제16조에 따라 정비사업조합을 설립할 때 그 조합정관을 신의성실의 원칙에 따라 준수하며, 조합정관이 정하는 바에 따라 조합정관이 변경되는 경우 이의 없이 따른다.

 * 조합정관 간인은 임원 및 감사 날인으로 대체합니다.

4. 정비사업 시행계획서
 (   )주택재건축사업·가로주택정비사업조합설립추진위원회(가로주택정비사업의 경우에는 토지등소유자를 말합니다)에서 작성한 정비사업 시행계획서와 같이 주택재건축사업·가로주택정비사업을 한다.

※ 본 동의서를 제출한 경우에도 조합설립에 반대하고자 할 경우 「도시 및 주거환경정비법 시행령」 제28조제4항에 따라 조합설립인가를 신청하기 전까지 동의를 철회할 수 있습니다. 다만, 동의 후「도시 및 주거환경정비법 시행령」 제26조제2항 각 호의 사항이 변경되지 아니한 경우에는 최초로 동의한 날부터 30일까지만 철회할 수 있으며, 30일이 지나지 아니한 경우에도 조합설립을 위한 창립총회 후에는 철회할 수 없습니다.

 위와 같이 본인은 (   )주택재건축사업·가로주택정비사업 시행구역의 토지등소유자로서 위의 동의 내용을 숙지하고 동의하며, 「도시 및 주거환경정비법」 제16조제1항부터 제3항까지의 규정에 따른 조합의 설립에 동의합니다. 또한, 위의 조합 설립 및 정비사업 내용은 사업시행인가내용, 시공자 등과의 계약내용 및 제반 사업비의 지출내용에 따라 변경될 수 있으며, 그 내용이 변경됨에 따라 조합원 청산금 등의 조정이 필요할 경우 「도시 및 주거환경정비법」 및 같은 법 시행령에서 정하는 변경절차를 거쳐 사업을 계속 추진하는 것에 동의합니다.

년   월   일

위 동의자 : [자필로 이름을 써넣음] 지장날인

(   ) 주 택 재 개 발 사 업
(   ) 도시환경정비사업   조합설립추진위원회 귀중

신청인 제출서류	1. 토지등소유자 신분증명서 사본 1부.

3. 추진위원회의 설립승인

3-1. 추진위원회의 설립승인신청 등

① 추진위원회의 설립승인을 얻으려는 자는 다음의 서류를 시장·군수에게 제출(전자문서에 의한 제출 포함)해야 합니다(도시정비법 시행규칙 제6조제1항 및 별지 제2호서식).

1. 조합설립추진위원회 승인신청서

2. 토지 등 소유자의 명부

3. 토지 등 소유자의 동의서

4. 위원장 및 위원의 주소 및 성명

5. 위원 선정을 증명하는 서류

② 위반 시 제재

추진위원회의 설립승인을 얻지 않고 추진위원회의 업무를 수행한 자는 2년 이하의 징역 또는 2천만원 이하의 벌금에 처해집니다(도시정비법 제85조제3호).

③ 설립승인을 받은 추진위원회가 구성되어 있음에도 불구하고 임의로 추진위원회를 구성하여 주택재건축사업을 추진하는 자는 2년 이하의 징역 또는 2천만원 이하의 벌금에 처해집니다(도시정비법 제85조제6호).

조합설립추진위원회 승인신청서			처리기한
			30일

사 업 구 분		□ 주택재건축사업 □ 도시환경정비사업 □ 주택재개발사업		
신청인	추진위원회의 명칭	조합설립추진위원회(가칭)		
	대 표 자	성 명		생년월일
		주 소	(전화:)	

추 진 위원회 설 립 내 역	설 립 목 적	사업시행을 위한 조합설립			
	주된 사무소의 소재지	(전화:)			
	사업시행 예정구역	구역명칭		구 역 면적	(m²)
		위 치			

동 의 사 항	토 지 등 소유자 수	(토지소유자 : 명)	명	동의 율	% (동의자 수 /토지등 소 유자수)
		(건축물소유자 : 명)			
		(지상권자 : 명)			
		(주택 및 토지소유자 : 명)			
		(부대·복리시설 및 토지소유자 : 명)			

「도시 및 주거환경정비법」 제13조제2항에 따라 위와 같이 조합설립
추진위원회의 설립 승인을 신청합니다.

　　　　　　　　　　　　　　　　　　년　　　　　　월　　　　　　일
　　　　　　　　신청인대표　　　　　　　　　　　(서명 또는 인)
시장 · 군수 · 구청장 귀하

※ **첨부서류**	수수료
1. 토지등소유자의 명부	없 음
2. 토지등소유자의 동의서	
3. 위원장 및 위원의 주소 및 성명	
4. 위원선정을 증명하는 서류	

3-2. 추진위원회의 설립승인 취소

① 시장·군수는 다음의 어느 하나에 해당하는 경우 추진위원회 설립 승인을 취소해야 합니다(도시정비법 제16조의2제1항).

1. 추진위원회 구성에 동의한 토지 등 소유자의 1/2 이상 2/3 이하의 범위에서 특별시·광역시·특별자치시·도·특별자치도 또는 「지방자치법」 제175조에 따른 서울특별시·광역시 및 특별자치시를 제외한 인구 50만 이상 대도시의 조례(이하 "시·도조례"라 함)로 정하는 비율 이상의 동의 또는 토지 등 소유자 과반수의 동의로 추진위원회의 해산을 신청하는 경우

2. 정비예정구역 또는 정비구역의 지정이 해제되는 경우

3. 토지 등 소유자의 10/100 이상 25/100 이하의 범위에서 시·도조례로 정하는 비율 이상의 요청이 있는 경우 시장·군수는 토지 등 소유자의 의사결정에 필요한 정보를 제공하기위해 개략적인 정비사업비 및 추정분담금 등을 조사하여 토지 등 소유자에게 제공할 수 있습니다(도시정비법 제16조의2제2항 전단).

② 추진위원회의 설립승인이 취소된 경우에는 시장·군수는 지체없이 그 내용을 해당 지방자치단체의 공보에 고시해야 합니다(도시정비법 제16조의2제5항).

4. 추진위원회 조직

4-1. 추진위원회의 위원
4-1-1. 추진위원회의 위원 구성

① 추진위원회는 추진위원회를 대표하는 위원장 1명과 감사를 두어

야 합니다(도시정비법 제15조제1항).

② 추진위원회는 부위원장을 둘 수 있습니다[『정비사업 조합설립추진
위원회 운영규정』(국토교통부 고시 제2016-187호, 2016. 4. 8. 발
령·시행) 제2조제2항제2호].

③ 추진위원회 위원의 수는 토지 등 소유자의 10분의 1 이상으로
하되, 5명 이하인 경우에는 5명으로 하며 100명을 초과하는 경우에
는 토지 등 소유자의 10분의 1의 범위에서 100명 이상으로 할 수
있습니다[『정비사업 조합설립추진위원회 운영규정』 제2조제2항제3호).

4-1-2. 추진위원회 위원 선출 시 금지 행위

① 누구든지 추진위원회 위원의 선출과 관련하여 다음의 어느 하나
에 해당하는 행위를 할 수 없습니다(도시정비법 제21조제4항).

1. 금품, 향응 또는 그 밖의 재산상 이익을 제공하거나 제공의사를
   표시하거나 제공을 약속하는 행위
2. 금품, 향응 또는 그 밖의 재산상 이익을 제공받거나 제공의사 표
   시를 승낙하는 행위
3. 제3자를 통하여 위에 해당하는 행위를 하는 행위

② 위의 내용을 위반하여 금품이나 그 밖의 재산상의 이익을 제공
하거나 제공의사를 표시하거나 제공을 약속하는 행위를 하거나 제
공을 받거나 제공의사 표시를 승낙한 사람은 5년 이하의 징역 또는
5천만원 이하의 벌금에 처해집니다(도시정비법 제84조의2제3호).

4-1-3. 추진위원회 위원의 결격사유 및 해임

① 다음의 어느 하나에 해당하는 자는 추진위원회의 위원이 될 수
없습니다(도시정비법 제13조제5항 및 제23조제1항).

1. 미성년자·피성년후견인 또는 피한정후견인
2. 파산선고를 받은 자로서 복권되지 않은 자
3. 금고 이상의 실형의 선고를 받고 그 집행이 종료(종료된 것으로 보는 경우 포함)되거나 집행이 면제된 날부터 2년이 지나지 않은 자
4. 금고 이상의 형의 집행유예를 받고 그 유예기간 중에 있는 자
5. 도시정비법을 위반하여 벌금 100만원 이상의 형을 선고받고 5년이 지나지 않은 자

② 추진위원회 위원이 결격사유에 해당하게 되거나 선임 당시 그에 해당하는 자이었음이 판명된 경우에는 당연 퇴임합니다. 다만, 당연 퇴임된 위원이 퇴임 전에 관여한 행위는 그 효력을 잃지 않습니다(도시정비법 제13조제5항, 제23조제2항 및 제3항).

③ 추진위원회 위원의 해임은 토지 등 소유자 10분의 1 이상의 발의로 소집된 총회에서 토지 등 소유자 과반수의 출석과 출석 토지 등 소유자 과반수의 동의를 얻어 할 수 있습니다. 이 경우 발의자 대표로 선출된 자가 해임 총회의 소집 및 진행에 있어 추진위원회 위원장의 권한을 대행합니다(도시정비법 제13조제5항 및 제23조제4항).

4-1-4. 추진위원회 위원장의 공무원 의제

「형법」에 따른 수뢰, 사전수뢰, 제3자뇌물제공, 수뢰 후 부정처사, 사후수뢰, 알선수뢰의 적용에 있어서 추진위원회의 위원장은 공무원으로 보아 그에 따라 처벌됩니다(도시정비법 제84조).

■ 토지 등 소유자가 아닌 자의 추진위원회 위원장 자격기준은 어떻게 되는지요?

Ⓠ 추진위원회 승인 신청 당시 및 추진위원회 설립동의서 작성을 위한 추진위원 선출 당시 정비구역 내 토지 등 소유자가 아닌 자의 추진위원장 적격 여부는 어떻게 되는지요?

또 피 선출일 당시 토지 등 소유자가 아닌 경우 당연 퇴임되는지요? 추진위원 선출 당시 토지 등 소유자가 아닌 자가 선출되어 구청장에게 접수하여 승인 전에 소유권을 확보하면 추진위원으로서 승인이 가능한지요?

Ⓐ 「정비사업 조합설립추진위원회 운영규정」 별표 제15조제2항에 따르면 위원은 추진위원회 설립에 동의한 자 중에서 선출하되, 위원장·부위원장 및 감사는 "피선출일 현재 사업시행구역 안에서 3년 이내에 1년 이상 거주하고 있는 자" 등을 포함한 각 호의 1에 해당하는 자이어야 하며, 「정비사업조합설립추진위원회 운영규정」 별표 제16조제2항에 선임 당시에 제15조제2항 각 호의 1에 해당하지 않는 것으로 판명된 경우에는 당연 퇴임합니다.

◆ 5인 이상 위원으로 추진위원회 승인 가능 여부

(질의요지)

정비사업 조합설립추진위원회 운영규정(이하 '운영규정'이 라 줄여 씁니다) 제2조제1항에 따라 위원장 및 감사를 포함하여 5인이상의 위원으로 추진위원회를 구성하여 시장군수의 승인을 얻을 수 있는지요?

(회신내용)

운영규정 제2조제1항에 따르면 정비사업조합을 설립하고자 하는 경우 위원장 및 감사를 포함한 5인 이상의 위원 및 도시정비법 제15조제2항에 따른 운영규정에 대한 토지등소유자 과반수의 동의를 얻어 조합설립을 위한 추진위원회를 구성하여 도시정비법 시행규칙이 정하는 방법 및 절차에 따라 시장·군수 또는 자치구의 구청장(이하 "시장·군수"라 한다)의 승인을 얻어야 한다고 규정하고 있으며, 운영규정 제2조제2항에 따르면 제1항의 규정에 의한 추진위원회 구성은 위원장 1인과 감사를 두고 부위원장은 둘 수 있으며 위원의 수는 토지등소유자의 10분의 1 이상으로 하되, 5인 이하인 경우에는 5인으로 하며 100인을 초과하는 경우에는 토지등소유자의 10분의 1범위 안에서 100인 이상으로 할 수 있다고 규정하고 있는 바, 상기 규정에 적합하게 위원을 구성하여 시장·군수의 승인을 얻어야 할 사항입니다.

◆ 운영규정의 위원의 수를 충족하여야 추진위 승인이 되는지요?

(질의요지)

운영규정에 위원의 수는 토지등소유자의 10분의 1 이상으로 하도록 하고 있는 바, 이를 반드시 지켜야 하는지 아니면 추진위원회 승인 후 보완을 할 수 있는지요?

(회신내용)

운영규정 제2조제2항제3호에 따르면 위원의 수는 토지등 소유자의 10분의 1 이상으로 하되, 5인 이하인 경우에는 5인으로 하며 100인을 초과하는 경우에는 토지등소유자의 10분의 1범위 안에서 100인 이상으로 할 수 있도록 하고 있고, 도시정비법 제13조제2항에 따르면 정비구역지정 고시 후 위원장을 포함한 5인 이상의 위원 및 운영규정에 대한 토지등소유자 과반수 동의를 받아 조합설립을 위한 추진위원회를 구성하여 국토교통부령이 정하는 방법과 절차에 따라 시장·군수의 승인을 받도록 하고 있으므로, 동 규정에 적합하게 추진위원회를 구성하여 시장·군수의 승인을 받아야 할 사항으로 판단됩니다.

◆ 소재불명자의 토지등 소유자수 산정

(질의요지)

건물등기부등본 및 건축물관리대장이 서로 상이하고, 소유자 주민등록번호가 기재되어 있으나 기재된 주소가 현재주소와 상이하고, 해당 지역에 건축물 소재가 확인이 불분명한(없는) 경우 건물등기부등본 상에 등재된 소유자를 토지등 소유자수에 포함·미포함 여부

(회신내용)

도시정비법 시행령 제28조제1항제4호에서 토지등기부등본·건물등기부등본·토지대장 및 건축물관리대장에 소유자로 등재될 당시 주민등록번호의 기재가 없고 기재된 주소가 현재주소와 상이한 경우로서 소재가 확인되지 아니한 자는 토지등소유자의 수에서 제외하도록 하고 있습니다.

◆ 공부상 실질적인 소유자가 아닌 자로 기재된 경우 토지등소유자 수 산정

(질의요지)

부동산등기부등본 등의 공부에 실질적인 소유자가 아닌 자

의 명의와 주민등록번호가 기재된 경우 토지등소유자 수로 산정하여야 하는지요?

(회신내용)

도시정비법 시행령 제28조제1항제4호에서 토지등기부등본·건물등기부등본·토지대장 및 건축물관리대장에 소유자로 등재될 당시 주민등록번호의 기재가 없고 기재된 주소가 현재 주소와 상이한 경우로서 소재가 확인되지 아니한 자는 토지등소유자의 수에서 제외하도록 하고 있어, 이에 해당하지 아니한 경우에는 토지등소유자의 수에서 제외할 수 없을 것입니다.

◆ **추진위원회 승인 당시 보다 전체 토지등소유자가 증가한 경우 추진위원회의 해산 신청시 토지등소유자 수 산정 기준은?**

(질의요지)

추진위원회 승인 당시 보다 전체 토지등소유자가 증가한 경우 도시정비법 제16조의2제1항제1호에 따라 토지등소유자의 과반수 동의로 추진위원회의 해산을 신청하는 경우 토지등소유자수 산정을 추진위원회 승인 당시 전체 토지등 소유자 수로 하여야 하는지 아니면 현재 전체 토지등소유자 수 기준으로 하여야 하는지요?

(회신내용)

도시정비법 제16조의2제1항제1호에 따르면 시장·군수는 추진위원회 구성에 동의한 토지등소유자의 2분의 1 이상 3분의 2이하의 범위에서 시·도조례로 정하는 비율 이상의 동의 또는 토지등소유자 과반수의 동의로 추진위원회의 해산을 신청하는 경우에는 추진위원회 승인을 취소하도록 하고 있으며, 이 경우 토지등소유자 과반수는 정비구역내 현재의 토지등소유자 수를 말하는 것으로 판단됩니다.

4-2. 주민총회

4-2-1. 주민총회의 구성

추진위원회는 운영규정에 따라 토지 등 소유자 전원으로 주민총회를 구성합니다(「운영규정」 별표 『OO정비사업조합 설립추진위원회 운영규정』 제20조제1항).

4-2-2. 주민총회의 개최

① 주민총회는 위원장이 필요하다고 인정하는 경우에 개최합니다. 다만, 다음의 어느 하나에 해당하는 경우 위원장은 해당 일부터 2개월 이내에 주민총회를 개최해야 합니다(「운영규정」 별표 『OO정비사업조합 설립추진위원회 운영규정』 제20조제2항).

1. 토지 등 소유자 5분의 1 이상이 주민총회의 목적사항을 제시하여 청구하는 경우

2. 추진위원회 위원 3분의 2 이상으로부터 개최요구가 있는 경우

② 5분의 1 이상의 토지 등 소유자 또는 3분의 2 이상의 추진위원회 위원의 청구 또는 요구가 있는 경우로서 위원장이 2개월 이내에 정당한 이유 없이 주민총회를 소집하지 않는 경우에는 감사가 지체 없이 주민총회를 소집해야 하며, 감사가 소집하지 않는 경우에는 소집을 청구한 자의 대표가 시장·군수의 승인을 얻어 이를 소집합니다(「운영규정」 별표 『OO정비사업조합 설립추진위원회 운영규정』 제20조제3항).

4-2-3. 주민총회 개최에 대한 사전 통지

① 주민총회를 소집하는 경우에는 회의개최 14일 전부터 회의목적·안건·일시 및 장소 등을 게시판에 게시해야 하며, 토지 등 소유자에게는 회의개최 10일 전까지 등기우편으로 이를 발송·통지해야 합니다. 만약 등기우편이 반송된 경우에는 지체 없이 1회에 한하여 추가 발송해야 합니다(「운영규정」 별표 『OO정비사업조합 설립추진위원회 운영규정』 제20조제5항).

② 주민총회는 주민총회 개최에 대하여 사전 통지한 안건에 대하여만 의결할 수 있습니다(「운영규정」 별표 『OO정비사업조합 설립추진위원회 운영규정』 제20조제6항).

4-2-4. 주민총회의 의결사항

다음의 사항은 주민총회의 의결을 거쳐 결정합니다(「운영규정」 별표 『OO정비사업조합 설립추진위원회 운영규정』 제21조).

1. 추진위원회 승인 이후 위원장·감사의 선임·변경·보궐선임·연임
2. 운영규정의 변경
3. 정비사업전문관리업자 및 설계자의 선정 및 변경
4. 『OO정비사업조합 설립추진위원회 운영규정』 제30조에 따라 운영규정추진위원회가 작성한 개략적인 사업시행계획서의 변경
5. 『OO정비사업조합 설립추진위원회 운영규정』 제31조5항에 따른 감사인의 선정
6. 조합설립추진과 관련하여 추진위원회에서 주민총회의 의결이 필요하다고 결정하는 사항

■ 조합대표자가 총회결의 없이 조합재산을 양도담보한 행위의 효력
은 어떻게 판단하는지요?

Q 甲재건축조합은 주택법에 따라 노후된 주택을 철거하고 아
파트를 재건축하기 위하여 사업계획지역 내 주택소유자들
을 구성원으로 하여 설립된 재건축조합이며, 乙은 그 조합
의 대표자인 조합장인데, 乙은 丙으로부터 1억원을 빌리
고, 그 담보로 위 조합재산인 신축상가건물 1층 중 약
297㎡를 丙에게 매도하는 부동산매매계약서를 작성하여
주면서, 빌린 원리금을 변제하지 못할 경우에는 丙에게 위
상가분양계약서를 교부하기로 약정하였습니다. 乙은 위 차
용금을 변제기일까지 변제하지 못하였고, 丙과의 약정대로
그에게 상가분양계약서를 교부하였습니다. 위 조합의 정관
에는 조합재산처분에 관하여 아무런 규정을 두고 있지 아
니한데, 이 경우 乙의 위와 같은 조합재산처분행위가 유효
한 것인지요?

A 민법에서 법인 아닌 사단의 물건소유형태에 관하여, 법인이 아닌
사단의 사원이 집합체로서 물건을 소유할 때에는 총유(總有)로
한다고 규정하고 있으며(제275조 제1항), 총유물의 관리 등에
관하여, 총유물의 관리 및 처분은 사원총회의 결의에 의한다고
규정하고 있습니다(제276조제1항). 그리고 이 규정들은 다른 법
률에 특별한 규정이 없으면, 소유권 이외의 재산권에도 준용됩니
다(제278조).
그런데 주택조합이 신축하여 일반인에게 분양하는 아파트의 소유
관계와 그 관리·처분 방법에 관하여 판례를 보면, 주택조합이 주

체가 되어 신축 완공한 건물로서 조합원 외의 일반인에게 분양되는 부분은 조합원전원의 총유에 속하며, 총유물의 관리 및 처분에 관하여 주택조합의 정관이나 규약에 정한 바가 있으면 이에 따르고 그에 관한 정관이나 규약이 없으면 조합원총회의 결의에 의하여야 하며, 그러한 절차를 거치지 않은 행위는 무효라고 하였습니다(대법원 2007. 12. 13. 선고 2005다52214 판결). 또한, 구 주택건설촉진법(2003. 5. 29. 법률 제6916호 주택법으로 전부 개정되었음)에 의하여 설립된 재건축조합은 민법상의 비법인사단에 해당하고, 비법인사단이 준총유관계에 속하는 비법인사단의 채권·채무관계에 관한 소를 제기하기 위하여서는 달리 특별한 사정이 없는 한 민법 제276조 제1항이 정하는 바에 따라 사원총회의 결의를 거쳐야 한다고 하였습니다(대법원 1999. 12. 10. 선고 98다36344 판결).

따라서 위 사안에서 乙이 丙으로부터 금전을 차용하고서 甲재건축조합의 재산인 신축상가의 1층 약 297㎡를 조합원총회의 결의 없이 丙에게 분양하는 분양계약서를 교부해준 행위는 무효라고 하여야 할 것으로 보입니다.

(관련판례)

[1] 주택재개발정비사업조합 설립추진위원회가 주민총회에서 시공자를 선정하는 결의를 한 사안에서, 구 「도시경정비법」(2006. 5. 24. 법률 제7960호로 개정되기 전의 것) 제24조제3항제6호에서 시공자의 선정은 조합 총회의 의결사항으로 규정하고 있는 반면, 같은 법 제15조제4항에서 추진위원회가 행한 업무와 관련된 권리와 의무는 조합이 포괄승계한다고 규정하고 있

어 위 결의가 향후 설립될 조합에 의하여 승계되는지 여부에 관해 논란이 있을 수 있는 등 위 추진위원회의 구성원 자격이 있는 사업시행구역 내 토지 등 소유자들로서는 그 결의의 효력 및 주택재개발정비사업의 추진과 관련하여 그 권리 또는 법률 상의 지위에 현존하는 불안·위험이 있으므로 위 총회결의의 무효확인을 구할 이익이 있다.

[2] 구 「도시정비법」(2006. 5. 24. 법률 제7960호로 개정되기 전의 것) 제14조 및 같은 법 시행령 제22조, 제23조에서는 조합설립추진위원회의 업무를 규정하면서 토지 등 소유자의 비 용부담을 수반하는 업무에 관하여 일정 비율 이상의 토지 등 소유자의 동의를 얻도록 하고 있으나 시공자의 선정에 관하여 는 따로 정한 바가 없고, 같은 법 제24조에서 시공자의 선정은 조합원 총회의 의결을 거쳐야 하는 것으로 명시적으로 규정하 고 있으며, 같은 법 제8조에서 주택재개발사업은 조합이 이를 시행하거나 조합이 조합원 과반수의 동의를 얻어 건설업자 등 과 공동으로 시행할 수 있다고 규정하고 있는바, 위와 같은 구 「도시정비법」의 관련 규정에 비추어 보면, 시공자의 선정은 추 진위원회 또는 추진위원회가 개최한 주민총회의 권한이 아니라 앞으로 설립될 조합원 총회의 고유한 권한이라고 봄이 상당하 다(부산지방법원 2007. 9. 14. 선고 2006가합20712 판결).

■ 토지 등 소유자의 동의를 받을 때 동의자 수를 산정할 때 각각 의 신청일을 기준으로 해야 하는지, 아니면 정비구역의 지정·고 시일을 기준으로 해야 하는지요?

Ⓠ 도시정비비법에 따른 정비사업을 시행함에 있어서 추진위원회 승인신청, 조합설립인가 신청 및 사업시행인가 신청 시 얻어야 하는 토지 등 소유자의 동의자 수를 산정할 때 각각의 신청일을 기준으로 하여야 하는지, 아니면 정비구역의 지정·고시일을 기준으로 하여야 하는지요?

Ⓐ 도시정비법에 따른 정비사업을 시행함에 있어서 추진위원회 승인신청, 조합설립인가 신청 및 사업시행인가 신청 시 얻어야 하는 토지 등 소유자의 동의자 수를 산정할 때 각각의 신청일을 기준으로 하여야 합니다.

5. 조합설립추진위원회의 업무

조합설립추진위원회는 정비사업전문관리업자의 선정, 설계자의 선정 및 변경, 토지 등 소유자의 동의서 징구, 조합 설립을 위한 창립총회 개최 등 주택재건축 정비사업조합의 설립인가를 위한 준비업무를 수행합니다.

5-1. 조합설립추진위원회의 업무 개관
조합설립추진위원회(이하 "추진위원회"라 함)는 다음의 업무를 수행할 수 있습니다(도시정비법 제14조제1항 및 시행령 제22조)
1. 도시정비법 제69조에 따른 정비사업전문관리업자(이하 "정비사업전문관리업자"라 함)의 선정
2. 설계자의 선정 및 변경
3. 개략적인 주택재건축사업 시행계획서의 작성

4. 주택재건축 정비사업조합(이하 "조합"이라 함)의 설립인가를 받기 위한 준비업무
5. 추진위원회 운영규정의 작성
6. 토지 등 소유자의 동의서 징구(徵求)
7. 조합의 설립을 위한 창립총회의 개최
8. 조합정관의 초안 작성
9. 그 밖에 추진위원회 운영규정이 정하는 사항

5-2. 정비사업전문관리업자 선정

5-2-1. 정비사업전문관리업자의 업무

① "정비사업전문관리업자"란 정비사업관리업무를 수행하기 위해 자본·기술인력 등의 도시정비법에 따른 일정요건을 갖추어 특별시장·광역시장·도지사에게 등록한 자를 말합니다(도시 정비법 제69조제1항).

② 정비사업전문관리업자는 정비사업의 시행을 위해 필요한 다음의 업무를 추진위원회 또는 사업시행자로부터 위탁받거나 이와 관련한 자문을 하는 업무를 수행합니다(도시정비법 제69조제1항).

1. 조합 설립의 동의 및 주택재건축사업의 동의에 관한 업무의 대행
2. 조합 설립인가의 신청에 관한 업무의 대행
3. 사업성 검토 및 주택재건축사업의 시행계획서의 작성
4. 설계자 및 시공자 선정에 관한 업무의 지원
5. 사업시행인가의 신청에 관한 업무의 대행
6. 관리처분계획의 수립에 관한 업무의 대행
7. 공공지원에 따라 특별자치시장, 특별자치도지사, 시장, 군수, 자치구의 구청장(이하 '시장·군수'라 함)이 정비사업전문관리업자를 선정한 경우에는 추진위원회 설립에 필요한 다음의 업무

가. 동의서 징구(徵求)

나. 운영규정 작성 지원

다. 그 밖에 조례로 정하는 사항

③ 도시정비법에 따를 경우 모든 조합이 정비사업전문관리업자를 반드시 선정해야 하는 것은 아닙니다. 조합은 도시정비법에 따라 등록된 정비사업전문관리업자를 선정하여 주택재건축사업을 추진하거나 조합 자체적으로 주택재건축사업을 추진할 수 있습니다.

5-2-2. 선정 방법

① 추진위원회가 정비사업전문관리업자를 선정하려는 경우에는 추진위원회의 설립에 대한 시장·군수의 승인을 얻은 후 경쟁입찰(일반경쟁 입찰, 제한경쟁 입찰 또는 지명경쟁 입찰)의 방법으로 선정해야 합니다. 다만, 미응찰(응찰자가 입찰 전에 철회를 하는 경우를 포함함) 등의 사유로 2회 이상 유찰된 경우에는 주민총회의 의결을 거쳐 수의계약을 통해 선정할 수 있습니다[도시정비법 제14조제2항, 「정비사업전문관리업자 선정기준」(국토교통부 고시 제2016-187호, 2016. 4. 8, 발령·시행) 제4조, 제5조 및 제6조].

② 추진위원회는 공공지원에 따라 시장·군수가 선정한 정비사업전문관리업자를 선정하는 경우에는 경쟁입찰의 방법에 따라 정비사업전문관리업자를 선정하지 않아도 됩니다(도시정비법 제77조의4제5항).

③ 추진위원회는 정비사업전문관리업자 선정을 위해 입찰을 하려는 경우 현장설명회 개최일부터 7일 전에 1회 이상 전국 또는 해당 지역에서 발간되는 일간신문에 공고하고, 인터넷 등을 통하여 공개해야 합니다. 다만, 지명경쟁에 의한 입찰의 경우에는 현장설명회 개최일부터 7일 전에 등기우편으로 입찰대상자에게 발송해야 하며, 반송된

경우에는 반송된 다음 날에 1회 등기우편으로 재발송해야 합니다.

④ 추진위원회는 입찰일부터 10일 이전에 다음의 사항이 포함된 현장설명회를 개최해야 합니다.

1. 정비구역 현황(사업 추진경위, 정비계획 수립현황 등)

2. 입찰서 작성방법·제출서류·접수방법 및 입찰 유의사항 등

3. 사업 참여제안서 작성방법

4. 정비사업전문관리업자 결정방법

5. 계약에 관한 사항

6. 그 밖에 입찰에 관하여 필요한 사항

⑤ 추진위원회는 입찰에 참가한 자 중에서 주민총회에 상정할 2명 이상의 정비사업전문관리업자를 선정하고 총회에 상정해야 합니다. 다만, 일반경쟁에 의한 입찰에 따라 참가한 정비사업전문관리업자가 2명일 경우에는 모두 총회에 상정해야 합니다.

⑥ 총회에 상정될 정비사업전문관리업자는 토지 등 소유자를 상대로 개별적인 홍보를 할 수 없으며, 홍보를 목적으로 토지 등 소유자에게 사은품 등 물품·금품·재산상의 이익을 제공하거나 제공을 약속해서는 안 됩니다.

⑦ 위반 시 제재

시장·군수의 추진위원회 승인을 받지 않고 정비사업전문관리업자를 선정한 자는 3년 이하의 징역 또는 3천만원이하의 벌금에 처해집니다(도시정비법 제84조의3제4호).

경쟁입찰의 방법에 의하지 않고 정비사업전문관리업자를 선정한 추진위원장(전문조합관리인을 포함)은 3년 이하의 징역 또는 3천만원 이하의 벌금에 처해 집니다(도시정비법 제84조의3제5호).

5-2-3. 정비사업전문관리업자 선정 시 금지행위

① 누구든지 정비사업전문관리업자 선정과 관련하여 다음 어느 하나에 해당하는 행위를 할 수 없습니다(도시정비법 제11조제5항).

1. 금품, 향응 또는 그 밖의 재산상 이익을 제공하거나 제공의사를 표시하거나 제공을 약속하는 행위

2. 금품, 향응 또는 그 밖의 재산상 이익을 제공받거나 제공의사 표시를 승낙하는 행위

3. 제3자를 통해 위에 해당하는 행위를 하는 행위

② 위의 행위를 하는 사람은 5년 이하의 징역 또는 5천만원 이하의 벌금에 처해집니다(도시정비법 제84조의2제1호).

정비사업전문관리업 등록신청서

※ 색상이 어두운 란은 신청인이 적지 않습니다.

접수번호		접수일	발급일	처리기간	30일
신청인	명 칭		법인등록번호		
	대 표 자		생년월일		
	주된 사무소의 소재지		전화		
자본금					
기술인력	성 명	생년월일		분야 및 자격	

「도시 및 주거환경정비법」 제69조 및 같은 법 시행규칙 제18조제1항에 따라 위와 같이 정비사업전문관리업의 등록을 신청합니다.

년   월   일

신청인 대표

(서명 또는 인)

특별시장 · 광역시장 · 특별자치시장 · 도지사 · 특별자치도지사 귀하

신청인 제출 서류	1. 대표자 및 임원의 주소 및 성명 2. 보유 기술인력의 자격증 사본 또는 경력인증서 3. 자본금을 확인할 수 있는 서류 4. 협약서(「도시 및 주거환경정비법 시행령」 별표 4 제2호가목에 따라 업무협약을 체결한 경우로 한정)	수수료 10,000 원
담당 공무원 확인 사항	법인 등기사항증명서 ※ 신청인이 개인인 경우에는 주민등록표초본, 외국인인 경우에는 외국인등록사실증명을 말하며, 이 서류에 대하여는 담당 공무원의 확인에 동의하지 아니하는 경우 신청인이 직접 제출하여야 합니다.	

행정정보 공동이용 동의서

본인은 이 건 업무처리와 관련하여 「전자정부법」 제36조제1항에 따른 행정정보의 공동이용을 통하여 담당공무원이 주민등록표 또는 외국인등록사실증명을 확인하는 것에 동의합니다.

※ 신청인이 담당 공무원의 확인에 동의하지 아니하거나 전산정보처리조직 및 전자정부법 제36조제1항에 따른 행정정보의 공동이용을 통하여 확인할 수 없는 경우에는 해당 서류(법인등기부등본은 제외)를 신청인이 직접 제출하여야 합니다.

신청인 대표

(서명 또는 인)

처리절차

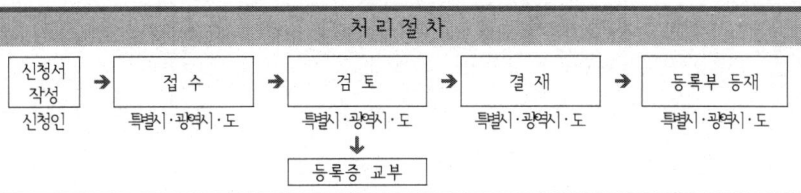

◆ 정비사업전문관리업자 지위 매도 가능 여부

(질의요지)

정비사업전문관리업자가 추진위원회로부터 선정된 지위를 타 정비사업전문관리업자에게 매도하는 행위가 도시정비법 위반인지요?

(회신내용)

도시정비법 제14조제2항에 따르면 추진위원회가 정비사업전문관리업자를 선정하고자 하는 경우에는 도시정비법 제13조에 따라 시장·군수의 추진위원회 승인을 얻은 후 국토교통부장관이 정하는 경쟁입찰의 방법으로 선정하도록 하고 있으며, 도시정비법 제84조의3제5호에 따르면 경쟁입찰의 방법에 의하지 아니하고 정비사업전문관리업자를 선정한 경우에는 3년 이하의 징역 또는 3천만원 이하의 벌금에 처하도록 하고 있습니다.

◆ 정비사업전문관리업 등록증 자진 반납시 업무수행

(질의요지)

정비사업전문관리업 등록증 자진 반납에 의해 등록 취소된 경우 도시정비법 제73조제3항 및 제4항을 적용할 수 있는지 여부

(회신내용)

도시정비법 제73조제3항 및 제4항에 따르면 정비사업전 문관리업자는 제1항에 따라 등록취소처분 등을 받은 경우 당해 내용을 지체 없이 사업시행자에게 통지하여야 하며, 등록취소처분 등을 받기 전에 계약을 체결한 업무는 이를 계속

하여 수행할 수 있고, 이 경우 정비사업전문관리업자는 당해 업무를 완료할 때까지는 정비사업전문관리업자로 본다고 규정하고 있으나, 질의의 경우와 같이 자진 반납에 대해서는 같은 조 제1항 각 호에 규정된 사항이 아니기 때문에 제3항 및 제4항을 적용할 수 없을 것입니다.

5-3. 추진위원회 운영규정 작성

5-3-1. 조합설립추진위원회의 운영규정 고시

국토교통부장관은 추진위원회의 공정한 운영을 위하여 다음의 내용이 포함된 추진위원회의 운영규정을 정하여 관보에 고시해야 합니다 (도시정비법 제15조제2항 및 시행령 제25조).

1. 추진위원회 위원의 선임방법 및 변경에 관한 사항
2. 추진위원회 위원의 권리·의무에 관한 사항
3. 추진위원회의 업무범위에 관한 사항
4. 추진위원회의 운영방법에 관한 사항
5. 토지 등 소유자의 운영경비 납부에 관한 사항
6. 추진위원회 운영자금의 차입에 관한 사항
7. 추진위원회 운영경비의 회계에 관한 사항
8. 정비사업전문관리업자의 선정에 관한 사항
9. 그 밖에 정비사업의 원활한 추진을 위하여 추진위원회가 운영규정에 포함하여 정해야 하는 사항

5-3-2. 운영규정의 작성

① 추진위원회는 시장·군수에게 추진위원회 승인신청을 하기 전에 「운영규정」 별표 『OO정비사업조합 설립추진위원회 운영규정』을 기본

으로 하여 운영규정을 작성하여 토지 등 소유자의 과반수의 동의를 얻어야 합니다(「운영규정」제3조제1항 및 제2항).

② 운영규정에 대한 토지 등 소유자의 동의는 추진위원회 구성을 위한 정비사업조합 설립추진위원회 설립동의서를 이용하여 받아야 합니다(「운영규정」제2조제4항).따라서 운영규정에 대한 토지 등 소유자의 동의는 추진위원회 구성을 위한 동의와 같습니다.

5-4. 토지 등 소유자의 동의서 징구(徵求)

5-4-1. 추진위원회 구성을 위한 토지 등 소유자의 동의서 징구

추진위원회 구성을 위해 토지 등 소유자의 동의를 받으려는 자는 시장·군수로부터 연번을 부여받은 정비사업조합설립추진위원회 설립동의서에 추진위원회의 운영규정 등을 미리 쓴 후 토지 등 소유자 과반수로부터 동의를 받아야 합니다(도시정비법 시행령 제21조의2제1항, 시행규칙 제6조제2항 및 별지 제2호의2서식).

정비사업조합 설립추진위원회 설립동의서	행정기관에서 부여한 연번범위	
	연 번	/

1. 소유자 인적사항

성 명		생년월일	-
주민등록상현주소		전화번호	( ) -

2. 동 의 : 아래사항에 대하여 동의함

년   월   일

동의자 :   (서명) 지장날인

※ 주의사항: 동의사항을 공란으로 두고 동의를 얻을 경우 「도시 및 주거환경정비법 시행령」 제21조의2를 위반한 것이므로, 동의를 받으려는 자는 반드시 동의사항을 미리 쓰고, 동의자는 동의사항이 적혀 있는지 여부를 확인한 후 자필서명 및 지장날인하여야 함.

3. 동의사항

가. **추진위원회 명칭** : OOO주택재건축/주택재개발/도시환경정비사업조합설립추진위원회
나. **추진위원회 구성 (※ 공란으로 두고 동의를 얻을 수 없음)**

직 책	성 명	생년월일	주 소
위 원 장			
감 사			
부위원장			
추진위원			

다. 추진위원회 업무

(1) 정비사업전문관리업자의 선정
(2) 개략적인 사업시행계획서의 작성
(3) 조합의 설립인가를 받기 위한 준비업무
(4) 조합정관 초안 작성
(5) 조합설립을 위한 토지등소유자의 동의서 징구
(6) 조합의 설립을 위한 창립총회의 개최

라. 운영규정 : 별 첨

4. 동의내용

가. 본인은 동의서에 자필서명 및 지장날인하기 전에 동의서를 얻으려
   는 자로부터 다음 각 호의 사항을 사전에 충분히 설명·고지 받
   았음.

   (1) 본 동의서의 제출 시 「도시 및 주거환경정비법」 제13조제3항
      에 따라 조합설립에 동의한 것으로 의제된다는 사항

   (2) 본 동의서를 제출한 경우에도 조합설립에 반대하고자 할 경우
      「도시 및 주거환경정비법 시행령」 제28조제4항에 따라 조합설립
      인가 신청 전에 반대의 의사표시를 함으로써 조합설립에 동의
      한 것으로 의제되지 않도록 할 수 있음과 반대의 의사표시의
      절차에 관한 사항

나. 본인은 제3호 동의사항(추진위원회 명칭, 구성, 업무, 운영규정)
   이 빠짐없이 기재되어 있음을 확인하고 충분히 숙지하였으며,
   기재된 바와 같이 추진위원장, (부위원장), 감사 및 추진위원
   으로 하여 000 주택재건축/주택재개발/도시환경정비사업조합
   설립추진위원회를 구성하고 동 추진위원회가 제3호다목의 업무를
   추진하는데 동의함.

5. 소유권 현황

※ 주택재건축사업인 경우

소유권 위치	번지 동 호, 상가 동 호		아파트 동 호
등기상 건축물지분(면적)	m²	등기상 대지지분(면적)	m²

※ 주택재개발/도시환경정비사업인 경우

		소 재 지 (공유여부)	면 적(m²)
권 리 내 역	토 지	(계 필지)	
		( )	
		( )	
		( )	
	건축물	소 재 지 (허가유무)	동 수
		( )	
		( )	
		( )	
	지상권 (건축물외의 수 목 또는 공작물 의 소유목적)	설 정 토 지	지상권의 내용

※ 첨부: 토지등소유자 신분증명서 사본 1통. (사용용도: 조합설립추진위원회 동의용)

(   )주택재개발정비사업
(   )도시환경정비사업   조합설립추진위원회 귀중
(   )주택재건축정비사업

5-4-2. 비용부담행위에 대한 토지 등 소유자의 동의

추진위원회가 수행하는 업무의 내용이 토지 등 소유자의 비용부담을 수반하는 것이거나 권리와 의무에 변동을 발생시키는 경우로서 주택재건축사업의 시행범위를 확대 또는 축소하려는 경우에는 그 업무를 수행하기 전에 ① 토지 등 소유자의 과반수 또는 ② 추진위원회의 구성에 동의한 토지 등 소유자의 3분의 2 이상의 토지 등 소유자의 동의를 받아야 합니다(도시 정비법 제14조제4항 및 시행령 제23조제1항).

5-4-3. 조합설립을 위한 토지 등 소유자의 동의서 징구

추진위원회가 조합을 설립하려는 경우에는 ① 주택단지 안의 공동주택의 각 동(복리시설의 경우에는 주택단지 안의 복리시설 전체를 하나의 동으로 봄)별 구분소유자의 과반수 동의(공동주택의 각 동별 구분소유자가 5 이하인 경우는 제외)와 주택단지 안의 전체 구분소유자의 4분의 3 이상의 동의 및 ② 토지면적의 4분의 3 이상의 토지소유자의 동의를 모두 받아야 합니다(도시정비법 제16조제2항).

■ **재건축정비사업조합 설립동의서는 창립총회 개최 당일까지 동의를 얻어도 되는지요?**

Ⓠ 재건축정비사업조합 설립동의서는 창립총회 개최 당일까지 동의를 얻어도 되는지요?

Ⓐ 도시정비법 제14조제3항에 따르면 추진위원회는 조합설립인가를 신청하기 전에 대통령령에 따른 방법과 절차에 따라 조합설립을 위한 창립총회를 개최해야 한다고 규정하고 있으며, 창립총회의 방법과 절차 등에 관해서는 도시정비법 시행령 제22조의2에서

추진위원회는 조합설립 동의를 받은 후 조합설립인가의 신청 전에 조합설립을 위한 창립총회를 개최해야 한다고 규정하고 있습니다. 따라서 조합설립을 위한 동의를 받은 경우에 창립총회의 개최가 가능합니다.

■ 정비계획안이 확정되지 않은 상태에서 조합설립 동의서를 받을 수 있는지요?

ⓠ 정비계획안이 확정되지 않은 상태에서 조합설립 동의서를 받을 수 있는지요?

ⓐ 정비계획 수립 및 정비구역 지정·고시되지 않은 상태에서 조합설립 동의서를 징구하는 것은 도시정비법에 적합하지 않습니다.

■ 낡은 건물을 철거하고 재건축한 경우 법정지상권을 주장할 수 있는지요?

ⓠ 甲은 乙에게 甲소유의 토지와 건물에 공동저당권을 설정하고 거주하던 중 저당권 설정 당시의 건물을 철거한 후 건물을 신축하였으나 준공검사를 받지 못하고 있는 상태에서 저당권자인 乙이 경매를 신청하였고, 토지만 매각되어 그 소유권이 丙에게 이전되었습니다. 이 경우 신축건물의 소유자인 甲은 토지소유자인 丙에 대하여 법정지상권을 주장할 수 있는지요?

ⓐ 민법에서 법정지상권에 관하여, 저당물의 경매로 인하여 토지와 그 지상건물이 다른 소유자에 속한 경우에는 토지소유자는 건물소유자에 대하여 지상권을 설정한 것으로 본다고 규정하고 있습

니다(민법 제366조).

그런데 동일인소유 토지와 그 지상건물에 공동저당권이 설정된 후 그 건물이 철거되고 다른 건물이 신축된 경우, 저당물의 경매로 토지와 신축건물이 서로 다른 소유자에게 속할 경우 민법 제366조에서 정한 법정지상권이 성립하는지 판례를 보면, 동일인소유에 속하는 토지 및 그 지상건물에 관하여 공동저당권이 설정된 후 그 지상건물이 철거되고 새로 건물이 신축된 경우, 그 신축건물소유자가 토지소유자와 동일하고 토지의 저당권자에게 신축건물에 관하여 토지의 저당권과 동일한 순위의 공동저당권을 설정해 주는 등 특별한 사정이 없는 한, 저당물경매로 인하여 토지와 그 신축건물이 다른 소유자에 속하더라도 그 신축건물을 위한 법정지상권은 성립하지 아니한다고 하였으며(대법원 2003. 12. 18. 선고 98다43601 전원합의체 판결, 2010. 1. 14. 선고 2009다66150 판결), 그 이유는 동일인소유에 속하는 토지 및 그 지상건물에 관하여 공동저당권이 설정된 경우, 처음부터 지상건물로 인하여 토지이용이 제한받는 것을 용인하고 토지에 대하여만 저당권을 설정하여 법정지상권의 가치만큼 감소된 토지교환가치를 담보로 취득한 경우와는 달리, 공동저당권자는 토지 및 건물 각각의 교환가치전부를 담보로 취득한 것으로서, 저당권목적 건물이 그대로 존속하는 이상은 건물을 위한 법정지상권이 성립해도 그로 인하여 토지교환가치에서 제외된 법정지상권의 가액상당 가치는 법정지상권이 성립하는 건물교환가치에서 되찾을 수 있어 궁극적으로 토지에 관하여 아무런 제한이 없는 나대지로서의 교환가치전체를 실현시킬 수 있다고 기대하지만, 건물이 철거된 후 신축된 건물에 토지와 동순위의 공동저당권이 설정되지 아니 하였는데도 그 신축건물을 위한 법정지상권이 성립한다고 해석하면, 공동저당권자가 법정지상권이 성립하는 신축건물교환가치를 취득할 수 없게 되는 결과, 법정지상권의 가액상당 가치를 되찾을 길이 막혀 당초 나대지로서의 토지교환가치전체를 기대하여 담보를 취득한 공동저당권자에게 불측의 손해를 입게 하기 때문이라고 하였습니다(대법원 2003. 12. 18. 선고 98다43601 전원합의체 판결).

따라서 위 사안에서 甲은 토지소유자인 丙에게 법정지상권을 주장하기 어려울 것으로 보입니다.

◆ 추진위원회 동의 철회 및 동의명부 제외 여부

(질의요지)

조합설립추진위원회가 구성 승인된 이후에 추진위원회 동의를 철회할 수 있는지와 할 수 있다면 동의자명부에서 제외될 수 있는지요?

(회신내용)

도시정비법 제17조제1항 및 도시정비법 시행령 제28조제4항에 따르면 도시정비법 제13조제2항에 따른 동의는 조합설립추진위원회 구성 승인 신청 전에 철회할 수 있도록 하고 있습니다.

◆ 토지등소유자 권리이전 시 추진위원회 구성에 동의한 자로 볼 수 있는지요?

(질의요지)

추진위원회 구성에 동의한 토지등소유자가 시장·군수로부터 추진위원회 구성 승인을 받은 후 토지등소유자의 권리를 이전한 경우, 이전을 받은 자가 추진위원회 구성에 동의한 자로 볼 수 있는지요?

(회신내용)

도시정비법 시행령 제28조제1항제3호에 따르면 추진위원회 설립에 동의한 자로부터 토지 또는 건축물을 취득한 자는 추진위원회 설립에 동의한 것으로 보도록 하고 있고, 운영규정 별표 제11조에 따르면 양도·상속·증여 및 판결 등으로 토지등소유자가 된 자는 종전의 토지등소유자가 행하였거나 추진위원회가 종전의 권리자에게 행한 처분 및 권리·의무 등을 포괄 승계한다고 규정되어 있습니다.

◆ **정비구역 축소로 인한 토지등소유자의 동의 시점**

(질의요지)

도시정비법 시행령 제23조제1항에 따라 사업시행범위의 축소로 인한 토지등소유자의 동의는 언제까지 받아야 하는지요?

(회신내용)

도시정비법 시행령 제23조제1항에 따라 추진위원회가 정비사업의 시행범위를 확대 또는 축소하고자 토지등소유자의 과반수 또는 추진위원회의 구성에 동의한 토지등소유자의 3분의 2 이상의 토지등소유자의 동의를 받는 것은 그 업무를 수행하기 전에 받도록 도시정비법 제14조제4항에 규정하고 있습니다.

5-5. 추진위원회의 운영

5-5-1. 운영원칙

추진위원회는 작성된 운영규정에 따라 운영해야 합니다(도시 정비법 제15조제3항).

5-5-2. 운영공개

추진위원회는 다음의 사항을 토지 등 소유자가 쉽게 접할 수 있는 일정한 장소에 게시하거나 인터넷 등을 통하여 공개하고, 필요한 경우에는 토지 등 소유자에게 서면통지를 하는 등 토지 등 소유자가 그 내용을 충분히 알 수 있도록 해야 합니다(도시정비법 제15조제1항 및 시행령 제24조제1항).

1. 안전진단 결과
2. 정비사업전문관리업자의 선정에 관한 사항
3. 토지 등 소유자의 부담액 범위를 포함한 개략적인 사업시행계획서
4. 추진위원회 임원의 선정에 관한 사항
5. 토지 등 소유자의 비용부담을 수반하거나 권리·의무에 변동을 일으킬 수 있는 사항
6. 추진위원회의 업무에 관한 사항
7. 창립총회 개최의 방법 및 절차
8. 조합설립에 대한 동의 철회(반대의 의사표시 포함) 및 방법(조합설립인가 신청일 60일 전까지 추진위원회 구성에 동의한 토지 등 소유자에게 등기우편으로 통지해야 함)
9. 조합 설립 동의서에 포함되는 사항(조합설립인가 신청일 60일 전까지 추진위원회 구성에 동의한 토지 등 소유자에게 등기우편으로 통지해야 함)

5-5-3. 운영경비 납부 등

① 토지 등 소유자는 추진위원회 운영에 필요한 경비를 운영규정에 따라 납부해야 합니다(도시정비법 제15조제3항).

② 추진위원회는 추진위원회의 지출내역서를 매 분기별로 토지 등 소유자가 쉽게 접할 수 있는 일정한 장소에 게시하거나 인터넷 등을 통하여 공개하고, 토지 등 소유자가 열람할 수 있도록 해야 합니다(도시정비법 시행령 제24조제2항).

◆ **추진위원회 회의 시 서면동의서에 인감날인을 해야 하는 지요?**

(질의요지)

추진위원회 회의 시 서면동의서에 인감날인을 해야 하는지 아니면 서명을 해도 되는지요?

(회신내용)

운영규정 별표 제26조제2항 단서에 따르면 위원은 서면으로 추진위원회 회의에 출석하거나 의결권을 행사할 수 있으나, 이 경우 위원의 인감증명서를 첨부하도록 운영규정에서 명문화하고 있지 않으며, 추진위원회에 관하여는 법에 규정된 것을 제외하고는 민법의 규정 중 사단법인에 관한 규정을 준용한다고 운영규정 별표 제37조제1항에 규정되어 있습니다.

◆ **운영규정 별표 제26조제1항에 규정된 재적위원 과반수의 의미**

(질의요지)

가. 운영규정 별표 제26조제1항의 재적위원 과반수란 해당추진위원회의 운영규정에서 정한 위원수의 과반수인지 아니면 사임, 소유권 변동 등에 따라 현재 남아 있는 위원수를 말하는 것인지요?

나. 추진위원회 설립시 동의서를 제출하지 않았으나, 추진 위원보궐 선임시 추진위원회 설립동의서를 제출하고 추진 위원으로 선임될 수 있는지요?

(회신내용)

가. 운영규정 제2조제2항제3호에서는 추진위원회가 토지등 소유자의 대표성을 확보할 수 있도록 추진위원회의 위원수에 대하여 최소한의 범위를 규정하고 있으므로, 동 운영규정에 따라 해당 추진위원회 운영규정에서 정한 위원 수를 재적위원으로 봄이 타당하다 할 것입니다.

나. 운영규정 별표 제12조제2항에 따라 추진위원회 구성에 동의하지 아니한 자에 대하여 도시정비법 시행규칙 별지 제2호의2서식의 추진위원회 동의서를 징구할 수 있다고 규정하고 있고, 별표 제13조제1항제3호에서 추진위원회 위원의 피선임·피선출권은 추진위원회 구성에 동의한 자에 한하도록 규정하고 있으므로, 추진위원회 구성에 동의한 자는 추진위원이 될 수 있는 자격이 있는 것으로 판단됩니다.

◆ **개략적인 사업시행계획서의 작성 방법**

(질의요지)

추진위원회가 작성하는 개략적인 사업시행계획서에서 '개략적인'의 오차 범위는 기존 부담액 기준으로 어떻게 되는지요?

(회신내용)

도시정비법 시행령 제24조제1항제3호에 따라 추진위원회는 '토지등소유자의 부담액 범위를 포함한 개략적인 사업시행계획서'를 토지등소유자가 쉽게 접할 수 있는 일정한 장소에 게시하거나 인터넷 등을 통하여 공개하고, 필요한 경우에는 토지등소유자에게 서면통지를 하는 등 토지등소유자가 그 내용을 충분히 알 수 있도록 하고 있으나, 개략적인 사업시행계획서에 포함되는 토지등소유자의 부담액 범위에 대하여는 특별히 규정하는 사항이 없습니다.

◆ **사임한 추진위원장이 후임자 선출전까지 업무수행이 가능한지요?**

(질의요지)

사임한 추진위원장이 추진위원장이 새로 선출될 때까지 주민총회의 의장 등 추진위원장의 업무를 계속 수행할 수 있도록 추진위원회에서 의결할 수 있는지요?

(회신내용)

운영규정 제18조제6항에 따르면 위원장이 사임하거나 해임되는 경우에는 제17조제6항에 따르도록 하고 있고, 제17조제6항에서 위원장의 유고 등으로 인하여 그 직무를 수행할 수 없을 경우에는 부위원장, 추진위원 중 연장자 순으로 추진위원회를 대표하도록 하고 있습니다.

◆ 부위원장이 위원장대행으로 직무를 수행하는 것이 적법한지요?

(질의요지)

추진위원장이 사임한지 1년 가까이 경과하고 있는데도 신임 추진위원장을 선출하지 않고 부위원장이 위원장대행으로 직무를 수행하는 것이 적법한 것인지요?

(회신내용)

운영규정 별표 제18조제3항에 따라 위원이 자의로 사임한 경우에는 지체없이 새로운 위원을 선출하여야 하며, 같은 조 제6항 단서에 따라 위원장이 사임하는 경우 제17조제6항에 따라 부위원장, 추진위원 중 연장자 순으로 추진위원 회를 대표합니다.

◆ 임기만료된 추진위원장이 업무를 수행할 수 있는지요?

(질의요지)

추진위원장의 임기가 만료되었으나, 후임 추진위원장이 선출되지 못하였을 경우 임기가 만료된 추진위원장이 정비계획 수립업무, 조합설립동의서 징구, 조합창립총회 준비 등의 업무를 수행할 수 있는지요?

(회신내용)

운영규정 별표 제15조제4항에 따라 임기가 만료된 위원은 그 후임자가 선임될 때까지 그 직무를 수행하고, 추진위원회에서는 임기가 만료된 위원의 후임자를 임기만료 전 2개월 이내에 선임하도록 하고 있으며, 같은 기한 내에 추진위원회에서 후임자를 선임하지 않을 경우 토지등소유자 5분의 1

이상이 시장·군수의 승인을 얻어 주민총회를 소집하여 위원을 선임할 수 있습니다.

(관련판례)

「운영규정」(2006. 8. 25. 개정 건설교통부 고시 제2006-330호) 제5조제3항은 '조합설립인가 전에 추진위원회를 해산하려는 자는 추진위원회의 설립에 동의한 토지 등 소유자의 3분의 2 이상 또는 토지 등 소유자 과반수의 동의를 얻어 시장·군수에게 신고함으로써 추진위원회를 해산할 수 있다'는 취지로 해석함이 상당하고, 따라서 추진위원회의 해산에 동의한 토지 등 소유자 과반수의 대표자도 추진위원회 해산신고를 할 수 있다고 보아야 한다(대법원 2009. 1. 30. 선고 2008두14869 판결).

(관련판례)

도시정비법 제13조제1항 및 제2항의 입법 경위와 취지에 비추어 하나의 정비구역 안에서 복수의 조합설립추진위원회에 대한 승인은 허용되지 않는 점, 조합설립추진위원회가 조합을 설립할 경우 같은 법 제15조제4항에 따라 조합설립추진위원회가 행한 업무와 관련된 권리와 의무는 조합이 포괄승계하며, 주택재개발사업의 경우 정비구역 내의 토지 등 소유자는 같은 법 제19조제1항에 따라 당연히 그 조합원으로 되는 점 등에 비추어 보면, 조합설립추진위원회의 구성에 동의하지 아니한 정비구역 내의 토지 등 소유자도 조합설립추진위원회 설립승인처분에 대하여 같은 법에 따라 보호되는 직접적이고 구체적인 이익을 향유하므로 그 설립승인처분의 취소소송을 제기할 원고적격이 있다(대법원 2007.1.25. 선고 2006두12289 판결).

6. 창립총회

조합설립추진위원회는 조합설립을 위한 토지 등 소유자의 동의를 받은 후 조합설립인가의 신청을 하기 전에 조합설립을 위한 창립총회를 개최해야 합니다.

6-1. 조합설립을 위한 창립총회 개최

6-1-1. 창립총회 개최

조합설립추진위원회(이하 '추진위원회'라 함, 추진위원회를 구성하지 않는 경우에는 토지 등 소유자를 말함)는 조합설립을 위한 토지 등 소유자의 동의를 받은 후 조합설립인가의 신청을 하기 전에 조합설립을 위한 창립총회를 개최해야 합니다(도시정비법 제14조제3항 및 시행령 제22조의2제1항).

6-1-2. 창립총회 개최 방법

① 창립총회는 추진위원회 위원장(추진위원회를 구성하지 않는 경우에는 토지 등 소유자의 대표자를 말함)의 직권 또는 토지 등 소유자 5분의 1 이상의 요구로 추진위원회 위원장이 소집합니다. 다만, 토지 등 소유자 5분의 1 이상의 소집요구에도 불구하고 추진위원회 위원장이 2주 이상 소집요구에 응하지 않는 경우에는 소집요구한 자의 대표가 소집할 수 있습니다(도시정비법 시행령 제22조의2제3항).
② 추진위원회(추진위원회를 구성하지 않는 경우에는 조합설립을 추진하는 토지 등 소유자의 대표자를 말함)는 창립총회 14일 전까지 회의목적·안건·일시·장소·참석자격 및 구비사항 등을 인터넷 홈페이지

를 통해 공개하고 토지 등 소유자에게 등기우편으로 발송·통지해야 합니다(도시정비법 시행령 제22조의2제2항).

6-1-3. 창립총회의 의사결정

창립총회의 의사결정은 조합설립에 동의한 토지 등 소유자의 과반수 출석과 출석한 토지 등 소유자 과반수 찬성으로 결의합니다. 다만, 조합임원 및 대의원의 선임은 창립총회에서 확정된 조합정관에 따라 선출합니다(도시정비법 시행령 제22조의2제5항).

6-1-4. 창립총회의 업무

창립총회에서는 다음의 업무를 처리합니다(도시정비법 시행령 제22조의2제4항).
1. 조합 정관의 확정
2. 조합 임원의 선임
3. 대의원의 선임
4. 그 밖에 필요한 사항으로서 창립총회 개최 안내서를 통해 사전에 통지한 사항

◆ **추진위원회 직무대행자가 창립총회를 소집할 수 있는지요?**

(질의요지)

가. 재건축 추진위원장 직무대행자가 창립총회 소집이 가능한지요?

나. 추진위원장이 토지등소유자 5분의 1발의로 창립총회를 공고하였으나, 유고된 경우 직무대행자가 창립총회를 소집할 수 있는지요?

(회신내용)

가. 운영규정 별표 제18조제3항에 따르면 위원이 자의로 사임하거나 해임되는 경우에는 지체없이 새로운 위원을 선출하도록 하고 있으므로, 질의하신 창립총회 중요성 등을 고려할 때 창립총회 소집은 추진위원회 위원장을 새로이 선출한 후 도시정비법 시행령 제22조의2 규정에 따라 개최하여야 할 것입니다.

나. 도시정비법 시행령 제22조의2제2항에 따르면 창립총회는 추진위원회 위원장의 직권 또는 토지등소유자 5분의 1 이상의 요구로 추진위원회 위원장이 소집하거나, 토지등소유자 5분의 1 이상의 소집요구에도 불구하고 추진위원회 위원장이 2주 이상 소집요구에 응하지 아니하는 경우 소집요구한 자의 대표가 소집할 수 있도록 하고 있으므로, 질의하신 창립총회의 소집에 대하여는 동 규정을 적용하여야 합니다.

◆ **재건축사업의 창립총회 성원 산정 방법**

(질의요지)

주택재건축사업의 경우 창립총회의 성원 또는 의사결정은 조합설립의 동의여부와 관계없이 전체 토지등소유자의 과반수 이상이 참석하여야 하는지, 아니면 도시정비법 시행령 제22조의2제5항의 규정에 의거 조합설립에 동의한 토지등소유자의 과반수 이상만 참석하면 되는지요?

(회신내용)

가. 도시정비법 시행령 제22조의2제5항에 따르면 창립총회의 의사결정은 토지등소유자(주택재건축사업의 경우 조합설립에 동의한 토지등소유자로 한정한다)의 과반수 출석과 출석한

토지등소유자 과반수 찬성으로 결의하도록 하고 있고, 조합 임원 및 대의원의 선임은 제4항제1호에 따라 확정된 정관에서 정하는 바에 따라 선출한다고 하고 있습니다.

나. 또한, 도시정비법 제24조제5항에서 총회의 소집절차·시기 및 의결방법 등에 관하여는 정관으로 정하도록 하면서 총회에서 의결을 하는 경우에는 조합원의 100분의 10(창립총회, 사업시행계획서와 관리처분계획의 수립 및 변경을 의결하는 총회 등 대통령령으로 정하는 총회의 경우에는 조합원의 100분의 20을 말한다) 이상이 직접 출석하도록 하고 있습니다.

◆ 조합설립인가 취소 후 다시 조합설립시 창립총회 개최 관련

(질의요지)

조합설립인가 처분 취소 후 추진위원회를 재구성하여 조합설립을 준비중이나, 추진위원장의 유고로 추진위원회 운영규정에 따라 부위원장이 위원장의 직무를 대행하고 있음. 이 경우 직무대행자인 부위원장이 도시정비법 시행령 제22조의2 규정에 따라 창립총회를 소집할 수 있는지요?

(회신내용)

운영규정 별표 제18조제3항에 따르면 위원이 자의로 사임하거나 해임되는 경우에는 지체없이 새로운 위원을 선출하도록 하고 있고, 창립총회의 중요성 등을 고려할 때 질의의 경우 추진위원회 위원장을 새로이 선출한 후 도시정비법 시행령 제22조의2 규정에 따라 창립총회를 개최하여야할 것입니다.

6-2. 조합설립추진위원회의 해산

6-2-1. 조합설립인가 후 해산

① 조합설립추진위원회(이하 "추진위원회"라 함)는 주택재건축 정비사업조합(이하 "조합"이라 함) 설립인가일까지 업무를 수행할 수 있으며, 조합이 설립되면 모든 업무와 자산을 조합에 인계하고 추진위원회는 해산합니다[「운영규정」(국토교통부 고시 제2016-187호, 2016. 4. 8. 발령·시행) 제5조제1항].

② 조합이 설립되었음에도 불구하고 추진위원회를 계속 운영하는 자는 2년 이하의 징역 또는 2천만원 이하의 벌금에 처해집니다(도시정비법 제85조제3호).

6-2-2. 조합설립인가 전 중도 해산

조합설립인가 전에 추진위원회를 해산하려할 경우에는 추진위원회 설립에 동의한 토지 등 소유자의 2분의 1 이상 3분의 2 이하의 범위에서 특별시·광역시·도·특별자치도 또는 「지방자치법」 제175조에 따른 서울특별시·광역시 및 특별자치시를 제외한 인구 50만 이상 대도시의 조례로 정하는 비율 이상 또는 토지 등 소유자 과반수의 동의를 얻어 특별자치시장, 특별자치도지사, 시장, 군수, 자치구의 구청장에게 신고함으로써 해산할 수 있습니다(「운영규정」 제5조제3항 및 도시정비법 제16조의2제1항제1호).

6-3. 조합설립에 따른 추진위원회 업무인계

6-3-1. 포괄승계

추진위원회는 추진위원회가 행한 업무를 조합원 총회에 보고해야 하며, 추진위원회가 행한 업무와 관련된 권리와 의무는 조합이 포괄승

계합니다. 다만, 운영규정이 정하는 추진위원회 업무범위를 초과하는
업무나 계약, 용역업체의 선정 등은 조합에 승계되지 않습니다(도시
정비법 제15조제4항 및 「운영규정」 제6조).

6-3-2. 인계사항

① 추진위원회는 사용경비를 기재한 회계장부 및 관련 서류를 조합설
립의 인가일부터 30일 이내에 조합에 인계해야 합니다(도시정비법 제
15조제5항).

② 추진위원회의 회계장부 및 관련 서류를 조합에 인계하지 않는 추
진위원회의 임원(전문조합관리인을 포함)은 1년 이하의 징역 또는 1
천만원 이하의 벌금에 처해 집니다(도시정비법 제86조제1호).

■ **추진위원회를 해산하려고 하는 경우, 추진위원회 설립에 동의한**
  토지등소유자만이 해산 신고할 수 있는지, 아니면 정비구역내의
  토지등소유자도 해산 신고할 수 있는지요?

Ⓠ 추진위원회를 해산하려고 하는 경우, 추진위원회 설립에 동
  의한 토지등소유자만이 해산 신고할 수 있는지, 아니면 정
  비구역내의 토지등소유자도 해산 신고할 수 있는지요?

Ⓐ 정비사업조합설립추진위원회 운영규정 제5조제3항에 따르면 추진
  위원회는 조합설립인가 전에 추진위원회를 해산하고자 하는 경우
  추진위원회 설립에 동의한 토지등소유자의 3분의 2 이상 또는
  토지등소유자 과반수의 동의를 얻어 시장,군수에게 신고함으로써
  해산할 수 있다고 규정하고 있으며, 추진위원회의 해산에 동의한
  토지등소유자 과반수의 대표자도 추진위원회 해산 신고를 할 수

있다는 대법원 판례(2008두14869, 2009.1.30)가 있고, 질의의 경우 추진위원회 설립에 동의한 토지등소유자 뿐만 아니라 토지등소유자도 추진위원회 해산에 관한 토지등소유자 과반수의 동의를 얻어 해산 신고 할 수 있습니다.

◆ **인가청에 해산신청서를 접수한 후 동의서 철회가 가능한지요?**

(질의요지)

신청인(대표자)가 해산신청서를 해당 자치구에 신청한 이후 토지등소유자의 해산신청서 추가 또는 해산신청서 동의 철회가 가능한지요?

(회신내용)

도시정비법 제17조제1항 및 같은 법 시행령 제28조제4항에 따라 토지등소유자의 추진위원회 해산동의 철회는 추진위원회 해산 신청 전에 할 수 있습니다.

◆ **토지등소유자가 미성년자인 경우 해산동의서 작성 방법**

(질의요지)

도시정비법 제17조(토지등소유자의 동의방법 등)에 따른 서면동의서 제출 시 상속·증여 등에 따라 토지등소유자가 미성년자인 경우 서면동의서 징구방법 및 토지등소유자의 조합설립추진위원회 해산동의서 작성방법

(회신내용)

도시정비법 제17조제1항에 의하면 제16조의2제1항 등에 따른 동의는 서면동의서에 토지등소유자의 지장을 날인하고

자필로 서명하는 서면동의의 방법으로 하며, 주민등록증, 여권 등 신원을 확인할 수 있는 신분증명서의 사본을 첨부하여야 합니다. 다만, 토지등소유자가 해외에 장기체류하거나 법인인 경우 등 불가피한 사유가 있다고 시장·군수가 인정하는 경우에는 토지등소유자의 인감도장을 날인한 서면동의서에 해당 인감증명서를 첨부하는 방법으로 할 수 있음을 알려드리며, 귀 질의의 경우와 같이 토지등소유자가 주민등록증 등 신분증명서 발급이 불가한 미성년자인 경우에는 민법, 인감증명법 등 관계 법률에 따라 인감증명서나 법정대리관계를 증명할 수 있는 서류 등을 제출할 수 있을 것입니다.

◆ 추진위원회 해산이 신청된 후에도 해산 동의를 추가할 수 있는지요?

(질의요지)

도시정비법 제16조의2제1항제1호에 따라 조합설립추진위원회의 해산을 신청하는 경우, 토지등소유자는 시장·군수 또는 자치구의 구청장에게 추진위원회의 해산이 신청된 후에도 추진위원회의 해산에 대한 동의의 의사를 추가로 표시할 수 있는지요?

(회신내용)

도시정비법 제16조의2제1항제1호에 따라 조합설립추진위원회의 해산을 신청하는 경우, 토지등소유자는 시장·군수 또는 자치구의 구청장에게 추진위원회의 해산이 신청된 후에는 추진위원회의 해산에 대한 동의의 의사를 추가로 표시할 수 없습니다.

7. 주택재건축 정비사업조합 설립인가

특별자치시장·특별자치도지사·시장·군수·자치구의 구청장 또는 한국토지주택공사·지방공사가 아닌 자가 주택재건축사업을 시행하려는 경우에는 토지 등 소유자의 동의를 얻어 토지 등 소유자로 구성된 조합을 설립하고 인가를 받아야 합니다.

7-1. 주택재건축 정비사업조합

① 특별자치시장, 특별자치도지사, 시장, 군수, 자치구의 구청장(이하 '시장·군수'라 함), 지정개발자 또는 한국토지주택공사·지방공사(이하 "주택공사 등"이라 함)가 아닌 자가 주택재건축사업을 시행하려는 경우에는 토지 등 소유자로 구성된 주택재건축 정비사업조합(이하 "조합"이라 함)을 설립해야 합니다(도시정비법 제8조제2항 및 제13조제1항).

② 조합은 주택재건축사업의 시행을 목적으로 조합설립추진위원회(이하 "추진위원회"라 함)가 설립한 단체로서 정비사업구역 안의 노후·불량주택을 철거하고 그 철거한 대지 위에 새로운 건축물을 건설하여 도시환경을 개선하고 주거생활의 질을 높이기 위한 목적으로 결정된 토지 등 소유자의 단체라 할 수 있습니다.

③ 조합은 도시정비법에 따른 법인으로 공법상의 사단법인입니다(도시정비법 제18조제1항).

7-2. 조합의 권리·의무

① 조합에 관해서는 도시정비법에 규정된 것을 제외하고는 「민법」

중 사단법인에 관한 규정에 따릅니다(도시정비법 제27조).

② 따라서 조합은 설립목적인 주택재건축사업의 범위에서 권리와 의무의 주체가 되며, 목적 이외의 사업을 하거나 설립인가의 조건에 위반하거나, 그 밖의 공익을 해하는 행위를 한 경우에는 주무 관청에 의해 그 인가가 취소될 수 있고, 목적 범위 외의 행위로 인해 다른 사람에게 손해를 가한 경우에는 그 사항의 의결에 찬성하거나 의결을 집행한 이사 및 그 밖의 대표자가 연대하여 배상책임을 부담합니다(「민법」 제34조, 제35조 및 제38조).

③ 조합은 그 명칭 중에서 '정비사업조합'이라는 문자를 사용해야 합니다(도시정비법 제18조제3항).

7-3. 조합설립 동의(재건축결의)

7-3-1. 조합설립을 위한 토지 등 소유자의 동의

① 주택재건축사업의 추진위원회(도시정비법 제13조제6항에 따라 추진위원회를 구성하지 않는 경우에는 토지 등 소유자를 말함)가 조합을 설립하려는 경우에는 다음과 같은 동의 기준을 모두 충족하여 시장·군수의 인가를 받아야 합니다(도시정비법 제16조제2항).

1. 주택단지 안의 공동주택의 각 동(복리시설의 경우에는 주택단지 안의 복리시설 전체를 하나의 동으로 봄)별 구분소유자의 과반수 동의(공동주택의 각 동별 구분소유자가 5 이하인 경우는 제외)와 주택단지 안의 전체 구분소유자의 4분의 3 이상의 동의

2. 토지면적의 4분의 3 이상의 토지소유자의 동의

② 만약 주택단지가 아닌 지역이 정비구역에 포함된 경우에는 주택단지가 아닌 지역 안의 토지 또는 건축물 소유자의 4분의 3 이상 및 토지면적의 3분의 2 이상의 토지소유자의 동의를 얻어야 합니다

(도시정비법 제16조제3항).

③ '주택단지'란 주택 및 부대·복리시설을 건설하거나 대지로 조성되는 일단의 토지로서 다음의 어느 하나에 해당하는 일단의 토지를 말합니다(도시정비법 제2조제7호).

1. 「주택법」 제15조에 따른 사업계획승인을 받아 주택과 부대·복리시설을 건설한 일단의 토지

2. 1.의 일단의 토지 중 도시·군계획시설인 도로나 그 밖에 이와 유사한 시설로 분리되어 각각 관리되고 있는 각각의 토지

3. 1.의 일단의 토지 2 이상이 공동으로 관리되고 있는 경우 그 전체 토지

4. 도시정비법 제41조에 따라 분할된 토지 또는 분할되어 나가는 토지

5. 「건축법」 제11조에 따라 건축허가를 얻어 아파트 또는 연립주택을 건설한 일단의 토지

7-3-2. 동의방법

① 조합설립을 위한 토지 등 소유자의 동의는 다음의 사항이 반드시 포함된 주택재건축 정비사업조합 설립동의서를 통해 얻어야 합니다(도시정비법 시행령 제26조제1항·제2항, 시행규칙 제7조제3항 및 별지 제4호의3서식).

1. 건설되는 건축물의 설계의 개요

2. 공사비 등 정비사업에 드는 비용(이하 "정비사업비"라 함)

3. 건축물의 철거 및 신축에 소요되는 비용의 분담기준

4. 사업 완료 후 소유권의 귀속에 관한 사항

5. 조합정관

② 위반 시 제재

토지 등 소유자의 주택재건축 정비사업조합 설립동의서를 위조한 자는 5년 이하의 징역 또는 5천만원 이하의 벌금에 처해 집니다(도시정비법 제84조의2제2호).

토지 등 소유자의 주택재건축 정비사업조합 설립동의서를 매도하거나 매수한 자는 3년 이하의 징역 또는 3천만원 이하의 벌금에 처해 집니다(도시정비법 제84조의3제6호).

③ 동의는 서면동의서에 토지 등 소유자의 지장(指章)을 날인하고 자필로 서명하는 서면동의의 방법으로 하며, 주민등록증, 여권 등 신원을 확인할 수 있는 신분증명서의 사본을 첨부해야 합니다(도시정비법 제17조제1항 본문).

④ 다만, 토지 등 소유자가 해외에 장기체류하거나 법인인 경우 등 불가피한 사유가 있다고 시장·군수가 인정하는 경우에는 토지 등 소유자의 인감도장을 날인한 서면동의서에 해당 인감증명서를 첨부하는 방법으로 할 수 있습니다.(도시정비법 제17조제1항 단서).

(법률용어해설)

◇ 추가부담금

기존의 아파트 가격보다 입주를 원하는 신축아파트의 분양가격이 더 높을 경우 그 차액을 부담하게 되는 데 이를 추가부담금 또는 부담금이라 합니다. 이 추가부담금을 분양대금의 일종으로 간주하여 시공자들은 현재 일반분양 비용처럼 중도금의 형태로 받고 있습니다. 이와 관련된 법규정은 별도로 있지 않아 시공자와 조합 간의 공사도급계약 내용에 언급되고 있습니다.

◇ 무상지분율

시공자가 조합의 대지지분을 기준으로 어느 정도 평형을 추가 부담금 없이 조합원들에게 부여할 수 있는지 나타내는 비율로서, 재건축 대상 아파트의 지역·위치 등 주변의 요건과 사업성 등에 따라 조합과 시공자 간의 계약으로 결정됩니다.현재 거주하고 있는 아파트가 75㎡이고 무상지분율이 150%라면, 추가부담금 없이 입주할 수 있는 아파트는 최대 112.5㎡입니다.

[　] 주택재개발사업 [　] 도시환경정비사업		조합 설립동의서		

※ 색상이 어두운 란은 동의자가 적지 않습니다. (1쪽)

접수번호		접수일	발급일	처리기간

Ⅰ. 동의자 현황

인적 사항	성 명		생년월일	
	주민등록상 주 소		전화번호	

소 유 권 현 황	토 지 (총 필지)	소 재 지 (공유 여부)	면적(㎡)
		( )	
		( )	
		( )	
	건 축 물	소 재 지 (허가 유무)	동 수
		( )	
		( )	
		( )	
	지 상 권 (건축물 외의 수목 또는 공작물의 소유 목적 으로 설정한 권리를 말합니다)	설 정 토 지	지상권의 내용

Ⅱ. 동의 내용

1. 조합설립 및 정비사업 내용

가. 신축건축물의 설 계 개 요	대지 면적 (공부상 면적)	건축 연면 적	규 모	비 고
	㎡	㎡		

나. 공사비 등 정비사 업에 드는 비용	철거비	신축비	그 밖의 비용	합 계

다. 나목에 따른 비용의 분담	1) 조합정관에 따라 경비를 부과·징수하고, 관리처분 시 가청산하며, 조합 청산 시 청산금을 최종 확정한다. 2) 조합원 소유 자산의 가치를 조합정관이 정하는 바에 따라 산정하여 그 비율에 따라 비용을 부담한다. 3) 분양대상자별 분담금 추산방법(예시) 분양대상자별 분담금 추산액 = 분양예정인 대지 및 건축물의 추산액 - (분양대상자별 종전의 토지 및 건축물의 가격 × 비례율) * 비례율 = (사업완료 후의 대지 및 건축물의 총 수입 - 총사업비) / 종전의 토지 및 건축물의 총 가액
라. 신축 건축물 구분 소유권의 귀속에 관한 사항	※ 개별 정비사업의 특성에 맞게 정합니다. 다만, 신축 건축물의 배정은 토지소유자의 의사가 최대한 반영되도록 하되, 같은 면적의 주택 분양에 경합이 있는 경우에는 종전 토지 및 건축물의 가격 등을 고려하여 우선 순위를 정하거나 추첨에 따르는 등 구체적인 배정방법을 정하여 향후 관리처분계획을 수립할 때 분양면적별 배분의 기준이 되도록 합니다. (예시) 1) 사업시행 후 분양받을 주택 등의 면적은 분양면적(전용면적+공용면적)을 기준으로 하고, 대지는 분양받은 주택 등의 면적 비례에 따라 공유지분으로 분양한다. 2) 조합정관에서 정하는 관리처분계획에 관한 기준에 따라 주택을 소유한 조합원의 신축 건축물에 대한 분양면적 결정은 조합원의 신청 규모를 우선적으로 고려하되, 같은 규모에서 경합이 있는 경우에는 종전 토지 및 건축물의 가격이 높은 순서에 따르고, 동·호수는 전산 추첨으로 결정한다. 3) 조합원에게 우선분양하고 남는 잔여주택 및 상가 등 복리시설은 관계법령과 조합정관이 정하는 바에 따라 일반분양한다. 4) 토지는 사업완료 후 지분등기하며 건축물은 입주조합원 각자 보존등기한다.

2. 조합장 선정동의

본 조합의 대표자(조합장)는 조합원총회에서 조합정관에 따라 선출된 자로 한다.

3. 조합정관 승인

「도시 및 주거환경정비법」 제16조에 따라 정비사업조합을 설립할 때 그 조합정관을 신의성실의 원칙에 따라 준수하며, 조합정관이 정하는 바에 따라 조합정관이 변경되는 경우 이의 없이 따른다.

 * 조합정관 간인은 임원 및 감사 날인으로 대체합니다.

4. 정비사업 시행계획서

(   )주택재건축사업·가로주택정비사업조합설립추진위원회(가로주택정비사업의 경우에는 토지등소유자를 말합니다)에서 작성한 정비사업 시행계획서와 같이 주택재건축사업·가로주택정비사업을 한다.

※ 본 동의서를 제출한 경우에도 조합설립에 반대하고자 할 경우「도시 및 주거환경정비법 시행령」 제28조제4항에 따라 조합설립인가를 신청하기 전까지 동의를 철회할 수 있습니다. 다만, 동의 후「도시 및 주거환경정비법 시행령」 제26조제2항 각 호의 사항이 변경되지 아니한 경우에는 최초로 동의한 날부터 30일까지만 철회할 수 있으며, 30일이 지나시 아니한 경우에도 조합설립을 위한 창립총회 후에는 철회할 수 없습니다.

위와 같이 본인은 (   )주택재건축사업·가로주택정비사업 시행구역의 토지등소유자로서 위의 동의 내용을 숙지하고 동의하며,「도시 및 주거환경정비법」 제16조제1항부터 제3항까지의 규정에 따른 조합의 설립에 동의합니다. 또한, 위의 조합 설립 및 정비사업 내용은 사업시행인가내용, 시공자 등과의 계약내용 및 제반 사업비의 지출내용에 따라 변경될 수 있으며, 그 내용이 변경됨에 따라 조합원 청산금 등의 조정이 필요할 경우「도시 및 주거환경정비법」 및 같은 법 시행령에서 정하는 변경절차를 거쳐 사업을 계속 추진하는 것에 동의합니다.

년   월   일

위 동의자 : <u>[자필로 이름을 써넣음]</u> 지장날인

(   ) 주택재개발사업

(   ) 도시환경정비사업   조합설립추진위원회 귀중

신청인 제출서류	1. 토지등소유자 신분증명서 사본 1부.

7-3-3. 동의자 수 산정방법

① 주택재건축사업의 경우, 소유권 또는 구분소유권이 여러 명의 공유에 속하는 경우에는 그 여러 명을 대표하는 1명을 토지 등 소유자로 산정하여 동의서를 받아야 하며, 1명이 둘 이상의 소유권 또는 구분소유권을 소유하고 있는 경우에는 소유권 또는 구분소유권의 수에 관계없이 토지 등 소유자를 1명으로 산정하여 동의서를 받아야 합니다(도시정비법 제17조제3항 및 시행령 제28조제1항제2호).

② 추진위원회의 구성에 동의한 토지 등 소유자는 조합의 설립에 동의한 것으로 봅니다. 다만, 조합설립인가 신청 전에 시장·군수 및 추진위원회에 조합설립에 대한 반대의 의사표시를 한 경우에는 그렇지 않습니다(도시정비법 제13조제3항).

③ 조합설립에 동의한 자로부터 토지 또는 건축물을 취득한 자는 조합설립에 동의한 것으로 봅니다(도시정비법 시행령 제28조제1항제3호).

④ 토지등기부등본·건물등기부등본·토지대장 및 건축물관리대장에 소유자로 등재될 당시 주민등록번호의 기재가 없고 기재된 주소가 현재 주소와 다른 경우로서 소재가 확인되지 않는 자는 토지 등 소유자의 수에서 제외해야 합니다(도시정비법 시행령 제28조제1항제4호).

7-3-4. 동의의 철회 및 반대의 의사표시

① 토지 등 소유자의 동의의 철회 또는 반대의사 표시의 시기는 다음의 기준에 따릅니다(도시정비법 시행령 제28조제5항).

1. 동의의 철회 또는 반대의사의 표시는 해당 동의에 따른 인·허가 등을 신청하기 전까지 할 수 있습니다.

2. 위에도 불구하고 다음의 동의는 최초로 동의한 날부터 30일까지

만 철회할 수 있습니다. 다만, 나.의 동의는 최초로 동의한 날부터 30일이 지나지 않은 경우에도 조합설립을 위한 창립총회 후에는 철회할 수 없습니다.

가. 정비구역의 해제에 대한 동의

나. 조합설립에 대한 동의(동의 후 도시정비법 시행령 제26조제2항 각 호의 사항이 변경되지 않은 경우로 한정)

다. 추진위원회 또는 조합 해산에 대한 동의

② 동의를 철회하거나 반대의 의사표시를 하려는 토지 등 소유자는 동의의 상대방 및 시장·군수에게 철회서에 토지 등 소유자의 지장(指章)을 날인하고 자필로 서명한 후 주민등록증 및 여권 등 신원을 확인할 수 있는 신분증명서 사본을 첨부하여 내용증명의 방법으로 발송해야 하며, 철회서를 받은 시장·군수는 지체 없이 동의의 상대방에게 철회서가 접수된 사실을 통지해야 합니다(도시정비법 시행령 제28조제6항).

③ 동의의 철회나 반대의 의사표시는 철회서가 동의의 상대방에게 도달한 때 또는 시장·군수가 동의의 상대방에게 철회서가 접수된 사실을 통지한 때 중 빠른 때에 효력이 발생합니다(도시정비법 시행령 제28조제7항).

7-3-5. 대지분할을 통한 동의율 충족

추진위원회는 「주택법」 제15조제1항에 따라 사업계획승인을 받아 건설한 2 이상의 건축물이 있는 주택단지에 주택재건축사업을 하는 경우 조합 설립의 동의요건을 충족시키기 위해 필요한 경우에는 그 주택단지 안의 일부 토지에 대하여 「건축법」 제57조에도 불구하고 분할하려는 토지면적이 다음의 구분에 따른 면적에 미달되더라도 토지

분할을 청구할 수 있습니다(도시정비법 제41조제1항, 건축법제57조 및 시행령제80조).

7-3-6. 조합설립에 반대하는 자의 토지 또는 건축물에 대한 매도청구

사업시행자는 주택재건축사업을 시행함에 있어 조합 설립의 동의를 하지 않은 자의 토지 또는 건축물에 대하여 매도청구를 할 수 있습니다(도시정비법 제39조제1호).

◆ **정비구역 고시 전 조합설립동의서 징구 가능 여부**

(질의요지)

가. 추진위원회 구성(2007년) 후 정비구역 지정 고시 전에 토지등소유자에게 조합설립동의서를 받을 수 있는지요?

나. 도시정비법 제17조제1항 단서에 따라 토지등소유자가 해외 장기체류하거나 법인인 경우 외에 어떠한 경우가 시장·군수가 인정하는 불가피한 사유인지와 불가피한 사유 인정시 그 사유를 증명할 수 있는 서류를 함께 제출하여야 하는지요?

(회신내용)

가. 도시정비법 제16조제1항 및 같은 법 시행령 제26조제2항에 따르면 주택재개발사업 추진위원회가 조합을 설립하려면 "건설되는 건축물의 설계의 개요", "공사비 등 정비사업에 드는 비용" 등이 포함된 동의서에 토지등소유자의 4분의 3 이상 및 토지면적의 2분의 1이상의 토지등소유자의 동의를 얻어 시장·군수의 인가를 얻도록 하고 있으나, 정비구역지정 전 정비예정구역내 토지등소유자를 대상으로 조합설립동의

서를 받을 수 있는지에 대하여는동의서 징구시 필요한 관련 서류 구비여부 등에 따라 판단하여야 할 것입니다.

나. 도시정비법 제17조제1항 단서에 따르면 토지등소유자가 해외에 장기체류하거나 법인인 경우 등 불가피한 사유가 있다고 시장·군수가 인정하는 경우에는 토지등소유자의 인감도장을 날인한 서면동의서에 해당 인감증명서를 첨부하는 방법으로 할 수 있도록 하고 있으나, 시장·군수가 인정하는 불가피한 사유와 이에 대한 증빙서류의 첨부여부에 대하여는 시장·군수의 불가피성 인정여부에 따라 개별적으로 판단하여야 할 것입니다.

◆ **서면동의서에 무인(손도장)이나 날인(도장)하는 방법 중 하나만 선택해도 되는지요?**

(질의요지)

도시정비법 제17조제1항의 "지장(指章)을 날인하다"의 의미가 서면동의서에 무인(손도장)과 도장 날인하는 방법 중 하나를 선택하는 의미인지요?

(회신내용)

도시정비법 제17조제1항에 따르면 제16조제1항 등에 따른 동의는 서면동의서에 토지등소유자의 지장을 날인하고 자필로 서명하는 서면동의의 방법으로 하도록 하고 있으며, 동 규정에서 날인의 대상을 지장으로 명시적 규정하고 있으므로, 동 규정에 따른 날인의 대상은 지장으로 봄이 타당할 것으로 판단됩니다.

◆ 조합설립동의서 징구시 정관상 이자지급에 관한 사항이 없는 경우 동의서

(질의요지)

2012.8.2. 이전에 징구한 조합설립동의서에 첨부된 조합정관에는 이자지급에 관한 사항이 빠져 있는데 2012.8.2. 개정법에 따라 조합정관에 이자지급에 관한 사항을 포함하여 조합설립동의서를 다시 받아야 하는지요?

(회신내용)

도시정비법제20조제1항제11호의2에 따라 정관에는 제47조제2항에 따른 이자 지급에 관한 사항이 포함되어야 하며, 같은 법 부칙<제11293호, 2012.2.1> 제8조에 따라 제20조 제1항 및 제47조제2항의 개정규정은 이 법 시행(2012.8.2.) 후 최초로 조합설립인가를 신청하는 정비사업부터 적용하도록 하고 있습니다. 따라서 2012.8.2. 이전에 이자지급에 관한 사항이 포함되지 않은 정관을 첨부하여 조합설립동의서를 받았다 하더라도 창립총회에서 이자지급에 관한 사항을 포함하여 조합정관을 확정하였고, 2012.8.2. 이후 확정한 조합정관을 첨부하여 최초로 조합설립인가를 신청하는 경우 이자지급에 관한 사항이 포함된 정관을 첨부하여 조합설립동의서를 다시 받을 필요는 없습니다.

◆ 기존 조합설립인가 동의서 재사용 가능 여부

(질의요지)

2011년 12월 22일 주택재개발 조합설립인가를 받은 후 2013년 12월 법원에서 조합설립동의율 부족으로 조합설립인가가 취소된 경우, 2011년 12월 22일 조합설립인가시 제출받은 조합설립동의서와 동의 내용이 동일한 조합설립동의서를 도시정비법에서 정하는 바에 따라 추가로 제출받아 조합설립인가를 신청하고자 할 때 기존에 제출 받은 조합설립동의서를 사용하여 신청할 수 있는지요?

(회신내용)

도시정비법 제16조제1항에 따라 주택재개발사업의 추진위원회가 조합을 설립하고자 하는 때에는 같은 항에서 규정하고 있는 요건의 토지등소유자의 동의를 얻어야 하나 조합설립동의서의 유효기간에 대하여는 별도 규정하고 있지 않고 있으므로, 질의하신 기존의 조합설립동의서 사용여부와 관련해서는 조합설립 동의내용의 변동 여부 등 사실관계를 고려하여 판단할 사항입니다.

◆ **인감증명서가 첨부된 서면 동의서를 인정할 수 있는지요?**

(질의요지)

도시정비법 제17조제1항에 따른 동의 방법의 경우 인감증명서가 첨부된 서면동의서도 인정할 수 있는지요?

(회신내용)

도시정비법 제17조제1항에 따르면 서면동의는 토지등소유자의 지장(指章)을 날인하고 자필로 서명하는 서면동의의 방법으로 하며, 주민등록증, 여권 등 신원을 확인할 수 있는 신분증명서의 사본을 첨부하여야 합니다.

◆ **정비사업전문관리업자가 아닌 자가 동의서 징구를 할 수 있는지요?**

(질의요지)

정비사업전문관리업자가 아닌 자가 조합설립동의서를 징구할 수 있는지요?

(회신내용)

도시정비법 제69조제1항 및 같은 법 시행령 제63조에 따라 추진위원회 또는 사업시행자로부터 조합설립의 동의에 관한 업무의 대행 등에 관한 사항을 위탁받거나 이와 관련한 자문을 하고자 하는 자는 정비사업전문관리업으로 등록을 하도록 하고 있으며, 이는 추진위원회 또는 조합의 업무를 위탁 등의 방법으로 대행하는 경우에 적용되는 것으로서, 질의하신 조합설립의 동의에 관한 업무 수행은 추진위원회가 직원채용 등의 방법으로 직접 업무를 수행하거나 도시정비법 제69조제1항에 따라 등록한 정비사업전문관리 업자가 업무를 위탁받아 수행하여야 할 것입니다.

◆ **1인(7개 점포 소유)이 1동 전체를 소유한 경우 동별동의 요건이 적용되는지요?**

(질의요지)

재건축 사업에서 상가 건물의 7개 점포가 1인의 소유인 경우 동의율 산정은 어떻게 하는지요?

(회신내용)

도시정비법 제16조제2항에 따르면 주택재건축사업의 추진위원회가 조합을 설립하고자 하는 때에는 주택단지 안의 공동주택의 각 동별 구분소유자의 3분의 2 이상 및 토지면적의 2분의 1 이상의 토지소유자의 동의와 주택단지 안의 전체 구분소유자의 4분의 3 이상 및 토지면적의 4분의 3 이상의 토지소유자의 동의를 얻도로 하고 있고, 이 경우공동주택의 각 동별 구분소유자가 5 이하인 경우는 동별 동의 요건에서 제외하도록 하고 있으므로, 질의하신 상가 건물 전체를 1인이 소유한 경우 동 규정에 따라 동별 동의 요건 적용 대상이 되지 않습니다.

◆ 추진위 설립동의자의 조합설립 동의 철회 가능 여부

(질의요지)

정비사업조합추진위원회 설립동의서에 동의한 토지등소유자가 조합설립 신청시 조합설립 동의 철회서를 제출할 경우 조합설립에 대한 동의 철회가 가능한지요?

(회신내용)

도시정비법 제13조제3항에 따르면 조합설립추진위원회의 구성에 동의한 토지등소유자는 도시정비법 제16조제1항부터 제3항까지에 따른 조합의 설립에 동의한 것으로 보나, 제16조에 따른 조합설립인가 신청 전에 시장·군수·구청장 및 추진위원회에 조합설립에 대한 반대의 의사표시를 한 추진위원회 동의자의 경우에는 그러하지 아니하도록 하고 있으며, 동 개정규정은 이 법 시행(2009.8.7.) 후 추진위원회 구성에 동의를 얻는 분부터 적용하도록 동법 부칙<제9444호, 2009.2.6> 제4조에 규정하고 있습니다.

◆ 창립총회에서 정비계획 변경 시 조합설립 동의 철회가 가능한지요?

(질의요지)

창립총회에서 기존 사업시행계획 동의에 대한 안건과 정비계획변경안 승인에 대한 안건을 같이 의결한 경우 도시정비법 시행령 제28조제4항에 따라 조합설립 동의 철회가 가능한지요?

(회신내용)

도시정비법시행령 제28조제4항에 따라 토지등소유자는 법 제12조 및 제17조제1항 전단의 동의(법 제8조제4항제7호 제13조제3항 및 제26조제3항에 따라 동의가 의제되는 경우를 포함한다)에 따른 인·허가 등의 신청 전에 동의를 철회하거나 반대의 의사표시를 할 수 있으나, 법 제16조에따른 조합설립의 인가에 대한 동의 후 제26조제2항 각 호의 사항이 변경되지 아니한 경우로서 "조합설립에 최초로 동의한 날부터 30일이 지난 경우" 또는 "제22조의2제1항에 따라 창립총회를 개최한 경우"에 해당하는 경우에는 철회할 수 없습니다. 따라서 질의의 경우 인허가신청 전에 조합설립 동의 철회 가능여부는 제26조제2항 각 호의 사항이 변경되었는지 여부에 따라 판단하여야 할 것입니다.

7-4. 조합설립인가 신청

7-4-1. 설립인가 신청

① 조합설립인가를 받으려는 추진위원회(도시정비법 제13조제6항에 따라 추진위원회를 구성하지 않는 경우에는 토지 등 소유자를 말함)는 토지 등 소유자의 동의를 받은 후 다음의 서류를 시장·군수에게

제출(전자문서로 제출하는 것을 포함함)해야 합니다(도시정비법 제16조제2항, 시행규칙 제7조제1항 및 별지 제4호서식).

1. 주택재건축 정비사업조합 설립인가신청서
2. 조합정관
3. 조합원 명부(조합원자격을 증명하는 서류 첨부)
4. 토지 등 소유자의 조합설립동의서 및 동의사항을 증명하는 서류
5. 창립총회 회의록(총회참석자 연명부 포함)
6. 토지·건축물 또는 지상권이 수인의 공유에 속하는 경우에는 그 대표자의 선임 동의서
7. 창립총회에서 임원·대의원을 선임한 경우에는 선임된 자의 자격을 증명하는 서류
8. 주택건설 예정 세대수, 주택건설 예정지의 지번·지목 및 등 기명의자, 도시관리계획상의 용도지역, 대지 및 주변현황을 기재한 사업계획서
9. 그 밖에 특별시·광역시 또는 도의 조례가 정하는 서류

□ 주택재개발사업 조합설립(변경)인가신청서	처리기한
□ 도시환경정비사업	30일

신청인	조 합 명 칭		주택재개발(도시환경정비)사업조합(가칭)				
	대 표 자	성 명		생년월일			
		주 소		(전화:)			
조 합 설 립 내 역	설 립 목 적		주택재개발(도시환경정비)사업의 시행				
	주된 사무소의 소재지		(전화:)				
	사업시행 예정구역	구역명칭		구역	구역면적		(㎡)
		위 치					
	조합원수	명	사업시행인 가신청예정 시기	구역지정 고시일(년 월 일) 부터 ( )이내			
동 의 사 항	토지등 소유자수	(토지소유자 : 명) (건축물소유자 : 명) (지상권자 : 명)		동 의 율	(동의자수 / 토지등소유 자 수)		%
정 비 사 업 전 문 관 리 업 자	명 칭			대 표 자			
	주된 사무소의 소재지		(전화:)				

「도시 및 주거환경정비법」 제16조제1항에 따라 위와 같이 주택재개발사업·도
시환경정비사업조합 설립(변경)인가를 신청합니다.

년   월   일

신청인 대표   (서명 또는 인)

시장·군수·구청장 귀하

※ **첨부서류**	수수료
1. 설립인가의 경우	없음

   가. 조합정관
   나. 조합원명부(조합원자격을 증명하는 서류 첨부)
   다. 토지등소유자의 조합설립동의서 및 동의사항을 증명하는 서류
   라. 창립총회 회의록(총회참석자 연명부를 포함합니다)
   마. 토지·건축물 또는 지상권이 여러 명의 공유에 속하는 경우에는 그 대표자의
       선임동의서
   바. 창립총회에서 임원·대의원을 선임한 경우에는 선임된 자의 자격을 증명하는 서류
   사. 주택건설 예정세대수, 주택건설 예정지의 지번·지목 및 등기명의자, 도시관
       리계획상의 용도지역, 대지 및 주변현황을 적은 사업계획서(주택재개발사업
       인 경우만 해당합니다)
   아. 건축계획, 주택예정지의 지번·지목 및 등기명의자, 도시관리계획상의 용도지역,
       대지 및 주변현황을 기재한 사업계획서(도시환경정비사업인 경우만 해당합니다)
   자. 그 밖에 특별시·광역시 또는 도의 조례가 정하는 서류

 2. 변경인가의 경우: 변경내용을 증명하는 서류

7-4-2. 조합의 설립등기 등

① 조합은 조합설립인가를 받은 날부터 30일 이내에 주된 사무소의 소재지에서 다음의 사항을 등기함으로써 성립합니다(도시정비법 제18조제2항·제3항 및 시행령 제29조).

1. 설립목적

2. 조합의 명칭('정비사업조합'이라는 문자를 사용해야 함)

3. 주된 사무소의 소재지

4. 설립인가일

5. 임원의 성명 및 주소

6. 임원의 대표권을 제한하는 경우에는 그 내용

② 설립인가를 받은 조합이 주택재건축사업을 시행하는 경우 「주택법」 제54조을 적용함에 있어서는 조합을 사업주체로 보며, 조합설립인가일부터 「주택법」 제4조에 따른 주택건설사업 등의 등록을 한 것으로 의제됩니다(도시정비법 제16조제4항).

③ 조합설립인가를 받은 조합은 정관이 정하는 바에 따라 토지 등 소유자에게 그 내용을 통지하고, 이해관계인이 열람할 수 있도록 해야 합니다(도시정비법 시행령 제26조제3항).

7-4-3. 조합설립인가 후 해산

① 추진위원회는 조합설립인가일까지 업무를 수행할 수 있으며, 조합이 설립되면 모든 업무와 자산을 조합에 인계하고 추진위원회는 해산합니다.

② 조합이 설립되었음에도 불구하고 추진위원회를 계속 운영하는 자는 2년 이하의 징역 또는 2천만원 이하의 벌금에 처해 집니다(도시정비법 제85조제4호).

7-5. 조합변경인가 신청

7-5-1. 변경인가 신청

① 인가받은 사항을 변경하려는 조합은 조합원의 동의를 받은 후 주택재건축 정비사업조합 변경인가신청서에 변경내용을 증명하는 서류를 첨부하여 시장·군수에게 제출(전자문서에 의한 제출을 포함함)해야 합니다(도시정비법 제16조제2항, 시행규칙 제7조제2항 및 별지 제4호서식).

② 조합변경인가 신청을 위한 토지 등 소유자의 동의 기준은 조합설립을 위한 토지 등 소유자의 동의 기준과 같습니다.

7-5-2. 인가 내용의 경미한 변경

① 인가받은 사항 중 다음의 어느 하나에 해당하는 사항을 변경하려는 경우에는 조합원의 동의 없이 시장·군수에게 신고하고 변경할 수 있습니다(도시정비법 제16조제2항 단서 및 시행령 제27조).

1. 조합의 명칭 및 주된 사무소의 소재지와 조합장의 주소 및 성명
2. 토지 또는 건축물의 매매 등으로 인하여 조합원의 권리가 이전된 경우의 조합원의 교체 또는 신규가입
3. 조합임원 또는 대의원의 변경(조합장은 조합원 총회의 의결을 거쳐 변경인가를 받아야 함)
4. 건설되는 건축물의 설계 개요의 변경
5. 정비사업비의 변경
6. 현금청산으로 인하여 정관에서 정하는 바에 따라 조합원이 변경되는 경우
7. 정비구역 또는 정비계획의 변경에 따라 변경되어야 하는 사항(다

만, 정비구역 면적이 10퍼센트 이상 변경되는 경우는 제외)

8. 그 밖에 특별시·광역시 또는 도의 조례로 정하는 사항

◆ 정비구역고시가 되지 않은 상태에서 조합설립변경인가의 적절성

(질의요지)

정비구역지정 및 정비계획변경안(2개 획지를 1개 획지로 합치는 것과 현황 측량결과 토지면적 축소)에 대해 확정고시가 되지 않은 상태에서의 조합설립변경인가가 적법한 것인지요?

(회신내용)

가. 도시정비법 제16조제1항 및 같은 법 시행규칙 제7조 제2항에 따르면 조합설립인가 내용을 변경하고자 하는 경우에는 조합설립변경 인가신청서에 변경내용을 증명하는 서류를 첨부하여 시장·군수의 인가를 받도록 하면서 조합설립변경인가 신청이나 조합설립변경인가 시점에 대하여는 따로 규정하고 있지는 않습니다.

나. 따라서, 조합설립변경인가의 적법성 여부에 대하여는 조합설립변경인가 신청시 첨부된 변경내용의 객관성이나 근거 여부 등을 종합적으로 고려하여 판단하여야 할 것입니다.

◆ 현금청산조합원에게 사업비를 부담시키는 정관 변경

(질의요지)

조합원이 분양신청을 하지 않거나 분양계약을 취소하여 현금으로 청산하는 절차를 이행할 경우 그 원인금액 시점까지 집행된 사업비를 개별 종전자산 비율로 안분하여 현금청산

조합원에게 부담시키는 내용으로 정관을 변경할 때 조합원 동의 기준은?

(회신내용)

도시정비법제20조제1항에 따라 조합은 "정비사업비의 부담시기 및 절차" 등 같은 항 각 호의 사항을 정관에 포함하도록 하고 있고, 같은 조 제3항에 따라 조합이 정관을 변경하고자 할 때 제1항제12호(정비사업비의 부담시기 및 절차)의 경우에는 총회를 개최하여 조합원 3분의 2 이상의 동의를 얻어 시장·군수의 인가를 받아야 합니다.

◆ **조합장이 아닌 대표자 서명에 의한 조합설립 변경인가 신청가능 여부**

(질의요지)

조합설립 후 조합장을 포함한 조합임원 해임 및 새로운 임원선임에 따라 조합설립변경인가 신청 시 새로 선임된 조합장이 조합설립변경인가신청서상에 조합직인이 아니라 대표자가 서명하고 조합설립변경 인가를 신청할 경우 인가처리가 가능한지요?

(회신내용)

도시정비법 시행규칙 별지 제4호서식(주택재건축사업 조합설립변경인가신청서)에는 "신청인 대표 (서명 또는 인)"으로 되어 있으므로 조합설립변경인가신청서를 작성하여 새로 선임된 조합장이 직인이 아니라 조합의 대표자로서 서명하고 조합설립변경인가를 신청하는 것이 가능할 것입니다.

7-6. 조합설립인가의 취소

7-6-1. 조합설립인가의 취소 사유

① 시장·군수는 다음의 어느 하나에 해당하는 경우 조합설립인가를 취소해야 합니다(도시정비법 제16조의2제1항).

1. 조합설립에 동의한 조합원의 1/2 이상 2/3 이하의 범위에서 특별시·광역시·특별자치시·도·특별자치도 또는 「지방자치법」 제175조에 따른 서울특별시·광역시 및 특별자치시를 제외한 인구 50만 이상 대도시의 조례(이하 "시·도조례"라 함)로 정하는 비율 이상의 동의 또는 토지 등 소유자 과반수의동의로 조합의 해산을 신청하는 경우

2. 정비예정구역 또는 정비구역의 지정이 해제되는 경우

3. 정비사업비 및 추정분담금 제공 등

② 토지 등 소유자의 10/100 이상 25/100 이하의 범위에서 시·도조례로 정하는 비율 이상의 요청이 있는 경우 시장·군수는 토지 등 소유자의 의사결정에 필요한 정보를 제공하기 위해 개략적인 정비사업비 및 추정분담금 등을 조사하여 토지 등 소유자에게 제공할 수 있습니다(도시정비법 제16조의2제2항 전단).

7-6-2. 취소 내용의 고시

조합설립인가가 취소된 경우에는 시장·군수는 지체없이 그 내용을 해당 지방자치단체의 공보에 고시해야 합니다(도시정비법 제16조의2제5항).

■ 재건축조합 설립을 위한 토지 등 소유자의 동의 기준과 방법은
어떻게 되나요?

ⓠ 재건축조합 설립을 위한 토지 등 소유자의 동의 기준과 방
법은 어떻게 되나요?

ⓐ ◇ 조합설립을 위한 토지 등 소유자의 동의
주택재건축사업의 추진위원회가 조합을 설립하려는 경우에는 다
음과 같은 동의 기준을 모두 충족하여 특별자치시장, 특별자치도
지사, 시장, 군수, 자치구의 구청장의 인가를 받아야 합니다.
① 주택단지 안의 공동주택의 각 동(복리시설의 경우에는 주택단
지 안의 복리시설 전체를 하나의 동으로 봄)별 구분소유자의 과
반수 동의(공동주택의 각 동별 구분소유자가 5 이하인 경우는 제
외)와 주택단지 안의 전체 구분소유자의 4분의 3 이상의 동의
② 토지면적의 4분의 3 이상의 토지소유자의 동의
만약 주택단지가 아닌 지역이 정비구역에 포함된 경우에는 주택
단지가 아닌 지역 안의 토지 또는 건축물 소유자의 4분의 3 이
상 및 토지면적의 3분의 2 이상의 토지소유자의 동의를 얻어야
합니다.
◇ 동의방법
조합설립을 위한 토지 등 소유자의 동의는 일정한 사항이 반드시
포함된 주택재건축 정비사업조합 설립동의서를 통해 얻어야 합니다.
동의는 서면동의서에 토지 등 소유자의 지장(指章)을 날인하고 자필
로 서명하는 서면동의의 방법으로 하며, 주민등록증, 여권 등 신원을
확인할 수 있는 신분증명서의 사본을 첨부해야 합니다. 다만, 토지
등 소유자가 해외에 장기체류하거나 법인인 경우 등 불가피한 사유가

있다고 특별자치시장, 특별자치도지사, 시장, 군수, 자치구의 구청장이 인정하는 경우에는 토지 등 소유자의 인감도장을 날인한 서면동의서에 해당 인감증명서를 첨부하는 방법으로 할 수 있습니다.

(관련판례)

「집합건물의 소유 및 관리에 관한 법률」 제47조제3항, 제4항에 의하면 재건축의 결의를 할 때에는 건물의 철거 및 신건물의 건축에 소요되는 비용의 분담에 관한 사항과 신건물의 구분소유권의 귀속에 관한 사항을 정하여야 하고, 위와 같은 사항은 각 구분소유자 간의 형평이 유지되도록 정하지 아니하면 아니 되므로, 재건축의 결의가 위와 같은 사항에 관하여 각 구분소유자 간의 형평에 현저히 반하는 경우에는 이러한 재건축결의는 특별한 사정이 없는 한 무효이다. 이에 관하여 신건물의 구분소유권의 귀속이 각 구분소유자 간의 형평에 반하는지 여부를 판단함에 있어서는 단순히 각 구분소유권의 위치, 면적, 층수에 차이가 있다는 점만을 고려할 것이 아니라, 그와 같은 차이가 발생하게 된 경위, 신건물의 배치와 설계상의 합리성 및 경제적 타당성, 조합원들이 종전에 소유하던 구분건물의 평형과 대지권 지분의 분포와 그 권리가격의 크기, 구분소유권 배분방식의 형평성, 각 구분소유권의 재산적 가치에 대한 불균형의 정도, 그 불균형을 줄일 수 있는 다른 방법의 존재 가능성, 불이익을 입은 구분소유자에 대한 적절한 보상 여부, 재건축의 결의나 관리처분계획안 결의시 구분소유권의 귀속 등에 관하여 다수 조합원들이 소수 조합원들에게 부당하게 불이익을 강요하였는지 여부 등 제반 사정을 종합하여 판단하여야 한다(대법원 2009. 6. 25. 선고 2006다64559 판결).

(관련판례)

1주택을 2인 이상이 공유지분으로 소유함으로써 공유자 원이 1인의 조합원으로 취급되는 경우에도, 공유자 전원의 합의에 의하여 재건축사업에 따른 개발이익 등을 공유자 중 대표조합원 1인이 모두 분배받기로 하여 그러한 의사를 재건축조합에 표시하였다거나 조합규약 등에서 그 분배에 관하여 달리 정하고 있다는 등의 특별한 사정이 없는 한, 대표조합원을 비롯한 공유자들은 다른 일반조합원에 대한 관계에서뿐 아니라 공유자들 상호간의 관계에서도 형평이 유지되도록 개발이익 등을 분배받을 권리가 있다. 그러므로 재건축조합은 공유자들에게 개발이익 등을 분배함에 있어 다른 일반조합원에 대한 관계에서나 공유자들 상호간의 관계에서 형평이 유지되도록 하여야 하고, 대표조합원 1인에게 그 공유지분에 관한 개발이익을 초과하여 다른 공유자에게 분배하여야 할 개발이익까지 임의로 분배하는 등 형평에 현저히 반하는 권리분배를 내용으로 하는 재건축조합의 결의는 무효이다(대법원 2009.2.12.선고 2006다53245 판결).

(관련판례)

당초 무효인 재건축결의가 그 후의 의결정족수를 완화하는 법령의 개정이나 일부 구분소유자의 재건축에 대한 추가동의로 유효하게 될 수는 없으나, 재건축에 동의할 것인가는 구분소유자들로서는 쉽게 결정할 수 없는 사안이라는 점과 반드시 서면에 의한 동의가 강제되는 것은 아니더라도 실무상 비법인사단으로서의 재건축조합설립을 통한 재건축의 경우 서면에 의하여 재건축동의의 의사표시가 이루어지고 있다는 점에 비추어, 유효한 재건축결의가 있었는지의 여부는 반드시 최초의 관리단집회에서의 결의에만 한정하여 볼 것은 아니고 비록 최초의 관리단집회에서의 재건축동의자가 재건축에 필요한 정족수를 충족하지 못하였다고 하더라도 그 후 이를 기초로 하여 재건축 추진과정에서 구분소유자들이 재건축에 동의하는 취지의 서면을 별도로 제출함으로써 재건축결의 정족수를 갖추게 된다면 그로써 관리단집회에서의 결의와는 별도의 재건축결의가 유효하게 성립한다고 보아야 할 경우가 있고, 그와 같은 서면결의를 함에 있어서는 따로 관리단집회를 소집·개최할 필요가 없다(대법원 2005. 6. 24. 선고 2003다55455 판결).

(관련판례)

구 「주택건설촉진법」에 따른 관할시장 등의 재건축조합설립인가는 불량·노후한 주택의 소유자들이 재건축을 위하여 한 재건축조합설립행위를 보충하여 그 법률상 효력을 완성시키는 보충행위일 뿐이므로 그 기본되는 조합설립행위에 하자가 있을 때에는 그에 대한 인가가 있다 하더라도 기본행위인 조합설립이 유효한 것으로 될 수 없고, 따라서 그 기본행위는 적법 유효하나 보충행위인 인가처분에만 하자가 있는 경우에는 그 인가처분의 취소나 무효확인을 구할 수 있을 것이지만 기본행위인 조합설립에 하자가 있는 경우에는 민사쟁송으로써 따로 그 기본행위의 취소 또는 무효확인 등을 구하는 것은 별론으로 하고 기본행위의 불성립 또는 무효를 내세워 바로 그에 대한 감독청의 인가처분의 취소 또는 무효확인을 소구할 법률상 이익이 있다고 할 수 없다 (대법원 2000. 9. 5. 선고 99두1854 판결).

■ 공동저당된 대지와 주택이 재건축된 후 일괄매각 시 임차인의 대항력은 어디까지 주장할 수 있는지요?

Ⓠ 저는 甲으로부터 대지와 주택이 공동담보로 근저당권이 설정되었다가 재건축되어 대지에만 근저당권이 남아 있는 주택을 임차하여 입주와 주민등록전입신고를 마치고 확정일자도 받아 두었습니다. 그런데 최근 대지상의 근저당권자가 대지뿐만 아니라 그 지상의 위 재건축된 임차주택까지 경매를 신청하였습니다. 이 경우 저는 경매절차의 매수인에게 주택임차인으로서의 대항력을 주장할 수 있는지요?

Ⓐ 대지에 대한 저당권자가 그 지상건물에 대해서도 경매를 신청할 수 있는지 여부와 관련하여 「민법」 제365조는 "토지를 목적으로 저당권을 설정한 후 그 설정자가 그 토지에 건물을 건축한 때에는 저당권자는 토지와 함께 그 건물에 대하여도 경매를 청구할 수 있다."라고 규정하고 있고, 일괄경매청구권의 규정 취지에 관하여 판례는 "민법 제365조가 토지를 목적으로 한 저당권을 설정한 후 그 저당권설정자가 그 토지에 건물을 축조한 때에는 저당권자가 토지와 건물을 일괄하여 경매를 청구할 수 있도록 규정한 취지는, 저당권은 담보물의 교환가치의 취득을 목적으로 할 뿐 담보물의 이용을 제한하지 아니하여 저당권설정자로서는 저당권설정 후에도 그 지상에 건물을 신축할 수 있는데, 후에 그 저당권의 실행으로 토지가 제3자에게 경락 될 경우에 건물을 철거

하여야 한다면 사회경제적으로 현저한 불이익이 생기게 되어 이를 방지할 필요가 있으므로 이러한 이해관계를 조절하고, 저당권자에게도 저당토지상의 건물의 존재로 인하여 생기게 되는 경매의 어려움을 해소하여 저당권의 실행을 쉽게 할 수 있도록 한 데에 있다."라고 하였습니다(대법원2001. 6. 13.자 2001마1632 결정, 2003. 5. 11. 선고2003다3850 판결).

그런데 위 사안과 같이 대지와 그 지상 주택이 공동담보로 근저당권이 설정되었다가 기존주택이 멸실되고 새로이 주택을 건축한 경우에도 위 규정에 의한 일괄경매가 가능한 것인지 문제됩니다. 이에 관하여 대법원은 "토지와 그 지상건물의 소유자가 이에 대하여 공동저당권을 설정한 후 건물을 철거하고 그 토지 상에 새로이 건물을 축조하여 소유하고 있는 경우에는 건물이 없는 나대지 상에 저당권을 설정한 후 그 설정자가 건물을 축조한 경우와 마찬가지로 저당권자는 민법 제365조에 의하여 그 토지와 신축건물의 일괄경매를 청구할 수 있다."라고 판시한 바 있습니다(대법원 1998. 4. 28.자 97마2935 결정). 그러므로 토지와 주택을 일괄하여 경매 신청한 부분에 대한 법률상 하자는 없는 것으로 보입니다.

다만, 「민법」 제365조의 단서는, "그러나 그 건물의 경락대금에 대하여는 우선변제를 받을 권리가 없다."라고 규정하고 있으므로, 위 근저당권은 대지부분에 한하여 우선변제권이 인정되고 건물부분에 대해서는 일반 채권자와 동일한 권리를 갖는다 할 것입니다.

따라서 귀하가 위 경매절차에서 권리신고 겸 배당요구신청을 하고 다른 우선권자가 없다면, 귀하는 확정일자에 의한 임차보증금 우선변제로서 대지에 대하여는 위 근저당권자보다 후순위로, 건물에 대하여는 제1순위로 매각대금의 배당을 받게 될 것으로 보입니다. 그리고 귀하는 「주택임대차보호법」 제3조의 규정에 의한 대항력을 갖춘 경우이므로 위 경매절차에서 배당받지 못한 임차보증금이 있을 경우에는 경매절차의 매수인에게 대항력을 주장하여 보증금을 반환받을 때까지 위 주택에 계속 거주할 수 있을 것으로 보입니다.

(관련판례)

재건축조합의 조합원은 조합의 재건축사업 목적 달성에 협력할 의무가 있고, 조합규약상 그 의무의 하나로 규정된 현물출자 의무는 조합의 재건축사업의 원활한 수행을 위하여 신탁 목적으로 조합원 소유의 토지를 조합에 이전할 의무를 포함하고 있는 것이며, 「집합건물의 소유 및 관리에 관한 법률」 소정의 구분소유자의 경우 그들이 가지는 대지사용권은 전유부분의 처분에 따르게 되어 있고 그 전유부분과 분리하여 대지사용권을 처분할 수 없게 되어 있는 데다가 재건축사업은 재건축지역 내에 있는 주택의 철거를 전제로 하는 것이어서, 조합원은 주택 부분의 철거를 포함한 일체의 처분권을 조합에 일임하였다고 보아야 하므로 대지사용권 외에 전유부분에 대한 소유 명의도 재건축조합 앞으로 신탁하여 줄 의무가 있으므로, 조합원들은 재건축조합에게 조합설립인가로써 조합규약의 효력이 발생한 날짜에 신탁을 원인으로 한 소유권이전등기절차를 이행할 의무가 있다(대법원 1997. 5. 30. 선고 96다23887 판결).

■ 토지소유자와의 사전 협의 또는 승낙 없이 동의서를 제출한 경우 해당 동의서가 효력이 있는지요?

Ⓠ 주택재개발 예정구역 내의 토지 위에 위치한 무허가건축물의 소유자 및 지상권자가 해당 토지소유자와의 사전 협의 또는 승낙 없이 도시정비법 시행령 제28조제4항에 따라 동의서를 제출한 경우 해당 동의서가 효력이 있는지요?

Ⓐ 주택재개발 예정구역 내의 토지 위에 위치한 무허가건축물의 소유자 중 법령이나 조례 등에 따라 토지 등 소유자와 동일하게 취급받고 있는 경우에 한하여 그 무허가건축물의 소유자가 도시정비법 시행령 제28조제4항에 따라 제출한 동의서는 적법한 동의서로서 효력이 있다고 할 것이며, 주택재개발 예정구역 내의 토지에 지상권이 설정되어 있는 경우 그 지상권자가 해당 토지소유자와의 사전 협의 또는 승낙 없이 제출한 동의서는 토지 등 소유자의 동의자수로 산정될 수 없습니다.

◆ **2개 정비구역을 통합한 경우의 추진위원회 구성**

(질의요지)

가. 종전에 각각 조합과 추진위원회가 설립되어 있던 2개의 정비구역을 결합하여 하나의 정비구역으로 지정·고시한 후 토지등소유자 과반의 동의를 받아 추진위원회를 구성하고자 하는 경우 기존 추진위원회의 변경으로 가능한지 여부

나. 종전에 각각 A추진위원회와 B추진위원회(조합)를 통합추진위원회를 구성하였을 경우 기존 B추진위원회(조합) 토지등소유자를 추진위원으로 참여시키지 않을 경우 추진위원회

변경이 타당한지 여부

(회신내용)

가. 도시정비법 제13조제2항에서 조합을 설립하고자 하는 경우에는 정비구역지정 고시 후 위원장을 포함한 5인 이상의 위원 및 같은 법 제15조제2항에 따른 운영규정에 대한 토지등소유자 과반수의 동의를 얻어 조합설립을 위한 추진위원회를 구성하여 국토해양부령으로 정하는 방법과 절차에 따라 시장·군수의 승인을 얻도록 하고 있음, 질의의 경우 정비구역 지정·고시 및 기존 추진위원회·조합 설립내용 등 정비사업 추진현황을 종합적으로 검토하여 해당 추진위원회 승인권자인 시장·군수·구청장이 판단 하여야 할 사항입니다.

나. 도시정비법 제15조제2항에 따라 고시된 운영규정 제2조제2항제3호에 따르면 추진위원회 위원의 수는 토지등소유자의 10분의 1 이상으로 하되, 100인을 초과하는 경우에는 토지등소유자의 10분의 1 범위 안에서 100인 이상으로 할 수 있도록 하고 있으며, 같은 운영규정 별표 제15조제6항에 따르면 추진위원의 선임방법은 추진위원회에서 정하되, 동별·가구별 세대수 및 시설의 종류를 고려하도록 하고 있습니다.

◆ **조합에서 인근 단지를 통합하는 경우 조합설립 인가의 경미한 변경인지요?**

(질의요지)

기존 A재건축조합에서 인접한 B단지를 통합하여 추진하고자 할 때, 조합설립인가의 경미한 변경에 해당하는지 여부 및 각 단지의 조합원 동의가 필요한지 여부 (B단지는 A단지 면적의 10%미만)

(회신내용)

도시정비법 시행령 제27조제3호에 따르면 법 제4조에 따른 정비구역 또는 정비계획의 변경에 따라 변경되어야 하는 사항(정비구역 면적이 10퍼센트 이상 변경되는 경우는 제외)에 대해서는 조합설립인가내용의 경미한 변경으로 보도록 규정하고 있는 바, 질의에서 A단지의 경우 이 법 제4조에 따른 정비구역 또는 정비계획의 변경에 따라 정비구역 면적이 10퍼센트 미만으로 변경되는 경우라면 조합설립인가내용의 경미한 변경에 해당되어 조합원의 동의없이 시장·군수에게 신고하고 변경할 수 있으나, B단지는 이법 제16조제2항의 동의요건을 충족해야 할 것으로 판단됩니다.

◆ 국·공유지에 대한 조합설립인가 동의

(질의요지)

주택재개발사업의 경우 국유지·공유지에 대하여 도시정비법 제16조제1항부터 제3항까지의 조합설립인가를 위한 동의자로 볼 수 있는지요?

(회신내용)

도시정비법 제17조 및 같은 법 시행령 제28조제1항제5호에 따르면 도시정비법 제16조제1항부터 제3항까지의 조합설립동의자 수를 산정할 때 국유지· 공유지에 대해서는 그 재산관리청을 토지등소유자로 산정하도록 하고 있습니   다.

◆ 1필지의 토지를 수인이 공유하는 경우 토지면적 동의율 산정

(질의요지)

도시정비법 제16조제1항에 따르면 도시환경정비사업의 추진위원회가 조합을 설립하고자 하는 때에는 토지등소유자의 4분의 3이상 및 토지면적의 2분의 1 이상의 토지소유자의 동의를 얻어 시장·군수의 인가를 받아야 하는데, 토지면적의 2분의 1 이상의 토지소유자의 동의율을 산정함에 있어 정비사업구역내에 1개 필지의 토지를 공유하고 있는 수인 간 조합설립을 위한 동의여부에 대하여 의견이 일치하지 않아 수인을 대표하는 1인을 정하지 못한 경우 조합설립에 동의한 자의 지분에 해당하는 면적만큼 동의한 것으로 산정할 수 있는지요?

(회신내용)

도시정비법 제16조제1항에 따른 토지면적의 2분의 1 이상의 토지소유자의 동의율을 산정함에 있어, 정비사업구역내에 1개 필지의 토지를 공유하고 있는 수인 간 조합설립을 위한 동의여부에 대하여 의견이 일치하지 않아 수인을 대표하는 1인을 정하지 못한 경우, 조합설립에 동의한 자의 지분에 해당하는 면적만큼 동의한 것으로 산정할 수는 없다고 할 것입니다.

◆ **분양신청 하지 않은 조합원의 총회 투표권을 부여 해야 하는지요?**

(질의요지)

조합원이 분양신청을 하지 않은 경우 총회 투표권을 부여해야 하는지요?

(회신내용)

도시정비법 제20조제1항제2호·제3호·제10호에 따르면 조합원의 자격, 조합원의 제명·탈퇴 및 교체에 관한 사항, 총회의 의결방법에 관한 사항은 조합정관에 정하도록 하고 있으므로, 같은 법 제47에 따라 분양신청을 하지 아니하여 현금청산자가 된 자의 조합원의 자격, 총회 투표권 부여 여부 등에 대하여는 해당 조합의 정관 등에 따라 판단하여야 합니다.

8. 정비사업조합의 구성원(조합원 · 임원 · 정관)

① 주택재건축사업을 주택재건축 정비사업조합이 단독으로 시행하거나 시장·군수·자치구의 구청장 또는 한국토지주택공사·지방공사와 공동으로 시행하는 경우 주택재건축사업에 동의한 토지 등 소유자는 조합원이 됩니다.

② 조합은 조합 및 사업의 명칭, 조합원 자격, 주택재건축사업의 위치 및 면적, 의결방법, 비용부담, 시공자 · 설계자 선정, 관리처분계획, 사업시행계획서 등 주택재건축사업을 진행
함에 있어서 필요한 사항이 포함된 정관을 작성해야 합니다.

8-1. 조합원

8-1-1. 조합원의 자격

① 주택재건축 정비사업조합(이하 "조합"이라 함)이 단독으로 또는 특별자치시장, 특별자치도지사, 시장, 군수, 자치구의 구청장(이하 '시장·군수'라 함) 또는 한국토지주택공사·지방공사(이하 "주택공사 등"이라 함)와 공동으로 시행하는 경우 주택재건축사업에 동의한 토

지 등 소유자는 조합원이 됩니다. 다만, 다음의 어느 하나에 해당하는 경우에는 그 수인을 대표하는 1명을 조합원으로 봅니다(도시정비법 제19조제1항 본문).

1. 토지 또는 건축물의 소유권과 지상권이 수인의 공유에 속하는 경우

2. 수인의 토지 등 소유자가 1세대에 속하는 경우(이 경우 동일한 세대별 주민등록표에 등재되어 있지 않은 배우자 및 미혼인 20세 미만의 직계비속은 1세대로 보며, 1세대로 구성된 수인의 토지 등 소유자가 조합설립인가 후 세대를 분리하여 동일한 세대에 속하지 않는 경우에도 이혼 및 20세 이상 자녀의 분가를 제외하고는 1세대로 봄)

3. 조합설립인가 후 1인의 토지 등 소유자로부터 토지 또는 건축물의 소유권이나 지상권을 양수하여 수인이 소유하게 된 경우

② 다만, 「국가균형발전 특별법」 제18조에 따른 공공기관지방이전시책 등에 따라 이전하는 공공기관이 소유한 토지 또는 건축물을 양수한 경우 양수한 자(공유의 경우 대표자 1인을 말함)를 조합원으로 봅니다(도시정비법 제19조제1항 단서).

8-1-2. 조합원의 변동

조합설립인가 후 양도·증여·판결 등으로 인하여 조합원의 권리가 이전된 경우에는 조합원의 권리를 취득한 자를 조합원으로 봅니다(도시정비법 시행령 제30조제2항).

8-1-3. 투기과열지구에서의 조합원 변동

① 투기과열지구로 지정된 지역에서의 주택재건축사업의 경우 조합설

립인가 후 해당 주택재건축사업의 건축물 또는 토지를 양수(매매, 증여, 그 밖의 권리의 변동을 수반하는 일체의 행위를 포함하되, 상속·이혼으로 인한 양도·양수의 경우는 제외함)한 자는 조합원이 될 수 없습니다. 다만, 양도자가 다음의 어느 하나에 해당하는 경우에는 그 양도자로부터 그 건축물 또는 토지를 양수한 자는 조합원이 될 수 있습니다(도시정비법 제19조제2항 및 시행령 제30조제3항).

1. 세대원(세대주가 포함된 세대의 구성원을 말함)의 근무 또는 생업상의 사정이나 질병치료·취학·결혼으로 인하여 세대원 전원이 해당 재건축구역이 위치하지 않은 특별시·광역시·특별자치시·특별자치도·시 또는 군으로 이전하는 경우

2. 상속에 의하여 취득한 주택으로 세대원 전원이 이전하는 경우

3. 세대원 전원이 해외로 이주하거나 세대원 전원이 2년 이상의 기간동안 해외에 체류하려는 경우

4. 그 밖에 불가피한 사정으로 양도하는 경우로서 다음의 어느 하나에 해당하는 경우

 가. 조합설립인가일부터 2년 이내에 사업시행인가 신청이 없는 주택재건축사업의 건축물을 2년 이상 계속하여 소유하고 있는 경우

 나. 사업시행인가일부터 2년 이내에 착공하지 못한 주택재건축사업의 토지 또는 건축물을 2년 이상 계속하여 소유하고 있는 경우

 다. 착공일부터 3년 이내에 준공되지 않은 주택재건축사업의 토지를 3년 이상 계속하여 소유하고 있는 경우

 라. 2003.12.31.전에 조합설립인가를 받은 주택재건축사업의 토지 등 소유자(2003.12.31.전에 건축물 또는 토지를 취득한 자에 한함)로부터 건축물 또는 토지를 양수한 자로부터 상속·이혼으로 인하여 토지 또는 건축물을 소유한 자

마. 국가·지방자치단체 및 금융기관에 대한 채무를 이행하지 못하여 주택재건축사업의 토지 또는 건축물이 경매 또는 공매되는 경우

② 사업시행자는 투기과열지구에서 조합설립인가 후 주택재건축사업의 건축물 또는 토지를 양수하여 조합원의 자격을 취득할 수 없는 자에 대하여 양수일부터 150일 이내에 토지·건축물 또는 그 밖의 권리에 대해 현금으로 청산해야 합니다(도시 정비법 제19조제3항 및 제47조).

③ 청산금액은 사업시행자와 토지 등 소유자가 협의하여 산정합니다. 이 경우 시장·군수가 추천하는 감정평가업자 2명 이상이 평가한 금액을 산술평균하여 산정한 금액을 기준으로 협의할 수 있습니다(도시정비법 시행령 제48조).

④ 거짓 또는 부정한 방법으로 투기과열지구에서 조합원 자격을 취득한 자와 조합원 자격을 취득하게 하여준 토지 등 소유자 및 조합의 임직원(전문조합관리인을 포함)이나, 투기과열지구에서의 조합원 변동 제한을 회피하여 분양주택을 이전 또는 공급받을 목적으로 건축물 또는 토지의 양도·양수사실을 은폐한 자는 3년 이하의 징역 또는 3천만원 이하의 벌금에 처해집니다(도시정비법 제84조의3제2호 및 제3호).

8-2. 조합의 임원

8-2-1. 임원의 구성

① 조합은 임원으로 조합장, 이사 및 감사를 두고, 다음의 범위에서 정관으로 정합니다(도시정비법 제21조제1항·제2항 및.시행령 제33조).

1. 조합장 1명
2. 이사 3명 이상(토지 등 소유자의 수가 100명을 초과하는 경우에

는 5명 이상)

3. 감사 1명 이상 3명 이하

② 조합설립추진위원회 또는 조합은 총회 의결을 거쳐 추진위원회 위원 또는 조합임원의 선출에 관한 선거관리를 「선거관리위원회법」 제3조에 따라 선거관리위원회에 위탁할 수 있습니다(도시정비법 제21조제3항).

③ 누구든지 조합임원의 선출과 관련하여 다음의 어느 하나에 해당하는 행위를 할 수 없습니다(도시정비법 제21조제4항).

1. 금품, 향응 또는 그 밖의 재산상 이익을 제공하거나 제공의사를 표시하거나 제공을 약속하는 행위

2. 금품, 향응 또는 그 밖의 재산상 이익을 제공받거나 제공의시 표시를 승낙하는 행위

3. 제3자를 통하여 위에 해당하는 행위를 하는 행위

④ 위의 내용을 위반하여 금품이나 그 밖의 재산상의 이익을 제공하거나 제공의사를 표시하거나 제공을 약속하는 행위를 하거나 제공을 받거나 제공의사 표시를 승낙한 사람은 5년 이하의 징역 또는 5천만원 이하의 벌금에 처해 집니다(도시정비법 제84조의2제3호).

⑤ 조합임원의 임기는 3년 이하의 범위에서 정관으로 정하되, 연임할 수 있습니다(도시정비법 제21조제5항).

⑥ 조합임원의 선출방법 등은 정관으로 정합니다(도시정비법 제21조제6항 본문). 다만, 조합임원이 사임, 해임, 유고 등으로 6개월 이상 선임되지 않은 경우 시장·군수는 시·도조례로 정하는 바에 따라 다음의 어느 하나에 해당하는 사람을 전문조합관리인으로 선정하여 조합임원의 업무를 대행하도록 할 수 있습니다(도시정비법 제21조제6

항 단서 및 시행령 제33조의2제1항).

1. 다음의 어느 하나에 해당하는 자격을 취득한 후 정비사업 관련 업무에 5년 이상 종사한 경력이 있는 사람

 가. 변호사

 나. 회계사

 다. 법무사

 라. 세무사

 마. 건축사

 바. 도시계획·건축분야의 기술사

 사. 감정평가사

2. 조합임원으로 5년 이상 종사한 사람

3. 공무원 또는 공공기관의 임직원으로 정비사업 관련 업무에 5년 이상 종사한 사람

4. 정비사업전문관리업자에 소속되어 정비사업 관련 업무에 10년 이상 종사한 사람

5. 「건설산업기본법」 제2조제7호에 따른 건설업자에 소속되어 정비사업 관련 업무에 10년 이상 종사한 사람

6. 1.부터 5.까지의 경력을 합산한 경력이 5년 이상인 사람(이 경우 같은 시기의 경력은 중복하여 계산하지 않으며, 4. 및 5.의 경력은 2분의 1만 포함하여 계산함)

8-2-2. 임원의 직무

① 조합장은 조합을 대표하고, 그 사무를 총괄하며, 조합원총회 또는 대의원회의 의장이 됩니다(도시정비법 제22조제1항).

② 조합장 또는 이사의 자기를 위한 조합과의 계약이나 소송에 관

하여는 감사가 조합을 대표합니다(도시정비법 제22조제4항).

③ 조합임원은 주택재건축사업을 하는 다른 조합의 임원 또는 직원을 겸할 수 없습니다(도시정비법 제22조제5항).

8-2-3. 임원의 결격사유 및 해임

① 다음의 어느 하나에 해당하는 자는 조합의 임원이 될 수 없습니다(도시정비법 제23조제1항).

1. 미성년자·피성년후견인 또는 피한정후견인

2. 파산선고를 받은 자로서 복권되지 않은 자

3. 금고 이상의 실형의 선고를 받고 그 집행이 종료(종료된 것으로 보는 경우 포함)되거나 집행이 면제된 날부터 2년이 경과되지 않은 자

4. 금고 이상의 형의 집행유예를 받고 그 유예기간 중에 있는 자

5. 도시정비법을 위반하여 벌금 100만원 이상의 형을 선고받고 5년이 지나지 않은 자

② 조합임원이 위의 결격사유에 해당하게 되거나 선임 당시 그에 해당하는 자였음이 판명된 경우에는 당연 퇴임하지만, 퇴임된 임원이 퇴임 전에 관여한 행위는 그 효력을 잃지 않습니다(도시정비법 제23조제2항 및 제3항).

③ 조합임원의 해임은 조합원 10분의 1 이상의 발의로 소집된 조합원총회에서 조합원 과반수의 출석과 출석 조합원 과반수의 동의를 얻어 할 수 있습니다. 이 경우 발의자 대표로 선출된 자가 해임 총회의 소집 및 진행에 있어 조합장의 권한을
대행합니다(도시정비법 제23조제4항).

8-2-4. 조합임원의 공무원 의제

「형법」에 따른 수뢰죄, 사전수뢰죄, 제3자 뇌물제공죄, 수뢰 후 부정처사죄, 사후수뢰죄, 알선수뢰죄의 적용에 있어서 조합의 임원은 공무원으로 보아 그에 따라 처벌됩니다(도시정비법 제84조).

◆ **유죄판결을 받고 항소한 조합장의 자격이 상실되는지요?**

(질의요지)

조합장이 도시정비법 위반으로 1심에서 100만원 이상을 선고받고 항소한 경우에 조합장 자격이 상실되는지요?

(회신내용)

도시정비법 제20조제1항제6호 및 도시정비법 시행령 제31조제2호에 따르면 조합임원의 권리·의무·선임방법·변경 및 해임, 임원의 임기, 업무의 부담 및 대행 등에 관한 사항은 조합 정관으로 정하도록 하고 있고, 도시정비법 제23조제1항제5호에 따르면 도시정비법을 위반하여 벌금 100만원 이상의 형을 선고받고 5년이 지나지 아니한 자는 조합의 임원이 될 수 없도록 하고 있으므로, 질의하신 조합장 자격 및 직무대행자에 대하여는 조합정관 등을 검토하여 결정하여야 할 것으로 판단되며, 도시정비법 제23조제1항제5호 내용의 "형의 선고"는 "확정 판결"을 의미합니다.

◆ **법원에서 선임된 임시조합장을 조합임원으로 볼 수 있는지요?**

(질의요지)

2014.7.1. 조합임원 전원해임 총회 후 2014.9.5. 민법 제63조

에 따라 법원에서 임시조합장이 선임되어 2015.1.6.법원에 사임계를 제출하기 전까지 조합업무를 수행함. 이 경우 법원에서 선임된 임시조합장이 도시정비법 제24조제7항에 따라 6개월 이내 선임된 조합임원에 해당하는지요?

(회신내용)

도시정비법 제24조제7항에 따르면 제2항과 제5항에도 불구하고 조합 임원의 퇴임 또는 해임 후 6개월 이상 조합임원이 선임되지 아니한 경우에는 시장·군수가 조합 임원 선출을 위하여 총회를 소집할 수 있습니다. 질의하신 사항에 대하여는 시장·군수가 총회를 소집하였는지, 총회에서 조합장이 선출되었는지 여부를 고려할 때 법원에서 선임한 임시조합장이 도시정비법 제24조제7항에 따라 선출된 조합장으로 볼 수 없습니다.

8-3. 조합정관

8-3-1. 정관의 작성 및 기재사항

① 조합은 다음의 사항이 포함된 정관을 작성해야 합니다(도시정비법 제20조제1항 및 시행령 제31조).

1. 조합의 명칭 및 주소

2. 조합원의 자격에 관한 사항

3. 조합원의 제명·탈퇴 및 교체에 관한 사항

4. 주택재건축사업 예정구역의 위치 및 면적

5. 조합임원의 수 및 업무의 범위

6. 조합임원의 권리·의무·보수·선임방법·변경 및 해임에 관한 사항

7. 대의원의 수, 의결방법, 선임방법 및 선임절차

8. 조합의 비용부담 및 조합의 회계

9. 주택재건축사업의 시행연도 및 시행방법

10. 조합원총회의 소집절차·시기 및 의결방법

11. 조합원총회의 개최 및 조합원의 총회소집요구에 관한 사항

12. 도시정비법 제47조제2항에 따른 이자 지급에 관한 사항

13. 공사비 등 주택재건축사업에 소요되는 비용의 부담시기 및 절차

14. 주택재건축사업이 종결된 때의 청산절차

15. 청산금의 징수·지급의 방법 및 절차

16. 시공자·설계자의 선정 및 계약서에 포함될 내용

17. 정관의 변경절차

18. 주택재건축사업의 명칭

19. 임원의 임기, 업무의 분담 및 대행 등에 관한 사항

20. 대의원회의 구성, 개회와 기능, 의결권의 행사방법, 그 밖에 회의의 운영에 관한 사항

21. 시장·군수 또는 주택공사 등과 공동시행하는 경우 이에 관한 사항

22. 정비사업전문관리업자에 관한 사항

23. 주택재건축사업의 시행에 따른 회계 및 계약에 관한 사항

24. 정비기반시설 및 공동이용시설의 부담에 관한 개략적인 사항

25. 공고·공람 및 통지의 방법

26. 토지 및 건축물 등에 관한 권리의 평가방법에 관한 사항

27. 관리처분계획 및 청산(분할징수 또는 납입에 관한 사항포함)에 관한 사항

28. 사업시행계획서의 변경에 관한 사항

29. 합의 합병 또는 해산에 관한 사항

30. 조합원총회의 의결을 거쳐야 할 사항의 범위

31. 조합원의 권리·의무에 관한 사항

32. 조합직원의 채용 및 임원 중 상근임원의 지정에 관한 사항과 직원 및 상근임원의 보수에 관한 사항

33. 그 밖에 특별시·광역시 또는 도의 조례(이하 "시·도 조례"라 함)로 정하는 사항

② 국토교통부장관은 위의 내용이 포함된 표준정관을 작성하여 보급할 수 있습니다(도시정비법 제20조제2항)

8-3-2. 정관의 변경

① 조합이 정관을 변경하려는 경우에는 조합원총회를 개최하여 조합원 과반수의 동의를 받아 시장·군수의 인가를 받아야 합니다. 다만, 다음의 어느 하나를 변경하려는 경우에는 조합원 3분의 2 이상의 동의를 받아야 합니다(도시정비법 제20조제3항 본문).

1. 조합원의 자격에 관한 사항

2. 조합원의 제명·탈퇴 및 교체에 관한 사항

3. 주택재건축사업 예정구역의 위치 및 면적

4. 조합의 비용부담 및 조합의 회계

5. 공사비 등 주택재건축사업에 소요되는 비용의 부담시기 및 절차

6. 시공자·설계자의 선정 및 계약서에 포함될 내용

② 다음의 어느 하나에 해당하는 경미한 사항을 변경하려는 경우에는 도시정비법 또는 정관으로 정하는 방법에 따라 변경하고 시장·군수에게 신고해야 합니다(도시정비법 제20조제3항 단서 및 시행령 제32조).

1. 조합의 명칭 및 주소

2. 조합임원의 수 및 업무의 범위

3. 조합임원의 권리·의무·보수·선임방법·변경 및 해임에 관한 사항

4. 총회의 소집절차·시기 및 의결방법

5. 임원의 임기, 업무의 분담 및 대행 등에 관한 사항

6. 대의원회의 구성, 개회와 기능, 의결권의 행사방법, 그 밖에 회의
   의 운영에 관한 사항

7. 정비사업전문관리업자에 관한 사항

8. 공고·공람 및 통지의 방법

9. 총회의 의결을 거쳐야 할 사항의 범위

10. 조합직원의 채용 및 임원 중 상근임원의 지정에 관한 사항과 직
    원 및 상근임원의 보수에 관한 사항

11. 그 밖에 시·도 조례로 정하는 사항

(관련판례)

도시정비법 제24조제3항제8호는 "조합임원의 선임 및 해임은 총회
의 의결을 거쳐야 한다"고 규정하고 있고, 제85조제5호에서는 '제
24조의 규정에 의한 총회의 의결을 거치지 아니하고 동조 제3항
각 호의 사업을 임의로 추진하는 조합의 임원'을 형벌에 처하도록
규정하고 있다. 위 조항의 입법 취지 등을 고려하면, 형식적으로 총
회의 의결을 거쳐 조합임원을 선임·해임하였다 하더라도 그 총회
의 결의에 부존재 또는 무효의 하자가 있는 경우에는 특별한 사정
이 없는 한, 그 조합임원의 선임·해임은 총회의 의결을 거치지 아
니한 것에 해당한다(대법원 2009. 3. 12. 선고 2008도10826 판
결).

(관련판례)

재건축조합의 규약이나 정관에 '조합은 사업의 시행으로서 그 구역 내의 건축물을 철거할 수 있다', '조합원은 그 철거에 응할 의무가 있다'는 취지의 규정이 있고, 조합원이 재건축조합에 가입하면서 '조합원의 권리, 의무 등 조합 정관에 규정된 모든 내용에 동의한다'는 취지의 동의서를 제출하였다고 하더라도, 조합원은 이로써 조합의 건축물 철거를 위한 명도의 의무를 부담하겠다는 의사를 표시한 것일 뿐이므로, 조합원이 그 의무이행을 거절할 경우 재건축조합은 명도청구소송 등 법적 절차를 통하여 그 의무이행을 구하여야 함이 당연하고, 조합원이 위와 같은 동의서를 제출한 것을 '조합원이 스스로 건축물을 명도하지 아니하는 경우 재건축조합이 법적 절차에 의하지 아니한 채 자력으로 건축물을 철거하는 것'에 대해서까지 사전 승낙한 것이라고 볼 수는 없다(대법원 2007. 9. 20. 선고 2007도5207 판결).

(관련판례)

재건축주택조합규약에서 조합총회의 결의에 대리인이 참석할 경우 본인의 위임장에 인감증명서를 첨부하여 제출하도록 하는 것은 조합원 본인에 의한 진정한 위임이 있었는지를 확인하기 위한 것이므로, 조합원 본인이 사전에 대리인에게 총회참석을 위임하여 그 자격을 소명할 수 있는 위임장을 작성해 주고 대리인이 총회에 출석하여 그 위임장을 제출한 이상 본인의 인감증명서가 뒤늦게 제출되었다는 사정만으로 대리인의 참석을 무효라고 할 수 없다(대법원 2007. 7. 26. 선고 2007도3453 판결).

(관련판례)

재건축조합의 조합장에 대하여 직무집행을 정지하고 직무대행자를 선임하는 가처분결정이 있은 후 그 직무대행자에 의하여 소집된 임시총회에서 직무집행이 정지된 종전 조합장이 다시 조합장으로 선임되었다 하더라도 위 가처분결정이 취소되지 아니한 이상 직무대행자만이 적법하게 조합을 대표할 수 있고, 다시 조합장으로 선임된 종전 조합장은 그 선임결의의 적법 여부에 관계없이 대표권을 가지지 못한다(대법원 2000. 2. 22. 선고 99다62890 판결).

(관련판례)

주택재건축사업의 공정한 수행은 주택재건축사업의 공공성을 제대로 달성하기 위하여 필요하고, 주택재건축사업과 관련된 비리는 다수의 조합원들의 재산권에 적지 않은 피해를 주고 우리의 사회·경제에 미치는 영향도 매우 크기 때문에 주택재건축사업의 공정성을 확보하고자 하는 이 사건 법률조항의 입법목적은 정당하다고 인정되고, 주택재건축사업을 추진하는 자들의 금품수수 행위를 공무원의 뇌물죄의 예에 따라 엄하게 처벌하는 것은 그러한 입법목적을 실행하기 위한 적절한 방법이다. 주택재건축사업의 적정한 시행을 통하여 주거환경을 개선하고 도시기능을 회복·개선한다는 공공의 이익이 매우 크고, 이 사건 법률조항은 주택재건축사업 그 자체를 규제하는 것이 아니라 주택재건축사업과 관련된 비리를 엄하게 처벌하려는 것이며, 주택재건축사업과 관련된 비리는 재건축조합 및 조합원의 피해로 직결되고 지역사회 및 국가 전체에 미치는 병폐도

크다는 점을 고려하면, 이 사건 법률조항이 범죄의 죄질 및 행위자의 책임에 비하여 지나치게 가혹하게 처벌하도록 하여 형벌체계상의 균형을 잃었다거나 범죄와 형벌에 관한 입법형성권의 한계를 벗어났다고 보기 어렵다. 따라서 이 사건 법률조항은 기본권의 과잉제한을 금지하는 「헌법」 제37조 제2항에 위반된다고 보기 어렵다 (헌법재판소, 2007. 10. 25. 선고 2006헌마30 결정).

■ 조합원이 아닌 토지 등 소유자가 분양권을 받을 수 있는지요?

Ⓠ 조합이 시행하거나 조합이 시장·군수 또는 주택공사 등과 공동으로 시행하는 정비사업의 경우에, 도시정비법 제19조제1항제3호에 따라 조합원이 되지 못한 토지 등 소유자가 해당 정비사업에 따른 건축물을 같은 법 제50조제1항에 따라 분양 받을 수 있는지요?

Ⓐ 조합이 시행하거나 조합이 시장·군수 또는 주택공사 등과 공동으로 시행하는 정비사업의 경우에, 도시정비법 제19조제1항제3호에 따라 조합원이 되지 못한 토지 등 소유자는 해당 정비사업에 따른 건축물을 같은 법 제50조제1항에 따라 분양 받을 수 없습니다.

◆ 조합원 자격상실 시점 및 조합임원의 자격 보유여부

(질의요지)

가. 조합원이 개인사정에 의하여 조합과 청산절차를 진행 중인 경우 조합원 자격상실 시점이 조합과 협의매수 계약 체

결일인지 아니면 조합으로부터 매수대금을 수령하고 소유권 이전등기일인지 여부

나. 조합임원이 개인 사정으로 인하여 본인 소유의 토지 및 건축물을 양도하는 경우, 조합임원의 자격상실 시점은 언제 인지 여부

다. 조합임원이 개인사정으로 본인 소유의 토지 및 건축물을 양도하고, 해당 정비구역내 토지 및 건축물을 새로이 양수한 경우 조합임원의 자격여부

(회신내용)

가. "가"에 대하여

도시정비법 제19조제1항 및 제20조제1항제2호에 따르면 정 비사업의 조합원은 토지등소유자로 하도록 하고 있고, 조합 원 자격에 관한 사항은 조합정관에 포함하도록 하고 있는바, 질의하신 조합원의 자격상실 시점은 해당 조합의 정관에 따 라 판단하여야 할 사항입니다.

나. "나", "다"에 대하여

도시정비법 제20조제1항제6호에 따르면 조합임원의 권 리·의 무·보수·선임방법·변경 및 해임에 관한 사항에 대해서는 조합 정관에 포함하도록 하고 있으므로, 질의하신 조합임원의 자 격상실 시점 및 자격 여부는 해당 조합의 정관에 따라 판단 하여야 할 것입니다.

◆ 일부 토지를 양도한 경우 조합원 자격 유무

(질의요지)

주택재개발 정비사업조합에서 다수 필지의 토지 또는 다수

의 건축물을 소유하고 있던 1인이 조합설립인가 이후 토지 또는 건축물의 일부를 다른 사람에게 양도하였을 경우, 조합원 자격이 있는지 여부

(회신내용)

가. 도시정비법 제19조제1항제3호에 따라 정비사업의 조합원은 토지등소유자로 하되, 조합설립인가 후 1인의 토지등소유자로부터 토지 또는 건축물의 소유권이나 지상권을 양수하여 수인이 소유하게 된 때에는 그 수인을 대표하는 1인을 조합원으로 보도록 하고 있습니다.

나. 또한, 도시정비법(법률 제9444호) 부칙 제10조에 따르면 조합설립인가를 받은 정비구역에서 2011년 1월 1일 전에 다음 각 목(토지의 소유권, 건축물의 소유권, 토지의 지상권)의 합이 2이상을 가진 토지등소유자가 2012년 12월 31일까지 다음 각 목의 합이 2(조합설립인가 전에「임대주택법」제6조에 따라 임대사업자로 등록한 토지등소유자의 경우에는 3을 말하며, 이 경우 임대주택에 한정한다)이하를 양도하는 경우 법 제19조제1항제3호의 개정 규정에도 불구하고 조합원 자격의 적용에 있어서는 종전의 규정(2009.2.6. 법률 제9444호로 개정되기 전의 법률)에 따르도록 하고 있습니다.

◆ **1세대에 속하는 토지등소유자에게 토지를 구입한 경우 조합원 자격**

(질의요지)

가. 조합설립인가 후 1세대에 속하는 토지등소유자 A, B, C, D중 C로부터 토지를 구입한 갑의 경우 1인 단독 조합원으로 볼 수 있는지, 아니면 A, B, 갑, D를 대표하는 1인을 조합원

으로 볼 수 있는지요?

나. 조합설립인가 후 1세대에 속하는 수인의 토지등소유자 A, B, C, D를 도시정비법 제19조제1항제3호의 1인의 토지등소유자와 동등하게 볼 수 있는지요?

(회신내용)

도시정비법 제19조제1항제2호에 따라 조합원은 토지등소유자로 하되, 수인의 토지등소유자가 1세대에 속하는 때에는 그 수인을 대표하는 1인을 조합원으로 보도록 하고 있으나, 조합설립인가후 1세대가 소유하는 해당 토지를 1세대가 아닌 사람이 소유하게 된 경우 이를 1세대내의 토지로 보아 그 수인을 대표하는 1인을 조합원으로 보도록 하는 별도의 규정은 없으므로, 1세대에 속하는 토지를 1세대가 아닌 사람이 소유하게 된 때에는 해당 토지등소유자를 조합원으로 봄이 타당할 것으로 판단됩니다.

◆ 주상복합동의 주택 및 상가의 동의율 산정 방법

(질의요지)

주택단지 안의 공동주택 총 23개동 중 3개동이 주거복합(지상1~2층 상가, 지상 3~5층 아파트)인 재건축의 경우, 주거복합동의 각 동별 동의율 산정 시 주택과 상가를 하나의 동으로 보고 각 동별 동의율을 산정해야 하는지, 아니면 복리시설인 3개동의 상가 전체를 주택과는 별도로 하나의 동으로 보고 동의율을 산정해야 하는지, 아니면 모두 충족하여 동의율을 산정해야 하는지요?

(회신내용)

도시정비법제16조제2항에 따라 주택재건축사업의 추진위원회가 조합을 설립하고자 하는 때에는 주택단지 안의 공동주택의 각 동(복리시설의 경우에는 주택단지 안의 복리 시설 전체를 하나의 동으로 본다)별 구분소유자의 3분의 2이상 및 토지면적의 2분의 1 이상의 토지소유자의 동의(공동주택의 각 동별 구분소유자가 5 이하인 경우는 제외)와 주택단지 안의 전체 구분소유자의 4분의 3 이상 및 토지면적의 4분의 3 이상의 토지소유자의 동의를 얻도록 하고 있으며, 동 규정에 따라 귀 질의의 경우 복리시설인 상가전체를 주택과는 별도로 하나의 동으로 보고 동의율을 산정하여야 할 것입니다.

◆ 다수의 주택을 소유한 법인이 개인에게 매도한 경우 조합원 수

(질의요지)

조합설립 인가 당시 하나의 법인인 공단에서 122세대의 아파트를 소유하고 있어서 공단을 1인의 조합원으로 인정하였으나, 공단이 조합설립인가 이후 122세대 전체를 다수의 개인들에게 매도한 경우로서,

가. 주택재건축 조합설립인가(2009.6.8.) 후 당초 조합 설립 시 미 동의자에 대하여 추가로 조합설립 동의서를 받고자 할 경우 당초 조합설립인가 시 조합설립동의서 양식으로 동의를 받아야 하는지 아니면 개정된 현행 도시정비법 시행규칙 별지 제4호의3서식에 따라 동의를 받아야 하는지요?

나. 도시정비법 제16조의 규정에 따라 구역 내 전체 토지 등 소유자에게 현행 서식에 따라 조합설립동의서를 다시 받아 조합설립 변경인가를 신청할 수 있는지와 신청할 수 있다면 조합원 수 산정 방법은?

(회신내용)

가. 조합설립인가(2009.6.8.) 후 추가로 조합설립 동의를 받은 경우 현행 도시정비법 시행규칙 별지 제4호의3서식의 조합설립동의서를 받아야 할 것입니다.

나. 도시정비법 제19조제1항제3호에 따르면 조합설립인가 후 1인의 토지등소유자로부터 토지 또는 건축물의 소유권이나 지상권을 양수하여 수인이 소유하게 된 때에는 그 수인을 대표하는 1인을 조합원으로 보도록 하고 있으므로, 귀 질의의 경우와 같이 구역 내 현재의 전체 토지등 소유자에게 조합설립동의서를 다시 받아 조합설립 변경인가를 신청할 문제는 아닙니다.

◆ 교회 재산이 교유인 총유재산인 경우 조합원 자격

(질의요지)

교회 재산은 교인의 총유 재산이므로, 대표조합원으로 선임된 1인이 조합원 및 임원이 될 수 있는지요?

(회신내용)

도시정비법 제19조제1항에 따르면 정비사업의 조합원은 토지등소유자로 하되, 토지 또는 건축물의 소유권과 지상권이 수인의 공유에 속하는 때에는 그 수인을 대표하는 1인을 조합원으로 보도록 하고 있으므로, 질의하신 교회의 소유권이 수인의 공유에 속하는 때에는 동 규정을 적용할 수 있을 것입니다.

◆ **4개 단지로 구성된 정비구역 분할 및 부대시설 공유시 조합원 자격**

(질의요지)

A주택재건축 정비구역은 4개 아파트 단지로 구성되어 있으며, 4개 조합설립추진위원회에서 정비구역 입안을 제안 받아 구역지정 된 상황에서

가. A주택재건축 정비구역에 대하여 4개 추진위원회가 아닌 2개 추진위원회에서 정비구역 분할을 통해 2개 정비 사업으로 시행하자는 토지등소유자 의견을 근거로 정비구역을 2개 구역으로 분할 신청할 경우 구역 분할이 가능한지요?

나. 1개 주택재건축 정비사업 구역을 2개(A, B)로 분할하는 경우 분할하고자 하는 A정비구역 내에 기계실이 있고 분할되고 남은 B정비구역 아파트 단지 각 세대가 A정비구역 내 기계실에 대하여 집합건축물 대장상 공용부분으로 소유하고 있는 경우에 B정비구역 아파트 단지 각 세대의 소유권자를 기계실에 대한 구분소유자 및 토지소유자로 인정하여 주택재건축정비사업 조합설립인가 신청을 위한 동의대상자인 토지등소유자나 조합원으로 볼 수 있는지요?

(회신내용)

가. 질의 "가"에 대하여

도시정비법 제34조에 따라 시장·군수는 정비사업의 효율적인 추진 또는 도시의 경관보호를 위하여 필요하다고 인정하는 경우에는 제4조의 규정에 의한 정비구역을 2이상의 구역으로 분할하거나, 서로 떨어진 2 이상의 구역(제4조제1항에 따라 대통령령으로 정하는 요건에 해당하는 구역에 한한다) 또는 정비구역을 제4조제1항에 따라 하나의 정비구역으로 지

정 신청할 수 있으며 그 시행방법과 절차에 관한 세부사항은 시·도조례로 정하도록 하고 있으므로 시장, 군수 또는 구청장은 시·도조례로 정하는 바에 따라 정비구역을 분할하여 정비사업을 시행할 수 있을 것으로 판단됩니다.

나. 질의 "나"에 대하여

도시정비법 제16조제2항에 따라 주택재건축사업의 추진위원회가 조합을 설립하고자 하는 때에는 「집합건물의 소유 및 관리에 관한 법률」제47조제1항 및 제2항에도 불구하고 주택단지 안의 공동주택의 각 동(복리시설의 경우에 는 주택단지 안의 복리시설 전체를 하나의 동의로 본다) 별 구분소유자의 3분의 2 이상 및 토지면적의 2분의 1이상의 토지소유자의 동의(공동주택의 각 동별 구분소유자가 5 이하인 경우는 제외한다)와 주택단지 안의 전체구분소유자의 4분의3 이상 및 토지면적의 4분의 3 이상의 토지소유자의 동의를 얻도록 하고 있습니다.

이 때 "구분소유자"란 「집합건물의 소유 및 관리에 관한 법률」제2조제2호에 따라 구분소유권을 가지는 자를 말하며, 같은 조 제1호에 따라 "구분소유권"이란 같은 법 제1조 또는 제1조의2에 규정된 건물부분[제3조제2항 및 제3항에 따라 공용부분(共用部分)으로 된 것은 제외한다]을 목적으로 하는 소유권을 말합니다. 또한, 도시정비법 제2조제9호나목(1)에 따라 주택재건축사업에 있어서 토지등소유자라 함은 "정비구역안에 소재한 건축물 및 그 부속토지의 소유자"를 말하므로 질의의 경우 B정비구역 내아파트단지 각 세대의 소유권자들은 A정비구역의 토지등소유자가 될 수 없을 것입니다.

9. 조합원총회 및 대의원회

① 주택재건축 정비사업조합은 정관의 변경, 사업시행계획서의 수립 및 변경, 관리처분계획의 수립 및 변경, 사업비용 등의 사항을 의결할 수 있는 총회를 두어야 하며, 이는 조합원으로 구성됩니다.

② 대의원회는 총회의 의결사항 중 관리처분계획의 수립 및 변경, 정관의 변경, 조합임원의 선임 및 해임 등 일정한 사항을 제외하고는 총회의 권한을 대행할 수 있습니다.

9-1. 조합원총회
9-1-1. 조합원총회

주택재건축 정비사업조합(이하 "조합"이라 함)에 조합원으로 구성되는 총회를 둡니다(도시정비법 제24조제1항).

9-1-2. 총회의 소집 및 의결방법

① 총회는 조합임원 해임의 경우를 제외하고는 조합장의 직권 또는 조합원 5분의 1 이상 또는 대의원 3분의 2 이상의 요구로 조합장이 소집합니다(도시정비법 제24조제2항).

② 조합임원의 해임은 조합원 10분의 1 이상의 발의로 소집됩니다(도시정비법 제23조제4항).

③ 그 밖에 총회의 소집절차·시기 및 의결방법 등에 관하여는 정관으로 정합니다. 다만, 총회에서 의결을 하는 경우에는 조합원의 10/100(창립총회, 사업시행계획서와 관리처분계획의 수립 및 변경을 의결하는 총회의 경우에는 조합원의 20/100을 말함) 이상이 직접 출석해야 합니다(도시정비법 제24조제6항).

④ 조합임원의 퇴임 또는 해임 후 6개월 이상 조합임원이 선임되지 않은 경우에는 특별자치시장, 특별자치도지사, 시장, 군수, 자치구의 구청장(이하 '시장·군수'라 함)이 조합임원 선출을 위해 총회를 소집할 수 있습니다(도시정비법 제24조제8항).

9-1-3. 총회 의결사항

① 다음의 사항은 총회의 의결을 거쳐야 합니다(도시정비법 제24조제3항 및 시행령 제34조제1항).

1. 정관의 변경(경미한 사항의 변경의 경우 도시정비법 또는 정관에서 총회의결사항으로 정한 경우에 한함)
2. 자금의 차입과 그 방법·이율 및 상환방법
3. 주택재건축사업 비용의 금액 및 징수방법
4. 주택재건축사업비의 사용
5. 예산으로 정한 사항 외에 조합원의 부담이 될 계약
6. 시공자·설계자 또는 감정평가업자(도시정비법 제48조제5항에 따라 시장·군수가 선정·계약하는 감정평가업자는 제외)의 선정 및 변경(감정평가업자 선정 및 변경은 총회 의결을 거쳐 시장·군수에게 위탁할 수 있음)
7. 정비사업전문관리업자의 선정 및 변경
8. 조합임원의 선임 및 해임
9. 주택재건축사업비의 조합원별 분담 내역
10. 사업시행계획서의 수립 및 변경(주택재건축사업의 중지 또는 폐지에 관한 사항을 포함하되, 경미한 변경은 제외함)

   위의 경우에는 조합원 과반수의 동의를 받아야 합니다. 다만, 공사비 등 정비사업에 드는 비용(이하 "정비사업비"라함)가

10/100(생산자물가상승률분, 도시정비법 제47조에 따른 현금청산 금액은 제외)이상 늘어나는 경우에는 조합원 2/3이상의 동의를 받아야 합니다(도시경정비법 제24조제7항).

11. 관리처분계획의 수립 및 변경(경미한 변경은 제외함).

위의 경우에는 조합원 과반수의 동의를 받아야 합니다. 다만, 정비사업비가 10/100(생산자물가상승률분, 도시정비법제 47조에 따른 현금청산 금액은 제외) 이상 늘어나는 경우에는 조합원 2/3 이상의 동의를 받아야 합니다(도시정비법 제24조제7항).

12. 청산금의 징수·지급(분할징수·분할지급 포함)과 조합 해산시의 회계보고

13. 조합의 합병 또는 해산에 관한 사항(조합의 해산을 신청하는 경우는 제외함)

14. 대의원의 선임 및 해임에 관한 사항

15. 건설되는 건축물의 설계 개요의 변경

16. 정비사업비의 변경

② 총회의 의결사항 중 도시정비법 또는 정관에 따라 조합원의 동의가 필요한 사항은 총회에 상정해야 합니다(도시정비법 제24조제4항).

③ 총회 의결사항임에도 불구하고 조합 총회의 의결을 거치지 않고 해당 사업을 임의로 추진하는 조합의 임원(전문조합관리인을 포함)은 2년 이하의 징역 또는 2천만원 이하의 벌금에 처해집니다(도시정비법 제85조제5호).

◆ 총회 서면결의서 제출 조합원의 직접출석 산정 관련

(질의요지)

조합 총회에서 서면 결의서를 제출한 후 참석한 조합원을 총회에 직접 출석한 것으로 볼 수 있는지요?

(회신내용)

도시정비법 제24조제5항에 따르면 총회의 소집절차·시기 및 의결방법 등에 관하여는 정관으로 정하도록 하면서, 총회에서 의결을 하는 경우에는 조합원의 100분의 10이상이 직접 출석하도록 하고 있으며, 이는 조합원의 총회 직접참석 비율을 규정한 것이므로, 서면결의서를 제출한 후 총회에 참석하였다면 동 규정에 따른 직접 출석으로 봄이 타당할 것으로 판단됩니다.

◆ 조합총회 참석자에 대한 회의비 지급이 가능한지요?

(질의요지)

총회 참석자에 대한 회의비 지급에 대하여 정관에 명시하여 지급하여도 되는지요?

(회신내용)

도시정비법 제20조제1항제8호 및 제10호에 따르면 조합의 비용부담 및 조합 회계 등에 대하여는 조합 정관으로 정하도록 하고 있으므로, 질의하신 회의비 지급에 대하여는 정관 등으로 정하여 결정할 수 있을 것입니다.

9-2. 대의원회

9-2-1. 대의원회의 구성

① 조합원의 수가 100명 이상인 조합은 대의원회를 두어야 합니다(도시정비법 제25조제1항).

② 대의원회는 조합원의 10분의 1 이상으로 하되 조합원의 10분의 1이 100명을 넘는 경우에는 조합원의 10분의 1 범위에서 100명 이상으로 구성할 수 있으며, 이 범위에서 구체적인 수는 정관이 정하는 바에 따릅니다(도시정비법 제25조제2항 및 시행령 제36조제3항).

9-2-2. 대의원회의 총회 대행

대의원회는 총회의 의결사항 중 다음의 어느 하나에 해당하는 사항을 제외하고는 총회의 권한을 대행할 수 있습니다(도시정비법 제25조제2항 및 시행령 제35조).

1. 정관의 변경(경미한 사항의 변경의 경우 도시정비법 또는 정관에서 총회의결사항으로 정한 경우에 한함)
2. 자금의 차입과 그 방법·이율 및 상환방법
3. 예산으로 정한 사항 외에 조합원의 부담이 될 계약
4. 시공자·설계자 또는 감정평가업자의 선정 및 변경(감정평가업자 선정 및 변경은 총회 의결을 거쳐 시장·군수에게 위탁할 수 있음)
5. 정비사업전문관리업자의 선정 및 변경
6. 관리처분계획의 수립 및 변경(경미한 변경은 제외함)
7. 조합임원의 선임 및 해임[정관이 정하는 바에 따라 임기중 궐위된 자(조합장은 제외함)를 보궐선임하는 경우는 제외함]
8. 대의원의 선임 및 해임에 관한 사항[정관이 정하는 바에 따라 임기중 궐위된 자(조합장은 제외함)를 보궐선임하는 경우는 제외함]

9. 조합의 합병 또는 해산에 관한 사항(사업완료로 인한 해산의 경우는 제외함)

10. 건설되는 건축물의 설계 개요의 변경

11. 건축물의 철거 및 신축에 소요되는 비용의 개략적 금액의 변경

12. 도시정비법 또는 정관에 따라 조합원의 동 의가 필요한 사항으로 총회에 상정해야 하는 사항

9-2-3. 대의원의 자격

① 대의원은 조합원 중에서 선출하며, 대의원회의 의장은 조합장이 됩니다(도시정비법 제25조제4항 및 시행령 제36조제1항).

② 조합장이 아닌 조합임원(이사 또는 감사)은 대의원이 될 수 없습니다(도시정비법 제25조제3항).

③ 그 밖에 대의원의 선임 및 해임에 관하여는 정관이 정하는 바에 따릅니다(도시정비법 시행령 제36조제2항).

9-2-4. 대의원회의 소집

① 대의원회는 조합장이 필요하다고 인정하는 경우에 소집합니다. 다만, 다음의 어느 하나에 해당하는 경우에는 해당일부터 14일 이내에 대의원회를 소집해야 합니다(도시정비법 시행령 제36조제4항).

1. 정관에 따라 소집청구가 있는 경우

2. 대의원의 3분의 1 이상(정관으로 달리 정한 경우에는 그에 따름)이 회의의 목적사항을 제시하여 청구하는 경우

② 위의 소집청구가 있는 경우로서 조합장이 해당일부터 14일 이내에 정당한 이유 없이 대의원회를 소집하지 않는 경우에는 감사가 지체 없이 이를 소집해야 하며, 감사가 소집하지 않는 경우에는 소집

을 청구한 자의 대표가 미리 시장·군수의 승인을 얻어 대의원회를 소집합니다(도시정비법 시행령 제36조제5항).

③ 감사 또는 소집을 청구한 자가 대의원회를 소집하는 경우에는 소집주체에 따라 감사 또는 소집을 청구한 자의 대표가 의장의 직무를 대행합니다(도시정비법 시행령 제36조제6항).

④ 대의원회의 소집은 집회 7일 전까지 그 회의의 목적·안건·일시 및 장소를 기재한 서면으로 대의원에게 통지해야 합니다. 이 경우 정관에 따라 대의원회의 소집내용을 공고해야 합니다(도시정비법 시행령 제36조제7항).

9-2-5. 대의원회의 의결방법

① 대의원회는 재적 대의원 과반수의 출석과 출석 대의원 과반수의 찬성으로 의결합니다. 다만, 그 이상의 범위에서 정관이 달리 정하는 경우에는 그에 따릅니다(도시정비법 시행령제36조제8항).

② 총회의 의결사항 중 관리처분계획의 수립 및 변경은 조합원 총수의 과반수 이상 찬성으로 의결합니다(도시정비법 제24조제3항제10호 및 제24조제7항).

③ 대의원회는 사전에 통지한 안건에 관하여만 의결할 수 있습니다. 다만, 사전에 통지하지 않은 안건으로서 대의원회의 회의에서 정관에 따라 채택된 안건의 경우에는 예외로 의결할 수 있습니다(도시정비법 시행령 제36조제9항).

④ 특정한 대의원의 이해와 관련된 사항에 대하여는 그 대의원은 의결권을 행사할 수 없습니다(도시정비법 시행령 제36조제10항).

(관련판례)

행정청이 도시정비법 등 관련 법령에 근거하여 행하는 조합설립인 가처분은 단순히 사인들의 조합설립행위에 대한 보충행위로서의 성질을 갖는 것에 그치는 것이 아니라 법령상 요건을 갖출 경우 도시정비법상 주택재건축사업을 시행할 수 있는 권한을 갖는 행정주체(공법인)로서의 지위를 부여하는 일종의 설권적 처분의 성격을 갖는다고 보아야 한다. 그리고 그와 같이 보는 이상 조합설립결의는 조합설립인가처분이라는 행정처분을 하는 데 필요한 요건 중 하나에 불과한 것이어서, 조합설립결의에 하자가 있다면 그 하자를 이유로 직접 항고소송의 방법으로 조합설립인가처분의 취소 또는 무효확인을 구하여야 하고, 이와는 별도로 조합설립결의 부분만을 따로 떼어내어 그 효력 유무를 다투는 확인의 소를 제기하는 것은 원고의 권리 또는 법률상의 지위에 현존하는 불안·위험을 제거하는 데 가장 유효·적절한 수단이라 할 수 없어 특별한 사정이 없는 한 확인의 이익은 인정되지 아니한다(대법원 2009. 9. 24. 선고 2008다60568 판결).

(관련판례)

재건축조합의 설립인가와 사업시행인가에 관한 구 도시정비법(2007. 12. 21. 법률 제8785호로 개정되기 전의 것) 제16조제2항, 제28조제1항, 제4항 등에 따르면, 재건축결의를 포함하는 조합설립의 동의에 관하여는 위 법 제16조제2항의 의결 정족수에 의한 찬성결의가 필요하고, 그 후 재건축결의의 내용을 변경하려는 경우에도 대통령령이 정하는 경미한 사항에 해당하지 않는 한 위 법 제16조제2항의 의결 정족수에 의한 찬성결의가 필요하나, 조합이 사업시행계획을 작성하여 시장·군수로부터 사업시행인가를 받기 위하여는 위 법 제28조제4항에 따라 정관에 의한 조합원의 동의를 받으면 되는 것이고, 이때에도 위 법 제16조제2항의 의결 정족수에 의한 찬성결의가 필요한 것은 아니다(대법원 2008.1.10.선고 2007두16691 판결).

◆ **대의원의 일부 궐위로 대의원의 법정 요건 충족하지 못한 채 안건을 의결한 경우**

(질의요지)

일부 대의원 궐위로 도시정비법 제25조제2항에 따른 대의원회 요건을 충족하지 못한 채 안건을 의결한 경우 의결의 효력이 있는지요?

(회신내용)

도시정비법 제25조 및 같은 법 시행령 제36조제8항에 따르면 대의원회의 대의원 수에 관하여 최소한의 범위를 규정하면서 대의원회는 재적대의원(최소한의 대의원 수)의 과반수 이상이 출석하여 출석대의원 과반수의 찬성으로 의결하도록 하고 있습니다.

◆ 대의원회 소집의 청구가 있는 경우, 소집시기(청구일로부터 14일) 산정 시점은

(질의요지)

도시정비법 시행령 제36조제4항제2호에 따라 대의원회 소집의 청구가 있는 경우, 조합장은 집회일을 소집 청구일부터 14일 이내로 정하여 대의원회를 개최하여야 하는지, 아니면 14일 이내에 대의원회 소집을 위한 절차만 개시하면 되는지요?

(회신내용)

도시정비법 시행령 제36조제4항제2호에 따라 대의원회 소집의 청구가 있는 경우, 조합장은 집회일을 소집 청구일부터 14일 이내로 정하여 대의원회를 개최하여야 할 것입니다.

10. 시공자 선정

주택재건축 정비사업조합은 조합설립인가를 받은 후 조합총회에서 국토교통부장관이 정하는 경쟁입찰의 방법으로 건설업자 또는 등록사업자를 시공자로 선정해야 합니다.

10-1. 시공자 선정 시기
10-1-1. 조합설립인가 후

주택재건축 정비사업조합(이하 "조합"이라 함)은 조합설립인가를 받은 후 조합총회(이하 "총회"라 함)에서 국토교통부장관이 정하는 경쟁입찰의 방법으로 건설업자 또는 등록사업자(이하 "건설업자 등"이

라 함)를 시공자로 선정해야 합니다(도시정비법 제11조제1항 본문).

10-1-2. 사업시행인가 후

① 공공지원이 시행되는 서울특별시의 경우 시공자를 선정할 때 인가된 사업시행계획서를 반영한 설계도서를 작성하여 입찰에 부쳐야 하므로, 시공자 선정 시기는 사업시행인가 이후가 됩니다[도시정비법 제77조의4제7항 및 「서울특별시 도시 및 주거환경 정비조례」(서울특별시 조례 제6303호, 2016. 7. 14. 발령·시행) 제48조제2항 참조].

② 공공지원은 주택재건축사업을 비롯한 정비사업의 투명성 강화 및 효율성 제고를 위한 것으로 특별자치시장, 특별자치도지사, 시장, 군수, 자치구의 구청장(이하 '시장·군수'라 함)은 특별시·광역시 또는 도의 조례에서 정하는 정비사업에 대하여 사업시행 과정을 지원하거나, 주택공사 등에 공공지원을 위탁할 수 있습니다(도시정비법 제77조의4제1항).

10-2. 시공자 선정 방법

10-2-1. 원칙: 경쟁입찰(일반입찰, 지명입찰 또는 제한입찰)

① 조합이 시행하는 주택재건축사업의 경우 조합은 총회에서 일반경쟁입찰, 제한경쟁입찰 또는 지명경쟁입찰(조합원이 200명 이하인 정비사업에 한함)의 방법으로 건설업자 등을 시공자로 선정해야 합니다[도시정비법 제11조제1항, 「정비사업의 시공자 선정기준」(국토교통부 고시 제2016-187호, 2016. 4. 8, 발령·시행) 제5조제1항].

10-2-2. 예외: 수의계약 또는 정관에 따른 시공자 선정

① 시공자 선정입찰에서 미응찰 등의 사유로 3회 이상 유찰된 경우에는 총회의 의결을 거쳐 수의계약을 할 수 있습니다(「정비사업의 시공자 선정기준」 제5조제2항).

② 조합원이 100명 이하인 주택재건축사업의 경우에는 총회에서 정관으로 정하는 바에 따라 선정할 수 있습니다(도시정비법 제11조제1항 단서, 시행령 제19조의2제1항 및 「정비사업의 시공자 선정기준」 제5조제2항).

③ 시공자 선정방법을 위반하여 시공자를 선정한 자 및 시공자로 선정된 자는 3년 이하의 징역 또는 3천만원 이하의 벌금에 처해 집니다(도시정비법 제84조의3제1호).

10-3. 시공자 선정 절차

10-3-1. 입찰 공고

① 조합은 시공자 선정을 위해 입찰에 부치려 할 경우에는 현장설명회 개최일부터 7일 전에 1회 이상 전국 또는 해당 지방을 주된 보급지역으로 하는 일간신문에 다음의 내용을 공고해야 합니다(「정비사업의 시공자 선정기준」 제8조 본문 및 제9조).

1. 사업계획의 개요(공사규모, 면적 등)
2. 입찰의 일시 및 장소
3. 현장설명회의 일시 및 장소
4. 입찰참가 자격에 관한 사항
5. 입찰참가에 따른 준수사항 및 위반(합동홍보설명회 관련 위반 포함) 시 자격 박탈에 관한 사항
6. 그 밖에 조합이 정하는 사항

② 지명경쟁에 의한 입찰의 경우에는 현장설명회 개최일로부터 7일 전에 내용증명우편으로 발송해야 하며, 반송된 경우에는 반송된 다음 날에 1회 이상 재발송해야 합니다(「정비사업의 시공자 선정기준」 제8조 단서).

10-3-2. 현장설명회 개최
① 조합은 입찰일 20일 이전에 현장설명회를 개최해야 합니다(「정비사업의 시공자 선정기준」 제10조제1항).
② 현장설명에는 다음의 사항이 포함되어야 합니다(「정비사업의 시공자 선정기준」 제10조제2항).
1. 설계도서(사업시행인가를 받은 경우 사업시행인가서를 포함해야 함)
2. 입찰서 작성방법·제출서류·접수방법 및 입찰유의사항 등
3. 건설업자 등의 공동홍보방법
4. 시공자 결정방법
5. 계약에 관한 사항
6. 그 밖에 입찰에 관하여 필요한 사항

10-3-3. 입찰서의 접수 및 개봉
① 조합은 밀봉된 상태로 참여제안서를 접수해야 합니다(「정비사업의 시공자 선정기준」 제11조제1항).
② 입찰서를 개봉하려는 경우에는 입찰서를 제출한 건설업자 등의 대표(대리인을 지정한 경우 그 대리인) 각 1명과 조합임원, 그 밖의 이해관계인이 참여한 공개된 장소에서 개봉해야 합니다(「정비사업의 시공자 선정기준」 제11조제2항).

10-3-4. 대의원회의 의결

① 조합은 제출된 입찰서를 모두 대의원회에 상정해야 합니다(「정비사업의 시공자 선정기준」 제12조제1항).

② 대의원회는 총회에 상정할 6명 이상의 건설업자 등을 선정해야 하며, 입찰에 참가한 건설업자 등이 5명 이하인 경우에는 모두 총회에 상정해야 합니다(「정비사업의 시공자 선정기준」 제12조제2항).

③ 건설업자 등의 선정은 대의원회 재적의원 과반수가 직접 참여한 회의에서 비밀투표의 방법으로 의결해야 하며, 이 경우 서면 또는 대리인을 통한 투표는 인정되지 않습니다(「정비사업의 시공자 선정기준」 제12조제3항).

10-3-5. 합동홍보설명회 개최

① 조합은 대의원회에서 총회에 상정될 건설업자 등이 결정된 경우에는 조합원에게 이를 즉시 통지해야 하며, 건설업자 등의 합동홍보설명회를 2회 이상 개최해야 합니다(「정비사업의 시공자 선정기준」 제13조제1항)

② 이 경우 조합은 총회에 상정하는 건설업자 등이 제출한 입찰제안서에 대하여 시공능력, 공사비 등이 포함되는 객관적인 지표를 작성하여 조합원에게 제공해야 하며, 미리 개최 일시 및 장소를 정하여 조합원에게 이를 통지해야 합니다(「정비사업의 시공자 선정기준」 제13조제1항 및 제2항).

③ 건설업자 등 관련자는 조합원을 상대로 개별적인 홍보(홍보관·쉼터 설치, 홍보 책자 배부, 세대별 방문, 인터넷 홍보 등을 포함함)를 할 수 없으며, 홍보를 목적으로 조합원 또는 정비사업전문관리업

자 등에게 사은품 등 물품·금품·재산상의 이익을 제공하거나 제공을 약속해서는 안 됩니다(「정비사업의 시공자 선정기준」 제13조제3항).

10-3-6. 총회의 의결

① 총회는 조합원 총수의 과반수 이상이 직접 참석(정관이 정한 대리인이 참석한 경우 포함)하여 의결해야 합니다(「정비사업의 시공자 선정기준」 제14조제1항).

② 조합원은 총회 직접 참석이 어려운 경우에는 서면으로 의결권을 행사할 수 있으나, 이 경우 직접 참석자의 수에는 포함되지 않습니다(「정비사업의 시공자 선정기준」 제14조제2항).

③ 서면결의권 행사는 조합에서 지정한 기간·시간 및 장소에서 서면결의서를 배부받아 제출해야 하며, 조합은 조합원의 서면결의권 행사를 위해 조합원 수 등을 고려하여 서면결의서 제출기간·시간 및 장소를 정하여 운영해야 하고 시공자 선정을 위한 총회개최 안내 시 서면결의서 제출요령을 충분히 고지해야 합니다(「정비사업의 시공자 선정기준」 제14조제3항 및 제4항).

④ 조합은 총회에서 시공자 선정을 위한 투표 전에 각 건설업자 등별로 조합원들에게 설명할 수 있는 기회를 부여해야 합니다(「정비사업의 시공자 선정기준」 제14조제5항).

10-3-7. 계약의 체결

① 조합은 총회의 의결을 거쳐 선정된 시공자가 정당한 이유 없이 3개월 이내에 계약을 체결하지 않는 경우에는 총회의 의결을 거쳐 해당 선정을 무효로 할 수 있습니다(「정비사업의 시공자 선정기준」 제15조).

② 조합은 선정된 시공자와 공사에 관한 계약을 체결할 경우에는 기존 건축물의 철거 공사에 관한 사항을 포함해야 합니다(도시정비법 제11조제4항).

(법률용어해설)

추가부담금 : 기존의 아파트 가격보다 입주를 원하는 신축아파트의 분양가격이 더 높을 경우 그 차액을 부담하게 되는 데 이를 추가부담금 또는 부담금이라 합니다. 이 추가부담금을 분양대금의 일종으로 간주하여 시공자들은 현재 일반분양 비용처럼 중도금의 형태로 받고 있습니다. 이와 관련된 법규정은 별도로 있지 않아 시공자와 조합 간의 공사도급계약 내용에 언급되고 있습니다.

무상지분율 : 시공자가 조합의 대지지분을 기준으로 어느 정도 평형을 추가부담금 없이 조합원들에게 부여할 수 있는지 나타내는 비율로서, 재건축 대상 아파트의 지역·위치 등 주변의 요건과 사업성 등에 따라 조합과 시공자 간의 계약으로 결정됩니다.현재 거주하고 있는 아파트가 75㎡이고 무상지분율이 150%라면, 추가부담금 없이 입주할 수 있는 아파트는 최대 112.5㎡입니다.

10-3-8. 시공자 선정 시 금지행위

① 누구든지 시공자 선정과 관련하여 다음의 어느 하나에 해당하는 행위를 할 수 없습니다(도시정비법 제11조제5항).

1. 금품, 향응 또는 그 밖의 재산상 이익을 제공하거나 제공의사를 표시하거나 제공을 약속하는 행위

2. 금품, 향응 또는 그 밖의 재산상 이익을 제공받거나 제공의사 표시를 승낙하는 행위

3. 제3자를 통해 위에 해당하는 행위를 하는 행위

② 위의 행위를 하는 사람은 5년 이하의 징역 또는 5천만원 이하의 벌금에 처해 집니다(도시정비법 제84조의2제1호).

10-4. 시공보증

10-4-1. 시공보증서 제출

① 조합이 주택재건축사업의 시행을 위하여 시장·군수 또는 주택공사 등이 아닌 자를 시공자로 선정(공동사업시행자가 시공하는 경우 포함)한 경우 그 시공자는 공사의 시공보증을 위하여 다음의 어느 하나에 해당하는 시공보증서를 조합에 제출해야 합니다(도시정비법 제51조제1항 및 시행규칙」 제14조).

1. 「건설산업기본법」에 따른 공제조합이 발행한 보증서

2. 「주택도시기금법」에 따른 주택도시보증공사가 발행한 보증서

3. 「은행법」 제2조제1항제2호에 따른 금융기관, 「한국산업은행법」에 따른 한국산업은행, 「한국수출입은행법」에 따른 한국수출입은행 또는 「중소기업은행법」에 따른 중소기업은행이 발행한 지급보증서

4. 「보험업법」에 따른 보험사업자가 발행한 보증보험증권

② 「시공보증」이란 시공자가 공사의 계약상 의무를 이행하지 못하거나 의무이행을 하지 않을 경우 보증기관에서 시공사를 대신하여 계약이행의무를 부담하거나 총 공사금액의 30% 이상 50% 이하의 범위에서 사업시행자가 정하는 금액을 납부할 것을 보증하는 것을 말합니다(도시정비법 제51조제1항 및 시행령 제54조의5).

10-4-2. 시공보증서 제출 확인

시장·군수는 「건축법」 제21조에 따른 착공신고를 받는 경우에는 시

공보증서 제출 여부를 확인해야 합니다(도시정비법 제51조제2항).

(관련판례)

관리처분계획의 인가가 있게 되면 그 관리처분계획에 관한 조합원 총회의 결의에 대하여 민사소송으로 무효확인을 받더라도 그 판결에 따라 그 결의를 기초로 한 관리처분계획의 내용이 당연히 변경된다고 볼 수 없으며, 그 판결의 효력은 소를 제기한 조합원들과 조합 사이에만 있게 되고, 그 판결은 이미 인가를 받은 관리처분계획의 내용을 변경하고 조합으로 하여금 그 변경에 따른 결의를 하게 한 후 그 내용에 따라 행정청으로 하여금 다시 관리처분계획변경인가를 하도록 강제할 수 있는 집행력이 없다. 반면, 행정소송으로 관리처분계획의 무효확인이나 취소판결을 받으면 그 판결은 제3자에 대하여도 효력을 갖게 되고, 판결의 범위 내에서 관리처분계획은 소급하여 그 효력을 상실하게 되며, 무효확인 또는 취소의 내용이 당사자의 신청을 거부하는 것을 내용으로 하는 경우에는 처분청은 판결의 취지에 따라 재처분을 할 의무가 있다. 그러므로 인가된 관리처분계획에 대하여 그 관리처분계획에 관한 조합원총회 결의의 효력을 민사소송으로 다투는 것은 관리처분계획에 관한 분쟁을 해결하기 위한 유효·적절한 수단이라고 볼 수 없다. 따라서 계획부분이 아니라 결의부분 자체의 무효확인을 구하는 것은 소의 이익이 없어 부적법하다(서울행정법원 2009. 3. 27. 선고 2007구합 18727 판결).

(관련판례)

재건축조합 정관의 필요적 기재사항이자 엄격한 정관 변경 절차를 거쳐야 하는 '시공자와의 계약서에 포함될 내용'에 관한 안건을 총회에 상정하여 의결하는 경우, 그 계약서에 포함될 내용이 당초의 재건축결의 시 채택한 조합원의 비용분담 조건을 변경하는 것인 때에는, 비록 그것이 정관 변경에 대한 절차가 아니라 할지라도 특별다수의 동의요건을 규정하여 조합원들의 이익을 보호하려는 구 도시정비법(2005. 3. 18. 법률 제7392호로 개정되기 전의 것) 제20조제3항, 제1항제15호의 규정을 유추적용하여 조합원의 3분의 2 이상의 동의를 요한다고 봄이 상당하다. 이와 달리 재건축조합의 정관 규정이 조합원들의 이해관계에 중대한 영향을 미치는 '시공사 계약서에 포함될 내용'에 관하여 그것이 당초의 재건축결의의 내용을 실질적으로 변경하는 것임에도 불구하고 조합원의 3분의 2 이상의 의결정족수에 못 미치는 동의로도 가결할 수 있도록 규정하고 있는 경우에는, 구 도시정비법(2005. 3. 18. 법률 제7392호로 개정되기 전의 것) 제16조제2항 소정의 엄격한 동의요건을 거쳐 성립한 재건축결의의 내용이 용이하게 변경되어 재건축결의의 기초가 흔들릴 수 있을 뿐만 아니라, 일단 변경된 내용도 다시 이해관계를 달리하는 일부 조합원들의 이합집산에 의하여 재차 변경될 수 있어 권리관계의 안정을 심히 해하고 재건축사업의 원활한 진행에 상당한 장애를 초래할 수 있으므로, 그러한 정관의 가결정족수 규정은 사회관념상 현저히 타당성을 잃은 것으로서 그 효력을 인정하기 어렵다(대법원 2009. 1. 30. 선고 2007다31884 판결).

(관련판례)

시공사의 선정은 조합총회의 고유권한이라고 봄이 상당하고, 구 도시정비법 제11조에서 주택재건축사업조합에 대해서만 사업시행인가를 받은 후 시공사를 선정하여야 한다고 규정하고 있다는 등의 사정만으로 달리 볼 것은 아니므로, 추진위원회 단계에서 개최한 토지 등 소유자 총회에서 시공사를 선정하기로 한 결의는 무효라고 판단한 사례(대법원 2008. 6. 12. 선고 2008다6298 판결)

제3절 시장·군수 등 공공이 시행하는 주택재건축사업

1. 주민대표회의의 구성

1-1. 주민대표회의의 구성

① 해당 정비구역(정비구역이 아닌 구역에서 주택재건축사업을 시행하는 경우의 해당 구역 포함) 안의 토지면적 2분의 1 이상의 토지소유자와 토지 등 소유자의 3분의 2 이상에 해당하는 자가 특별자치시장, 특별자치도지사, 시장, 군수, 자치구의 구청장(이하 '시장·군수'라 함), 한국토지주택공사 또는 지방공사(이하 "주택공사 등"이라 함)를 사업시행자로 지정할 것을 요청하는 경우 사업시행을 원활하게 하기 위한 주민대표기구(이하 '주민대표회의'라 함)를 구성해야 합니다(도시정비법 제8조제4항제7호 및 제26조제1항).

② 이러한 주민대표회의를 구성하려는 경우에는 정비구역지정 고시(정비구역이 아닌 구역에서의 주택재건축사업의 경우에는 안전진단 결과에 따른 주택재건축사업의 시행결정을 말함) 후 토지 등 소유자의 과반수의 동의를 얻어야 합니다(도시정비법 제26조제1항 및 제3항).

1-2. 주민대표회의의 구성을 위한 토지 등 소유자의 동의

① 주민대표회의의 구성을 위한 토지 등 소유자의 동의는 서면동의서에 토지 등 소유자의 지장(指章)을 날인하고 자필로 서명하는 서면동의의 방법으로 하며, 주민등록증, 여권 등 신원을 확인할 수 있는 신분증명서의 사본을 첨부해야 합니다. 다만, 토지 등 소유자가 해외에 장기체류하거나 법인인 경우 등 불가피한 사유가 있다고 시장·군수가 인정하는 경우에는 토지 등 소유자의 인감도장을 날인한

서면동의서에 해당 인감증명서를 첨부하는 방법으로 할 수 있습니다 (도시정비법 제17조제1항).

② 주민대표회의 구성에 동의한 자는 사업시행자의 지정에 동의한 것으로 봅니다. 다만, 사업시행자의 지정 요청 전에 시장·군수 및 주민대표회의에 사업시행자의 지정에 대한 반대의 의사표시를 한 토지 등 소유자의 경우에는 그렇지 않습니다(도시정비법 제26조제3항).

③ 위반 시 제재

토지 등 소유자의 서면동의서를 위조한 자는 5년 이하의 징역 또는 5천만원 이하의 벌금에 처해 집니다(도시정비법 제84조의2제2호).

토지 등 소유자의 서면동의서를 매도하거나 매수한 자는 3년 이하의 징역 또는 3천만원 이하의 벌금에 처해 집니다(도시 정비법 제84조의3제6호).

2. 주민대표회의의 승인

① 주민대표회의를 구성한 경우 다음의 서류를 시장·군수에게 제출 (전자문서에 의한 제출 포함)하여 승인을 얻어야 합니다(도시정비법 제26조제3항, 시행규칙 제8조 및 별지 제5호서식)

1. 주민대표회의 승인신청서
2. 주민대표회의가 정하는 운영규정
3. 토지 등 소유자의 동의서
4. 위원장·부위원장 및 감사의 주소 및 성명
5. 위원장·부위원장 및 감사의 선임을 증명하는 서류
6. 토지 등 소유자의 명부

② 위반 시 제재

주민대표회의의 승인을 얻지 않고 주민대표회의를 구성·운영한 자는 2년 이하의 징역 또는 2천만원 이하의 벌금에 처해집니다(도시정비법 제85조제3호).

승인을 받은 주민대표회의가 구성되어 있음에도 불구하고 임의로 주민대표회의를 구성하여 주택재건축사업을 추진하는 자는 2년 이하의 징역 또는 2천만원 이하의 벌금에 처해 집니다(도시정비법 제85조제6호).

주민대표회의 승인신청서	처리기한
	30 일

주민대표회의구성내역	주민대표회의명칭				
	위 원 장	성 명		생년월일	
		주 소		(전화)	-
	위 원 수				
	설 립 목 적				
	주된사무소의소재지			(전화)	-
	정비사업의 종류				
	사업구역	구역명칭			
		위 치			

동의사항	토지등소유자수	(토지소유자 : 명) (건축물소유자 : 명) (지상권자 : 명) (토지 및 건축물소유자 : 명)	동의율	% (동의자수/토지등소유자수)

「도시 및 주거환경정비법」 제26조제3항 및 같은 법 시행규칙 제8조에 따라 위와 같이 주민대표회의의 승인을 신청합니다.

년   월   일

신청인 대표   (서명 또는 인)

시장·군수·구청장 귀하

※ 첨부서류	수수료
1.「도시 및 주거환경정비법시행령」 제37조제5항에 따라 주민대표회의가 정하는 운영규정 2. 토지등소유자의 동의서 3. 위원장·부위원장 및 감사의 주소 및 성명 4. 위원장·부위원장 및 감사의 선정을 증명하는 서류 5. 토지등소유자의 명부	없 음

3. 주민대표회의의 업무

3-1. 주민대표회의의 의견제시

① 주민대표회의는 사업시행자가 다음의 사항에 관하여 사업시행계획서 작성 시 시행규정을 정하는 때에 의견을 제시할 수 있으며, 이 경우 사업시행자는 주민대표회의의 의견을 반영하기 위하여 노력해야 합니다(도시정비법 제26조제4항 및 시행령 제37조제3항).

1. 건축물의 철거에 관한 사항
2. 주민이주에 관한 사항
3. 토지 및 건축물의 보상에 관한 사항
4. 재건축 사업비의 부담에 관한 사항
5. 관리처분계획 및 청산에 관한 사항
6. 위 사항의 변경에 관한 사항
7. 시공자의 추천에 관한 사항

3-2. 시공자 추천

사업시행자가 시공자를 선정하는 경우 주민대표회의 또는 토지등소유자 전체회의는 경쟁입찰의 방법으로 시공자를 추천할 수 있습니다(도시정비법 제11조제3항 참조).

4. 주민대표회의의 조직 및 운영

4-1. 주민대표회의의 구성원

주민대표회의는 5명 이상 25명 이하로 하며, 위원장과 부위원장 각 1명과, 1명 이상 3명 이하의 감사를 둡니다(도시정비법 제26조제2항 및 시행령 제37조제1항).

4-2. 주민대표회의 운영

① 시장·군수 또는 주택공사 등은 주민대표회의의 운영에 필요한 경비의 일부를 해당 재건축 사업비에서 지원할 수 있습니다(도시정비법 제26조제5항 및 시행령 제37조제4항).

② 주민대표회의의 위원의 선출·교체 및 해임, 운영방법, 운영비용의 조달, 그 밖에 주민대표회의의 운영에 관하여 필요한 사항은 주민대표회의가 정합니다(도시정비법 제26조제5항 및 시행령 제37조제5항).

5. 사업시행자 지정 및 시공자 선정

① 천재지변, 그 밖의 불가피한 사유로 인하여 긴급히 재건축사업을 시행할 필요가 있다고 인정되거나, 토지면적 2분의 1 이상의 토지소유자와 토지 등 소유자의 3분의 2 이상에 해당하는 자가 시장·군수 또는 주택공사 등을 사업시행자로 지정할 것을 요청하는 등의 일정한 경우에는 시장·군수가 지정개발자 또는 주택공사 등을 사업시행자로 지정하여 주택재건축사업을 시행하게 할 수 있습니다.

② 시장·군수가 직접 정비사업을 시행하거나 주택공사 등을 사업시행자로 지정한 경우 사업시행자는 사업시행자 지정 고시 후 건설업자 또는 등록사업자를 시공자로 선정해야 합니다.

5-1. 사업시행자 지정

5-1-1. 지정개발자 시행

① 특별자치시장, 특별자치도지사, 시장, 군수, 자치구의 구청장(이하 '시장·군수'라 함)은 주택재건축사업이 다음의 어느 하나에 해당하는 경우에는 직접 재건축사업을 시행하거나 지정개발자를 사업시행자로 지정하여 정비사업을 시행하게 할 수 있습니다(도시정비법 제8조제4항제1호 및 제8호).

1. 천재지변, 그 밖의 불가피한 사유로 인하여 긴급히 재건축사업을 시행할 필요가 있다고 인정되는 경우

2. 주택재건축사업의 조합설립을 위한 동의요건 이상에 해당하는 자가 신탁업자를 주택재건축사업의 사업시행자로 지정하는 것에 동의하는 경우

② 지정개발자는 다음의 어느 하나에 해당하는 요건을 갖춘 자를 말합니다(도시경정비법 시행령 제14조제2항).

1. 정비구역(정비구역 밖에서 재건축사업이 시행되는 경우에는 그 구역을 말함. 이하 같음) 안의 토지면적의 50% 이상을 소유한 자로서 토지 등 소유자의 50% 이상의 추천을 받은 자

2. 「사회기반시설에 대한 민간투자법」에 따른 민관합동법인(민간투자사업의 부대사업으로 시행하는 경우에 한함)으로서 토지 등 소유자의 50% 이상의 추천을 받은 자

3. 「자본시장과 금융투자업에 관한 법률」 제8조제7항에 따른 신탁업자로서 정비구역의 토지면적의 3분의 1 이상의 토지를 신탁받은 자

5-1-2. 주택공사 등 시행

① 시장·군수는 주택재건축사업이 다음의 어느 하나에 해당하는 경우에는 직접 재건축사업을 시행하거나 주택공사등(주택공사등이 건설업자 또는 등록사업자와 공동으로 시행하는 경우를 포함)을 사업시행자로 지정하여 정비사업을 시행하게 할 수 있습니다(도시정비법 제8조제4항).

1. 천재지변, 「재난 및 안전관리 기본법」 제27조 또는 「시설물의 안전관리에 관한 특별법」 제14조에 따른 사용제한·사용금지, 그 밖의 불가피한 사유로 인하여 긴급히 재건축사업을 시행할 필요가 있다고 인정되는 경우

2. 조합설립추진위원회(이하 '추진위원회'라 함)가 시장·군수의 구성 승인을 얻은 날부터 3년 이내에 조합 설립인가를 신청하지 않거나, 주택재건축 정비사업조합(이하 "조합"이라 함)이 조합의 설립인가를 얻은 날부터 3년 이내에 사업시행인가를 신청하지 않는 경우(이 경우 사업시행자 지정 고시일 다음 날에 추진위원회의 구성 승인 또는 조합의 설립인가는 취소된 것으로 봄)

3. 지방자치단체의 장이 시행하는 「국토의 계획 및 이용에 관한 법률」에 따른 도시·군계획사업과 병행하여 재건축사업을 시행할 필요가 있다고 인정되는 경우

4. 순환정비방식에 의하여 재건축사업을 시행할 필요가 있다고 인정되는 경우

5. 재건축사업의 시행이 도시정비법에 따른 명령·처분이나 사업시행계획서 또는 관리처분계획에 위반되었다고 인정되어 사업시행인가가 취소된 경우

6. 해당 정비구역 안의 국·공유지 면적 또는 국·공유지와 주택공사

등이 소유한 토지를 합한 면적이 전체 토지면적의 2분의 1 이상으로서 토지 등 소유자의 과반수가 시장·군수 또는 주택공사 등을 사업시행자로 지정하는 것에 동의하는 경우

② 토지 등의 수용 또는 사용

천재지변, 그 밖의 불가피한 사유로 인하여 긴급히 재건축사업을 시행할 필요가 있다고 인정되는 경우에는 「공익사업을 위한 토지 등의 취득 및 보상에 관한 법률」 제3조에 따른 토지·물건 또는 그 밖의 권리를 취득하거나 사용할 수 있습니다(도시정비법 제38조).

5-1-3. 토지 등 소유자의 요청에 의한 사업시행자 지정

① 해당 정비구역 안의 토지면적 2분의 1 이상의 토지소유자와 토지 등 소유자의 3분의 2 이상에 해당하는 자가 시장·군수 또는 주택공사 등을 사업시행자로 지정할 것을 요청하는 경우 시장·군수는 직접 재건축사업을 시행하거나 주택공사 등을 사업시행자로 지정하여 주택재건축사업을 시행하게 할 수 있습니다(도시정비법 제8조제4항제7호 전단).

② 토지 등 소유자가 정비계획의 수립에 대한 입안을 제안한 경우 입안제안에 동의한 토지 등 소유자는 주택공사 등의 사업시행자 지정에 동의 및 요청한 것으로 봅니다. 다만, 사업시행자의 지정 요청 전에 시장·군수 및 주민대표회의에 사업시행자의 지정에 대한 반대의 의사표시를 한 토지 등 소유자의 경우는 제외됩니다(도시정비법 제8조제4항제7호 후단).

사업시행자(신탁업자) 지정 동의서

I. 동의자 현황

<table>
<tr><td rowspan="2">인
적
사
항</td><td>성 명</td><td></td><td>생년월일</td><td></td></tr>
<tr><td>주민등록상
주 소</td><td></td><td>전화번호</td><td></td></tr>
<tr><td rowspan="11">소
유
권
현
황</td><td rowspan="4">토 지
(총 필지)</td><td>소 재 지 (공유 여부)</td><td colspan="2">면적(㎡)</td></tr>
<tr><td>( )</td><td colspan="2"></td></tr>
<tr><td>( )</td><td colspan="2"></td></tr>
<tr><td>( )</td><td colspan="2"></td></tr>
<tr><td rowspan="4">건 축 물</td><td>소 재 지 (허가 유무)</td><td colspan="2">동 수</td></tr>
<tr><td>( )</td><td colspan="2"></td></tr>
<tr><td>( )</td><td colspan="2"></td></tr>
<tr><td>( )</td><td colspan="2"></td></tr>
<tr><td rowspan="3">지 상 권
(건축물 외의 수목 또는 공
작물의 소유 목적으로 설
정한 권리를 말합니다)</td><td>설 정 토 지</td><td colspan="2">지상권의 내용</td></tr>
<tr><td></td><td colspan="2"></td></tr>
<tr><td></td><td colspan="2"></td></tr>
</table>

II. 동의 내용

1. 신탁업자 현황

<table>
<tr><td>명 칭</td><td></td><td>법인등록번호</td><td></td></tr>
<tr><td>대표자</td><td></td><td>주된 사무소의
전화번호</td><td></td></tr>
<tr><td>주된 사무소의
소재지</td><td colspan="3"></td></tr>
</table>

2. 정비사업 내용

가. 신축건축물의 설 계 개 요	대지 면적 (공부상 면적)	건축 연면적	규 모	비 고
	m²	m²		
나. 공사비 등 정 비사업에 드는 비용	철거비 · 신축비	신탁보수	그 밖의 비용	합 계

다. 나목에 따른 비용의 분담

1) 시행규정 및 신탁계약에 따라 경비를 부과·징수하고, 관리처분 시 가정산하며, 신탁종료 시 정산금을 최종 확정한다.

2) 신탁업자의 시행에 동의한 토지등소유자 소유 자산이 가치를 시행규정 및 신탁계약서에서 정하는 바에 따라 산정하여 그 비율에 따라 비용을 부담한다.

3) 분양대상자별 분담금 추산방법(예시)

분양대상자별 분담금 추산액 = 분양예정인 대지 및 건축물의 추산액 - (분양대상자별 종전의 토지 및 건축물의 가격 × 비례율*)

* 비례율 = (사업완료 후의 대지 및 건축물의 총 수입 - 총사업비) / 종전의 토지 및 건축물의 총 가액

라. 신축건축물 구분소유권의 귀속

※ 개별 정비사업의 특성에 맞게 정합니다. 다만, 신축 건축물의 배정은 토지소유자의 의사가 최대한 반영되도록 하되, 같은 면적의 주택 분양에 경합이 있는 경우에는 종전 토지 및 건축물의 가격 등을 고려하여 우선 순위를 정하거나 추첨에 따르는 등 구체적인 배정방법을 정하여 향후 관리처분계획을 수립할 때 분양면적별 배분의 기준이 되도록 합니다.

3. 시행규정

「도시 및 주거환경정비법」 제8조제9항에 따라 이 동의서에 포함된 시행규정에 대해 동의하고, 신의성실의 원칙에 따라 준수하며, 같은 법 제26조의2에 따라 시행규정이 변경되는 경우 이의 없이 따른다.

4. 신탁계약

(   )주택재개발사업 · 주택재건축사업의 사업시행자를 위의 신탁업자로 지정하는 것에 필요한 신탁계약에 관한 사항(「도시 및 주거환경정비법」 제8조제9항에 따라 이 동의서에 포함된 것을 말한다)에 대해 사전에 충분히 설명 · 고지 받았으며, 신탁계약에 동의한다.

※ 본 동의서를 제출한 경우에도 해당 신탁업자를 사업시행자로 지정하는 것에 반대하고자 할 경우 「도시 및 주거환경정비법 시행령」 제28조제4항에 따라 사업시행자 지정을 신청하기 전까지 동의를 철회할 수 있습니다.

위와 같이 본인은 (   )주택재개발사업 · 주택재건축사업 시행구역의 토지등소유자로서 위의 동의 내용을 숙지하고 동의하며,「도시 및 주거환경정비법」 제8조제4항제8호에 따라 위의 신탁업자를 사업시행자로 지정하는 것에 동의합니다.

년   월   일

위 동의자 :   <u>(자필로 이름을 써넣음)</u> 지장날인

(   )   신탁회사 귀중

신청인 제출서류	1. 토지등소유자 신분증명서 사본 1부.

5-2. 사업시행자 지정 고시 및 통지

① 시장·군수는 직접 정비사업을 시행하거나 지정개발자 또는 주택공사 등을 사업시행자로 지정하는 경우에는 재건축사업 시행구역 등 토지 등 소유자에게 알릴 필요가 있는 사항으로 다음의 사항을 해당 지방자치단체의 공보에 고시하고, 그 내용을 토지 등 소유자에게 통지해야 합니다(도시정비법 제8조제5항 본문 및 시행령 제15조).

1. 주택재건축사업의 명칭
2. 사업시행자의 성명 및 주소(법인인 경우에는 법인의 명칭 및 주된 사무소의 소재지와 대표자의 성명 및 주소를 말함)
3. 정비구역(도시정비법 제34조에 따라 정비구역을 2 이상의 구역으로 분할하는 경우에는 분할된 각각의 구역을 말함)의 위치 및 면적
4. 주택재건축사업의 착수예정일 및 준공예정일

② 다만, 천재·지변, 「재난 및 안전관리 기본법」 제27조 또는 규제 「시설물의 안전관리에 관한 특별법」 제14조에 따른 사용제한·사용금지, 그 밖의 불가피한 사유로 인하여 긴급히 정비사업을 시행할 필요가 있다고 인정되는 경우에는 토지등소유자에게 지체 없이 정비사업의 시행 사유·시기 및 방법 등을 통보해야 합니다(도시정비법 제8조제5항 단서)

③ 시장·군수 또는 주택공사 등의 사업시행자 지정에 동의하지 않는 경우에는 사업시행자는 주택재건축사업을 시행함에 있어 시장·군수, 주택공사등 또는 신탁업자의 사업시행자 지정에 동의하지 않는 자의 토지 또는 건축물에 대하여 매도청구를 할 수 있습니다(도시정비법 제39조제3호).

5-3. 시공자 선정

5-3-1. 시공자 선정

시장·군수가 직접 정비사업을 시행하거나 주택공사등 또는 지정개발 자를 사업시행자로 지정한 경우 사업시행자는 사업시행자 지정 고시 후 건설업자 또는 등록사업자(이하 "건설업자 등"이라 함)를 시공자 로 선정해야 합니다(도시정비법 제11조제3항).

5-3-2. 시공자 선정방법

① 시장·군수 등 공공이 시행하는 주택재건축사업의 경우 주민대표 회의 또는 토지등소유자 전체회의는 다음의 절차를 거친 방법에 따 라 시공자를 추천할 수 있으며, 주민대표회의 또는 토지등소유자 전 체회의가 시공자를 추천한 경우에는 시장·군수, 지정개발자 또는 주 택공사 등은 「지방자치단체를 당사자로 하는 계약에 관한 법률」 제 9조 또는 「공공기관의 운영에 관한 법률」 제39조에도 불구하고 추 천한 자를 시공자로 선정해야 합니다(도시정비법 제11조제3항 후단 및 시행령 제19조의2제2항).

1. 일반경쟁입찰·제한경쟁입찰 또는 지명경쟁입찰로 할 것
2. 1.의 입찰을 위한 입찰공고는 1회 이상 해당 지역에서 발간되는 일간신문에 해야 하고 현장 설명회를 개최할 것
3. 입찰자로부터 제출받은 입찰제안서에 대하여 토지 등 소유자를 대상으로 투표를 실시할 것

② 시공자 선정방법을 위반하여 시공자를 추천한 자 및 추천받아 시공자로 선정된 자는 3년 이하의 징역 또는 3천만원 이하의 벌금에 처해 집니다(도시정비법 제84조의3제1호).

5-3-3. 시공자 선정 시 금지행위

① 누구든지 시공자 선정과 관련하여 다음의 어느 하나에 해당하는 행위를 할 수 없습니다(도시정비법 제11조제5항).

1. 금품, 향응 또는 그 밖의 재산상 이익을 제공하거나 제공의사를 표시하거나 제공을 약속하는 행위

2. 금품, 향응 또는 그 밖의 재산상 이익을 제공받거나 제공의사 표시를 승낙하는 행위

3. 제3자를 통해 위에 해당하는 행위를 하는 행위

② 위의 행위를 하는 사람은 5년 이하의 징역 또는 5천만원 이하의 벌금에 처해 집니다(도시정비법 제84조의2제1호).

◆ **100인 이하 조합의 시공사 선정**

(질의요지)

조합원수가 100인 이하인 조합에서 정관에 따라 시공자를 선정하는 경우, 시공사 선정 총회에서 안건이 부결되면 재입찰 공고를 해야 하는지, 또는 바로 수의 계약을 할 수 있는지요?

(회신내용)

도시정비법 제11조제1항에 따르면 조합은 도시정비법 제16조에 따른 조합설립인가를 받은 후 조합총회에서 국토교통부장관이 정하는 경쟁입찰의 방법으로 건설업자 또는 등록사업자를 시공자로 선정하도록 하고 있고, 다만 조합원이 100명 이하인 정비사업의 경우에는 조합총회에서 정관으로 정하는 바에 따라 선정할 수 있도록 하고 있으므로, 질의하신 사항의 경우 조합정관에 정한 바에 따라 결정하면 될 것입니다.

◆ 시공자 선정기준 제6조의 제한경쟁 입찰 해당 여부

(질의요지)

시공자 선정 입찰자격을 "현재 워크아웃기업 또는 법정 관리 업체는 불가"라고 제한했을 경우 「시공자 선정기준」 제6조 의 제한경쟁 입찰에 해당되는지요?

(회신내용)

「시공자 선정기준」 제5조제1항 및 제6조제1항에 따르면 조합 이 건설업자등의 시공자를 선정하고자 하는 경우에는 조합 은 건설업자등의 자격을 시공능력평가액, 신용평가등급(회사 채 기준), 해당공사와 같은 종류의 공사실적, 그 밖의 조합의 신청으로 시장·군수·구청장이 따로 인정하는 것으로만 제한할 수 있도록 하고 있고, 같은 선정기준 부칙에 따르면 경쟁입 찰의 방법은 이 기준 시행(2012.3.8.일)후 최초로 제8조에 따 라 시공자 선정을 위하여 입찰공고를 하는 분부터 적용하도 록 규정되어 있습니다.

◆ 입찰에 참가한 건설업자등이2개인 경우 대의원회의 선정 절차 없이 모두총회에 상정하여야 하는지요?

(질의요지)

주택재건축사업조합의 시공사 선정 입찰에 참가한 건설업자 등이 2개인 경우 대의원회의 선정절차 없이 모두 총회에 상 정하여야 하는지요?

(회신내용)

「정비사업의 시공자 선정기준」 제12조제1항 및 제2항에 따르면 조합은 제출된 입찰서를 모두 대의원회에 상정하도록 하고 있고, 대의원회는 총회에 상정할 6인 이상의 건설업자 등을 선정하여야 하나, 입찰에 참가한 건설업자등이 5인 이하인 때에는 모두 총회에 상정하도록 하고 있습니다.

◆ **시공사 선정이 3회이상 유찰된후 용적률 상향이 된 경우에도 수의계약할 수 있는지요?**

(질의요지)

도시정비법제11조제1항에 근거한 「시공자 선정기준」제5조 제2항을 적용함에 있어, 미 응찰 등의 사유로 3회 이상 유찰된 이후 정비계획이 변경되어 용적률 상향 등이 이루어진 경우에도 같은 조항에 따라 총회의 의결을 거쳐 수의 계약할 수 있는지요?

(회신내용)

도시정비법제11조제1항 및 「시공자 선정기준」제5조제2항에 따르면 조합은 조합설립인가를 받은 후 조합총회에서 국토교통부장관이 정하는 경쟁입찰의 방법으로 건설업자 또는 등록사업자를 시공자로 선정하여야 하고, 조합이 시공자 선정 시 미 응찰 등의 사유로 3회 이상 유찰된 경우에는 총회의 의결을 거쳐 수의계약을 할 수 있도록 하고 있습니다. 또한 같은 기준 제9조에 따르면 조합이 시공자선정을 위하여 입찰에 부치기 위하여 공고할 때 "사업계획의 개요(공사규모, 면적 등)" 등 같은 조 각 호의 사항을 명시하도록 하고 있고, 같은 기준 제10조제2항에 의하면 조합이 현장설명회를 개최할 때 현장설명에는 "설계도서"등 같은 항 각 호의 사항을 포함하도록 하고 있음을 고려할 때, 질의의 경우 용적률 상향 등 정비계획의 변경으로 사업계획의 개요, 설계도서 등의 변경이 수반된다면 새로이 경쟁입찰의 방법으로 시공자를 선정하여야 할 것입니다.

◆ 시공자 선정이 무효 또는 사업개요가 변경된 경우 다시 경쟁입찰로 해야 하는지요?

(질의요지)

가. 시공자 선정기준 및 「조합정관」에 따라 총 3회에 걸쳐 입찰공고를 하였으나 참여 시공자가 없어 3회 유찰된 후 '14.2.23. 조합 총회에서 수의계약 대상 시공자를 선정하였으나, 선정된 시공자와 3월 이내에 계약을 체결하지 못하여 '15.2.14. 조합 총회의 의결을 거쳐 당해 선정을 무효로 한 경우에, 조합에서 다시 시공자를 선정하려면 다시 경쟁입찰의 방법으로 하여야 하는지 아니면 총회의결을 거쳐 다른 업체와 수의계약이 가능한지요?

나. '14.2.23. 총회에서 시공자를 선정한 경우를 포함하여 선행 3회의 입찰공고 시 "사업계획 개요"는 모두 동일하였으나, '15.2.14. 총회에서 새로운 시공자를 선정하는 안건의 "사업계획 개요"가 달라진 경우(2,002세대 → 2,549세대) 새로이 경쟁입찰의 방법으로 선정하여야 하는지 아니면 수의계약의 방법으로 선정할 수 있는지요?

(회신내용)

가. 질의 "가"에 대하여

시공자 선정기준제5조제2항에 따라 미 응찰 등의 사유로 3회 이상 유찰된 경우에는 총회의 의결을 거쳐 수의계약할 수 있으므로, 이에 따라 총회에서 수의계약 대상 시공자를 선정하였으나 선정한 시공자와의 계약 미체결로 시공자 선정을 무효로 한 경우에 다시 총회의 의결을 거쳐 수의계약할 수 있을 것으로 판단됩니다.

나. 질의 "나"에 대하여

시공자 선정기준 제9조에 따르면 조합이 시공자 선정을 위하여 입찰에 부치기 위하여 공고할 때 "사업계획의 개요(공사규모, 면적 등)" 등 같은 조 각 호의 사항을 명시하도록 하고 있고, 같은 기준 제10조제2항에 의하면 조합이 현장설명회를 개최할 때 현장설명에는 "설계도서" 등 같은 항 각호의 사항을 포함하도록 하고 있음을 고려할 때, 질의의 경우와 같이 사업계획 개요가 변경된 경우(2,002세대 → 2,549세대) 새로이 경쟁입찰의 방법으로 시공자를 선정하여야 할 것으로 판단됩니다.

◆ 수의계약한 시공자를 변경하는 절차

(질의요지)

주택재건축정비사업 조합에서 3회 유찰되어 총회 의결을 거쳐 수의계약(2012.1.31.)한 시공자를 변경하는 경우, 수의계약으로 할 수 있는지요?(해당 조합 정관에는 시공자를 변경하는 경우 수의계약 할 수 있도록 하고 있음)

  * 정비계획 변경(용적률 290%→400%, '12.9.6.), 사업시행변경인가('13.5.16.)

(회신내용)

도시정비법 제11조제1항에 따라 조합은 제16조에 따른 조합설립인가를 받은 후 조합총회에서 국토교통부장관이 정하는 경쟁입찰의 방법으로 건설업자 또는 등록사업자를 시공자로 선정하여야 하며,시공자 선정기준 제5조제2항에 따라 미 응찰 등의 사유로 3회 이상 유찰된 경우에는 총회의 의결을 거쳐 수의계약을 할 수 있으나, 조합이 시공자와 계약체결한 이후 시공자를 변경하는 것은 기존 시공자와의 계약을 해지하고 새로운 시공자를 선정하는 것으로 이 경우 조합은 시공자 선정기준에 따라 새로이 경쟁입찰의 방법으로 시공자를 선정하여야 할 것으로 판단됩니다.

아울러,시공자 선정기준 제9조에 따르면 조합이 시공자 선정을 위하여 입찰에 부치기 위하여 공고할 때 "사업계획의 개요(공사규모, 면적 등)" 등 같은 조 각 호의 사항을 명시하도록 하고 있고, 같은 기준 제10조제2항에 의하면 조합이 현장설명회를 개최할 때 현장설명에는 "설계도서" 등 같은 항 각 호의 사항을 포함하도록 하고 있음을 고려할 때 사업계획의 개요가 변경된 경우에도 새로이 경쟁입찰의 방법으로 시공자를 선정하여야 할 것으로 판단됩니다.

제4절 매도청구

사업시행자는 주택재건축사업을 시행함에 있어 주택재건축 정비사업 조합의 설립에 동의하지 않거나 시장·군수 또는 자치구의 구청장, 한국토지주택공사 또는 지방공사의 사업시행자 지정에 동의하지 않는 자에게 그의 토지 또는 건축물에 대하여 매도청구를 할 수 있습니다.

1. 매도청구 사유

① 사업시행자는 주택재건축사업을 시행할 때 다음의 어느 하나에 해당하는 자의 토지 또는 건축물에 대해서는 매도청구를 할 수 있습니다(도시정비법 제39조).
1. 주택재건축 정비사업조합(이하 "조합"이라 함) 설립에 동의하지 않은 자
2. 건축물 또는 토지만 소유한 자
3. 특별자치시장, 특별자치도지사, 시장, 군수, 자치구의 구청장, 한국토지주택공사·지방공사(이하 "주택공사 등"이라 함)또는 신탁업자의 사업시행자 지정에 동의하지 않은 자

2. 매도청구 절차 및 방법

2-1. 재건축 참가 여부 최고
조합 설립의 동의 또는 사업시행자 지정에 대한 동의(이하 "재건축 결의"라 함)가 있으면 집회를 소집한 자는 지체 없이 그 결의에 찬

성하지 않는 구분소유자(그의 승계인을 포함함)에 대하여 그 결의 내용에 따른 재건축에 참가할 것인지를 회답할 것을 서면으로 촉구해야 합니다(「집합건물의 소유 및 관리에 관한 법률」 제48조제1항).

2-2. 회답

① 촉구를 받은 구분소유자는 촉구를 받은 날부터 2개월 이내에 회답해야 합니다(「집합건물의 소유 및 관리에 관한 법률」 제48조제2항).

② 기간 내에 회답이 없는 경우에는 해당 구분소유자는 재건축에 참가하지 않겠다는 뜻을 회답한 것으로 봅니다(「집합건물의 소유 및 관리에 관한 법률」 제48조제3항).

2-3. 토지 또는 건축물의 소유권 등에 대한 매도청구

① 2개월의 기간이 지나면 사업시행자는 2개월의 기간 만료일부터 2개월 이내에 재건축에 참가하지 않겠다는 뜻을 회답한 구분소유자(그의 승계인을 포함함)에게 사업시행구역 안의 매도청구의 대상이 되는 토지 또는 건축물의 소유권과 그 밖의 권리를 시가로 매도할 것을 청구할 수 있습니다(「집합건물의 소유 및 관리에 관한 법률」 제48조제4항).

② 재건축결의가 있은 후에 이 구분소유자로부터 대지사용권만을 취득한 자의 대지사용권에 대하여도 매도청구할 수 있습니다(「집합건물의 소유 및 관리에 관한 법률」 제48조제4항).

2-4. 명도 기간의 연장

매도청구가 있는 경우에 재건축에 참가하지 않겠다는 뜻을 회답한 구분소유자가 건물을 명도하면 생활에 현저한 어려움을 겪을 우려가 있고 재건축의 수행에 큰 영향이 없을 경우에는 법원은 그 구분소유자의 청구에 의하여 대금 지급일 또는 제공일부터 1년을 초과하지 않는 범위에서 건물 명도에 대하여 적당한 기간을 연장하도록 허락할 수 있습니다(「집합건물의 소유 및 관리에 관한 법률」 제48조제5항).

2-5. 원소유자의 재(再) 매도청구

① 재건축결의일부터 2년 이내에 건물 철거공사가 착수되지 않는 경우에는 사업시행구역 안의 매도청구의 대상이 되는 토지 또는 건축물의 소유권과 그 밖의 권리를 매도한 원소유자는 이 기간이 만료된 날부터 6개월 이내에 매수인인 사업시행자가 지급한 대금에 상당하는 금액을 사업시행자에게 제공하고 이들의 권리를 매도할 것을 청구할 수 있습니다(「집합건물의 소유 및 관리에 관한 법률」 제48조제6항 본문).

② 건물 철거공사가 착수되지 않은 타당한 이유가 있을 경우에는 건물 철거공사가 착수되지 아니한 타당한 이유가 없어진 것을 안 날부터 6개월 또는 그 이유가 없어진 날부터 2년 중 빠른 날까지 원소유자는 사업시행자에게 매도할 것을 청구할 수 있습니다(「집합건물의 소유 및 관리에 관한 법률」 제48조제6항 단서 및 제7항).

■ 아파트 소유권이 분양회사인 경우 재건축조합의 누구를 상대로 매수청구권을 행사하여야 하는지요?

Ⓠ 甲회사는 乙에게 아파트를 분양하였으나, 잔대금 미납으로 소유권등기는 甲회사 명의로 되어 있는 상태인데, 위 아파트 재건축을 위하여 재건축조합이 결성되었고, 재건축조합

측은 재건축결의에 참가하지 않은 구분소유자에 대하여 집합건물의 소유 및 관리에 관한 법률 제48조 소정의 매도청구권을 행사하려고 하는바, 위 아파트의 경우 누구를 상대로 매수청구권을 행사하여야 하는지요?

Ⓐ 「집합건물의 소유 및 관리에 관한 법률」 제48조 제1항 내지 제4항에서 재건축결의가 있으면 집회를 소집한 자는 지체 없이 그 결의에 찬성하지 아니한 구분소유자(승계인을 포함)에게 그 결의내용에 따른 재건축에 참가할 것인지를 회답할 것을 서면으로 촉구하여야 하고, 그 촉구를 받은 구분소유자는 촉구 받은 날부터 2개월 이내에 회답하여야 하며, 그 기간 내에 회답하지 아니한 경우 그 구분소유자는 재건축에 참가하지 아니하겠다는 뜻을 회답한 것으로 보게 되고, 위 기간이 지나면 재건축결의에 찬성한 각 구분소유자, 재건축결의내용에 따른 재건축에 참가할 뜻을 회답한 각 구분소유자 또는 이들 전원의 합의에 따라 구분소유권과 대지사용권을 매수하도록 지정된 자(매수지정자)는 위 기간만료일부터 2개월 이내에 재건축에 참가하지 아니하겠다는 뜻을 회답한 구분소유자에게 구분소유권과 대지사용권을 시가로 매도할 것을 청구할 수 있고, 재건축의 결의가 있은 후에 이 구분소유자로부터 대지사용권만을 취득한 자의 대지사용권에 대해서도 같다고 규정하고 있습니다.

그리고 「도시 및 주거환경정비법」 제39조에서 사업시행자는 주택재건축사업을 시행함에 있어 ①제16조 제2항 및 제3항에 따른 조합설립의 동의를 하지 아니한 자, ②건축물 또는 토지만 소유한 자, ③제8조 제4항에 따라 시장·군수 또는 주택공사 등의 사업시행자 지정에 동의를 하지 아니한 자의 토지 또는 건축물에 대하여는 「집합건물의 소유 및 관리에 관한 법률」 제48조의 규정을 준용하여 매도청구 할 수 있고, 이 경우 재건축결의는 조합설립의 동의(제3호의 경우에는 사업시행자 지정에 대한 동의)로 보며, 구분소유권 및 대지사용권은 사업시행구역안의 매도청구의 대상이 되는 토지 또는 건축물의 소유권과 그 밖의 권리로 본다고 규정하고 있습니다.

그런데 아파트를 이미 제3자에게 분양하였으나 일부 잔대금청산이 완결되지 않아 그 소유권등기명의가 아직 분양자명의로 남아 있는 경우,「집합건물의 소유 및 관리에 관한 법률」 제48조에 따른 매도청구권 상대방은 누가 되어야 할 것인지에 관하여 판례를 보면, 아파트분양자가 분양자소유의 아파트를 이미 제3자에게 분양하여 그의 일부 잔대금청산이 완결될 때까지만 그의 소유권을 보유하고 있는 상태이더라도, 그의 소유권보존등기가 아직 분양자명의로 남아 있는 이상 그 분양자는 대외적으로 그 아파트의 처분권을 가지고 있는 적법한 소유자라고 할 것이므로, 「집합건물의 소유 및 관리에 관한 법률」 제48조에 정한 매도청구권은 대외적인 법률상의 처분권을 갖고 있는 등기부상 소유자인 분양자에게 행사하여야 하며, 그로 인하여 분양자가 수분양자들에 대해 소유권이전등기의무의 이행불능에 따른 손해배상책임을 부담하게 되더라도 그 매도청구권행사가 부동산등기특별조치법이나 사회질서에 반하거나 신의성실의 원칙에 위반한다고 할 수는 없다고 하였습니다(대법원 2000. 6. 23. 선고 99다63084 판결).

따라서 위 사안에 있어서도 재건축조합에서는 등기부상의 명의자인 甲회사를 상대로 매도청구권을 행사하여야 할 것으로 보입니다.

■ 재건축조합을 설립하여 재건축사업을 진행하려데 반대하는 사람들이 있을 경우 어떻게 해야 하나요?

Ⓠ 재건축조합을 설립하여 재건축사업을 진행하려 합니다. 그런데 재건축사업에 반대하는 사람들이 있는데, 이 경우 어떻게 해야 하나요?

Ⓐ 사업시행자는 주택재건축사업을 시행함에 있어 ① 주택재건축 정비사업조합 설립에 동의하지 않은 자, ② 건축물 또는 토지만 소유한 자, ③ 특별자치시장, 특별자치도지사, 시장, 군수, 자치구의 구청장, 한국토지주택공사·지방공사 또는 신탁업자의 사업시행자 지정에 동의하지 않은 자의 토지 또는 건축물에 대하여는 매도청구를 할 수 있습니다.
따라서 재건축사업에 반대하는 사람들에 대해서는 매도청구를 할 수 있습니다.

■ 주택재건축정비사업조합이 현금청산대상자에게 매도청구 가능한지요?

Ⓠ 甲은 乙주택재건축정비사업조합의 조합원인데, 분양신청기간 후 수개월이 지나도록 분양신청을 하지 않고 있습니다. 이 경우 乙주택재건축정비사업조합이 甲에게 매도청구권을 행사하여 甲소유 토지 등의 소유권이전등기청구를 할 수 있는지요?

Ⓐ 「도시 및 주거환경정비법」은 제39조에서 사업시행자는 주택재건축사업을 시행함에 있어 ①조합설립의 동의를 하지 아니한 자, ②건축물 또는 토지만 소유한 자, ③시장·군수 또는 주택공사 등

의 사업시행자 지정에 동의를 하지 아니한자의 어느 하나에 해당하는 자의 토지 또는 건축물에 대하여는 집합건물의 소유 및 관리에 관한 법률 제48조의 규정을 준용하여 매도청구를 할 수 있다고 규정하고 있으며, 「도시 및 주거환경정비법」 제47조에서 사업시행자는 토지등소유자가 ①분양신청을 하지 아니한 자, ②분양신청을 철회한자, ③제48조의 규정에 의하여 인가된 관리처분계획에 의하여 분양대상에서 제외된 자에 해당하는 경우에는 그 해당하게 된 날부터 150일 이내에 대통령령이 정하는 절차에 따라 토지·건축물 또는 그 밖의 권리에 대하여 현금으로 청산하여야 한다고 규정하고 있습니다.

그런데 조합원이지만 분양신청을 하지 않은 현금청산대상자를 상대로 정비구역 내 부동산에 관한 소유권이전등기를 청구할 수 있는지 판례를 보면, 도시 및 주거환경정비법 제47조는 사업시행자인 재건축조합이 분양신청을 하지 아니한 토지등소유자 등에 대하여 부담하는 현금청산의무를 규정하는 것에 불과하므로, 재건축조합이 위 조항을 근거로 하여 곧바로 현금청산대상자를 상대로 정비구역 내 부동산에 관한 소유권이전등기를 청구할 수는 없다고 하였으나, 도시 및 주거환경정비법상의 사업시행자인 재건축조합에게는 원칙적으로 정비구역 내 부동산에 관한 수용권한도 인정되지 않는 것이고(제38조), 제39조에서 규정하는 사업시행자의 매도청구권도 원칙적으로 조합원이 아닌 자를 상대로 하는 것으로서 조합설립에 동의한 조합원이었던 현금청산대상자에 대하여 바로 적용할 수는 없으나, 현금청산대상자는 분양신청을 하지 않는 등의 사유로 인하여 분양대상자의 지위를 상실함에 따라 조합원지위도 상실하게 되어(대법원 2010. 8. 19. 선고 2009다

81203 판결) 조합탈퇴자에 준하는 신분을 가지므로, 매도청구에 관한 제39조를 준용하여 재건축조합은 현금청산대상자를 상대로 정비구역 내 부동산에 관한 소유권이전등기를 청구할 수 있다고 하였습니다. 다만, 현금청산대상자에 대한 청산금지급의무가 발생하는 시기는 「도시 및 주거환경정비법」 제46조의 규정에 따라 사업시행자가 정한 '분양신청기간의 종료일 다음날'이라고 하여야 하고(대법원 2008. 10. 9. 선고 2008다37780 판결), 현금청산의 목적물인 토지·건축물 또는 그 밖의 권리의 가액을 평가하는 기준시점도 같은 날이므로(대법원 2009. 9. 10. 선고 2009다32850, 32867 판결), 현금청산대상자에 대한 매도청구권행사로 매매계약 성립이 의제되는 날도 같은 날로 보아야 하며, 그와 같이 보는 이상 위 매도청구권의 행사에 관하여는 그 최고절차 및 행사기간에 대하여 제39조에서 준용하는 집합건물의 소유 및 관리에 관한 법률 제48조의 규율이 없다고 하였습니다(대법원 2010. 12. 23. 선고 2010다73215 판결).

그리고 이 경우 토지등소유자의 권리제한등기 없는 소유권이전의무와 사업시행자의 청산금지급의무의 관계는 동시이행관계에 있습니다(대법원 2010. 8. 19. 선고 2009다81203 판결).

그렇다면 위 사안의 경우에도 乙주택재건축정비사업조합은 甲에게 매도청구권을 행사하여 청산금을 지급받음과 동시에 甲소유 토지 등에 대하여 분양신청기간의 종료일 다음날 매매를 원인으로 하는 소유권이전등기청구를 할 수 있을 것으로 보입니다.

(관련판례)

주택재건축사업에서의 사업시행자인 정비사업조합은 관할 행정청의 조합설립인가와 등기에 의해 설립되고, 조합 설립에 대한 토지 등 소유자의 동의(이하 '조합설립결의'라 한다)는 조합설립인가처분이라는 행정처분을 하는 데 필요한 절차적 요건 중 하나에 불과한 것이므로, 조합설립결의에 하자가 있다 하더라도 그로 인해 조합설립인가처분이 취소되거나 당연무효로 되지 않는 한 정비사업조합은 여전히 사업시행자로서의 지위를 갖는다. 따라서 재건축정비사업조합이 조합 설립에 동의하지 않은 자 등에 대해 매도청구권을 행사하여 그에 따른 소유권이전등기절차 이행 등을 구하는 소송을 제기한 경우 그 소송절차에서 조합 설립에 동의하지 않은 자 등이 조합설립결의에서 정한 비용 분담에 관한 사항 등이 구체성을 결여하여 위법하다는 점을 근거로 매도청구권 행사의 적법성을 다툴 수 있기 위해서는, 그와 같은 사정으로 조합설립결의가 효력이 없다는 것만으로는 부족하고 나아가 그로 인해 조합설립인가처분이 적법하게 취소되었거나 그 하자가 중대·명백하여 당연무효임을 주장·입증하여야 한다(대법원 2010. 4. 8. 선고 2009다10881 판결).

제5절 사업시행인가

사업시행자는 주택재건축사업을 시행하려는 경우에는 사업시행계획서를 작성하여 이를 시장·군수 또는 자치구의 구청장에게 제출하고 사업시행인가를 받아야 합니다.

1. 사업시행인가 개념

① 사업시행인가는 주택재건축 정비사업조합(이하 "조합"이라 함) 등 사업시행자가 추진하고 있는 주택재건축사업에 관한 일체의 내용을 시장·군수 또는 자치구의 구청장이 최종적으로 확정하여 인가하는 행정절차를 말합니다.

② 사업시행인가가 고시됨으로써 사업시행자는 주택재건축사업을 시행할 수 있는 지위 또는 권리를 부여받게 되고 각종 개별법상 인·허가 등이 의제되는 등 이해관계인에게 직접적이고 구체적인 법적 효과를 발생시킵니다.

③ 이에 따라 사업시행자[공동시행의 경우를 포함하되, 사업시행자가 특별자치시장, 특별자치도지사, 시장, 군수, 자치구의 구청장(이하 '시장·군수'라 함)인 경우는 제외함]이 주택재건축사업을 시행하려는 경우(인가받은 내용을 변경하거나 재건축사업을 중지 또는 폐지하려는 경우 포함)에는 사업시행계획서를 작성하여 이를 시장·군수에게 제출하고 사업시행인가를 받아야 합니다(도시정비법 제28조제1항).

2. 사업시행인가 신청

2-1. 사업시행계획서 작성

사업시행자는 고시된 주택재건축 정비계획에 따라 다음의 사항이 포함된 사업시행계획서를 작성해야 합니다(도시정비법 제30조 및 시행령 제41조제2항).

1. 토지이용계획(건축물배치계획 포함)
2. 정비기반시설 및 공동이용시설의 설치계획
3. 임시수용시설을 포함한 주민이주대책
4. 세입자의 주거 및 이주 대책
5. 사업시행기간 동안의 정비구역 내 가로등 설치, 폐쇄회로 텔레비전 설치 등 범죄예방대책
6. 소형주택의 건설계획
7. 기업형임대주택 또는 임대관리 위탁주택의 건설계획(필요한 경우에 한정)
8. 건축물의 높이 및 용적률 등에 관한 건축계획
9. 주택재건축사업의 시행과정에서 발생하는 폐기물의 처리계획
10. 정비구역으로부터 200m 이내에 교육시설이 설치되어 있는 경우 교육시설의 교육환경 보호에 관한 계획
11. 시행규정[시장·군수, 한국토지주택공사·지방공사(이하 "주택공사 등"이라 함) 또는 신탁업자가 단독으로 시행하는 정비사업에 한함]
12. 그 밖에 특별시·광역시·도의 조례로 정한 다음의 사항 중 해당 사업시행을 위해 필요한 사항

  가. 주택재건축사업의 명칭 및 시행기간

나. 정비구역(정비구역이 아닌 구역에서 주택재건축사업이 시행되는
   경우에는 그 구역을 말함)의 위치 및 면적

다. 사업시행자의 성명 및 주소(법인인 경우에는 법인의 명칭 및 주
   된 사무소의 소재지와 대표자의 성명 및 주소를 말함)

라. 설계도서

마. 자금계획

바. 철거할 필요는 없으나 개보수할 필요가 있다고 인정되는 건축
   물의 명세 및 개보수계획

사. 재건축사업의 시행에 지장이 있다고 인정되는 정비구역(정비구
   역이 아닌 구역에서 주택재건축사업이 시행되는 경우에는 그 구
   역을 말함) 안의 건축물 또는 공작물 등의 명세

아. 토지 또는 건축물 등에 관한 권리자 및 그 권리의 명세

자. 공동구의 설치에 관한 사항

차. 도시정비법 제65조제1항에 따라 용도가 폐지되는 정비기반시설
   의 조서 및 도면과 정비사업에 의하여 새로이 설치되는 정비기반
   시설의 조서 및 도면(주택공사 등이 사업시행자인 경우에 한함)

카. 재건축사업의 시행으로 도시정비법 제65조제2항에 따라 용도폐
   지되는 정비기반 시설의 조서·도면 및 그 정비기반시설에 대한 2
   이상의 감정평가업자의 감정평가서와 새로이 설치할 정비기반시설
   의 조서·도면 및 그 설치비용 계산서

타. 사업시행자에게 무상으로 양여되는 국유지·공유지의 조서

파. 토지 등 소유자가 자치적으로 정하여 운영하는 규약

하. 빗물처리계획

거. 기존주택의 철거계획서(석면을 함유한 건축자재가 사용된 경우
   에는 그 현황과 동 자재의 철거 및 처리계획을 포함함)

너. 사업 완료 후 상가세입자에 대한 우선 분양 등에 관한 사항

2-2. 조합원의 동의

① 사업시행자(시장·군수 또는 주택공사 등은 제외함)는 사업시행인가를 신청(인가받은 내용을 변경하거나 정비사업을 중지 또는 폐지하려는 경우 포함)하기 전에 미리 총회를 개최하여 조합원의 동의를 얻어야 합니다(도시정비법 제28조제5항 본문).

② 사업시행자가 지정개발자인 경우에는 정비구역 안의 토지면적 50%이상 토지소유자의 동의와 토지 등 소유자 과반수의 동의를 각각 얻어야 합니다(도시정비법 제28조제5항 단서).

③ 도시정비법 제8조제4항제1호에 따른 사업시행자는 위의 규정에도 불구하고 토지등소유자의 동의를 필요로 하지 않습니다(도시정비법 제28조제6항).

④ 인가받은 내용 변경 중 경미한 변경인 경우에는 총회 의결이 필요 없습니다(도시정비법 제28조제5항 단서).

◆ **도시정비법 제8조제3항에 따른 도시환경정비사업의 사업시행계획서의 동의방법**

(질의요지)

도시정비법 제8조제3항에 따른 토지등소유자방식의 사업추진에서 임시총회를 개최하여 사업시행인가 동의 안건에 대해 토지등소유자의 4분의 3 이상의 동의를 받았다 하더라도 사업시행계획서에 대해 토지등소유자의 4분의 3 이상의 동의를 받아야 하는지요?

(회신내용)

도시정비법 제28조제7항에 따르면 제8조제3항에 따라 도시환경정비사업을 토지등소유자가 시행하고자 하는 경우에는 사업시행인가를 신청하기 전에 제30조에 따른 사업시행계획서에 대하여 토지등소유자의 4분의 3이상의 동의를 얻도록 하고 있고, 같은 법 제17조제1항에서는 제28조제7항에 따른 동의는 서면동의서에 토지등소유자의 지장(指章)을 날인하고 자필로 서명하는 서면동의의 방법으로 하며, 주민등록증, 여권 등 신원을 확인할 수 있는 신분증명서의 사본을 첨부하도록 하고 있습니다.

◆ 관리처분계획 인가 후 도시정비법 제30조의3을 적용하기 위한 토지등소유자의 동의 받는 시점

(질의요지)

주택재건축사업의 관리처분계획 인가 후 도시정비법 제30조의3(주택재건축사업 등의 용적률 완화 및 소형주택 건설 등)을 적용하기 위해 토지등소유자의 3/4이상의 동의를 받을 경우 동의를 받는 시점은?

(회신내용)

「주택재건축사업의 용적률 완화 및 소형주택 건설 등 업무처리기준」 5-2.에서 관리처분계획의 인가를 얻은 재건축사업에 제30조의3 규정을 적용하기 위하여는 토지등소유자 3/4 이상의 동의를 얻도록 하면서 동의 시점에 대하여는 별도 정하고 있지 않으나, 동 기준 5-1.에서 도시계획위원회 또는 건축위원회 심의를 통해 법적상한용적률을 확정하도록 하고 있으므로, 동 확정 절차 이행 후 사업시행계획서 변경시 등에 토지등소유자 동의를 얻는 것이 바람직할 것으로 판단됩니다.

2-3. 사업시행인가의 신청

① 사업시행자(공동시행의 경우를 포함하되, 사업시행자가 시장·군수인 경우를 제외하며, 시행자가 둘 이상인 경우에는 그 대표자를 말함)는 사업시행인가를 받으려 하는 경우(인가받은 내용을 변경하거나 정비사업을 중지 또는 폐지하려는 경우 포함)에는 다음의 서류를 시장·군수에게 제출(전자문서에 의한 제출 포함)해야 합니다(도시정비법 제28조제1항, 시행규칙 제9조제1항 및 별지 제6호서식).

1. 사업(시행·변경·중지·폐지)인가신청서
2. 조합 정관
3. 총회의결서 사본(사업시행자가 지정개발자인 경우에는 토지 등 소유자의 동의서 및 토지 등 소유자의 명부를 첨부함)
4. 사업시행계획서
5. 도시정비법 제38조에 따라 수용 또는 사용할 토지 또는 건축물의 명세 및 소유권 외의 권리의 명세서(천재지변, 그 밖의 불가피한 사유로 긴급히 사업을 시행할 필요가 있다고 인정되어 공공시행하는 재건축사업에 한함)
6. 도시정비법 제32조제3항에 따라 인·허가 등의 의제를 받으려는 경우 제출해야 하는 서류

사업(시행 · 변경 · 중지 · 폐지)인가신청서				처리기한	
				60 일	

사 업 구 분		□ 주거환경개선사업 □ 주택재건축사업 □ 주거환경관리사업		□ 주택재개발사업 □ 도시환경정비사업 □ 가로주택정비사업	
신청인	사업시행자 명칭			사업시행자 지정 근 거 및 일 자	
	대표자	성 명		생 년 월 일	
		주 소		(전화)	-
	주된 사무소의 소재지			(전화)	-
시행구역	구 역 명 칭			위 치	
	시 행 면 적		(㎡)	건 축 물	(무허가 동 동)
	거주가구 및 인구		가구(인)	도 시 계 획	지역 지구
	지목별	지 목		관 리 청	
		면적(㎡) (필지수)		국공유지 관리청별 면적(㎡) (필지수)	
동의내역	토 지 면 적			토 지 소 유 자 수	건축물소유자수
	대상면적		㎡	대상소유 자수 인	대상소유자 수 인
	동 의 면 적 (동 의 율)		㎡ (%)	동 의 자 수 (동 의 율) 인 (%)	동 의 자 수 (동 의 율) 인 (%)
정비사업전문 관 리 업 자	명 칭			대 표 자	
	주된사무소의 소재지			(전화)	-

	시행기간	사업시행인가일 ~			사 업 비		원
사 업 시 행 계 획	건 축 시 설	부지의 명칭		대지면적 (㎡)		주용도	
		건축면적(㎡)		건축연 면적 (㎡)		지하 면적 (㎡)	
		건폐율(%)		용적률 (%)		최고 높이	
		층 수 (지상·지하)		주차장 (대, ㎡)			

주 택	공급 구분	주택의 형태	동 수	세 대 수	주택규모별 세대수(전용면적기준)	
	계					
	분양					
	임대					

정 비 기 반 시 설	용도폐지정비 기 반 시 설		새로이 설치할 정비기반시설			
	종류	규모	종류	규모	시행자	비용부담자 및 부담내용

철거 또는 이전요구 대 상	건축물 (동)	철 거	이 전	공 작 물 (개소)	철 거	이 전

개수대상 건축물		동	임시수용계획	

수용 또는 사용대상	토 지	필지수	면적 (㎡)	권리 자수	건 축 물	동수	연면적 (㎡)	권리 자수

세 입 자 대 책	대 상 세대수	임대주택공급세대	주거대책비 지 급 세 대	비 대 책 세 대

주택건설사업자등록 ( )	주택건설사업계획승인 ( )	건 축 허 가 ( )
가설건축물건축허가 ( )	가설건축물축조신고 ( )	도 로 공 사 시 행 허 가 ( )
도 로 점 용 허 가 ( )	사 방 지 지 정 해 제 ( )	농지전용허가·협의·신고 ( )
농 지 전 용 신 고 ( )	보전임지전용허가·협의 ( )	보안림안에서 행위허가 ( )
입목벌채등의허가·신고 ( )	하 천 공 사 시 행 허 가 ( )	하천공사실시계획인가 ( )
하 천 점 용 허 가 ( )	일 반 수 도 사 업 인 가 ( )	전용상수도·전용공업수도설 치인가( )
공 공 하 수 도 사 업 허 가 ( )	측량성과 사용의 심사 ( )	대 규 모 점 포 의 등 록 ( )
국 유 지 사 용 수 익 허 가 ( )	공유지대부·사용허가 ( )	사업착수·변경 또는 완료 신고 ( )
공 장 설 립 승 인 · 신 고 ( )	자가용전기설비공사계획의 인가·신고( )	폐기물처리시설설치(변경) 승인·신고( )
오수처리시설·단독정화조 설치신고( )	소방동의·제조소등의 설치허가( )	대기·수질·소음 진동배출 시설 허가·신고( )
화약류저장소설치의 허가 ( )		

위 표의 왼쪽에 "일괄처리사항"이 세로로 표기되어 있음.

이 신청서 및 첨부서류에 기재한 내용과 같이「도시 및 주거환경정비법」제28조 제1항 및 같은 법 시행규칙 제9조에 따른 사업(시행·변경·중지·폐지)인가를 신청합니다.

년   월   일

신청인대표   (서명 또는 인)

시장·군수·구청장 귀하

※ **첨부서류**	수수료
	없 음

1. 사업시행인가의 경우

    가.「도시 및 주거환경정비법」(이하 "법"이라 한다) 제2조제11호에 따른 정관등
    나. 총회의결서 사본. 다만, 법 제28조제5항 단서의 따라 사업시행자가 지정개
        발자인 경우 또는 같은 조제7항에 따라 도시환경정비사업을 토지등소유자
        가 시행하는 경우에는 토지등소유자의 동의서 및 토지등소유자의 명부를
        첨부한다.
    다. 법 제30조에 따른 사업시행계획서
    라. 법 제38조에 따른 수용 또는 사용할 토지 또는 건축물의 명세 및 소유권외
        의 권리의 명세서(주택재건축사업의 경우에는 같은 법 제8조제4항제1호에
        해당하는 사업에 한한다)
    마. 법 제32조제3항에 따라 제출하여야 하는 서류
2. 변경·중지·폐지인가의 경우
    가. 정관등
    나. 변경·중지 또는 폐지의 사유 및 내용을 설명하는 서류
    다. 법 제32조제3항에 따라 제출하여야 하는 서류

2-4. 경미한 사항의 변경 신고

① 사업시행자(공동시행의 경우를 포함하되, 사업시행자가 시장·군수인 경우는 제외함)는 다음의 어느 하나에 해당하는 경미한 사항을 변경하려는 경우에는 시장·군수에게 이를 신고함으로써 인가를 대신할 수 있습니다(도시정비법 제28조제1항 단서 및 시행령 제38조).

1. 주택재건축사업비를 10%의 범위에서 변경하거나 관리처분계획의 인가에 따라 변경하는 경우(「주택법」에 따른 국민주택을 건설하는 사업인 경우에는 주택도시기금의 지원금액이 증가되지 않는 경우만 해당함)

2. 건축물이 아닌 부대·복리시설의 설치규모를 확대하는 경우(위치가 변경되는 경우는 제외함)

3. 대지면적을 10%의 범위에서 변경하는 경우

4. 세대수 또는 세대당 주택공급면적(바닥 면적에 산입되는 면적으로서 사업시행자가 공급하는 주택의 면적을 말함)을 변경하지 않고 사업시행인가를 받은 면적의 10%의 범위에서 내부구조의 위치 또는 면적을 변경하는 경우

5. 내장재료 또는 외장재료를 변경하는 경우

6. 사업시행인가의 조건으로 부과된 사항의 이행에 따라 변경하는 경우

7. 건축물의 설계와 용도별 위치를 변경하지 않는 범위에서 건축물의 배치 및 주택단지 안의 도로선형을 변경하는 경우

8. 「건축법 시행령」 제12조제3항에 따른 다음의 어느 하나에 해당하는 사항을 변경하는 경우

 가. 건축물의 동수나 층수를 변경하지 않으면서 변경되는 부분의 바닥면적의 합계가 50㎡ 이하인 경우로서 다음의 요건을 모두

갖춘 경우

1) 변경되는 부분의 높이가 1m 이하이거나 전체 높이의 10분의 1 이하일 것

2) 허가를 받거나 신고를 하고 건축 중인 부분의 위치 변경 범위가 1m 이내일 것

3) 「건축법」 제14조제1항에 따라 신고를 하면 「건축법」 제11조에 따른 건축허가를 받은 것으로 보는 규모에서 건축허가를 받아야 하는 규모로의 변경이 아닐 것

나. 건축물의 동수나 층수를 변경하지 않으면서 변경되는 부분이 연면적 합계의 10분의 1 이하인 경우(연면적이 5천㎡ 이상인 건축물은 각 층의 바닥면적이 50㎡ 이하의 범위에서 변경되는 경우만 해당함). 다만, 변경되는 부분이 라. 및 마.에 따른 범위의 변경인 경우만 해당함.

다. 대수선에 해당하는 경우

라. 건축물의 층수를 변경하지 않으면서 변경되는 부분의 높이가 1m 이하이거나 전체 높이의 10분의 1 이하인 경우[변경되는 부분이 가(괄호 부분 제외), 나 본문 및 마(괄호 부분 제외) 범위의 변경인 경우만 해당함]

라. 허가를 받거나 신고를 하고 건축 중인 부분의 위치가 1m 이내에서 변경되는 경우[변경되는 부분이 가(괄호 부분제외), 나 본문 및 라(괄호 부분 제외) 범위의 변경인 경우만 해당함]

9. 사업시행자의 명칭 또는 사무소 소재지를 변경하는 경우

10. 정비구역 또는 정비계획의 변경에 따라 사업시행계획서를 변경하는 경우

11. 조합변경인가에 따라 사업시행계획서를 변경하는 경우

12. 그 밖에 특별시·광역시 또는 도의 조례(이하 "시·도 조례"라 함)로 정하는 사항을 변경하는 경우

② 「국민주택」이란 국가·지방자치단체, 「한국토지주택공사법」에 따른 한국토지주택공사 또는 「지방공기업법」 제49조에 따라 주택사업을 목적으로 설립된 지방공사가 건설하는 주택 또는 국가·지방자치단체의 재정 또는 「주택도시기금법」에 따른 주택도시기금으로부터 자금을 지원받아 건설되거나 개량되는 주택 중 어느 하나에 해당하는 주택으로서 국민주택규모 이하인 주택을 말합니다(「주택법」 제2조제5호).

③ 위반 시 제재사업시행인가를 받지 않고 주택재건축사업을 시행한 자와 동 사업시행계획서를 위반하여 건축물을 건축한 자는 2년 이하의 징역 또는 2천만원 이하의 벌금에 치해 집니다(도시정비법 제85조제7호).

◆ 총회에서 의결한 사업시행계획서가 인가 신청시 변경된 경우 총회의결 효력

(질의요지)

주택재개발 정비사업조합에서 총회 의결을 거쳐 사업시행계획서를 수립하였으나, 총회에서 의결한 사업시행계획서와 상이하게 세대수 등이 변경된 사업시행계획서로 사업시행인가를 신청하고자 하는 경우 다시 총회를 개최하여 조합원의 동의를 받아야 하는지요?

(회신내용)

도시정비법 제24조제3항제9호의2에 따라 사업시행계획서의 수립 및 변경(제28조제1항에 따른 정비사업의 중지 또는 폐지에 관한 사항을 포함하며, 같은 항 단서에 따른 경미한 변

경은 제외한다) 사항은 총회의 의결을 거쳐야 하므로, 질의
하신 경우와 같이 세대수가 변경되는 경우는 같은 법 시행
령 제38조에 따른 사업시행인가의 경미한 변경에 해당하지
아니하므로, 변경된 사업시행계획서에 대하여는 다시 총회의
의결을 거쳐야 할 것입니다.

◆ **사업시행인가상 정비사업 시행기간이 경과한 경우 사업
추진 여부**

(질의요지)

도시정비법 시행규칙 제9조제3항제1호라목에 따른 사업시행
인가 고시문상 정비사업 시행기간이 경과한 경우, 도시정비
법 제77조제1항에 따라 정비사업의 시행이 같은 법에 따른
사업시행계획서에 위반되었다고 인정하여 시장·군수는 사업
시행자에게 사업시행인가의 취소를 하여야 하는지요?

(회신내용)

도시정비법 제28조제1항에 따라 사업시행자는 정비사업을
시행하고자 하는 경우에는 사업시행계획서에 정관등과 그
밖에 국토교통부령이 정하는 서류를 첨부하여 시장·군수에게
제출하고 사업시행인가를 받아야 하며, 인가받은 내용을 변
경하거나 정비사업을 중지 또는 폐지하고자 하는 경우에도
또한 같도록 하고 있습니다. 따라서 당초 사업시행인가시의
"정비사업의 시행기간"이 경과한 경우에는 사업시행변경인가
를 받은 후 사업을 추진할 수 있을 것으로 판단됩니다.

◆ 용적률완화 규정 적용도 사업시행인가 경미한 변경인지요?

(질의요지)

도시정비법 제30조의3(주택재건축사업 등의 용적률 완화 및 소형주택 건설 등)에 따라 법적 상한용적률을 적용한 정비계획을 금번 신설된 제4조의4(기본계획 및 정비계획 수립시 용적률 완화)를 적용하고자 하는 경우 같은 법 제4조 및 경미한 사항으로 처리해야 하는지와 관련 절차 및 지침이 있는지요?

(회신내용)

도시정비법 제4조의4제1항에 따르면 특별시장·광역시장 또는 시장·군수는 정비사업의 원활한 시행을 위하여 기본계획 또는 정비계획을 수립하거나 변경하고자 하는 경우 「국토의 계획 및 이용에 관한 법률」 제36조에 따른 주거지역에 대하여는 같은 법 제78조에 따라 조례로 정한 용적률에도 불구하고 같은 법 같은 조 및 관계 법률에 따른 용적률의 상한까지 용적률을 정할 수 있도록 하고 있음을 알려드리며, 이에 대한 적용은 도시정비법 제4조제1항에 따른 정비계획 수립 및 변경 절차에 따라야 할 것입니다.

◆ 에스컬레이터 설치의 사업시행인가 변경 여부

(질의요지)

점포 전면에 에스컬레이터를 설치하는 것이 도시정비법 시행령 제38조제2호의 예외 규정인 "부대복리시설의 위치가 변경하는 경우"에 해당되어 사업시행인가의 경미한 변경에서 제외되는지, 아니면 사업시행인가의 경미한 변경에 해당되는지요?

(회신내용)

도시정비법 시행령 제38조제2호에 따르면 건축물이 아닌 부대·복리시설의 위치가 변경되는 경우에는 사업시행인가의 경미한 변경에서 제외하도록 하고 있으므로, 질의하신에스컬레이터 설치에 대한 동 규정 적용여부는 해당 부대·복리시설의 건축물 여부 및 위치 변경 여부 등을 종합적으로 검토하여 결정할 사안으로 판단됩니다.

2-5. 사업시행인가 시기 조정

2-5-1. 특별시장·광역시장 또는 도지사의 요청에 따른 조정

① 특별시장·광역시장 또는 도지사는 정비사업의 시행으로 인해 정비구역 주변 지역에 현저한 주택 부족이나 주택시장의 불안정이 발생하는 등 특별시·광역시 또는 도의 조례로 정하는 사유가 발생하는 경우에는 「주거기본법」 제9조에 따른 시·도 주거정책심의위원회의 심의를 거쳐 사업시행인가의 시기를 조정하도록 해당 시장, 군수 또는 시장, 군수 또는 구청장(자치구의 구청장을 말함. 이하 같음)에게 요청할 수 있으며, 요청을 받은시장, 군수 또는 구청장은특별한 사유가 없으면 그 요청에 따라야 합니다(도시정비법 제77조의5제1항 전단).

② 사업시행인가의 조정 시기는 그 인가 신청일로부터 1년을 넘을 수 없습니다(도시정비법 제77조의5제1항 후단).

2-5-2. 특별자치시장 및 특별자치도지사의 조정

① 특별자치시장 및 특별자치도지사는 정비구역 주변 지역에 현저한

주택 부족이나 주택시장의 불안정이 발생하는 등 특별자치시 및 특별자치도의 조례로 정하는 사유가 발생하는 경우에는 「주거기본법」 제9조에 따른 시·도 주거정책심의위원회의 심의를 거쳐 사업시행인가의 시기를 조정할 수 있습니다(도시 정비법 제77조의5제2항 전단). ② 사업시행인가의 조정 시기는 그 인가 신청일로부터 1년을 넘을 수 없습니다(도시정비법 제77조의5제2항 후단).

◆ **사업시행인가 고시일이 고시문상 일자인지 공고 일자인지요?**

(질의요지)

도시정비법 제48조제1항제4호의 '분양대상자별 종전의 토지 또는 건축물의 명세 및 사업시행인가의 고시가 있은 날을 기준으로 한 가격'에서 사업시행인가 고시문의 일자와 고시문을 게시한 지방자치단체의 공보 일자가 다른 경우 둘 중 어느 일자를 사업시행인가의 고시가 있은 날로 보아야 하는지요?

(회신내용)

도시정비법 제28조제4항 및 같은 법 시행규칙 제9조제3항에 따르면 시장·군수는 사업시행인가를 하거나 그 정비사업을 변경·중지 또는 폐지하는 경우에는 당해 지방자치단체의 공보에 고시하도록 하고 있으므로, 질의하신 도시정비법 제48조제1항제4호의 '사업시행인가 고시가 있은 날'은 당해 지방자치단체의 공보에 고시한 날로 보아야 할 것 입니다.

◆ 정비사업 시행기간의 기산기준

(질의요지)

가. 조합이 최초로 주택재개발정비사업 사업시행인가를 득할 시 도시정비법 시행규칙 제9조 관련 별지 제6호서식2쪽 시행기간 란에 사업시행인가일로부터 4년으로 표기하여 사업시행인가를 받고, 그로부터 1년 후 사업시행변 경인가 시 정비사업시행기간을 "사업시행인가일~4년 이내" 로 받았다면 이 정비사업의 시행기간의 기산점이 최초 사업시행인가일인지 아니면 변경인가일인지요?

나. 사업시행인가서 상의 정비사업시행기간 내에 사업완료나 사업기간을 연장하는 사업시행변경인가를 득하지 못할 경우, 사업시행인가의 효력이 자동으로 실효되는지, 아니면 행정절차법에 의거 청문절차를 거쳐 사업시행인가 취소 처분통보를 해야 하는지요?

(회신내용)

가. 질의 "가"에 대하여

도시정비법 시행규칙 별지 제6호서식 사업(시행·변경·중지·폐지)인가신청서 내용 중 시행기간 란의 사업시행인가 일은 최초 사업시행인가일로 보는 것이 타당할 것입니다.

나. 질의 "나"에 대하여

도시정비법제77조제1항에 따라 정비사업의 시행이 이 법 또는 이 법에 의한 명령·처분이나 사업시행계획서 또는 관리처분계획에 위반되었다고 인정되는 때에는 정비사업의 적정한 시행을 위하여 필요한 범위안에서 시장·군수는 사업시행자에게 그 처분의 취소·변경 또는 정지 등의 필요한 조치를 취할 수 있으므로, 질의의 경우 시장·군수가 사업시행기간 경과를 이유로 사업시행인가를 취소할지 여부는 관리처분계획인가, 착공 등 사업시행인가 이후의 정비사업 진행상황, 조합이 사업시행기간 경과 전후에 사업시행기간 연장 등을 이유로 사업시행변경인가를 신청했는지 여부 등을 고려하여 사업시행 인가권자가 판단하여야 할 것입니다.

2-6. 공람 및 의견청취

2-6-1. 관계 서류의 공람

① 시장·군수는 사업시행인가를 하려거나 사업시행계획서를 작성하려는 경우(경미한 사항을 변경하려는 경우는 제외함)에는 관계 서류의 사본을 14일 이상 일반인이 공람하게 해야 합니다(도시정비법 제31조제1항).

② 이 경우 시장·군수는 사업시행인가 또는 사업시행계획서 작성과 관계된 서류의 요지와 공람장소를 해당 지방자치단체의 공보 등에 공고하고, 토지 등 소유자에게 공고내용을 통지해야 합니다(도시정비법 시행령 제42조).

2-6-2. 의견 제출

① 토지 등 소유자 또는 조합원, 그 밖에 주택재건축사업과 관련하여 이해관계를 가지는 자는 위의 공람기간 이내에 시장·군수에게 서면으로 의견을 제출할 수 있습니다(도시정비법 제31조제2항).

② 시장·군수는 제출된 의견을 심사하여 채택할 필요가 있다고 인정하는 경우에는 이를 채택하고, 그렇지 않은 경우에는 의견을 제출한 자에게 그 사유를 알려주어야 합니다(도시정비법 제31조제3항).

2-7. 건축심의 및 관계 행정기관과의 협의

2-7-1. 건축위원회의 심의

① 시장·군수는 정비구역이 아닌 구역에서 시행하는 주택재건축사업의 사업시행인가를 하려는 경우에는 건축물의 높이·층수·용적률 등 다음의 사항에 대하여 특별자치시·특별자치도·시·군·구(자치구를 말함)에 설치된 건축위원회의 심의를 거쳐야 합니다(도시정비법 제28조 제2항 및 시행령 제39조 본문).

1. 공동이용시설 설치계획
2. 건축물의 주용도·건폐율·용적률·높이에 관한 계획
3. 환경보전 및 재난방지에 관한 계획
4. 정비기반시설의 설치계획
5. 건축물의 건축선에 관한 계획

② 「국토의 계획 및 이용에 관한 법률」 제51조에 따라 지정된 지구단위계획구역인 경우 도시계획위원회의 심의(건축위원회와 공동으로 하는 심의를 포함함)를 거쳐 지구단위계획으로 결정된 사항은 건축위원회의 심의에서 제외됩니다(도시정비법 시행령 제39조 단서).

2-7-2. 지방 교육행정청과의 협의

시장·군수는 사업시행인가(시장·군수가 사업시행계획서를 작성한 경우 포함)를 하려는 경우(인가받은 내용을 변경하는 경우 포함) 정비구역으로부터 200m 이내에 교육시설이 설치되어 있는 경우에는 해당 지방자치단체의 교육감 또는 교육장과 협의해야 합니다(도시정비법 제28조제3항).

2-7-3. 관계 행정기관의 장과의 협의

① 시장·군수는 사업시행인가를 하거나 사업시행계획서를 작성하려는 경우 해당 사업시행인가에 따른 인·허가 등에 해당하는 사항이 있는 경우에는 미리 관계 행정기관의 장과 협의해야 하며, 협의를 요청받은 관계 행정기관의 장은 요청받은 날부터 20일 이내에 의견을 제출해야 합니다(도시정비법 제32조제4항).

② 만약 천재지변이나 그 밖의 불가피한 사유로 인하여 긴급히 주택재건축사업을 시행할 필요가 있다고 시장·군수가 인정하는 경우에는 관계 행정기관의 장과 협의를 마치기 전에 사업시행인가를 할 수 있으나, 이 경우 협의를 마칠 때까지는 사업시행인가에 따른 인·허가 등을 받은 것으로 보지 않습니다(도시정비법 제32조제5항).

2-8. 환경영향평가

① 사업면적이 30만㎡ 이상인 주택재건축사업은 환경영향평가를 실시해야 합니다(규제「환경영향평가법」제22조제1항·제2항, 시행령 제31조제2항 및 별표 3 제1호마목).

② 특별시·광역시·도·특별자치도 또는 인구가 50만 이상의 시(이하 "시·도"라 함)는 환경영향평가 대상사업의 종류 및 범위에 해당하지 않는 사업으로서 다음의 어느 하나에 해당하는 사업에 대하여 지역특성 등을 고려하여 환경영향평가를 실시할 필요가 있다고 인정하면 해당 시·도의 조례로 정하는 바에 따라 그 사업을 시행하려는 자로 하여금 환경영향평가를 실시하게 할 수 있습니다(「환경영향평가법」제42조제1항 및 시행령 제58조).

1. 대상사업의 50퍼센트 이상 100퍼센트 미만인 규모의 사업
2. 대상사업의 50퍼센트 미만인 규모의 사업 또는 특별시장·광역시

장·도지사(관할구역에서 인구 50만 이상의 대도시는 제외)·특별자치도지사 또는 인구가 50만 이상의 대도시 시장이 미리 환경부장관과 협의한 범위의 사업

2-9. 교통영향평가 실시대상

① 도시교통정비지역 또는 도시교통정비지역의 교통권역에서 부지면적 5만㎡ 이상의 주택재건축사업(이하 '대상사업'이라 함)을 하려는 자(지방자치단체 포함)는 교통영향평가를 실시해야 합니다(「도시교통정비 촉진법」 제15조제1항, 시행령 제13조의2제3항 및 별표 1).
② 특별시·광역시·특별자치시·도 또는 특별자치도(이하 '시·도'라 함)는 도시교통정비지역 또는 도시교통정비지역의 교통권역에서 대상사업의 범위에 해당하지 않는 사업 중 지역의 특수성 등을 고려하여 교통영향평가를 실시하게 할 필요가 있는 경우에는 부지면적 5만㎡의 100분의 50 이상의 범위에서 해당 시·도의 조례로 대상사업 또는 그 범위를 달리 정할 수 있습니다(「도시교통정비 촉진법」 제15조제4항 및 시행령 제13조의2제7항).

2-10. 매장문화재 지표조사 실시

「매장문화재 보호 및 조사에 관한 법률」 제6조에서 규정하는 바에 따라 일정 규모 이상의 건설공사를 시행하는 자는 해당 건설공사 지역에 문화재가 매장·분포되어 있는지를 확인하기 위하여 사전에 매장문화재 지표조사를 하여야 합니다(「매장문화재 보호 및 조사에 관한 법률」 제6조, 시행령 제4조제1항, 시행규칙 제2조).

3. 사업시행인가 고시

3-1. 공보 고시

① 시장·군수는 사업시행인가(시장·군수가 사업시행계획서를 작성한 경우 포함)를 하거나 그 주택재건축사업을 변경·중지 또는 폐지하는 경우에는 다음과 같이 그 내용을 해당 지방자치단체의 공보에 고시해야 합니다(도시정비법 제28조제4항 본문 및 시행규칙 제9조제3항).

(관련판례)

구 도시정비법(2007. 12. 21. 법률 제8785호로 개정되기 전의 것)에 따른 주택재건축 정비사업조합은 관할 행정청의 감독 아래 위 법상 주택재건축사업을 시행하는 공법인으로서, 그 목적 범위에서 법령이 정하는 바에 따라 일정한 행정작용을 행하는 행정주체의 지위를 가진다 할 것인데, 재건축 정비사업조합이 이러한 행정주체의 지위에서 위 법에 기초하여 수립한 사업시행계획은 인가·고시를 통해 확정되면 이해관계인에 대한 구속적 행정계획으로서 독립된 행정처분에 해당하고, 이와 같은 사업시행계획안에 대한 조합 총회 결의는 그 행정처분에 이르는 절차적 요건 중 하나에 불과한 것으로서, 그 계획이 확정된 후에는 항고소송의 방법으로 계획의 취소 또는 무효확인을 구할 수 있을 뿐, 절차적 요건에 불과한 총회결의 부분만을 대상으로 그 효력 유무를 다투는 확인의 소를 제기하는 것은 허용되지 아니하고, 한편 이러한 항고소송의 대상이 되는 행정처분의 효력이나 집행 혹은 절차속행 등의 정지를 구하는 신청은

「행정소송법」상 집행정지신청의 방법으로서만 가능할 뿐 「민사소송
법」상 가처분의 방법으로는 허용될 수 없다(대법원 2009. 11. 2.
자 2009마596 결정).

(관련판례)

도시정비법에 따른 주택재건축 정비사업조합은 관할 행정청의 감독
아래 위 법상의 주택재건축사업을 시행하는 공법인(위 법 제18조)
으로서, 그 목적 범위 내에서 법령이 정하는 바에 따라 일정한 행
정작용을 행하는 행정주체의 지위를 갖는다. 따라서 행정주체인 재
건축조합을 상대로 관리처분계획안에 대한 조합 총회결의의 효력
등을 다투는 소송은 행정처분에 이르는 절차적 요건의 존부나 효력
유무에 관한 소송으로서 그 소송결과에 따라 행정처분의 위법 여부
에 직접 영향을 미치는 공법상 법률관계에 관한 것이므로, 이는
「행정소송법」의 당사자소송에 해당하고, 재건축조합을 상대로 사업
시행계획안에 대한 조합 총회결의의 효력 등을 다투는 소송 또한
「행정소송법」의 당사자소송에 해당한다(대법원 2009. 10. 15. 선고
2008다93001 판결).

4. 주택재건축사업의 용적률 완화 및 소형주택 건설 등

과밀억제권역에서 주택재건축사업을 시행하는 경우 사업시행자는 지
방도시계획위원회의 심의를 거쳐 법적상한용적률까지 건축할 수 있으
며, 사업시행자가 정비계획으로 정하여진 용적률을 초과하여 건축하

려는 경우 특별시·광역시·시 또는 군의 조례로 정한 용적률 제한 및 정비계획으로 정한 허용세대수 제한을 받지 않습니다.

4-1. 과밀억제권역에서의 주택재건축사업의 용적률 완화
4-1-1. 법적상한용적율의 완화

① 과밀억제권역에서 주택재건축사업(「도시재정비 촉진을 위한 특별법」 제2조제1호에 따른 재정비촉진지구에서 시행되는 주택재건축사업은 제외함)을 시행하는 경우 사업시행자는 정비계획(정비계획으로 의제되는 계획 포함)으로 정하여진 용적률에도 불구하고 지방도시계획위원회의 심의를 거쳐 법적상한용적률까지 건축할 수 있으며, 사업시행자가 정비계획으로 정하여진 용적률을 초과하여 건축하려는 경우 다음의 적용을 받지 않습니다(도시정비법 제30조의3제1항).
1. 「국토의 계획 및 이용에 관한 법률」 제78조에 따라 특별시·광역시·특별자치시·특별자치도·시 또는 군의 조례로 정한용적률 제한
2. 정비계획으로 정한 허용세대수 제한

② 「법적상한용적률」이란 다음의 어느 하나에 해당하는 용적률의 상한을 말합니다(도시정비법 제30조의3제1항 및 제4항).
1. 「국토의 계획 및 이용에 관한 법률」 제78조에 따른 용적률 의 상한
2. 관계 법률에 따른 용적률의 상한
3. 다음의 어느 하나에 해당하여 건축행위가 제한되는 경우 건축이 가능한 용적률을 말합니다.
 가. 「국토의 계획 및 이용에 관한 법률」 제76조에 따른 건축물의 층수제한
 나. 「건축법」 제60조에 따른 높이제한

다. 「건축법」 제61조에 따른 일조 등의 확보를 위한 건축물의 높이
   제한
라. 「항공법」 제82조에 따른 비행안전구역 내 건축물의 높이 제한
마. 「군사기지 및 군사시설 보호법」 제10조에 따른 비행안전구역
   내 건축물의 높이제한
바. 「문화재보호법」 제12조에 따른 건설공사 시 문화재보호를 위한
   건축제한
사. 그 밖에 건축 관계 법률에 따른 건축제한으로 인하여 용적률의
   완화가 불가능하다고 특별자치시장, 특별자치도지사, 시장, 군수,
   자치구의 구청장(이하 '시장·군수'라 함)이 관계 법률의 근거를
   제시하여 지방도시계획위원회 또는 시·도 건축위원회의 심의를 거
   쳐 용적률 완화가 불가능하다고 인정된 경우

4-1-2. 사업시행계획서에의 반영

정비계획으로 정해진 용적률을 초과하여 건축하려는 경우 사업시행
자는 사업시행인가를 신청하기 전에 미리 아래의 소형주택에 관한
사항을 국토교통부장관, 특별시장·광역시장·특별자치시장·도지사·특별
자치도지사(이하 '시·도지사'라 함), 시장, 군수, 구청장(자치구의 구
청장을 말함. 이하 같음), 한국토지주택공사 또는 지방공사[이하 '인
수자'라 함]와 협의하여 사업시행계획서에 반영해야 합니다(도시정비
법 제30조의3제5항).

4-2. 소형주택 건설 및 공급
4-2-1. 용적률 완화에 따른 소형주택의 건설의무
① 사업시행자는 법적상한용적률에서 정비계획으로 정하여진 용적률

을 뺀 용적률의 다음에 따른 비율에 해당하는 면적에 주거전용면적 60㎡ 이하의 소형주택(이하 '소형주택'이라 함)을 건설해야 합니다(도시정비법 제30조의3제2항 본문).

1. 과밀억제권역에서 시행하는 주택재건축사업의 경우 100분의 30 이상 100분의 50 이하로서 특별시·광역시·특별자치시·도·특별자치도 또는 「지방자치법」 제175조에 따른 서울특별시·광역시 및 특별자치시를 제외한 인구 50만 이상 대도시의 조례(이하 '시·도조례'라 함)로 정하는 비율

2. 과밀억제권역 외의 지역에서 시행하는 주택재건축사업의 경우 100분의 50 이하로서 시·도조례로 정하는 비율

② 다만, 도시정비법 제8조제4항제1호에 따른 정비사업을 시행하는 경우에는 그렇지 않습니다(도시정비법 제30조의3제2항 단서).

4-2-2. 소형주택 공급

① 사업시행자는 정비계획의 용적률을 초과하여 건축하는 경우 그 초과한 용적률에 시·도 비율을 곱한 용적률에 해당하는 면적에 건설한 소형주택을 인수자에 공급해야 합니다(도시정비법 제30조의3제3항 전단).

② 이 경우 소형주택의 공급가격은 제「공공주택 특별법」 제50조의2에 따라 국토교통부장관이 고시하는 공공건설임대주택의 표준건축비로 하며, 부속토지는 인수자에게 기부채납한 것으로 봅니다(도시정비법 제30조의3제3항 후단).

③ 사업시행자는 조합원에게 공급되고 남은 주택을 대상으로 공개추첨의 방법에 의하여 소형주택을 선정해야 하며, 그 선정결과를 지체 없이 인수자에게 통보해야 합니다(도시정비법 시행령 제41조의2

제1항).

④ 사업시행자가 소형주택을 공급하는 경우에는 시·도지사, 시장·군수 순으로 우선하여 인수할 수 있습니다. 다만, 시·도지사 및 시장·군수가 소형주택을 인수할 수 없는 경우에는 시·도지사는 국토교통부장관에게 인수자 지정을 요청해야 합니다(도시정비법 시행령 제41조의2제2항).

⑤ 국토교통부장관은 시·도지사로부터 인수자 지정 요청이 있는 경우에는 30일 이내에 인수자를 지정하여 시·도지사에게 통보해야 하며, 시·도지사는 지체 없이 이를 시장·군수에게 보내어 그 인수자와 소형주택의 공급에 관하여 협의하도록 해야 합니다(도시정비법 시행령 제41조의2제3항).

4-2-3. 소형주택 용도

인수된 소형주택은 공공임대주택으로서 임대의무기간이 20년 이상인 것으로 활용해야 합니다(도시정비법 제30조의3제6항 본문 및 시행령 제41조의2제4항).

■ 주택재건축 정비계획에 정해진 용적률을 초과하여 재건축사업을 진행할 수 있나요?

ⓠ 주택재건축 정비계획에 정해진 용적률을 초과하여 재건축사업을 진행할 수 있나요?

ⓐ 사업시행자는 법적상한용적률에서 정비계획으로 정하여진 용적률을 뺀 용적률의 다음에 따른 비율에 해당하는 면적에 주거전용면적 60㎡ 이하의 소형주택을 건설함으로써, 이를 진행할 수 있습니다.

① 과밀억제권역에서 시행하는 주택재건축사업의 경우 100분의 30 이상 100분의 50 이하로서 특별시·광역시·특별자치시·도·특별자치도 또는 「지방자치법」 제175조에 따른 서울특별시·광역시 및 특별자치시를 제외한 인구 50만 이상 대도시의 조례(이하 "시·도조례"라 함)로 정하는 비율

② 과밀억제권역 외의 지역에서 시행하는 주택재건축사업의 경우 100분의 50 이하로서 시·도조례로 정하는 비율

용적률 완화에 따른 재건축 소형주택의 건설의무 : 이 경우 사업시행자는 정비계획의 용적률을 초과하여 건축하는 경우 그 초과한 용적률에 시·도 비율을 곱한 용적률에 해당하는 면적에 건설한 재건축 소형주택을 인수자에 공급해야 합니다.

■ 재건축 시 임대주택 공급의무가 있는지요?

Ⓠ 가. 2009. 4. 22. 법률 제9632호로 개정·시행된 도시정비법 부칙 제3항과 관련하여, 같은 법 개정전에 주택재건축사업의 사업시행인가를 받았으나 관리처분계획인가를 받지 않은 경우 도시정비법 제30조의3에 따라 사업시행변경인가를 받아야 하는지요?

나. 2009. 4. 22. 법률 제9632호로 도시정비법이 개정되기 전에 주택재건축사업의 사업시행인가 및 관리처분계획인가를 받은 경우로서 사업시행 변경인가없이 공사가 완료되어 준공인가된 경우, 개정 전 도시정비법 제30조의2에 따라 재건축임대주택을 공급할 의무가 있는지요?

Ⓐ 가. 질의 가에 대해2009. 4. 22. 법률 제9632호로 개정·시행

된 도시정비법 부칙 제3항과 관련하여, 같은 법 개정 전에 주택재건축사업의 사업시행인가를 받았으나 관리처분 계획인가를 받지 않은 경우 도시정비법 제30조의3에 따라 사업시행 변경인가를 받아야 합니다.

나. 질의 나에 대해 2009. 4. 22. 법률 제9632호로 도시정비법이 개정되기 전에 주택재건축사업의 사업시행인가 및 관리처분계획인가를 받은 경우로서 사업시행 변경인가 없이 공사가 완료되어 준공인가된 경우, 개정 전 도시비법제30조의2에 따라 재건축임대주택을 공급할 의무가 있습니다.

5. 정비기반시설의 설치

사업시행자는 관할 지방자치단체장과의 협의를 거쳐 정비구역 안에 도로, 상하수도, 공원·공용주차장, 공동구, 녹지, 하천, 공공공지, 광장 등 주민의 생활에 필요한 정비기반시설을 설치해야 합니다.

5-1. 정비기반시설

「정비기반시설」이란 도로, 상하수도, 공원·공용주차장, 공동구, 녹지, 하천, 공공공지, 광장. 소방용수시설, 비상대피시설, 열·가스공급시설, 지역난방시설, 주거환경개선사업을 위하여 지정·고시된 도시정비법 제2조제1호의 규정에 의한 정비구역 안에 설치하는 도시정비법 제2조제5호의 규정에 의한 공동이용시설로서 도시정비법 제30조의 규정에 의한 사업시행계획서에 해당 특별자치시장·특별자치도지사·시장·군수 또는 자치구의 구청장이 관리하는 것으로 포함된 것 등 주민의 생활에 필요한 시설을 말합니다(도시정비법 제2조제4호 및 시행령 제3조).

5-2. 정비기반시설의 설치
정비기반시설은 사업시행계획의 내용이므로, 사업시행인가의 단계에서 그 위치 및 행태 등이 정해 집니다(도시정비법 제30조제2호 참조).

5-2-1. 사업시행자의 정비기반시설 설치
사업시행자는 관할 지방자치단체장과의 협의를 거쳐 정비구역 안에 정비기반시설을 설치해야 합니다(도시정비법 제64조제1항).

5-2-2. 정비기반시설 설치를 위한 정비구역 지정
특별시장·광역시장·특별자치시장·도지사·특별자치도지사 또는 특별시·광역시·특별자치시·도·특별자치도 또는 「지방자치법」 제175조에 따른 서울특별시·광역시 및 특별자치시를 제외한 인구 50만 이상 대도시의 시장은 정비구역을 지정함에 있어서 정비구역의 진입로 설치를 위하여 필요한 경우에는 진입로 지역과 그 인접지역을 포함하여 정비구역을 지정할 수 있습니다(도시정비법 제64조제3항).

5-2-3. 토지 또는 건축물이 자의 우선매수청구권
① 우선매수청구
정비기반시설의 설치를 위하여 토지 또는 건축물이 수용된 자는 해당 정비구역 안에 소재하는 대지 또는 건축물로서 매각대상이 되는 대지 또는 건축물에 대하여 일반분양에 대한 규정(도시정비법 제50조제5항)에도 불구하고 다른 사람에 우선하여 매수를 청구할 수 있

습니다(도시정비법 제64조제2항 본문).

② 수의계약에 의한 매각

해당 대지 또는 건축물이 국가 또는 지방자치단체의 소유인 경우에는 수의계약에 의하여 매각할 수 있습니다(도시정비법 제64조제2항 단서).

③ 우선매수의 방법

사업시행자는 정비기반시설의 설치를 위하여 토지 또는 건축물이 수용된 자에게 매각할 대지 또는 건축물이 있는 경우에는 다음의 사항을 해당 지역에서 발간되는 일간신문에 공고해야 합니다(도시정비법 시행령 제61조제1항).

1. 정비기반시설의 설치를 위하여 토지 또는 건축물이 수용된 자는 우선매수할 수 있다는 취지
2. 매각할 대지 또는 건축물의 위치·면적 및 매각예정가격
3. 매각대금의 납부시기 및 납부방법 등
4. 그 밖에 매수에 필요한 사항

④ 우선매수를 하려는 자는 공고일부터 14일 이내에 사업시행자에게 서면으로 매수청구를 해야 합니다. 이 경우 그 기간 내에 매수청구가 없는 경우에는 매수의사가 없는 것으로 봅니다(도시정비법 시행령 제61조제2항).

⑤ 매수청구가 있는 경우 사업시행자는 매수청구를 한 자(이하 '매수청구자'라 함)와 매각조건에 관하여 협의해야 합니다. 이 경우 협의가 성립되지 않은 경우에는 사업시행자 또는 매수청구자의 신청에 의하여 시장·군수 또는 자치구의 구청장(이하 "시장·군수"라 함)이 해당 지방도시계획위원회의 심의를 거쳐 결정합니다(도시정비법 시행령 제61조제3항).

⑥ 사업시행자는 협의가 성립되거나 결정이 있는 경우에는 그 내용에 따라 매수청구자에게 매각해야 합니다(도시정비법 시행령 제61조제4항).

5-3. 정비기반시설 및 토지 등의 귀속

5-3-1. 무상귀속 및 양도

① 시장·군수 등 공공이 시행하는 주택재건축사업

시장·군수, 한국토지주택공사 또는 지방공사(이하 "지방공사 등"이라 함)가 주택재건축사업의 시행으로 새로이 정비기반시설을 설치하거나 기존의 정비기반시설에 대체되는 정비기반시설을 설치한 경우에는 「국유재산법」 및 「공유재산 및 물품 관리법」에도 불구하고 종래의 정비기반시설은 사업시행자에게 무상으로 귀속되고, 새로이 설치된 정비기반시설은 그 시설을 관리할 국가 또는 지방자치단체에 무상으로 귀속됩니다. 이 경우 정비기반시설에 해당하는 도로는 다음의 어느 하나에 해당하는 도로를 말합니다(도시정비법 제65조제1항).

1. 「도로법」 제23조에 따라 도로관리청이 관리하는 도로
2. 「국토의 계획 및 이용에 관한 법률」 제30조에 따라 도시·군관리 계획으로 결정되어 설치된 도로
3. 「도시개발법」 등 다른 법률에 따라 설치된 국가 또는 지방자치단 체 소유의 도로
4. 그 밖에 「공유재산 및 물품 관리법」에 따른 공유재산 중 일반인 의 교통을 위하여 제공되고 있는 부지. 이 경우 부지의 사용 형 태, 규모, 기능 등 구체적인 기준을 시·도조례로정할 수 있음

② 주택재건축 정비사업조합이 시행하는 주택재건축사업

시장·군수 또는 주택공사 등이 아닌 사업시행자가 주택재건축사업의

시행으로 새로이 설치한 정비기반시설은 그 시설을 관리할 국가 또는 지방자치단체에 무상으로 귀속되고, 정비사업의 시행으로 인하여 용도가 폐지되는 국가 또는 지방자치단체 소유의 정비기반시설은 그가 새로이 설치한 정비기반시설의 설치비용에 상당하는 범위에서 사업시행자에게 무상으로 양도됩니다(도시정비법 제65조제2항).

5-3-2. 귀속협의 및 통지

① 시장·군수는 정비기반시설의 귀속 및 양도에 관한 사항이 포함된 주택재건축사업을 시행하려거나 그 시행을 인가하려는 경우(인가받은 사항을 변경하려는 경우도 포함)에는 미리 그 관리청의 의견을 들어야 합니다(도시정비법 제65조제3항).
② 사업시행자는 관리청에 귀속될 정비기반시설과 사업시행자에게 귀속 또는 양도될 재산의 종류와 세목을 주택재건축사업의 준공 전에 관리청에 통지해야 합니다(도시정비법 제65조제4항).

5-3-3. 귀속시기

해당 정비기반시설은 그 주택재건축사업이 준공인가되어 관리청에 준공인가 통지를 한 때에 국가 또는 지방자치단체에 귀속되거나 사업시행자에게 귀속 또는 양도된 것으로 봅니다(도시정비법 제65조제4항).

5-3-4. 등기절차

정비기반시설의 등기에 있어서는 주택재건축사업의 시행인가서와 준공인가서(시장·군수가 직접 정비사업을 시행하는 경우에는 사업시행인가의 고시와 공사완료의 고시를 말함)는 「부동산등기법」에 따른 등기원인을 증명하는 서류에 갈음합니다(도시정비법 제65조제5항).

(관련판례)

정비기반시설의 무상양도 및 무상귀속 여부는 구 도시정비법(2003. 5. 29. 법률 제6893호로 개정되기 전의 것) 제65조제2항에 의하여 결정되는 것으로서, 같은 조 제3항은 인가청으로 하여금 이해관계의 조정을 위하여 미리 관리청의 의견을 듣도록 규정한 것에 불과하고, 같은 조 제4항도 제1항 및 제2항의 규정에 의하여 관리청에 귀속될 정비기반시설과 사업시행자에게 귀속 또는 양도될 재산의 종류와 세목을 정비사업의 준공 전에 관리청에 통지하도록 하는 절차적 규정이므로, 같은 조 제3항, 제4항의 절차를 거치지 않았다고 하여 용도폐지되는 정비기반시설이 무상양노의 대상이 되지 않는다고 볼 수는 없고, 그러한 절차를 거치지 않았다는 사정만으로 같은 조 제2항을 위반하여 체결된 계약을 유효로 볼 것은 아니다(대법원 2009. 6. 25. 선고 2006다18174 판결).

(관련판례)

도시정비법 시행 전에 사업계획승인을 받은 재건축사업의 민간 사업시행자가 같은 법 시행 후 정비사업의 시행으로 용도가 폐지되는 국가 또는 지방자치단체 소유의 정비기반시설의 양도 또는 귀속에 관하여 국가 또는 지방자치단체와 계약을 체결하는 경우에는 같은 법 제65조제2항 후단이 적용된다고 봄이 상당하다(대법원 2009. 6. 11. 선고 2008다20751 판결).

6. 사업시행인가의 특례

① 사업시행자 또는 추진위원회는 주택재건축사업을 하는 경우 주택재건축 정비사업조합 설립의 동의요건을 충족시키기 위해 필요한 경우에는 그 주택단지 안의 일부 토지에 대하여 분할 제한 면적에 미달되더라도 토지분할을 청구할 수 있습니다.

② 주택재건축사업의 시행으로 인하여 지상권·전세권 또는 임차권의 설정목적을 달성할 수 없는 경우에는 그 권리자는 계약을 해지할 수 있습니다.

6-1. 주택재건축사업 범위에 관한 특례

6-1-1. 대지분할 청구

① 사업시행자 또는 추진위원회는 「주택법」 제15조제1항에 따라 사업계획승인을 받아 건설한 2 이상의 건축물이 있는 주택단지에 주택재건축사업을 하는 경우 주택재건축 정비사업조합(이하 "조합"이라 함) 설립의 동의요건을 충족시키기 위해 필요한 경우에는 그 주택단지 안의 일부 토지에 대하여 「건축법」 제57조에도 불구하고 분할하려는 토지면적이 다음의 구분에 따른 면적에 미달되더라도 토지분할을 청구할 수 있습니다(도시정비법 제41조제1항, 「건축법」 제57조 및 「건축법 시행령」 제80조).

6-1-2. 분할 절차

① 사업시행자 또는 추진위원회는 토지분할 청구를 하는 경우에는 토지분할 대상이 되는 토지 및 그 위의 건축물과 관련된 토지 등 소유자와 협의해야 합니다(도시정비법 제41조제2항).

② 사업시행자 또는 추진위원회는 토지분할의 협의가 성립되지 않은 경우에는 법원에 토지분할을 청구할 수 있습니다(도시정비법 제41조 제3항).

③ 법원에 토지분할이 청구된 경우 특별자치시장, 특별자치도지사, 시장, 군수, 자치구의 구청장(이하 '시장·군수'라 함)은 분할되어 나갈 토지 및 그 위의 건축물이 다음의 요건을 충족하는 경우에는 토지분할이 완료되지 않아 조합 설립의 동의요건에 미달하더라도 건축위원회의 심의를 거쳐 조합 설립의 인가와 사업시행인가를 할 수 있습니다(도시정비법 제41조제4항 및 시행령 제45조제1호).

1. 해당 토지 및 건축물과 관련된 토지 등 소유자의 수가 전체의 10분의 1 이하일 것
2. 분할되어 나가는 토지 위의 건축물이 분할선상에 위치하지 아니할 것
3. 분할되어 나가는 토지가 「건축법」 제44조에 적합할 것

6-2. 소유자의 확인이 곤란한 건축물 등에 대한 처분
6-2-1. 공탁 후 사업 시행

사업시행자는 주택재건축사업을 시행함에 있어 조합 설립의 인가일[시장·군수가 직접 재건축사업을 시행하거나 한국토지주택공사·지방공사(이하 "주택공사 등"이라 함) 또는 지정개발자를 사업시행자로 지정한 경우에는 지정고시일을 말함] 현재 건축물 또는 토지 소유자의 소재 확인이 현저히 곤란한 경우에는 전국적으로 배포되는 2 이상의 일간신문에 2회 이상 공고하고, 그 공고한 날부터 30일 이상이 지난 때에는 그 소유자의 소재 확인이 현저히 곤란한 건축물 또는 토지의 감정평가액에 해당하는 금액을 법원에 공탁하고 재건축사업을 시행할 수 있습니다(도시정비법 제45조제1항).

6-2-2. 토지 또는 건축물의 감정평가

토지 또는 건축물에 대한 감정은 「감정평가 및 감정평가사에 관한 법률」에 따른 감정평가업자 중 시장·군수가 선정·계약한 1인 이상의 감정평가업자와 조합총회의 의결로 정하여 선정·계약한 1인 이상의 감정평가업자가 평가한 금액을 산술평균하여 산정합니다. 다만, 관리처분계획을 변경·중지 또는 폐지하고자 하는 경우에는 분양예정 대상인 대지 또는 건축물의 추산액과 종전의 토지 또는 건축물의 가격은 사업시행자 및 토지등소유자 전원이 합의하여 이를 산정할 수 있습니다(도시 정비법 제45조제4항 및 제48조제5항제1호).

◆ **사업시행인가를 폐지하고 다시 사업시행인가를 득하게 될 경우 종전 토지·건축물의 감정평가를 새로이 할 수 있는지요?**

(질의요지)

도시정비법 제28조제1항에 따라 주택재개발정비사업 사업시행인가를 폐지하고 다시 사업시행인가를 득하게 될 경우 종전 토지·건축물의 감정평가를 새로이 할 수 있는지요?

(회신내용)

도시정비법 제48조제1항제4호에 따르면 관리처분계획수립을 위한 분양대상자별 종전의 토지 또는 건축물의 가격은 사업시행인가의 고시가 있은 날을 기준으로 하도록 하고 있으므로, 도시정비법 제28조제1항에 따른 정비사업 폐지 후 새로이 사업시행인가를 받아 고시한 경우 해당 고시가 있은 날을 기준으로 평가할 수 있을 것으로 판단됩니다.

◆ 사업시행변경인가를 한 경우 종전 자산 감정평가 시점은?

(질의요지)

A구역 주택재개발정비사업은 2007.9.5. 최초 사업시행인가를 받았고 건폐율, 용적률, 세대수 증가 등 사업계획을 변경하는 내용으로 2014.11.12. 사업시행변경인가를 받은 후 분양신청을 받고 있는 중으로, 도시정비법 제48조제1항제4호에 따른 관리처분계획 수립을 위한 "분양대상자별 종전의 토지 및 건축물의 가격"은 최초 사업시행인가의 고시가 있은 날로 하는지 아니면 사업시행변경인가의 고시가 있은 날로 하는지요?

(회신내용)

도시정비법 제48조제1항에 따라 사업시행자는 제46조에 따른 분양신청기간이 종료된 때에는 제46조에 따른 분양신청의 현황을 기초로 "분양대상자별 종전의 토지 또는 건축물의 명세 및 사업시행인가의 고시가 있은 날을 기준으로 한 가격" 등 같은 항 각 호의 사항이 포함된 관리처분 계획을 수립하여 시장·군수의 인가를 받도록 하고 있으며 이 때 관리처분계획 수립을 위한 분양대상자별 종전의 토지 및 건축물에 대한 평가는 최초 사업시행인가의 고시가 있은 날을 기준으로 하여야 할 것입니다.

6-3. 조합원 공동 소유인 토지 등의 특례

조합 설립의 인가일 현재 조합원 전체의 공동소유인 토지 또는 건축물에 대하여는 조합 소유의 토지 또는 건축물로 보며, 조합 소유로 보는 토지 또는 건축물의 처분에 관한 사항은 관리처분계획에 이를 명시해야 합니다(도시정비법 제45조제2항 및 제3항).

6-4. 지상권 등 계약의 해지

6-4-1. 계약의 해지

주택재건축사업의 시행으로 인하여 지상권·전세권 또는 임차권의 설정목적을 달성할 수 없는 경우에는 그 권리자는 계약을 해지할 수 있습니다(도시정비법 제44조제1항).

6-4-2. 금전 반환 청구 및 구상권 행사

① 계약을 해지할 수 있는 자가 가지는 전세금·보증금, 그 밖의 계약상의 금전의 반환청구권은 사업시행자에게 이를 행사할 수 있습니다(도시정비법 제44조제2항).

② 금전의 반환청구권의 행사에 따라 해당 금전을 지급한 사업시행자는 해당 토지 등 소유자에게 이를 구상할 수 있습니다(도시정비법 제44조제3항).

③ 사업시행자는 구상이 되지 않는 경우에는 해당 토지 등 소유자에게 귀속될 대지 또는 건축물을 저당권과 동일한 효력을 가지는 압류를 할 수 있습니다(도시정비법 제44조제4항).

6-4-3. 계약기간의 특례

관리처분계획의 인가를 받은 경우 다음과 같이 지상권·전세권설정계약 또는 임대차계약의 계약기간에 대하여 규정하고 있는 「민법」 제280조·제281조 및 제312조제2항, 「주택임대차보호법」 제4조제1항, 「상가건물 임대차보호법」 제9조제1항이 적용되지 않습니다(도시정비법 제44조제5항).

1. 존속기간을 약정한 지상권의 경우에도 최소 기간은 최저 연한(5
   년 ~ 30년)으로 본다는 내용

2. 존속기간을 약정하지 않은 지상권의 경우 최저 연한을 그 기간으
   로 본다는 내용

3. 건물에 대한 전세권의 존속기간을 1년 미만으로 정한 경우에는 1
   년으로 본다는 내용

4. 기간을 정하지 않았거나 2년 미만으로 정한 주택임대차는 그 기
   간을 2년으로 보며, 임차인은 2년 미만으로 정한 기간이 유효함
   을 주장할 수 있다는 내용

5. 기간을 정하지 않았거나 기간을 1년 미만으로 정한 상가임대차는
   그 기간을 1년으로 보며, 임차인은 1년 미만으로 정한 기간이 유
   효함을 주장할 수 있다는 내용

6-5. 국유·공유재산의 매각

6-5-1. 매각 및 양도 제한

정비구역 안의 국유·공유재산은 정비사업(주택재건축사업, 주택재개
발사업, 주거환경개선사업 및 도시환경정비사업을 말함. 이하 같음)
외의 목적으로 매각하거나 양도할 수 없으며, 사업시행자 또는 점유
자 및 사용자에게 다른 사람에 우선하여 수의계약으로 매각 또는
임대할 수 있습니다(도시정비법 제66조제3항 및 제4항).

6-5-2. 관리청과의 협의

① 시장·군수는 인가하려는 사업시행계획 또는 직접 작성하는 사업
시행계획서에 국유·공유재산의 처분에 관한 내용이 포함되어 있는

경우에는 미리 관리청과 협의해야 합니다(도시정비법 제66조제1항).

② 관리청이 불분명한 재산 중 도로·하천·구거 등에 대해서는 국토교통부장관을, 그 외의 재산에 대해서는 기획재정부장관을 관리청으로 봅니다(도시정비법 제66조제1항).

③ 협의를 받은 관리청은 20일 이내에 의견을 제시해야 합니다(도시정비법 제66조제2항).

6-5-3. 국유지·공유지의 평가

정비사업을 목적으로 우선 매각하는 국유·공유지의 평가는 사업시행인가의 고시가 있은 날을 기준으로 해야 합니다. 다만, 사업시행인가의 고시가 있은 날부터 3년 이내에 매매계약을 체결하지 않는 국유지·공유지는 「국유재산법」 또는 「공유재산 및 물품 관리법」에 따릅니다(도시정비법 제66조제6항).

6-5-4. 용도폐지

다른 사람에 우선하여 매각 또는 임대할 수 있는 국유·공유 재산은 「국유재산법」, 「공유재산 및 물품 관리법」 및 그 밖에 국유지·공유지의 관리와 처분에 관한 관계 법령에도 불구하고 사업시행인가의 고시가 있은 날부터 종전의 용도가 폐지된 것으로 봅니다(도시정비법 제66조제5항).

7. 사업시행인가의 효과

사업시행자가 사업시행인가를 받은 경우에는 「주택법」에 따른 사업계획의 승인, 「건축법」에 따른 건축허가, 건축협의 등 관련 법률에 따른 인·허가 등이 있은 것으로 보며, 사업시행인가의 고시가 있은 경우에는 관계 법률에 의한 인·허가 등의 고시·공고 등이 있은 것으로 봅니다.

7-1. 다른 법률의 인·허가 등의 의제
7-1-1. 인·허가 등의 의제

① 사업시행자가 사업시행인가를 받은 경우[특별자치시장, 특별자치도지사, 시장, 군수, 자치구의 구청장(이하 '시장·군수'라 함)이 직접 사업을 시행하는 경우에는 사업시행계획서를 작성한 때를 말함]에는 다음의 인가·허가·승인·신고·등록·협의·동의·심사 또는 해제(이하 '인·허가 등'이라 함)가 있은 것으로 보며, 사업시행인가의 고시가 있은 경우에는 다음의 관계 법률에 의한 인·허가 등의 고시·공고 등이 있은 것으로 봅니다(도시정비법 제32조제1항).

1. 「주택법」 제15조에 따른 사업계획의 승인
2. 「건축법」 제11조에 따른 건축허가
3. 「건축법」 제20조에 따른 가설건축물의 건축허가 또는 축조신고
4. 「건축법」 제29조에 따른 건축협의
5. 「도로법」 제36조 및 제61조에 따른 도로 관리청이 아닌 자에 대한 도로공사 시행의 허가 및 도로의 점용 허가
6. 「사방사업법」 제20조에 따른 사방지 지정의 해제
7. 「농지법」 제34조 및 제35조에 따른 농지전용의 허가·협의 및 농

지전용신고

8. 「산지관리법」 제14조 및 제15조에 따른 산지전용허가 및 산지전
   용신고

9. 「산림자원의 조성 및 관리에 관한 법률」 제36조제1항 및 제4항에
   따른 입목벌채 등의 허가(채종림·시험림의 경우는 제외함)

10. 「산림보호법」 제9조제1항 및 제2항제1호에 따른 산림보호구역에
    서의 행위의 허가(산림유전자원보호구역의 경우는 제외함)

11. 「하천법」 제30조, 제33조 및 제50조에 따른 하천공사 시행의 허
    가, 하천공사실시계획의 인가, 하천의 점용허가 및 하천수의 사
    용허가

12. 「수도법」 제17조, 제52조 또는 제54조에 따른 일반수도 사업의
    인가, 전용상수도 또는 전용공업용수도 설치의 인가

13. 「하수도법」 제16조 및 제34조제2항에 따른 공공하수도 사업의
    허가 및 개인하수처리시설의 설치신고

14. 「공간정보의 구축 및 관리 등에 관한 법률」 제15조제3항에 따
    른 지도 등의 간행 심사

15. 「유통산업발전법」 제8조에 따른 대규모점포의 등록

16. 「공간정보의 구축 및 관리 등에 관한 법률」 제86조제1항에 따
    른 사업의 착수·변경의 신고

17. 「국토의 계획 및 이용에 관한 법률」 제86조 및 제88조에 따른
    도시·군계획시설 사업시행자의 지정 및 실시계획의 인가

18. 「전기사업법」 제62조에 따른 자가용 전기설비공사계획의 인가
    및 신고

19. 「화재예방, 소방시설 설치·유지 및 안전관리에 관한 법률」 제7조
    제1항에 따른 건축허가 등의 동의

20. 「위험물안전관리법」 제6조제1항에 따른 제조소 등의 설치의 허가(공장건축물 또는 그 부속시설에 관계된 것에 한함)

7-1-2. 관계 행정기관의 장과 협의

① 시장·군수는 사업시행인가를 하거나 사업시행계획서를 작성하려는 경우 의제되는 인·허가 등에 해당하는 사항이 있는 경우에는 미리 관계 행정기관의 장과 협의해야 합니다(도시 정비법 제32조제4항).

② 협의를 요청받은 관계행정기관의 장은 요청받은 날부터 20일 이내에 의견을 제출해야 하며, 이 경우 관계행정기관의 장은 해당 법률에서 규정한 인·허가 등의 기준을 위반하여 협의에 응해서는 안됩니다(도시정비법 제32조제4항).

③ 사업시행인가를 신청한 때에 시공자가 선정되어 있지 않아 관계 서류를 제출할 수 없는 경우이거나 천재지변이나 그 밖의 불가피한 사유로 긴급히 재건축사업을 시행할 필요가 있다고 시장·군수가 인정하는 경우에는 서류가 관계 행정기관의 장에게 도달된 날부터 20일 이내에 의견을 제출해야 합니다(도시정비법 제32조제4항).

④ 천재지변이나 그 밖의 불가피한 사유로 긴급히 재건축사업을 시행할 필요가 있다고 시장·군수가 인정하는 경우에는 관계 행정기관의 장과 협의를 마치기 전에 사업시행인가를 할 수 있으나, 협의를 마칠 때까지는 인·허가 등을 받은 것으로 보지 않습니다(도시정비법 제32조제5항).

7-2-3. 관계 서류의 제출

사업시행자는 주택재건축사업에 대하여 인·허가 등의 의제를 받으려는 경우에는 사업시행인가를 신청하는 때에 해당 법률이 정하는 관계 서류를 함께 제출해야 합니다. 다만, 사업시행인가를 신청한 때에 시공자가 선정되어 있지 않아서 관계 서류를 제출할 수 없는 경우이거나 천재지변 등의 사유로 관계 행정기관의 장과 협의를 마치기 전에 사업시행인가를 하는 경우에는 시장·군수가 정하는 기한까지 이를 제출할 수 있습니다(도시정비법 제32조제3항).

7-2-4. 수수료 면제

주택재건축사업에 대하여 다른 법률에 따른 인·허가 등을 받은 것으로 보는 경우에는 관계 법률 또는 시·도조례에 따라 해당 인·허가 등의 대가로 부과되는 수수료와 해당 국유지·공유지의 사용 또는 점용에 따른 사용료 또는 점용료는 면제됩니다(도시정비법 제32조제6항).

7-3. 분양신청기간 통지·공고의무 발생

사업시행자는 사업시행인가의 고시가 있은 날(사업시행인가 이후 시공자를 선정한 경우에는 시공자와 계약을 체결한 날)부터 60일 이내에 개략적인 부담금 내역 및 분양신청기간 등 해당 사항을 토지 등 소유자에게 통지하고 분양의 대상이 되는 대지 또는 건축물의 내역 등을 해당 지역에서 발간되는 일간신문에 공고해야 합니다(도시정비법 제46조제1항).

8. 환경영향평가 및 교통영향평가 등

① 사업면적이 30만㎡ 이상인 주택재건축사업은 환경영향평가를 실시해야 합니다.

② 도시교통정비지역 또는 교통권역에서 부지면적 5만㎡ 이상의 주택재건축사업은 교통영향평가를 실시해야 합니다.

8-1. 환경영향평가

「환경영향평가」란 환경에 영향을 미치는 실시계획·시행계획 등의 허가·인가·승인·면허 또는 결정 등(이하 '승인 등'이라 한다)을 할 때에 해당 사업이 환경에 미치는 영향을 미리 조사·예측·평가하여 해로운 환경영향을 피하거나 제거 또는 감소시킬 수 있는 방안을 마련하는 것을 말합니다(「환경영향평가법」 제2조제2호).

8-2. 환경영향평가 실시

8-2-1. 원칙

사업면적이 30만㎡ 이상인 주택재건축사업은 환경영향평가를 실시해야 합니다(「환경영향평가법」 제22제1항·제2항, 시행령 제31조제2항 및 별표 3 제1호마목).

8-2-2. 예외 : 시·도의 조례에 따른 환경영향평가

① 특별시·광역시·도·특별자치도 또는 인구가 50만 이상의 시(이하 "시·도"라 함)는 사업면적이 30만㎡ 미만인 주택재건축사업에 해당하지 않는 사업으로서 다음의 어느 하나에 해당하는 사업에 대하여 지역 특성 등을 고려하여 환경영향평가를 실시할 필요가 있다고 인

정하면 해당 시·도의 조례로 정하는 바에 따라 그 사업을 시행하려는 자로 하여금 환경영향평가를 실시하게 할 수 있습니다(「환경영향평가법」 제42조제1항 및 시행령 제58조).

1. 사업면적이 15만㎡ 이상 30만㎡ 미만인 주택재건축사업
2. 사업면적이 15만㎡ 미만인 규모의 주택재건축사업 또는 특별시장·광역시장·도지사(관할구역에서 인구 50만 이상의 대도 시는 제외)·특별자치도지사 또는 인구가 50만 이상의 대도시시장이 미리 환경부장관과 협의한 범위의 사업

② 인구 50만 이상의 시의 경우에는 그 지역을 관할하는 도가 환경영향평가의 실시에 관한 조례를 정하지 않은 경우에만 해당 시의 조례로 정하는 바에 다라 환경영향평가를 실시할 수 있습니다(「환경영향평가법」 제42조제2항).

8-2-3. 환경영향평가서 제출

① 환경영향평가의 대상이 되는 주택재건축사업의 사업자는 환경영향평가서를 작성하여 승인기관의 장에게 제출해야 합니다(「환경영향평가법」 제27조제2항 후단)

② 각 시·도별로 환경영향평가 조례를 시행하고 있으므로 환경영향평가 실시 대상사업의 범위, 평가서 제출시기 또는 협의 요청시기 등이 다를 수 있습니다.

8-3. 교통영향평가

「교통영향평가」란 사업의 시행에 따라 발생하는 교통량·교통흐름의 변화 및 교통안전에 미치는 영향(이하 '교통영향'이라 함)을 조사·예측·평가하고 그와 관련된 각종 문제점을 최소화할 수 있는 방안을

마련하는 행위를 말합니다(「도시교통정비 촉진법」 제2조제5호).

8-3-1. 교통영향평가의 실시대상

① 도시교통정비지역 또는 교통권역에서 부지면적 5만㎡ 이상의 주택재건축사업(이하 '대상사업'이라 함)을 하려는 자(지방자치단체를 포함하며, 이하 '사업자'라 함)는 교통영향평가를 실시해야 합니다(「도시교통정비 촉진법」 제15조제1항, 「도시교통정비 촉진법 시행령」 제13조의2제3항 및 별표 1).

② 특별시·광역시·특별자치시·도 또는 특별자치도(이하 '시·도'라 함)는 도시교통정비지역 또는 도시교통정비지역의 교통권역에서 대상사업의 범위에 해당하지 않는 사업 중 지역의 특수성 등을 고려하여 교통영향평가를 실시하게 할 필요가 있는 경우에는 부지면적 5만㎡의 100분의 50 이상의 범위에서 해당 시·도의 조례로 대상사업 또는 그 범위를 달리 정할 수 있습니다(「도시교통정비 촉진법」 제15조제4항 및 「도시교통정비 촉진법 시행령」 제13조의2제7항).

8-3-2. 교통영향평가서의 제출

사업자는 주택재건축사업에 대한 사업시행인가를 받기 전(지방자치단체가 시행하는 경우에는 사업시행인가의 고시 전)까지 특별자치시장, 특별자치도지사, 시장, 군수, 자치구의 구청장에게 교통영향평가서를 제출해야 합니다(「도시교통정비 촉진법」 제16조제1항, 「도시교통정비 촉진법 시행령」 제13조의3제1항 및 별표 1).

8-4. 매장문화재 지표조사
8-4-1. 매장문화재 지표조사 실시

① 건설공사의 규모에 따라 다음의 어느 하나에 해당하는 건설공사를 시행하는 자는 해당 건설공사 지역에 문화재가 매장·분포되어 있는지를 확인하기 위하여 사전에 매장문화재 지표조사(이하 '지표조사'라 함)를 하여야 합니다(「매장문화재 보호 및 조사에 관한 법률」 제6조, 시행령 제4조제1항, 시행규칙 제2조).

1. 토지에서 시행하는 건설공사로서 사업 면적(매장문화재 유존지역 등의 면적은 제외)이 3만제곱미터 이상인 경우

2. 「내수면어업법」 제2조제1호에 따른 내수면에서 시행하는 건설공사로서 사업 면적이 3만제곱미터 이상인 경우(다만, 내수면에서 이루어지는 골재 채취 사업의 경우에는 사업 면적이 15만제곱미터 이상인 경우)

3. 「연안관리법」 제2조제1호에 따른 연안에서 시행하는 건설공사로서 사업 면적이 3만제곱미터 이상인 경우(다만, 연안에서 이루어지는 골재 채취 사업의 경우에는 사업 면적이 15만제곱미터 이상인 경우)

4. 위 1.부터 3.까지에서 정한 사업 면적 미만이면서 다음의 어느 하나에 해당하는 건설공사로서 지방자치단체의 장이 「매장문화재 보호 및 조사에 관한 법률」 제6조제1항에 따른 지표조사가 필요하다고 인정하는 경우

　가. 과거에 매장문화재가 출토되었거나 발견된 지역에서 시행되는 건설공사

　나. 역사서, 고증된 기록 또는 관련 학계의 연구결과 등에 따르는 경우 문화재가 매장되어 있을 가능성이 높은 지역에서 시행되는 건설공사

　다. 가 또는 나에 준하는 지역으로서 지방자치단체의 조례로 정하

는 구역에서 시행되는 건설공사

② 그러나 다음의 어느 하나에 해당하는 건설공사에 대해서는 지표조사를 실시하지 아니하고 건설공사를 시행할 수 있습니다. 다만, 1.부터 3.까지의 경우에는 건설공사의 시행자가 건설공사의 시행 전에 지표조사를 실시하지 아니하고 시행할 수 있는 건설공사임을 객관적으로 증명하여야 합니다(「매장문화재 보호 및 조사에 관한 법률」 제6조, 시행령 제4조제2항).

1. 절토(切土)나 굴착으로 인하여 유물이나 유구(遺構) 등을 포함하고 있는 지층이 이미 훼손된 지역에서 시행하는 건설 공사

2. 공유수면의 매립, 하천 또는 해저의 준설(浚渫), 골재 및 광물의 채취가 이미 이루어진 지역에서 시행하는 건설공사

3. 복토(覆土)된 지역으로서 복토 이전의 지형을 훼손하지 아니하는 범위에서 시행하는 건설공사

4. 기존 산림지역에서 시행하는 입목(立木)·죽(竹)의 식재(植栽), 벌채(伐採) 또는 솎아베기

8-4-2. 매장문화재 지표조사 절차 등

① 지표조사는 「매장문화재 보호 및 조사에 관한 법률」 제6조에 따른 건설공사의 시행자가 요청하여 「매장문화재 보호 및 조사에 관한 법률」 제24조에 따른 '매장문화재 조사기관'이 수행합니다(「매장문화재 보호 및 조사에 관한 법률」 제7조제1항).

② 건설공사의 시행자는 지표조사를 마치면 그 결과에 관한 '지표조사 보고서'를 그 지표조사를 마친 날부터 20일 이내에 해당 사업지역을 관할하는 지방자치단체의 장과 문화재청장에게 동시에 제출하여야 합니다. 이 경우 그 지방자치단체의 장과 문화재청장은 건설공

사의 시행자가 동의하면 전자파일을 추가로 제출받을 수 있습니다 (「매장문화재 보호 및 조사에 관한 법률」 제7조제1항, 시행령 제5조 제1항 후단).

③ 지표조사에 필요한 비용은 해당 건설공사의 시행자가 부담합니다. 다만, 사업의 규모 및 성격 등을 고려하여 사업면적이 3만제곱 미터 미만인 건설공사(다음의 어느 하나에 해당하는 자가 시행하는 건설공사는 제외)는 국가와 지방자치단체의 예산의 범위에서 그 비용의 전부 또는 일부를 지원받을 수 있습니다(「매장문화재 보호 및 조사에 관한 법률」 제7조제3항 및 시행령 제5조제5항).

1. 국가
2. 지방자치단체
3. 「공공기관의 운영에 관한 법률」에 따른 공공기관
4. 「지방공기업법」에 따른 지방공기업
5. 「지방공기업법」에 따른 지방공사가 같은 법 시행령 제47조의2에 따라 출자할 수 있는 한도에서 해당 법인의 자본금 중 2분의 1 이상을 출자한 법인
6. 「방송법」에 따른 한국방송공사
7. 「한국교육방송공사법」

8-5. 미술작품의 심의

8-5-1. 미술작품의 설치의무

① 주택재건축사업을 통해 건축하려는 공동주택의 각 동의 연면적의 합계가 1만㎡ 이상인 경우에는 건축비용의 1천분의 1 이상 1천분의 7 이하의 범위에서 지방자치단체의 조례로 정하는 비율에 해당하는 금액을 각 동이 위치한 단지 내의 특정한 장소에 위치하는 다음과

같은 미술작품 설치에 사용해야 합니다(「문화예술진흥법」 제9조제1항, 시행령 제12조 및 별표 2 제1호).

1. 회화, 조각, 공예, 사진, 서예, 벽화, 미디어아트 등 조형예술물
2. 분수대 등 미술작품으로 인정할 만한 공공조형물

② '건축 비용'이란 「수도권정비계획법」 제14조제2항에 따라 국토교통부장관이 고시하는 표준건축비를 기준으로 연면적에 대하여 산정한 금액(설계변경을 한 경우에는 최종 설계변경시점의 연면적을 기준으로 산정한 금액)을 말합니다. 다만, 특별시·광역시를 제외한 지역의 경우에는 표준건축비의 100분의 95를 기준으로 연면적에 대하여 산정한 금액으로 합니다(「문화예술진흥법 시행령」 제12조제3항).

8-5-2. 미술작품의 심의 신청

① 미술작품을 설치할 의무가 있는 사업시행자가 건축물에 미술작품을 설치하려면 해당 건축물이 소재하는 지역을 관할하는 시·도지사에게 해당 미술작품의 가격과 예술성 등에 대한 감정·평가를 신청해야 합니다(「문화예술진흥법 시행령」 제13조제1항).
② 신청을 받은 시·도지사는 해당 미술작품의 가격과 예술성 등을 공정하고 객관적으로 감정·평가하여 그 결과를 건축주에게 알려야 합니다(「문화예술진흥법 시행령」 제13조제2항).
③ 시·도지사는 「건축법」 제22조에 따라 허가권자가 건축물의 사용승인을 하기 전에 미술작품이 제2항의 감정·평가 결과에 따라 설치되었는지 확인하여야 합니다(「문화예술진흥법 시행령」 제13조제3항).
④ 그 밖에 미술작품의 설치 절차 등에 필요한 그 밖의 사항은 지방자치단체의 조례에 따릅니다(「문화예술진흥법 시행령」 제13조제4항).

제6절 감리자 지정

① 주택재건축 정비사업조합이 시행하는 주택재건축사업의 사업시행 인가권자인 시장·군수 또는 자치구의 구청장은 사업시행인가를 하였 을 경우 해당 주택건설공사를 감리할 자를 지정해야 합니다.

② 감리자는 업무를 수행하면서 법률 등의 위반 사항을 발견하였을 경우에는 지체 없이 시공자 및 사업시행자에게 위반 사항을 시정할 것을 통지하고, 시정 통지를 받은 사업시행자 및 시공자는 즉시 해 당 공사를 중지하고 위반 사항을 시정한 후 감리자의 확인을 받아 야 합니다.

1. 감리자 지정

1-1. 조합이 시행하는 주택재건축사업

① 주택재건축 정비사업조합(이하 "조합"이라 함)이 시행하는 주택 재건축사업의 사업계획승인권자(「주택법」 제15조제1항에 따른 사업계 획승인권자를 말함)는 사업시행인가를 하였을 경우 다음의 구분에 따라 해당 주택건설공사를 감리할 자를 지정해야 합니다(도시정비법 제32조제1항제1호, 「주택법」 제43조제1항 본문 및 시행령 제47조제 1항).

② 이 경우 해당 주택건설공사를 시공하는 자의 계열회사(「독점규제 및 공정거래에 관한 법률」 제2조제3호에 따른 계열회사를 말함)는 제외합니다.

③ 그 밖에 감리자 지정의 신청에 필요한 제출서류, 다른 신청인에

대한 제출서류의 공개 및 그 제출서류 내용의 타당성에 대한 이의신청 절차, 그 밖에 지정에 필요한 사항에 관한 세부적인 기준은 「주택건설공사 감리자지정기준」(국토교통부 고시 제2016-75호, 2016. 2. 25. 발령·시행)에서 확인할 수 있습니다(「주택법 시행령」 제47조제2항).

1-2. 시장·군수 및 주택공사 등이 시행하는 주택재건축사업

사업시행자가 지방자치단체, 한국토지주택공사 또는 지방공사(이하 "지방공사 등"이라 함)인 경우에는 감리자 지정을 하지 않아도 됩니다(「주택법」 제43조제1항 단서).

1-3. 감리자의 업무

1-3-1. 감리원 배치

① 감리할 자로 지정받은 자(이하 "감리자"라 함)는 자기에게 소속된 자를 다음의 기준에 따라 감리원을 배치하여 감리를 해야 합니다(「주택법」 제44조제1항, 시행령 제47조제4항 및 시행규칙 제13조제2항).

1. 다음의 구분과 같이 감리자격이 있는 자를 공사현장에 상주시켜 감리할 것
2. 국토교통부장관이 정하여 고시하는 바에 따라 공사에 대한 감리업무를 총괄하는 총괄감리원 1명과 공사분야별 감리원을 각각 배치할 것
3. 총괄감리원은 주택건설공사 전 기간에 걸쳐 배치하고, 공사분야별 감리원은 해당 공사의 기간동안 배치할 것
4. 감리원을 다른 주택건설공사에 중복하여 배치하지 않을 것

1-3-2. 감리자 업무

감리자는 감리원을 배치하고 다음의 업무를 수행해야 합니다(「주택법」 제44조제1항 및 시행령 제49조제1항).

1. 시공자가 설계도서에 맞게 시공하는지 여부의 확인
2. 시공자가 사용하는 건축자재가 관계 법령에 따른 기준에 맞는 건축자재인지 여부의 확인
3. 주택건설공사에 대하여 「건설기술 진흥법」 제55조에 따른 품질시험을 하였는지의 확인
4. 시공자가 사용하는 마감자재 및 제품이 사업주체가 시장·군수에게 제출한 마감자재 목록표 및 영상물 등과 동일한 지의 확인
5. 설계도서가 해당 지형 등에 적합한지에 대한 확인
6. 설계변경에 관한 적정성의 확인
7. 시공계획·예정공정표 및 시공도면 등의 검토·확인
8. 방수·방음·단열시공의 적정성 확보, 재해의 예방, 시공상의 안전관리 그 밖에 건축공사의 질적 향상을 위하여 국토교통부장관이 정하여 고시하는 사항에 대한 검토·확인

1-3-3. 업무 수행 상황 보고 등

감리자는 업무의 수행 상황을 시장·군수 및 사업시행자에게 분기별로 감리업무수행사항을 보고(전자문서에 의한 보고 포함)해야 하며, 감리업무를 완료한 경우에는 최종보고서를 제출(전자문서에 의한 제출 포함)해야 합니다(「주택법」 제44조제2항, 시행규칙 제13조제4항).

1-4. 공사중지 및 시정조치

1-4-1. 위반 사항 통지

감리자는 업무를 수행하면서 위반 사항을 발견하였을 경우에는 지체 없이 시공자 및 사업시행자에게 위반 사항을 시정할 것을 통지하고, 7일 이내에 시장·군수에게 그 내용을 보고해야 합니다(「주택법」 제44조제4항).

1-4-2. 공사중지 및 시정조치

① 시공자 및 사업시행자는 시정 통지를 받은 경우에는 즉시 해당 공사를 중지하고 위반 사항을 시정한 후 감리자의 확인을 받아야 합니다(「주택법」 제44조제4항 전단).

② 감리자의 시정 통지에 이의가 있을 경우에는 즉시 그 공사를 중지하고 시장·군수에게 서면으로 이의신청을 할 수 있습니다(「주택법」 제44조제4항 후단).

1-5. 부실감리자 등에 대한 조치

시장·군수는 지정·배치된 감리자 또는 감리원(다른 법률에 따른 감리자 또는 그에게 소속된 감리원을 포함함)이 그 업무를 수행할 때 고의 또는 중대한 과실로 감리를 부실하게 하거나 관계 법령을 위반하여 감리를 함으로써 해당 사업시행자 또는 입주자 등에게 피해를 입히는 등 주택건설공사가 부실하게 된 경우에는 그 감리자의 등록 또는 감리원의 면허나 그 밖의 자격인정 등을 한 행정기관의 장에게 등록말소·면허취소·자격정지·영업정지나 그 밖에 필요한 조치를 하도록 요청할 수 있습니다(「주택법」 제47조).

제4장　주택분양 및　관리처분계획

제4장 주택 분양 및 관리처분계획

제1절 주택분양

1. 분양공고

① 사업시행자는 사업시행인가의 고시가 있은 날부터 60일 이내에 개략적인 부담금 내역 및 분양신청기간 등 해당 사항을 토지 등 소유자에게 통지하고 분양의 대상이 되는 대지 또는 건축물의 내역 등을 해당 지역에서 발간되는 일간신문에 공고해야 합니다.
② 대지 또는 건축물에 대한 분양을 받으려는 토지 등 소유자는 분양신청기간 이내에 사업시행자에게 대지 또는 건축물에 대한 분양신청을 해야 합니다.

1-1. 분양공고
사업시행자는 사업시행인가의 고시가 있은 날(사업시행인가 이후 시공자를 선정한 경우에는 시공자와 계약을 체결한 날)부터 60일 이내에 개략적인 부담금 내역 및 분양신청기간 등 해당 사항을 토지 등 소유자에게 통지하고 분양의 대상이 되는 대지 또는 건축물의 내역 등을 해당 지역에서 발간되는 일간신문에 공고해야 합니다(도시정비법 제46조제1항).

1-2. 통지 및 공고 사항
사업시행자는 다음의 사항을 토지 등 소유자에게 통지하고, 해당 지역에서 발간되는 일간신문에 공고해야 합니다(도시정비법 시행령 제

47조제1항).

1. 사업시행인가의 내용
2. 택재건축사업의 명칭 및 정비구역(정비구역이 아닌 구역에서 주택 재건축사업을 시행하는 경우의 해당 구역 포함)의 위치·면적
3. 분양신청서(공고 사항에서 제외함)
4. 분양신청기간 및 장소
5. 분양대상 대지 또는 건축물의 내역
6. 개략적인 부담금 내역(공고 사항에서 제외함)
7. 분양신청자격
8. 분양신청방법
9. 토지 등 소유자 외의 권리자의 권리신고방법(통지 사항에서 제외함)
10. 분양을 신청하지 않는 자에 대한 조치
11. 그 밖에 특별시·광역시 또는 도의 조례가 정하는 사항

2. 분양신청

2-1. 분양신청

① 대지 또는 건축물에 대한 분양을 받으려 하는 토지 등 소유자는 분양신청기간 내에 분양신청서에 소유권의 내역을 명기하고, 그 소유의 토지 및 건축물에 관한 등기부등본 또는 환지예정지증명원을 첨부하여 사업시행자에게 제출하여 대지 또는 건축물에 대한 분양신청을 해야 합니다(도시정비법 제46조제2항, 시행령 제47조제2항).

② 우편으로 분양신청을 하는 경우에는 분양신청기간 내에 발송된 것임을 증명할 수 있는 우편으로 해야 합니다(도시정비법 시행령 제

47조제2항).

③ 분양신청서를 받은 사업시행자는 「전자정부법」 제36조제1항에 따른 행정정보의 공동이용을 통하여 첨부서류를 확인할 수 있는 경우에는 그 확인으로 첨부서류를 갈음해야 합니다(도시정비법 시행령 제47조제4항).

2-2. 분양신청 기간

분양신청기간은 사업시행자가 분양 통지를 한 날부터 30일 이상 60일 이내로 해야 합니다. 다만, 사업시행자는 관리처분계획의 수립에 지장이 없다고 판단하는 경우에는 분양신청기간을 20일의 범위에서 연장할 수 있습니다(도시정비법 제46조제2항).

2-3. 분양신청을 하지 않은 자 등에 대한 현금청산

① 사업시행자는 분양신청을 하지 않은 자, 분양신청기간 종료 이전에 분양신청을 철회한 자 또는 인가된 관리처분계획에 따라 분양대상에서 제외된 자에 대해서는 관리처분계획 인가를 받은 날의 다음 날로부터 90일 이내에 토지·건축물 또는 그 밖의 권리에 대하여 현금으로 청산해야 합니다(도시정비법 제47조제1항).

1. 분양신청을 하지 않은 경우 또는 분양신청기간 종료 이전에 분양 신청을 철회한 경우 : 도시정비법 제46조에 따른 분양신청기간 종료일의 다음 날

2. 도시정비법 제48조에 따라 인가된 관리처분계획에 따라 분양대상에서 제외된 경우 : 그 관리처분계획의 인가를 받은 날의 다음 날

② 사업시행자가 토지 등 소유자의 토지·건축물 그 밖의 권리에 대하여 현금으로 청산하는 경우 그 청산금액은 사업시행자와 토지 등

소유자가 협의하여 산정합니다(도시정비법 시행령 제48조). 이 경우 시장·군수가 추천하는 감정평가업자 2명 이상이 평가한 금액을 산술평균하여 산정한 금액을 기준으로 협의할 수 있습니다(도시정비법 시행령 제48조).

③ 사업시행자는 위의 기간 내에 현금으로 청산하지 않은 경우에는 정관 등으로 정하는 바에 따라 해당 토지 등 소유자에게 이자를 지급해야 합니다(도시정비법 제47조제2항).

3. 잔여분 일반분양

① 사업시행자는 분양신청을 받은 후 잔여분이 있는 경우에는 정관, 운영규약, 시장·군수 등이 작성한 시행규정 또는 사업시행계획이 정하는 목적을 위해 보류지(건축물 포함)로 정하거나 조합원 외의 자에게 분양할 수 있습니다(도시정비법 제48조제3항).

② 조합원 외의 자에게 분양하는 경우의 공고·신청절차·공급조건·방법 및 절차 등은 「주택법」 제54조 및 「주택공급에 관한 규칙」에 따릅니다(도시정비법 시행령 제51조).

③ 사업시행자가 매도청구소송을 통해 법원의 승소판결을 받은 후 입주예정자에게 피해가 없도록 청산금액을 공탁하고 분양예정인 건축물을 담보한 경우에는 법원의 승소판결이 확정되기 전이라도 입주자를 모집할 수 있으나, 준공인가 신청 전까지 해당 주택건설대지의 소유권을 확보해야 합니다(도시정비법 제50조제5항 단서).

■ 주택재건축 조합설립에 동의한 자는 재건축이 완료되면 별도의 절차 없이 주택을 분양받을 수 있나요? 아니면 별도의 분양절차를 거쳐야 하는 건가요?

Ⓠ 주택재건축 조합설립에 동의한 자는 재건축이 완료되면 별도의 절차 없이 주택을 분양받을 수 있나요? 아니면 별도의 분양절차를 거쳐야 하는 건가요?

Ⓐ 아닙니다. 재건축사업 완료 후 대지 또는 건축물을 분양받으려 하는 토지 등 소유자는 분양공고에서 정하는 분양신청기간 내에 분양신청서에 소유권의 내역을 명기하고, 그 소유의 토지 및 건축물에 관한 등기부등본 또는 환지예정지증명원을 첨부하여 사업시행자에게 제출하여 대지 또는 건축물에 대한 분양신청을 해야 합니다.

◇ 분양공고
사업시행자는 사업시행인가의 고시가 있은 날(사업시행인가 이후 시공자를 선정한 경우에는 시공자와 계약을 체결한 날)부터 60일 이내에 개략적인 부담금 내역 및 분양신청기간 등 해당 사항을 토지 등 소유자에게 통지하고 분양의 대상이 되는 대지 또는 건축물의 내역 등을 해당 지역에서 발간되는 일간신문에 공고해야 합니다.

◇ 분양신청
대지 또는 건축물에 대한 분양을 받으려 하는 토지 등 소유자는 분양신청기간 내에 분양신청서에 소유권의 내역을 명기하고, 그 소유의 토지 및 건축물에 관한 등기부등본 또는 환지예정지증명원을 첨부하여 사업시행자에게 제출하여 대지 또는 건축물에 대한 분양신청을 해야 합니다.

◇ 잔여분 일반 분양

사업시행자는 분양신청을 받은 후 잔여분이 있는 경우에는 정관, 운영규약, 시장·군수 등이 작성한 시행규정 또는 사업시행계획이 정하는 목적을 위해 보류지(건축물 포함)로 정하거나 조합원 외의 자에게 분양할 수 있습니다.

(관련판례)

재건축조합원들을 위법하게 제명한 상태에서 제명 조합원들이 분양받아야 할 아파트를 일반분양하는 것은 재건축조합원들의 수분양권을 위법하게 박탈하는 것으로서 불법행위가 될 수 있다(대법원 2009. 9. 10. 선고 2008다37414 판결).

(관련판례)

재건축조합의 신축아파트 배정을 위한 동·호수 추첨 등의 무효를 주장하던 조합원이 재건축조합과 위 추첨으로 배정받은 아파트를 포기하고 일반 분양분으로 예정되어 있던 아파트를 배정받기로 하는 별도의 약정을 한 경우, 위 무효확인을 구할 이익이 있는지 여부(소극)(대법원 2008. 2. 15. 선고 2006다77272 판결)

(관련판례)

도시정비법 제47조제1호, 제2호에 따라 사업시행자는 토지 등 소유자가 분양신청을 하지 아니하거나 분양신청을 철회하는 경우에 '그 해당하게 된 날'부터 150일 이내에 대통령령이 정하는 절차에 따라 토지·건축물 또는 그 밖의 권리에 대하여 현금으로 청산하여야 하는바, 여기에서 분양신청을 하지 아니하거나 분양신청기간의 종료 이전에 분양신청을 철회한 토지 등 소유자에 대하여 청산금 지급의무가 발생하는 시기는 같은 법 제46조의 규정에 따라 사업시행자가 정한 '분양신청기간의 종료일 다음 날'이고, 분양신청기간의 종료 후에 분양계약을 체결하지 아니한 자에 대하여 청산금 지급의무가 발생하는 시기는 '관리처분계획에서 정한 분양계약체결기간의 종료일 다음 날'이다(대법원 2008. 10. 9. 선고 2008다37780 판결).

◆ **사업시행인가전 시공사를 선정한 경우 분양신청 시점은?**

(질의요지)

주택재건축조합이 사업시행인가를 받기 전에 시공자를 선정하였으나 선정된 시공자와 공사계약을 체결하지 못한 상태에서 사업시행인가를 받은 경우, 도시정비법 제46조제1항에 따른 개략적인 부담금내역 등의 통지 및 일간신문 공고는 시공자와 공사에 관한 계약을 체결한 날부터 60일이내에 해야 하는지요?

(회신내용)

주택재건축조합이 사업시행인가를 받기 전에 시공자를 선정하였으나 선정된 시공자와 공사계약을 체결하지 못한 상태에서 사업시행인가를 받은 경우, 도시정비법 제46조제1항에 따른 개략적인 부담금내역 등의 통지 및 일간신문 공고는 사업시행인가의 고시가 있은 날부터 60일 이내에 해야 할 것입니다.

◆ 대표조합원이 아닌 자가 분양신청할 수 있는지요?

(질의요지)

조합설립인가 이후 다주택 소유자가 토지 및 건축물을 타인에게 양도한 경우, 대표조합원이 아닌 토지등소유자가 분양신청을 할 수 있는지요?

(회신내용)

도시정비법 제19조제1항제3호에 따라 조합설립인가 후 1인의 토지등소유자로부터 토지 또는 건축물의 소유권이나 지상권을 양수하여 수인이 소유하게 된 때에는 그 수인을 대표하는 1인을 조합원으로 보도록 하고 있으므로, 질의하신 사항의 경우 그 수인을 대표하는 1인이 아닌 자는 분양신청을 할 수 없습니다.

◆ 아파트 및 상가 소유자가 아파트만을 분양신청할 수 있는지요?

(질의요지)

재건축사업에서 아파트 1채, 상가 1호를 가진 조합원이 상가를 분양신청하지 않고 아파트만을 분양 신청할 수 있는 지요?

(회신내용)

도시정비법 시행령제52조제2항제2호에 따르면 부대·복리시설의 소유자에게는 부대·복리시설을 공급하도록 하고 있으나, 도시정비법 시행령 제52조제2항제2호 각목의 1에 해당하는 경우에는 1주택을 공급할 수 있도록 하고 있으므로, 질의하신 사항의 경우 상가에 대하여는 동 규정을 적용하면 될 것으로 판단되나, 이 경우 분양받는 주택의 합은 2주택(1주택은 주거전용면적 60제곱미터이하)까지 가능할 것으로 판단됩니다.

◆ 현금청산 전 입주자 모집승인이 가능한지 여부

(질의요지)

조합설립에 동의한 조합원이 분양신청 등을 하지 않아 현금청산대상자가 된 경우 현금청산 전에 입주자 모집승인이 가능한지요?

(회신내용)

도시정비법 제50조제5항에서는 관리처분계획 등에 따른 공급대상자에게 주택을 공급하고 남은 주택에 대하여는 관리처분계획 등에 따른 공급대상자외의 자에게 공급할 수 있도록 하면서, 도시정비법 제46조에 따른 분양신청 결과 도시정비법 제47조에 따른 현금청산 대상자가 있는 경우 현금청산을 완료하고 공급하도록 하는 별도의 규정이 없으므로, 귀 질의내용과 같이 조합원이 분양신청 등을 하지 않아 현금청산 대상자가 있는 경우 현금청산 완료 전이라도 도시정비법 제50조제5항에 따른 주택공급을 위한 입주자 모집이 가능할 것으로 판단됩니다.

◆ 일반분양분 공동주택이 20세대 미만인 경우 분양가상한 제 적용 여부

(질의요지)

조합원외의 자에게 공급되는 일반분양분 공동주택이 20세대 미만인 경우 분양가상한제가 적용되는지요?

(회신내용)

가. 도시정비법 제50조제5항에 따르면 사업시행자는 공급 대상자에게 주택을 공급하고 남은 주택에 대하여는 공급대상자외의 자에게 공급할 수 있도록 하고 있고, 이 경우 주택의 공급방법·절차 등에 관하여는 「주택법」 제38조를 준용하도록 하고 있으며, 「주택법」 제38조제1항제1호에 따르면 「주택법」 제16조제1항에 따른 호수 이상(공동주택의 경우에는 20세대 이상)으로 건설·공급하는 사업주체가 입주자를 모집하려는 경우 시장·군수·구청장의 승인을 받도록 하고 있고,

나. 또한, 「주택법」 제38조의2제1항에서는 사업주체가 「주택법」 제38조에 따라 일반인에게 공급하는 공동주택은 이 조에서 정하는 기준에 따라 산정되는 분양가격 이하로 공급(이에 따라 공급되는 주택을 "분양가상한제 적용주택"이라 한다)하도록 하고 있으므로, 도시정비법 제50조제5항에 따른 공급대상자외의 자에게 공급하는 공동주택이 20세대 미만인 경우에는 「주택법」 제38조에 따른 입주자모집 승인대상에 해당되지 않아 「주택법」 제38조의2제1항에 따른 분양가상한제 적용대상이 되지 않는 것으로 판단됩니다.

제2절 관리처분계획

1. 관리처분계획 수립 등

사업시행자는 분양신청기간이 종료된 경우에는 분양신청의 현황을 기초로 관리처분계획을 수립하여 시장·군수 또는 자치구의 구청장의 인가를 받아야 합니다.

1-1. 관리처분계획의 개념

「관리처분계획」이란 주택재건축사업 시행 후 조합원들에게 분양되는 대지나 건축시설 등에 대한 권리의 배분계획을 말합니다.

1-2. 관리처분계획 수립

사업시행자는 도시정비법 제46조에 따른 분양신청기간이 종료된 때에는 도시정비법 제46조에 따른 분양신청의 현황을 기초로 관리처분계획을 수립하여 시장·군수 또는 자치구의 구청장(이하 "시장·군수"라 함)의 인가를 받아야 합니다(도시정비법 제48조제1항).

1-3. 관리처분계획의 내용

관리처분계획에는 다음의 사항이 포함되어야 합니다(「도시 정비법 제48조제1항 및 시행령 제50조).

1. 분양설계
2. 분양대상자의 주소 및 성명
3. 다음에 따른 분양대상자별 분양예정인 대지 또는 건축물의 추산액. 다만, 가.과 다.의 경우에는 도시정비법 제46조의2제1항에

따라 선정된 기업형임대사업자의 성명 및 주소(법인인 경우에는 법인의 명칭 및 소재지와 대표자의 성명 및 주소)를 포함

가. 조합원 분양분(임대관리 위탁주택에 관한 내용을 포함)

나. 일반 분양분

다. 기업형임대주택

라. 임대주택

마. 그 밖에 부대·복리시설 등

4. 분양대상자별 종전의 토지 또는 건축물의 명세 및 사업시 행인가의 고시가 있은 날을 기준으로 한 가격(사업시행인가 전에 철거된 건축물의 경우에는 시장·군수에게 허가 받은 날을 기준으로 한 가격)

5. 주택재건축사업비의 추산액(재건축부담금에 관한 사항 포함) 및 그에 따른 조합원 부담규모 및 부담시기

6. 분양대상자의 종전의 토지 또는 건축물에 관한 소유권 외의 권리 명세

7. 분양신청을 하지 않은 자에 대한 조치로서 현금으로 청산해야 하는 토지 등 소유자별 기존의 토지·건축물 또는 그 밖의 권리의 명세와 이에 대한 청산방법

8. 주택재건축사업의 시행으로 인하여 새로이 설치되는 정비기반시설의 명세와 용도가 폐지되는 정비기반시설의 명세

9. 조합원 분양신청을 받은 후 잔여분이 있는 경우 정관 또는 사업시행계획의 목적을 위해 정하는 보류지(건축물 포함)등의 명세와 추산가액 및 처분방법

10. 기존 건축물의 철거 예정시기

1-4. 관리처분계획 수립의 기준

① 관리처분계획 인가를 받으려 사업시행자는 그 내용을 다음의 기준에 따라 관리처분계획을 수립해야 합니다(도시정비법 제48조제2항).

1. 종전의 토지 또는 건축물의 면적·이용상황·환경, 그 밖의 사항을 종합적으로 고려하여 대지 또는 건축물이 균형있게 분양신청자에게 배분되고 합리적으로 이용되도록 해야 합니다.

2. 지나치게 좁거나 넓은 토지 또는 건축물에 대하여 필요한 경우에는 이를 증가하거나 감소시켜 대지 또는 건축물이 적정 규모가 되도록 해야 합니다.

3. 너무 좁은 토지 또는 건축물이나 정비구역 지정 후 분할된 토지를 취득한 자에 대하여는 현금으로 청산할 수 있습니다.

4. 재해 또는 위생상의 위해를 방지하기 위해 토지의 규모를 조정할 특별한 필요가 있는 경우에는 너무 좁은 토지를 증가 시키거나 토지에 갈음하여 보상을 하거나 건축물의 일부와 그 건축물이 있는 대지의 공유지분을 교부할 수 있습니다.

5. 분양설계에 관한 계획은 분양신청기간이 만료되는 날을 기준으로 하여 수립합니다.

6. 1세대 또는 1명이 하나 이상의 주택 또는 토지를 소유한 경우 1주택을 공급하고, 같은 세대에 속하지 않는 2명 이상이 1주택 또는 1토지를 공유한 경우에는 1주택만 공급해야 합니다.

7. 위의 기준에도 불구하고 다음의 어느 하나에 해당하는 경우에는 다음의 방법에 따라 주택을 공급할 수 있습니다.

　가. 2명 이상이 1토지를 공유한 경우로서 특별시·광역시·도·특별자치도 또는 「지방자치법」 제175조에 따른 서울특별시·광역시 및

특별자치시를 제외한 인구 50만 이상 대도시의 조례(이하 '시·도조례'라 함)로 주택공급에 관하여 따로 정하고 있는 경우에는 시·도조례로 정하는 바에 따라 주택을 공급할 수 있습니다.

나. 다음 어느 하나에 해당하는 토지 등 소유자에게는 소유한 주택 수만큼 공급할 수 있습니다.

1) 「수도권정비계획법」 제6조제1항제1호에 따른 과밀억제권역에 위치하지 않은 주택재건축사업의 토지 등 소유자

2) 근로자(공무원인 근로자를 포함) 숙소, 기숙사 용도로 주택을 소유하고 있는 토지 등 소유자

3) 국가, 지방자치단체 및 주택공사 등

4) 「국가균형발전 특별법」 제18조에 따른 공공기관 지방이전시책 등에 따라 이전하는 공공기관이 소유한 주택을 양수한 자

다. 도시정비법 제48조제1항제4호에 따른 가격의 범위 또는 종전 주택의 주거전용면적의 범위에서 2주택을 공급할 수 있고, 이 중 1주택은 주거전용면적을 60제곱미터 이하로 합니다. 다만, 60제곱미터 이하로 공급받은 1주택은 이전고시일 다음 날부터 3년이 지나기 전에는 주택을 전매(매매·증여나 그 밖에 권리의 변동을 수반하는 모든 행위를 포함하되 상속의 경우는 제외)하거나 이의 전매를 알선할 수 없습니다.

라. 「수도권정비계획법」 제6조제1항제1호에 따른 과밀억제권 역에서 투기과열지구에 위치하지 않은 주택재건축사업의 경우에는 3주택 이하로 한정하여 공급할 수 있습니다

② 특히 주택재건축사업의 경우 관리처분계획은 다음의 방법 및 기준에 따라 작성해야 합니다. 다만, 조합이 조합원 전원의 동의를 받아 그 기준을 따로 정하는 경우에는 그에 따릅니다(도시정비법 제48

조제7항 및 시행령 제52조제2항)

1. 분양대상자가 공동으로 취득하게 되는 건축물의 공용부분은 각 권리자의 공유로 하되, 해당 공용부분에 대한 각 권리자의 지분 비율은 그가 취득하게 되는 부분의 위치 및 바닥면적 등의 사항을 고려하여 정해야 합니다.

2. 1필지의 대지위에 2명 이상에게 분양될 건축물이 설치된 경우에는 건축물의 분양면적의 비율에 의하여 그 대지소유권이 주어지도록 해야 합니다. 이 경우 토지의 소유관계는 공유로 합니다.

3. 부대·복리시설(부속토지 포함)의 소유자에게는 부대·복리시설을 공급해야 합니다. 다만, 다음의 어느 하나에 해당하는경우에는 1주택을 공급할 수 있습니다.

  가. 새로운 부대·복리시설을 건설하지 않는 경우로서 기존 부대·복리시설의 가액이 분양주택 중 최소 분양단위규모의 추산액에 정관 등으로 정하는 비율(정관 등으로 정하지 않은 경우에는 1로 함. 이하 나에서도 같음)을 곱한 가액보다 큰 경우

  나. 기존 부대·복리시설의 가액에서 새로이 공급받는 부대·복리시설의 추산액을 뺀 금액이 분양주택 중 최소 분양단위규모의 추산액에 정관 등으로 정하는 비율을 곱한 가액보다 큰 경우

  다. 새로이 공급받는 부대·복리시설의 추산액이 분양주택 중 최소 분양단위규모의 추산액보다 큰 경우

1-5. 분양설계 계획 수립

사업시행자는 관리처분계획 수립에 앞서 분양신청기간이 만료되는 날을 기준으로 분양설계에 관한 계획을 수립해야 합니다(도시정비법 제48조제1항제1호 및 제2항제5호).

1-6. 종전 및 분양예정자산의 평가

① 사업시행자가 관리처분계획의 내용 중 분양대상자별 분양예정인 대지 또는 건축물의 추산액, 분양대상자별 종전의 토지 또는 건축물의 명세 및 사업시행인가의 고시가 있은 날을 기준으로 한 가격(사업시행인가 전에 도시정비법 제48조의2제2항에 따라 철거된 건축물의 경우에는 시장·군수에게 허가 받은 날을 기준으로 한 가격) 및 세입자별 손실보상을 위한 권리명세 및 그 평가액에 따라 재산 또는 권리를 평가할 때에는 다음의 방법을 적용할 수 있습니다(도시정비법 제48조제5항).

② 「감정평가 및 감정평가사에 관한 법률」에 따른 감정평가업자 중 시장·군수가 선정·계약한 1인 이상의 감정평가업자와 조합총회의 의결로 정하여 선정·계약한 1인 이상의 감정평가업자가 평가한 금액을 산술평균하여 산정합니다. 다만, 관리처분계획을 변경·중지 또는 폐지하고자 하는 경우에는 분양예정 대상인 대지 또는 건축물의 추산액과 종전의 토지 또는 건축물의 가격은 사업시행자 및 토지등소유자 전원이 합의하여 이를 산정할 수 있습니다.

③ 시장·군수는 감정평가업자를 선정·계약하는 경우 감정평가업자의 업무수행능력, 소속 감정평가사의 수, 감정평가 실적, 법규 준수 여부, 평가계획의 적정성 등을 고려하여 객관적이고 투명한 절차에 따라 선정해야 합니다. 이 경우 감정평가업자의 선정·절차 및 방법 등에 관하여 필요한 사항은 시·도조례로 정합니다.

④ 사업시행자는 감정평가를 하고자 하는 경우 시장·군수에게 감정평가업자의 선정·계약을 요청하고 감정평가에 필요한 비용을 미리 예치해야 합니다. 시장·군수는 감정평가가 끝난 경우 예치된 금액에

서 감정평가 비용을 직접 지불한 후 나머지 비용은 사업시행자와 정산해야 합니다.

1-7. 물건조서 등의 작성

① 사업시행자는 관리처분계획의 수립을 위하여 건축물 철거 전 기존 건축물에 대한 물건조서와 사진 또는 영상자료를 만들어 이를 착공 전까지 보관해야 합니다(도시정비법 시행령 제52조의2제1항).

② 물건조서를 작성할 경우에는 종전 건축물의 가격산정을 위한 건축물의 연면적, 그 실측평면도, 주요마감재료 등을 첨부해야 합니다. 다만, 실측한 면적이 건축물대장에 첨부된 건축물 현황도와 일치하는 경우에는 건축물 현황도로 실측평면도를 갈음할 수 있습니다(도시정비법 시행령 제52조의2제2항).

■ 조합설립인가 후 1인의 토지 등 소유자가 건축물을 양도하여 수인이 소유자하게 해당 정비사업에 따른 건축물을 공급할 수 있는지요?

Ⓠ 가. 조합이 시행하거나 조합이 시장·군수 또는 주택공사 등과 공동으로 시행하는 정비사업에서 조합설립인가 후 1인의 토지 등 소유자로부터 건축물을 양수하여 수인이 소유하게 되고 그 대지부분에 공유관계가 발생한 경우, 시·도 조례로 주택공급에 관해 따로 정하여 도시정비법 제19조제1항에 따른 수인을 대표하는 1인 외의 토지 등 소유자에게 해당 정비사업에 따른 건축물을 같은 법 제50조제1항에 따라 공급할 수 있는지요?

나, 수도권 과밀억제권역에 위치하지 아니하는 지역에서 조합이 시행하거나 조합이 시장·군수 또는 주택공사 등과 공동으로 시행하는 주택재건축사업의 경우, 도시정비법 제19조제1항제3호에 따른 수인을 대표하는 1인 외의 토지 등 소유자에게 해당 정비사업에 따른 건축물을 같은 법제50조제1항에 따라 공급할 수 있는지요?

Ⓐ 가. 조합이 시행하거나 조합이 시장·군수 또는 주택공사 등과 공동으로 시행하는 정비사업에서 조합설립인가 후 1인의 토지 등 소유자로부터 건축물을 양수하여 수인이 소유하게 되고 그 대지 부분에 공유관계가 발생한 경우, 시·도 조례로 주택공급에 관해 따로 정하여 도시정비법 제19조제1항에 따른 수인을 대표히는 1인 외의 토지 등 소유자에게 해당 정비사업에 따른 건축물을 같은 법 제50 조제1항에 따라 공급할 수 없습니다.

나. 수도권 과밀억제권역에 위치하지 아니하는 지역에서 조합이 시행하거나 조합이 시장·군수 또는 주택공사 등과 공동으로 시행하는 주택재건축사업의 경우, 도시정비법 제19조제1항제3호에 따른 수인을 대표하는 1인 외의 토지 등 소유자에게 해당 정비사업에 따른 건축물을 같은 법 제50조제1항에 따라 공급할 수 있습니다.

◆ 관리처분계획 공람시기

(질의요지)

도시정비법 제48조 규정은 관리처분계획수립을 위한 조합총회 개최 1개월 전에 조합원에게 문서통지 후, 같은 법 제49

조에 의거 관리처분계획인가 신청 전 토지등소유자에게 30일 이상 공람 및 의견청취 하여야 하나 조합총회 개최를 위한 각 조합원 문서통지 시 토지등소유자의 공람(의견청취)절차를 동시에 진행하여도 되는지요?

(회신내용)

도시정비법 제48조제1항에 따르면 조합(사업시행자)은 "관리처분계획의 수립 및 변경"을 의결하기 위한 총회의 개최일부터 1개월 전에 같은 항 제3호부터 제5호까지에 해당하는 사항을 각 조합원에게 문서로 통지하도록 하고 있고,

같은 법 제49조제1항에서 사업시행자는 제48조에 따른 관리처분계획의 인가를 신청하기 전에 관계서류의 사본을 30일 이상 토지등소유자에게 공람하게 하고 의견을 듣도록 하고 있습니다.

이 때 공람시기 및 기간에 대하여는 관리처분계획의 인가를 신청하기 전 30일 이상으로만 규정하고 있고, "관리처분계획의 수립 및 변경"을 의결하기 위한 총회 이후에 공람하도록 규정하고 있지는 않으므로 제48조제1항에 따른 통지와 제49조제1항에 따른 주민공람을 동시에 진행하는 것이 가능할 것으로 판단됩니다.

◆ 관리처분계획 통지 및 공람을 동시에 할 수 있는지요?

(질의요지)

관리처분계획총회 1개월 전에 부담금등을 사전통지하고, 이와 동시에 주민공람을 함께 진행하여도 되는지요?

(회신내용)

도시정비법 제48조제1항에 따르면 조합은 제24조제3항제10

호의 사항을 의결하기 위한 총회의 개최일부터 1개월 전에 같은 조 제3호부터 제5호까지에 해당하는 사항을 각 조합원에게 문서로 통지하도록 하고 있고, 도시정비법 제49조제1항에 따르면 사업시행자는 도시정비법 제48조에 따른 관리처분계획의 인가를 신청하기 전에 관계서류의 사본을 30일 이상 토지등소유자에게 공람하게 하고 의견을 듣도록 하면서, 각 절차의 동시 이행에 대하여는 이를 제한하는 등의 별도 규정이 없으므로, 동 규정 범위에서 적정시기에 해당 절차를 이행하면 될 것입니다.

◆ 주택공사등이 시행하는 경우 관리처분계획 변경 의결방법

(질의요지)

주택공사등이 주택재개발사업의 단독 사업시행자인 경우 사업계획 및 관리처분계획 변경을 위한 주민전체회의 개최시 의결방법으로 「시행규정」을 따라야 하는지 아니면 도시정비법 제24조에 따른 조합총회 의결방법을 준용하여야 하는지요?

(회신내용)

도시정비법 제30조제8호에 따르면 시장·군수 또는 주택공사 등이 단독으로 시행하는 정비사업에 대하여는 사업시행자는 시행규정을 포함하여 사업시행계획서를 작성하도록 하고 있으며, 같은 법 시행령 제41조제1항에 따르면 시행규정에는 "관리처분계획 및 청산에 관한 사항", "사업시행 계획서의 변경에 관한 사항" 등 같은 항 각 호의 사항 중 해당 정비사업에 필요한 사항을 포함하도록 하고 있으므로, 질의하신 주택공사등이 주택재개발사업의 단독시행자인 경우 사업계획 및 관리처분계획 변경은 해당 주택재개발정비사업의 시행규정에 따라야 할 것입니다.

2. 관리처분계획 인가

2-1. 조합원총회 의결

① 관리처분계획은 조합원총회의 의결사항이므로 관리처분계획인가
를 신청하기 전에 반드시 조합원총회에서 조합원 총수의 과반수 찬
성으로 의결을 거쳐야 합니다 다만, 정비사업비가 100분의 10(생산
자물가상승률분, 도시정비법 제47조에 따른 현금청산 금액은 제외
함) 이상 늘어나는 경우에는 조합원 3분의 2 이상의 동의를 받아야
합니다(도시정비법 제24조제3항제10호 및 제24조제7항).

② 아래에서 언급할 관리처분계획의 경미한 사항을 변경하려는 경우
에는 조합원총회 결의 절차가 생략됩니다(도시정비법 제24조제3항제
10호).

2-2. 총회 개최 전 통지

관리처분계획을 수립·변경·중지 또는 폐기하려는 경우 주택재건축 정
비사업조합(이하 "조합"이라 함)은 해당 사항을 의결하기 위한 총회
의 개최일로부터 1개월 전에 다음의 사항을 각 조합원에게 문서로
통지해야 합니다(도시정비법 제48조제1항).

1. 다음에 따른 분양대상자별 분양예정인 대지 또는 건축물의 추산
   액. 다만, 1.과 3.의 경우에는 도시정비법 제46조의2제1항에 따
   라 선정된 기업형임대사업자의 성명 및 주소(법인인 경우에는 법
   인의 명칭 및 소재지와 대표자의 성명 및 주소)를 포함
   가. 조합원 분양분(임대관리 위탁주택에 관한 내용을 포함)
   나. 일반 분양분

다. 기업형임대주택

라. 임대주택

마. 그 밖에 부대·복리시설 등

2. 분양대상자별 종전의 토지 또는 건축물의 명세 및 사업시행인가의 고시가 있은 날을 기준으로 한 가격(사업시행인가 전에 철거된 건축물의 경우에는 시장·군수 또는 자치구의 구청장(이하 "시장·군수"라 함)에게 허가 받은 날을 기준으로 한 가격)

3. 정비사업비의 추산액(재건축부담금에 관한 사항 포함) 및 그에 따른 조합원 부담규모 및 부담시기

2-3. 관리처분계획의 공람 및 의견청취

① 사업시행자는 관리처분계획의 인가를 신청하기 전에 관계 서류의 사본을 30일 이상 토지 등 소유자에게 공람하게 하고 의견을 들어야 합니다(도시정비법 제49조제1항 본문).

② 공람을 실시하려는 경우 사업시행자는 공람기간·장소 등 공람계획에 관한 사항과 개략적인 공람사항을 미리 토지 등 소유자에게 통지해야 합니다(도시정비법 제49조제4항 및 시행령 제53조제1항).

③ 아래에서 언급할 관리처분계획의 경미한 사항을 변경하려는 경우에는 토지 등 소유자의 공람 및 의견청취 절차를 거치지 않을 수 있습니다(도시정비법 제49조제1항 단서).

④ 토지 등 소유자에게 해야 할 통지를 태만히 한 자에게는 500만원 이하의 과태료가 부과됩니다(도시정비법 제88조제2항제1호).

2-4. 관리처분계획 인가 신청(변경·중지·폐지인가 포함)

① 사업시행자는 관리처분계획의 인가 또는 변경·중지·폐지의 인가를

받으려 할 경우에는 다음의 구분에 따른 서류를 시장·군수에게 제출
(전자문서에 의한 제출 포함)해야 합니다(도시 정비법 제48조제1항,
시행규칙 제11조 및 별지 제7호서식).

구분	제출 서류
관리처분계획인가의 신청	관리처분계획인가신청서 관리처분계획서 총회의결서 사본
관리처분계획의 변경·중지 또는 폐지인가	관리처분계획변경·중지·폐지인가 신청서 변경·중지 또는 폐지의 사유와 그 내용을 설명하는 서류

관리처분계획	[ ]인가 　[ ]변경 [ ]중지 　[ ]폐지인가	신청서		

※ 색상이 어두운 란은 신청인이 적지 않습니다. (1쪽)

접수번호		접수일	발급일	처리기간	30일
사 업 구 분		[ ]주거환경개선사업　　　　[ ]주택재개발사업 [ ]주택재건축사업　　　　　[ ]도시환경정비사업 [ ]가로주택정비사업			

신 청 인	시행자명칭			
	대표자	성 명		생년월일
		주 소		전 화
	주된 사무소의 소 재지		전 화	

계 획 대 상	사업의 명칭			
	위치			
	계획면적	m²	정비건축물	동
	사업시행인가 고시 일		시 행 기 간	

토지 소유 권변 환	총면적	시행 전	사유 토지				국공 유지		그 밖 의 토지		
			환지 대상				시행자 보유			시행자 보유 토지 배분 면적	그 밖의 토지
	m² (　　필지)	시행 후	기존 사유 지	점유 자 매수	존치 국공 유지	청산	수용	협의 매수	국공 유지 매각	국공 유지 무상 양수	

토지 용도 변환	용도	택지				공공시설		그 밖의 용도	
		소계	공동 주택	단독 주택	그 밖의 건축시설	소계		소계	
	시행전 (m²)								
	시행후 (m²)								

시행전 건축물	허가 건축물		동	무허가 건축물		동(신발생 동)	

건축물 및 건축시설	시행후 건축시설	용도		대지 면적	동수	층수	세대수	건축 연 면적	비고
		주택	소계						
			분양						
			임대						
		상가							

	공급 계획	공급대상	주택규모별(전용면적기준) 공급세대수					상가 면적 (㎡)	그 밖의 건축시설 면적(㎡)
			계	㎡	㎡	㎡	㎡		
		계							
		토지등소유자							
		보류시설							
		일반분양							
		임대							

분양 신청 및 권리 신고	구분	분양신청				수인이 1인 의 분양 대상자로 신청	권리신고(권리종류별)
		소계	토지 및 건축물 소유자	토지 소유자	건축물 소유자		소계
	신청 인수					건 (인)	

권리 자별 관리 처분 (단위: 인)	권리자별	대상	분양				청산	수용	협의 매수	그밖의처 분
			소계	주택	상가	그밖의 용도				
	계									
	토지 및 건축물소유자									
	토지 소유자									
	건축물 소유자									

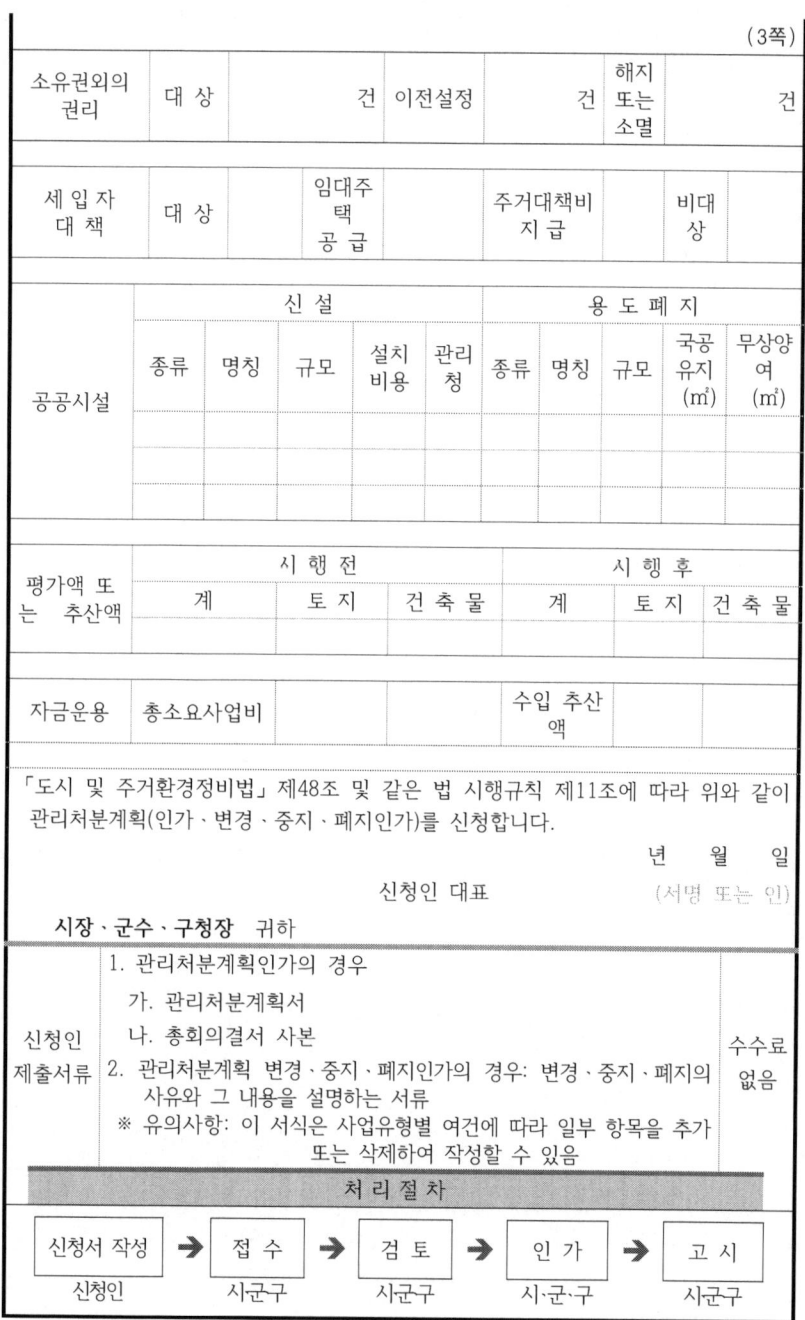

소유권외의 권리	대 상	건	이전설정	건	해지 또는 소멸	건

세입자 대책	대 상	임대주택 공급		주거대책비 지급	비대상	

공공시설	신 설					용 도 폐 지				
	종류	명칭	규모	설치비용	관리청	종류	명칭	규모	국공유지 (㎡)	무상양여 (㎡)

평가액 또는 추산액	시 행 전			시 행 후		
	계	토 지	건 축 물	계	토 지	건 축 물

자금운용	총소요사업비		수입 추산액	

「도시 및 주거환경정비법」제48조 및 같은 법 시행규칙 제11조에 따라 위와 같이 관리처분계획(인가·변경·중지·폐지인가)를 신청합니다.

년 월 일

신청인 대표   (서명 또는 인)

시장·군수·구청장 귀하

신청인 제출서류	1. 관리처분계획인가의 경우 가. 관리처분계획서 나. 총회의결서 사본 2. 관리처분계획 변경·중지·폐지인가의 경우: 변경·중지·폐지의 사유와 그 내용을 설명하는 서류 ※ 유의사항: 이 서식은 사업유형별 여건에 따라 일부 항목을 추가 또는 삭제하여 작성할 수 있음	수수료 없음

처 리 절 차

신청서 작성 ➡ 접 수 ➡ 검 토 ➡ 인 가 ➡ 고 시

신청인   시군구   시군구   시·군·구   시군구

2-5. 관리처분계획의 경미한 변경에 대한 신고다음의 어느 하나에 해당하는 사항을 변경하려는 경우에는

시장·군수의 인가를 받는 것이 아니라 시장·군수에게 신고해야 합니다(도시정비법 제48조제1항 단서 및 시행령 제49조).

1. 계산착오·오기·누락 등에 따른 조서의 단순 정정인 경우(불이익을 받는 자가 없는 경우에 한함)
2. 사업시행자와 주택재건축사업과 관련하여 권리를 갖는 자의 권리·의무의 변동이 있는 경우로서 분양설계의 변경을 수 반하지 않는 경우
3. 관리처분계획의 변경에 대하여 이해관계가 있는 토지 등 소유자 전원의 동의를 얻어 변경하는 경우
4. 조합 정관 및 사업시행인가의 변경에 따라 관리처분계획을 변경하는 경우
5. 매도청구에 대한 판결에 따라 관리처분계획을 변경하는 경우
6. 주택분양에 관한 권리를 포기하는 토지 등 소유자에 대한 임대주택의 공급에 따라 관리처분계획을 변경하는 경우
7. 「민간임대주택에 관한 특별법」 제2조제8호에 따른 기업형 임대사업자의 주소(법인인 경우에는 법인의 소재지와 대표자의 성명 및 주소)를 변경하는 때

◆ **관리처분계획인가 후 사업시행변경인가에 따라 그 계획을 변경하는 경우 경미한 변경에 해당되는지요?**

(질의요지)

관리처분계획인가 후에 사업시행변경인가에 따라 관리처분계획을 변경하는 경우 도시정비법 시행령 제49조제4호에 따

른 관리처분계획의 경미한 변경에 해당되는지요?

(회신내용)

도시정비법 제48조제1항 및 같은 법 시행령 제49조제4호에 따르면 법 제20조제3항 및 법 제28조제1항의 규정에 의한 정관 및 사업시행인가의 변경에 따라 관리처분계획을 변경하는 때에 해당하는 경우에는 관리처분계획의 경미한 변경으로 시장·군수에게 신고하도록 하고 있습니다.

◆ 조합원 분양신청 변경요구에 따른 관리처분계획변경 가능 여부

(질의요지)

관리처분계획 인가를 득하고 착공준비 중에 분양신청 변경을 요구하는 일부 조합원들에게 일반분양 세대수 범위 내에서 추첨방식으로 공급하도록 관리처분계획 변경을 할 수 있는지요?

(회신내용)

도시정비법 제48조제1항에 따르면 사업시행자가 도시정비법 제46조에 따른 분양신청기간이 종료된 때에 분양신청의 현황을 기초로 관리처분계획을 수립하여 시장·군수·구청장의 인가를 받도록 하고 있으므로(관리처분계획을 변경·중지 또는 폐지하고자 하는 경우에도 같음), 귀 질의의 경우와 같이 분양신청 변경에 대한 사항은 최초 분양신청의 현황 변화에 따른 최초 조합원들의 분양신청 의사 결정에 영향을 미치는지 여부 등을 포함한 현지현황, 관련서류 및 관련법령 등을 종합적으로 검토하여 판단하여야 할 것으로 보입니다.

2-6. 관리처분계획인가 시기 조정

2-6-1. 특별시장·광역시장 또는 도지사의 요청에 따른 조정

① 특별시장·광역시장 또는 도지사는 정비사업의 시행으로 인해 정비구역 주변 지역에 현저한 주택 부족이나 주택시장의 불안정이 발생하는 등 특별시·광역시 또는 도의 조례로 정하는 사유가 발생하는 경우에는 「주거기본법」 제9조에 따른 시·도 주거정책심의위원회의 심의를 거쳐 관리처분계획인가의 시기를 조정하도록 해당 시장, 군수 또는 구청장(자치구의 구청장을 말함. 이하 같음)에게 요청할 수 있으며, 요청을 받은 시장, 군수 또는 구청장은 특별한 사유가 없으면 그 요청에 따라야 합니다(도시정비법 제77조의5제1항 전단).

② 관리처분계획인가의 조정 시기는 그 인가 신청일로부터 1년을 넘을 수 없습니다(도시정비법 제77조의5제1항 후단).

2-6-2. 특별자치시장 및 특별자치도지사의 조정

① 특별자치시장 및 특별자치도지사는 정비구역 주변 지역에 현저한 주택 부족이나 주택시장의 불안정이 발생하는 등 특별자치시 및 특별자치도의 조례로 정하는 사유가 발생하는 경우에는 「주거기본법」 제9조에 따른 시·도 주거정책심의위원회의 심의를 거쳐 관리처분계획인가의 시기를 조정할 수 있습니다(도시정비법 제77조의5제2항 전단).

② 관리처분계획인가의 조정 시기는 그 인가 신청일로부터 1년을 넘을 수 없습니다(도시정비법 제77조의5제2항 후단).

2-7. 관리처분계획 인가의 통보 및 고시

2-7-1. 인가 여부 통보

① 시장·군수는 사업시행자의 관리처분계획의 인가신청이 있은 날부

터 30일 이내에 인가 여부를 결정하여 사업시행자에게 통보해야 합니다(도시정비법 제49조제2항).

② 다만, 시장·군수는 한국토지주택공사 또는 지방공사(이하 "주택공사 등"이라 함) 및 한국감정원에 인가 신청된 관리처분계획의 타당성 검증을 요청하는 경우에는 관리처분계획 인가신청을 받은 날부터 60일 이내에 인가 여부를 결정하여 사업시행자에게 알려야 합니다(도시정비법 제49조제2항 단서 및 시행령 제52조의3).

2-7-2. 관리처분계획인가의 고시

① 시장·군수는 관리처분계획을 인가하는 경우에는 다음의 내용을 해당 지방자치단체의 공보에 고시해야 합니다(도시정비법 제49조제3항 및 시행규칙 제13조).

1. 주택재건축사업의 명칭
2. 정비구역의 위치 및 면적
3. 사업시행자의 성명 및 주소(법인인 경우에는 법인의 명칭 및 주된 사무소의 소재지와 대표자의 성명 및 주소를 말함)
4. 관리처분계획인가일
5. 다음의 사항을 포함한 관리처분계획인가의 요지
  가. 대지 및 건축물의 규모 등 건축계획
  나. 분양 또는 보류지의 규모 등 분양계획
  다. 신설 또는 폐지하는 정비기반시설의 명세
  라. 기존 건축물의 철거 예정시기 등

2-7-3. 관리처분계획인가의 내용 통지

① 사업시행자는 시장·군수의 고시가 있은 경우에는 분양신청을 한

자에게 다음의 사항이 포함된 관리처분계획의 인가 내용(관리처분계획 변경의 고시가 있는 경우에는 변경내용을 말함)을 통지해야 합니다(도시정비법 제49조제4항, 시행령 제53조제2항).

1. 주택재건축사업의 명칭
2. 정비사업 시행구역의 면적
3. 사업시행자의 성명 및 주소(법인인 경우에는 법인의 명칭 및 주된 사무소의 소재지와 대표자의 성명 및 주소를 말함)
4. 관리처분계획의 인가일
5. 분양대상자별 기존의 토지 또는 건축물의 명세 및 가격과 분양예정인 대지 또는 건축물의 명세 및 추산가액

② 시장·군수가 직접 관리처분계획을 수립하는 경우

시장·군수가 직접 관리처분계획을 수립하는 경우에도 사업시행자는 관리처분계획을 공람하게 하여 토지 등 소유자의 의견을 들어야 합니다(도시정비법 제49조제5항).

③ 그 밖에 관리처분계획의 내용을 해당 지방자치단체의 공보에 고시해야 하며, 이를 고시한 경우에는 이에 대한 내용을 분양신청을 한 자에게 통지해야 합니다(도시정비법 제49조제5항).

2-8. 관리처분계획 인가의 효력

2-8-1. 종전 토지 및 건축물의 사용·수익 제한

① 관리처분계획의 인가 고시가 있는 경우에는 종전의 토지 또는 건축물의 소유자·지상권자·전세권자·임차권자 등 권리자는 이전고시가 있는 날까지 종전의 토지 또는 건축물에 대하여 이를 사용하거나 수익할 수 없습니다(도시정비법 제49조제6항 본문).

② 다만, 사업시행자의 동의를 받은 경우에는 종전의 토지 또는 건축

물을 사용하거나 수익할 수 있습니다(도시정비법 제49조제6항 단서).

2-8-2. 주택재건축사업의 시행으로 조성된 대지 및 건축물에 대한 처분 또는 관리

주택재건축사업의 시행으로 조성된 대지 및 건축물은 관리처분계획에 따라 이를 처분 또는 관리해야 합니다(도시정비법 제48조제4항).

2-8-3. 건축물의 철거 등

① 사업시행자는 관리처분계획의 인가를 받은 후 기존의 건축물을 철거해야 합니다(도시정비법 제48조의2제1항).

② 그러나 「재난 및 안전관리 기본법」,「주택법」,「건축법」 등 관계 법령에 따라 기존 건축물의 붕괴 등 안전사고의 우려가 있거나 폐공가(廢公家)의 밀집으로 우범지대화의 우려가 있는 경우에 사업시행자는 기존 건축물의 소유자의 동의 및 시장·군수의 허가를 얻어 관리처분계획의 인가를 받기 전이라도 해당 건축물을 철거할 수 있습니다(도시정비법 제48조의2제2항).

③ 이 경우 건축물의 철거에도 불구하고 토지 등 소유자로서의 권리·의무에는 영향을 주지 않습니다(도시정비법 제48조의2제2항).

■ 저당된 토지에 재건축한 주택 임차인의 토지매각금에 대한 권리는?

Ⓠ 甲은 소액보증금으로 乙로부터 주택을 임차하여 입주와 주민등록을 마쳤는데, 위 주택은 그 대지와 함께 丙에게 담보로 제공되어 근저당권이 설정된 상태의 구 주택이 철거되고 다시 신축된 주택입니다. 이 경우 위 주택 등이 경매

된다면 甲이 대지의 매각대금에서는 소액임차인으로서 최우선변제를 받을 수 없는지요?

Ⓐ 「주택임대차보호법」 제8조 제1항 및 제3항은 임차인은 보증금 중 일정액을 다른 담보물권자보다 우선하여 변제받을 권리가 있고, 우선변제를 받을 임차인 및 보증금 중 일정액의 범위와 기준은 같은 법 제8조의2에 따른 주택임대차위원회의 심의를 거쳐 대통령령으로 정하되, 주택가액(대지의 가액을 포함)의 2분의 1을 넘지 못하도록 규정하고 있습니다.

그러므로 보통의 일반적인 주택임차인은 위 규정에 근거하여 대지를 포함한 주택의 매각대금에서 우선변제권 등을 주장할 수 있습니다.

그런데 대지에 저당권이 설정된 후에 건물이 신축되었고, 그 신축건물을 임차한 소액임차인이 대지에 대한 경매절차의 매각대금에 대하여도 최우선변제권을 주장할 수 있는가에 관하여 판례는 "저당권설정 후에 비로소 건물이 신축된 경우에까지 공시방법이 불완전한 소액임차인에게 우선변제권을 인정한다면 저당권자가 예측할 수 없는 손해를 입게 되는 범위가 지나치게 확대되어 부당하므로, 이러한 경우에는 소액임차인은 대지의 환가대금에 대하여 우선변제를 받을 수 없다고 보아야 한다."라고 하였습니다(대법원 1999. 7. 23. 선고 99다25532 판결).

그러나 임대인이 토지와 그 지상 주택에 근저당권을 설정하였다가 임의로 주택을 멸실 시키고 그 자리에 다시 주택을 신축하여 이를 임대한 후 토지에 대한 근저당권의 실행으로 주택이 일괄매각된 경우, 주택임차인이 토지부분의 매각대금에서도 소액보증금을 우선변제 받을 수 있는지에 관하여 하급심 판례는 "임대인이 토지와 그 지상 주택에 근저당권을 설정하였다가 임의로 주택을 멸실 시키고 그 자리에 다시 주택을 신축하여 이를 임대한 후 토지에 대한 근저당권실행으로 주택이 함께 일괄경매 된 경우, 주택임대차보호법이 별다른 제한 없이 소액임차인에 대해 대지의 가액을 포함한 주택가액의 2분의 1의 범위 내에서 우선변제권이 있다고 규정하고 있는 점 및 이미 토지 위에 종전의 건물, 특히 주택이 건립되어 있어 근저당권자가 토지 및 종전 주택에 근저당권을 설정할 당시 이미 그 주택에 우선변제권이 인정될 소액임차인이 존재하리라는 것을 고려하여 그 담보가치를 정하였으리라고 보이는 특별한 사정이 있는 점에 비추어 새로 건립된 주택의 소액임차인에게 대지 부분의 배당금액에 대하여도 우선변제권을 인정하여야 한다."라고 하였습니다(서울지법서부지원 1998. 7. 22. 선고 97가단37992 판결).

따라서 위 하급심 판례의 취지대로라면 위 사안에서 甲은 대지의 매각대금에서도 최우선변제를 받을 수 있을 것으로 보입니다.

■ 건물이 노후하거나 안전에 문제가 있는 경우가 아니더라도 임대인이 건물을 철거하거나 재건축하기 위하여 임차인의 계약갱신요구를 거절할 수 있는지요?

Ⓠ 3층 건물을 소유한 임대인입니다. 1층을 옷가게를 하는 임차인에게 임대하였습니다. 현재 건물이 노후하거나 안전에 문제가 있는 정도는 아니지만 재건축을 하려고 계획하고 있습니다. 그런데 1층을 임대한지 2년 정도 지난 상황에서

임차인이 계약갱신요구를 하고 있는 상황입니다. 이러한 경우에 저는 임차인의 갱신요구를 거절할 수 있는지요?

Ⓐ 상가건물임대차보호법 제10조 제1항은 본문에서 "임대인은 임차인이 임대차기간 만료 전 6월부터 1월까지 사이에 행하는 계약갱신 요구에 대하여 정당한 사유 없이 이를 거절하지 못한다."고 규정하면서 단서에서 "다만, 다음 각 호의 1의 경우에는 그러하지 아니하다."고 규정하고 있습니다. 각 호에 규정 중 사안과 관련된 규정은 동조 동항 제7호 다목"다른 법령에 따라 철거 또는 재건축이 이루어지는 경우"입니다.

결국 동법 제10조 제7호 다목의 적용과 관련하여 건물이 노후하거나 안전에 문제가 있는 정도는 아니지만 임대인이 건물을 철거하거나 재건축하려는 경우도 이에 포함되는지가 문제됩니다.

이에 관하여 대법원 판결은 아니지만 하급심 판결에서 "상가건물 임차인의 법적 지위를 보호하는 것도 중요하지만, 임대인의 동의가 없어도 임차인의 갱신요구만으로 임대차가 갱신되도록 하는 것은 사법의 대원칙인 계약자유의 원칙을 제한하는 것이므로 원칙적으로 법령에 명시적으로 규정된 경우에만 가능한 점, 상가건물임대차보호법 제10조 제1항 제7호 다목은 '철거하거나 재건축하기 위해'라고만 규정할 뿐 철거나 재건축의 구체적 사유를 규정하고 있지 아니한 점, 같은 법 제10조 제1항은 본문에서 "임대인은 임차인이 임대차기간 만료 전 6월부터 1월까지 사이에 행하는 계약갱신 요구에 대하여 정당한 사유 없이 이를 거절하지 못한다."고 규정하면서 단서에서 "다만, 다음 각 호의 1의 경우에는 그러하지 아니하다"고 규정하고 있으므로 단서에 규정되지 않은 사유라고 하더라도 정당한 사유가 있다고 판단되는 경우에는 본문의 규정에 의하여 임대인이 임차인의 갱신요구를 거절할 수 있는 것으로 해석되는 점 등에 비추어 보면, 비록 건물이 노후하거나 안전에 문제가 있는 경우가 아니더라도 임대인은 건물을 철거하거나 재건축하기 위하여 임대차계약의 갱신을 거절할 수 있다고 해석함이 상당하다."고 판시하였습니다(대구지방법원 2008. 7. 22. 선고 2008나8841 판결).

따라서 위와 같은 하급심 판례의 입장에 따를 경우 사안과 같은 경우에 임대인은 임차인의 계약갱신요구를 거절할 수 있을 것으로 보입니다.

2-8-4. 관리처분계획에 따른 주택공급

① 사업시행자는 주택재건축사업의 시행으로 건설된 건축물을 인가된 관리처분계획에 따라 토지 등 소유자에게 공급해야 합니다(도시정비법 제50조제1항).

② 조합이 시행하거나 조합이 시장·군수, 주택공사 등과 공동으로 시행하는 주택재건축사업의 경우에는 조합원이 아닌 토지 등 소유자는 해당 주택재건축사업에 따른 건축물을 분양받을 수 없습니다.

③ 사업시행자는 공급대상자에게 주택을 공급하고 남은 주택에 대하여는 공급대상자 외의 자에게 일반공급할 수 있습니다. 다만, 사업시행자가 매도청구소송을 통해 법원의 승소판결을 받은 후 입주예정자에게 피해가 없도록 청산금액을 공탁하고 분양예정인 건축물을 담보한 경우에는 법원의 승소판결이 확정되기 전이라도 입주자를 모집할 수 있으나, 준공인가 신청 전까지 해당 주택건설대지의 소유권을 확보해야 합니다(도시정비법 제50조제5항).

2-8-5. 토지임대부 분양주택의 공급

① 국토교통부장관, 특별시장·광역시장·특별자치시장·도지사·특별자치도지사, 시장, 군수, 구청장 또는 주택공사 등은 다음의 어느 하나에 해당하는 자의 요청이 있는 경우에는 주택재개발사업으로 인수한 임대주택의 일부를 「주택법」에 따른 토지임대부 분양주택으로 전환하여 공급해야 합니다(도시정비법 제50조제7항 및 시행령 제54조의3 제1항).

1. 면적이 90㎡ 미만의 토지를 소유한 자로서 건축물을 소유하지 않은 자

2. 바닥면적이 40㎡ 40제곱미터 미만의 사실상 주거를 위하여 사용하는 건축물을 소유한 자로서 토지를 소유하지 않은자

② 토지 또는 주택의 면적은 위의 면적의 2분의 1의 범위에서 특별시·광역시 또는 도의 조례로 달리 정할 수 있습니다(도시정비법 시행령 제54조의3제2항).

2-8-6. 지분형주택의 공급

정비사업의 사업시행자(주택공사 등이 사업시행자인 경우만 해당)는 다음의 요건을 모두 충족하는 사람에게 분양대상자와 사업시행자가 공동 소유하는 방식으로 주택(주거전용면적 60제곱미터 이하인 주택으로 한정함)을 공급할 수 있습니다(도시정비법 제50조의3 및 시행령 제54조의4제1항).

1. 도시정비법 제48조제1항제4호에 따라 산정한 종전에 소유하였던 토지 또는 건축물의 가격이 제1호에 따른 주택의 분양가격 이하에 해당하는 사람

2. 세대주로서 도시정비법 시행령 제11조에 따른 정비계획의 공람

공고일 당시 해당 정비구역에 2년 이상 실제 거주한 사람

3. 정비사업의 시행으로 철거되는 주택 외 다른 주택을 소유하지 않은 사람

■ 조합원이 아닌 토지 등 소유자가 분양권을 받을 수 있는지 요?

ⓠ 조합이 시행하거나 조합이 시장·군수 또는 주택공사 등과 공동으로 시행하는 정비사업의 경우에, 도시 정비법 제19조제1항제3호에 따라 조합원이 되지 못한 토지 등 소유자가 해당 정비사업에 따른 건축물을 같은 법 제50조제1항에 따라 분양 받을 수 있는지요?

ⓐ 조합이 시행하거나 조합이 시장·군수 또는 주택공사 등과 공동으로 시행하는 정비사업의 경우에, 도시정비법 제19조제1항제3호에 따라 조합원이 되지 못한 토지 등 소유자는 해당 정비사업에 따른 건축물을 같은 법 제50조제1항에 따라 분양 받을 수 없습니다.

(관련판례)

도시정비법상 주택재건축 정비사업조합이 같은 법 제48조에 따라 수립한 관리처분계획에 대하여 관할 행정청의 인가·고시까지 있게 되면 관리처분계획은 행정처분으로서 효력이 발생하게 되므로, 총회결의의 하자를 이유로 하여 행정처분의 효력을 다투는 항고소송의 방법으로 관리처분계획의 취소 또는 무효확인을 구하여야 하고, 그와 별도로 행정처분에 이르는 절차적 요건 중 하나에 불과한 총회결의 부분만을 따로 떼어내어 효력 유무를 다투는 확인의 소를 제기하는 것은 특별한 사정이 없는 한 허용되지 않는다(대법원 2009. 9. 17. 선고 2007다2428 전원합의체 판결).

제5장

재건축사업완료

제5장 재건축사업완료

1. 철거 및 착공

① 사업시행자는 관리처분계획의 인가를 받은 후 기존의 건축물을 철거해야 합니다. 다만, 기존 건축물의 붕괴 등 안전사고의 우려가 있는 경우에는 사업시행자는 기존 건축물의 소유자의 동의 및 시장·군수의 허가를 얻어 관리처분계획의 인가를 받기 전이라도 해당 건축물을 철거할 수 있습니다.

② 사업시행자는 사업시행인가를 받은 날부터 2년 이내에 착공신고서에 관련 도서를 첨부하여 시장·군수에게 제출하고 공사에 착수해야 합니다.

2. 기존 건축물 철거

2-1. 철거 시기

① 사업시행자는 관리처분계획의 인가를 받은 후 기존의 건축물을 철거해야 합니다(도시정비법 제48조의2제1항).

② 특별자치시장, 특별자치도지사, 시장, 군수, 자치구의 구청장(이하 '시장·군수'라 함)은 사업시행자가 기존의 건축물을 철거하는 경우 다음의 어느 하나에 해당하는 시기에는 건축물의 철거를 제한할 수 있습니다(도시정비법 제48조의2제3항).

1. 일출 전과 일몰 후
2. 호우, 대설, 폭풍해일, 지진해일, 태풍, 강풍, 풍랑, 한파 등으로

해당 지역에 중대한 재해발생이 예상되어 기상청장이 「기상법」 제13조에 따라 특보를 발표한 때

3. 「재난 및 안전관리 기본법」 제3조에 따른 재난이 발생한때

4. 위의 시기에 준하는 시기로서 시장·군수가 인정하는 시기

③ 그러나 「재난 및 안전 관리기본법」·「주택법」·「건축법」 등 관계 법령에 따라 기존 건축물이 붕괴와 같은 안전사고의 우려가 있거나 폐공가(廢公家)의 밀집으로 우범지대화의 우려가 있는 경우에는 사업시행자는 기존 건축물의 소유자의 동의 및 시장·군수의 허가를 얻어 관리처분계획의 인가를 받기 전이라도 해당 건축물을 철거할 수 있습니다(도시정비법 제48조의2제2항).

④ 이 경우 건축물의 철거에도 불구하고 토지 등 소유지로서의 권리·의무에는 영향을 주지 않습니다(도시정비법 제48조의2제2항).

2-2. 물건조서 등의 작성

① 사업시행자는 건축물을 철거하기 전에 관리처분계획의 수립을 위하여 기존 건축물에 대한 물건조서와 사진 또는 영상자료를 만들어 이를 착공 전까지 보관해야 합니다(도시정비법 시행령 제52조의2제1항).

② 물건조서를 작성할 경우에는 기존 건축물의 가격산정을 위하여 건축물의 연면적, 그 실측평면도, 주요마감재료 등을 첨부해야 합니다. 다만, 실측한 면적이 건축물대장에 첨부된 건축물 현황도와 일치하는 경우에는 건축물 현황도로 실측평면도를 갈음할 수 있습니다(도시정비법시행령 제52조의2제2항).

2-3. 철거업자 선정

사업시행자(사업대행자 포함)는 시공자 선정 시 공사에 관한 계약 체결뿐만 아니라 기존 건축물의 철거 공사에 관한 사항도 포함하여 계약을 체결해야 합니다(도시정비법 제11조제4항).

◆ 도시정비법 제11조에 따라 주민대표회의가 철거업자를 선정할 수 있는지요?

(질의요지)

도시정비법 제8조제4항에 따라 2006년도에 한국토지주택 공사가 사업시행자로 지정된 주택재개발사업에 대하여 2008년도에 시공자를 선정한 후 현재 철거업자를 선정하고자 하는 경우 도시정비법 제11조제3항 및 제4항을 적용하여 주민대표회의가 철거업자를 선정할 수 있는지요?

(회신내용)

2009.2.6 개정·공포된 도시정비법 제11조제3항은 주민대표회의가 시공자를 추천할 수 있도록 하는 규정으로 부칙 제9444호 제1조에 따라 공포 후 6개월이 경과한 날부터 시행하도록 하고 있고, 2010.4.15 개정·공포된 도시정비법 제11조제4항은 사업시행자가 시공자와 공사에 관한 계약을 체결할 때 기존 건축물의 철거에 관한 사항을 포함하도록 한 규정으로 부칙 제10268호 제2항에 따라 공포 후 최초로 조합이 설립인가를 받은 분부터 적용하도록 하고 있으므로, 질의의 경우는 동 규정의 적용대상이 아닌 것으로 판단됩니다.

◆ 조합총회를 통해 철거업체 선정 여부

(질의요지)

재개발 조합에서 시공자가 제시한 철거공사 금액보다 저가의 금액을 제시한 철거업체를 조합 총회를 통해 선정할 수 있는지요?

(회신내용)

도시정비법 제11조제4항에 따라 사업시행자는 제1항부터 제3항까지의 규정에 따라 선정된 시공자와 공사에 관한 계약을 체결할 때에는 기존 건축물의 철거 공사에 관한 사항을 포함하도록 하고 있습니다.

◆ 기존 건축물의 철거 공사에 관한 사항에 정비구역내 상수도, 가스, 전기 등의 기존 기반 시설물의 철거 및 이설 공사가 해당되는지요?

(질의요지)

도시정비법 제11조제4항의 기존 건축물의 철거 공사에 관한 사항에 정비구역내 상수도, 가스, 전기 등의 기존 기반 시설물의 철거 및 이설공사가 해당되는지요?

(회신내용)

도시정비법 제11조제4항에 의하면 사업시행자는 제1항부터 제3항까지의 규정에 따라 선정된 시공자와 공사에 관한 계약을 체결하는 때에는 기존 건축물의 철거 공사에 관한 사항을 포함하도록 하고 있고, 이 경우 기존 건축물의 철거공사에 관한 사항에는 정비구역내 철거대상 건축물을 포함한 모든 철거대상 시설물을 포함하여야 할 것입니다.

2-4. 철거신고

① 사업시행자는 건축물을 철거하려면 철거를 하기 7일 전까지 건축물철거신고서(전자문서로 된 신고서 포함)에 석면조사결과 사본(석면을 함유한 건축자재가 사용된 경우에 한함)을 첨부하여 특별자치시장·특별자치도지사, 시장·군수 또는 자치구의 구청장(이하 "시장·군수"라 함)에게 제출함으로써 철거신고를 해야 합니다(「건축법」 제36조제1항).

② 사업시행자는 기존주택의 철거계획서(석면을 함유한 건축자재가 사용된 경우에는 그 현황과 동 자재의 철거 및 처리계획을 포함함)를 사업시행인가 신청 시에 동시에 제출해야 합니다(도시정비법 시행령 제41조제2항제15호).

◆ 철거공사에 포함되는 업무 범위는?

(질의요지)

도시정비법 제11조제4항의 기존 건축물의 철거 공사에 관한 사항에 지장물(상수도, 가스, 전기) 및 석면 해제공사 등이 기존 기반 시설물의 철거공사에 해당되는지요?

(회신내용)

도시정비법 제11조제4항에 의하면 사업시행자는 제1항부터 제3항까지의 규정에 따라 선정된 시공자와 공사에 관한 계약을 체결하는 때에는 기존 건축물의 철거 공사에 관한 사항을 포함하도록 하고 있고, 이 경우 기존 건축물의 철거공사에 관한 사항에는 정비구역내 철거대상 건축물을 포함한 모든 철거대상 시설물을 포함하여야 할 것입니다.

3. 착공

3-1. 착공신고

건축물의 공사를 착수하려는 사업시행자는 착공신고서(전자문서로 된 신고서 포함)에 건축관계자 상호간의 계약서 사본(해당사항이 있는 경우로 한정), 설계도서 및 감리비용을 지불하였음을 증명하는 서류(해당 사항이 있는 경우로 한정)를 첨부하여 시장·군수에게 제출하여 공사계획을 신고해야 합니다. 다만, 건축물 철거 신고 시 착공 예정일을 기재한 경우에는 제외됩니다(「건축법」 제21조제1항, 시행규칙 제14조제1항 및 별지 제13호서식).

3-2. 시공보증서 제출 확인

시장·군수는 「건축법」 제21조에 따른 착공신고를 받는 경우에는 시공보증서 제출 여부를 확인해야 합니다(도시정비법 제51조제2항).

(관련판례)

재건축조합의 규약이나 정관에 '조합은 사업의 시행으로서 그 구역 내의 건축물을 철거할 수 있다', '조합원은 그 철거에 응할 의무가 있다'는 취지의 규정이 있고, 조합원이 재건축조합에 가입하면서 '조합원의 권리, 의무 등 조합 정관에 규정된 모든 내용에 동의한다'는 취지의 동의서를 제출하였다고 하더라도, 조합원은 이로써 조합의 건축물 철거를 위한 명도의 의무를 부담하겠다는 의사를 표시한 것일 뿐이므로, 조합원이 그 의무이행을 거절할 경우 재건축조합은 명도청구소송 등 법적 절차를 통하여 그 의무이행을 구하여야 함이 당연하고, 조합원이 위와 같은 동의서를 제출한 것을 '조합원이 스스로 건축물을 명도하지 아니하는 경우 재건축조합이 법적 절차에 의하지 아니한 채 자력으로 건축물을 철거하는 것'에 대해서까지 사전 승낙한 것이라고 볼 수는 없다(대법원 2007. 9. 20. 선고 2007도5207 판결).

4. 준공

① 시장·군수 또는 자치구의 구청장이 아닌 사업시행자는 주택재건축사업에 관한 공사를 완료한 경우에는 시장·군수로부터 준공인가를 받아야 하며, 직접 주택재건축사업을 시행하는 시장·군수는 공사가 완료된 경우에는 그 공사의 완료를 해당 지방자치단체의 공보에 고시해야 합니다.
② 시장·군수는 준공인가를 하기 전이라도 완공된 건축물이 사용에 지장이 없는 등 일정한 경우에는 입주예정자가 완공된 건축물을 사용할 것을 사업시행자에 대하여 허가할 수 있습니다.

4-1. 준공인가 신청

특별자치시장, 특별자치도지사, 시장, 군수, 자치구의 구청장(이하 '시장·군수'라 함)이 아닌 사업시행자는 주택재건축사업에 관한 공사를 완료한 경우에는 다음의 서류를 시장·군수에게 제출하여 준공인가를 받아야 합니다(도시정비법 제52조제1항, 시행령 제55조제1항 본문, 시행규칙 제15조제1항 및 별지 제8호서식).

1. 준공인가 신청서
2. 건축물·정비기반시설 및 공동이용시설 등의 설치내역서
3. 공사감리자의 의견서

준공인가 신청서

처리기간
15 일

사 업 구 분	☐ 주거환경개선사업 ☐ 주택재개발사업 ☐ 주택재건축사업 ☐ 도시환경정비사업 ☐ 주거환경관리사업 ☐ 가로주택정비사업	인가번호(년-월-일)	
사업시행자	명 칭		등록번호	
	대 표 자		주 소	
설 계 자	명 칭		등록번호	
	대 표 자		주 소	
공사감리자	명 칭		등록번호	
	대 표 자		주 소	
	상주감리자		보유자격	
시 공 자	명 칭		등록번호	
	대 표 자		주 소	
사 업 위 치				
공사착공일	년 월 일	공사완료일	년 월 일	
건축물개요	주 용 도		주요구조	
	세 대 수		층 수	지상( )층/지하( )층

「도시 및 주거환경정비법」 제52조제1항 및 같은 법 시행규칙 제15조제1항
에 따라 위와 같이 정비사업에 대한 준공인가를 신청

년   월   일

신청일   (서명 또는 인)

시장·군수·구청장 귀하

※ **첨부서류**
1. 건축물, 「도시 및 주거환경정비법」제2조제4호에 따른 정비기반시설
    (같은 법 시행령 제3조제8호에 해당하는 것을 제외한다) 및 같은
    법 제2조제5호에 따른 공동이용시설 등의 설치내역서
2. 공사감리자의 의견서
	수수료

	없 음

4-2. 준공검사 실시

① 준공인가 신청을 받은 시장·군수는 지체 없이 준공검사를 실시해야 합니다(도시정비법 제52조제2항).

② 시장·군수는 효율적인 준공검사를 위하여 필요한 경우에는 관계 행정기관·정부투자기관·연구기관, 그 밖의 전문기관 또는 단체에 준공검사의 실시를 의뢰할 수 있습니다(도시정비법 제52조제2항).

4-3. 준공인가

시장·군수는 준공검사의 실시결과 정비사업이 인가받은 사업시행계획대로 완료되었다고 인정되는 경우에는 준공인가를 해야 합니다(도시정비법 제52조제3항).

4-4. 공사완료 고시

시장·군수는 준공인가를 하고 해당 지방자치단체의 공보에 다음의 사항을 기재하여 공사의 완료를 고시해야 합니다(도시 정비법 제52조제3항 및 시행령 제55조제4항)

1. 주택재건축사업의 명칭
2. 주택재건축사업 시행구역의 위치 및 명칭
3. 사업시행자의 성명 및 주소(법인인 경우에는 법인의 명칭 및 주된 사무소의 소재지와 대표자의 성명 및 주소를 말함)
4. 준공인가의 내역

4-5. 준공인가증 교부

시장·군수는 준공인가를 한 경우에는 다음의 사항이 기재된 준공인가증을 사업시행자에게 교부해야 합니다(도시정비법 시행령 제55조

제2항, 시행규칙 제15조제2항 및 별지제9호서식).

1. 정비사업의 종류 및 명칭
2. 정비사업 시행구역의 위치 및 명칭
3. 사업시행자의 성명 및 주소(법인인 경우에는 법인의 명칭 및 주된 사무소의 소재지와 대표자의 성명 및 주소를 말함)
4. 준공인가의 내역

제 호				
		준 공 인 가 증		

사 업 구 분	☐ 주거환경개선사업 ☐ 주택재개발사업 ☐ 주택재건축사업 ☐ 도시환경정비사업 ☐ 주거환경관리사업 ☐ 가로주택정비사업			
사업시행자	명 칭		등록번호	
	대 표 자		주 소	
사업위치				
공사착공일	년 월 일	공사완료일		년 월 일
건축물개요	주 용 도		주요구조	
	세 대 수		층 수	지상( )층/지하( )층

「도시 및 주거환경정비법」 제52조제3항 및 같은 법 시행규칙 제15조제2항에 따라 위와 같이 준공인가를 필하였음을 증명합니다.

년   월   일

시장 · 군수 · 구청장 | 직인 |

4-6. 준공 통보

① 사업시행자는 준공인가증을 교부받은 경우에는 그 사실을 분양 대상자에게 지체 없이 통지해야 합니다(도시정비법 시행령 제55조제 3항).

② 준공인가를 받지 않고 건축물 등을 사용한 자는 1년 이하의 징역 또는 1천만원 이하의 벌금에 처해 집니다(도시정비법 제86조제2호).

4-7. 자체 준공검사

4-7-1. 주택공사 등의 자체 준공인가

① 한국토지주택공사 또는 지방공사인 사업시행자(공동시행자인 경 우 포함)가 다른 법률에 따라 자체적으로 준공인가를 처리한 경우에 는 준공인가를 받은 것으로 보며, 이 경우 주택공사 등인 사업시행 자는 그 내용을 지체없이 시장·군수에게 통보해야 합니다(도시정비법 시행령 제55조제1항 단서).

② 사업시행자가 자체적으로 처리한 준공인가 결과를 시장·군수에게 통보한 경우에는 그 사실을 분양대상자에게 지체없이 통지해야 합니 다(도시정비법 시행령 제55조제3항)

4-7-2. 시장·군수의 자체 준공인가

시장·군수는 직접 시행하는 주택재건축사업에 관한 공사가 완료된 경우에는 그 공사의 완료를 해당 지방자치단체의 공보에 고시해야 합니다(도시정비법 제52조제4항).

4-8. 준공인가 전 사용허가

4-8-1. 사용허가

① 시장·군수는 준공인가를 하기 전이라도 완공된 건축물이 사용에 지장이 없는 등 다음의 요건을 갖춘 경우에는 입주예정자가 완공된 건축물을 사용할 것을 사업시행자에 대하여 허가할 수 있습니다. 다만, 시장·군수가 사업시행자인 경우에는 허가를 받지 않고 입주예정자가 완공된 건축물을 사용하게 할 수 있습니다(도시정비법 제52조제5항 및 시행령 제56조제1항).

1. 완공된 건축물에 전기·수도·난방 및 상·하수도 시설 등이 갖추어져 있어 해당 건축물을 사용하는데 지장이 없을 것
2. 완공된 건축물이 인가받은 관리처분계획에 적합할 것
3. 입주자가 공사에 따른 차량통행·소음·분진 등의 위해로부터 안전할 것

② 시장·군수는 사용허가를 하는 경우에는 동별·세대별 또는 구획별로 사용허가를 할 수 있습니다(도시정비법 시행령 제56조제3항).

4-8-2. 사용허가 신청

① 사업시행자는 준공인가 전 사용허가를 얻으려 할 경우에는 준공인가 전 사용 허가신청서를 시장·군수에게 제출해야 합니다(도시정비법 시행령 제56조제2항, 시행규칙 제15조제3항 및 별지 제10호서식)

② 만약 동별·세대별 또는 구획별로 사용허가를 신청하려는 경우에는 준공인가전사용 허가신청서 외에 사용검사(임시사용승인)신청서를 첨부해야 합니다(도시정비법 시행규칙 제15조제4항제2호 및 「주택법 시행규칙」 별지 제20호서식).

③ 시장·군수의 사용허가를 받지 않고 건축물을 사용한 자는 1년 이하의 징역 또는 1천만원 이하의 벌금에 처해집니다(도정비법 제86조제2호).

준공인가전사용 허가신청서				처리기간
				15 일

사 업 구 분	☐ 주거환경개선사업 ☐ 주택재개발사업		인가번호(년·월·일)	
	☐ 주택재건축사업 ☐ 도시환경정비사업			
	☐ 주거환경관리사업 ☐ 가로주택정비사업			
사업시행자	명 칭		등록번호	
	대 표 자		주 소	
설계자	명 칭		등록번호	
	대 표 자		주 소	
공사감리자	명 칭		등록번호	
	대 표 자		주 소	
	상주감리자		보유자격	
시공자	명 칭		면허번호	
	대 표 자		주 소	
사업위치				
공사착공일	년 월 일	공사완료일	년 월 일	
건축물개요	주 용 도		주요구조	
	세 대 수		층 수	지상( )층/지하( )층

「도시 및 주거환경정비법」제52조제5항 및 같은 법 시행규칙 제15조제3항·
제4항에 따라 위와 같이 정비사업에 대한 준공인가전사용허가를 신청합니
다.

년   월   일

신청인   (서명 또는 인)

시장 · 군수 · 구청장 귀하

※ 첨부서류	수수료
1. 도시환경정비사업의 경우 :「건축법 시행규칙」별지 제17호서식의 (임시)사용승인신청서	없 음
2. 도시환경정비사업외의 정비사업의 경우 :「주택법 시행규칙」별지 제20호서식의 사용검사(임시사용승인)신청서	

4-9. 공사완료에 따른 관련 인·허가 등의 의제

4-9-1. 공사완료에 따른 인·허가 등의 의제 신청

시장·군수가 아닌 사업시행자는 사업시행인가에 따라 의제되는 인·허가 등에 따른 준공검사·준공인가·사용검사·사용승인 등(이하 '준공검사·인가 등'이라 함)의 의제를 받으려 하는 경우에는 준공인가를 신청하는 때에 해당 법률이 정하는 관계 서류를 함께 제출해야 합니다(도시정비법 제53조제2항).

4-9-2. 행정기관과의 협의

① 시장·군수는 준공인가를 하거나 공사완료의 고시를 함에 있어서 그 내용에 사업시행인가에 따라 의제되는 인·허가 등에 따른 준공검사·인가 등에 해당하는 사항이 있은 경우에는 미리 관계 행정기관의 장과 협의해야 합니다(도시정비법 제53조제3항).

② 천재지변이나 그 밖의 불가피한 사유로 긴급하다고 시장·군수가 인정하는 경우에는 관계 행정기관의 장과 협의를 마치기 전에 준공인가를 할 수 있으나, 협의를 마칠 때까지는 인·허가 등을 받은 것으로 보지 않습니다(도시정비법 제32조제5항 및 제53조제4항).

4-9-3. 공사완료에 따른 인·허가 등의 의제

준공인가를 하거나 공사완료의 고시를 함에 있어 시장·군수가 준공검사·인가 등에 관하여 관계 행정기관의 장과 협의한 사항에 대하여는 해당 준공검사·인가 등을 받은 것으로 봅니다(도시정비법 제53조제1항).

(관련판례)

주택재건축조합의 일반분양분 토지에 대한 취득은 주택재건축조합이 사업시행자가 되어 주택사업을 진행한 후 사업비 충당 등을 위하여 비조합원에게 이를 분양하는 수익사업에 해당하므로 이를 위한 일반분양분 토지의 취득에 과세하는 것이 실질과세의 원칙에 위반한다고 볼 수 없고, 주택재건축사업 중 일반분양분과 관련한 사업은 주택재건축조합 자신의 사업으로서 그에 의하여 발생하는 이익이 일단 주택재건축조합에 귀속되는 것이므로 법률적으로나 경제적 실질에 있어서나 오로지 타인의 사무를 처리하는 통상적인 신탁과는 다른 점이 존재하므로 법적 특수성을 가지는 주택재건축조합 등과 조합원 간의 신탁재산 취득을 통상적인 신탁법상 신탁에서와는 달리 비과세의 대상에서 제외하고 있다고 하여 평등의 원칙에 위반한다고 볼 수 없다(서울행정법원 2005. 12. 29. 선고 2004구합33275 판결).

■ 주택재건축조합의 일반분양용 토지취득시기는 언제인지요?

Ⓠ 도시정비법에 따른 주택재건축사업과 관련하여 일반분양용 토지의 경우에는 주택재건축조합에게 취득세 납세의무가 있는데, 그 토지의 취득세 납세의무 성립시기와 관련하여 「지방세법」 제29조제1항제1호에서 규정하고 있는 "취득세 과세물건을 취득하는 때"가 구체적으로 언제인지요?

Ⓐ 도시정비법에 따른 주택재건축사업에 있어서 일반분양용 토지의 취득세 납세의무 성립시기와 관련하여 「지방세법」 제29조제1항제1호에서 규정하고 있는 "취득세 과세물건을 취득하는 때"라 함은 도시정비법에 따른 주택재건축조합이 주택재건축사업에 관한

공사를 완료하여 도시정비법에 따라 준공인가를 받은 날입니다.

5. 이전고시

5-1. 이전고시

① 사업시행자는 공사완료 고시가 있은 경우에는 지체 없이 대지확정측량을 하고 토지의 분할절차를 거쳐 관리처분계획에 정한 사항을 분양을 받을 자에게 통지하고 대지 또는 건축물의 소유권을 이전해야 합니다.

② 「이전고시」란 공사완료 고시로 사업시행이 완료된 이후에 관리처분계획에 따라 주택재건축사업으로 조성된 대지 및 건축물 등의 소유권을 분양받을 자에게 이전하는 것을 말합니다.

5-2. 이전고시 절차

5-2-1. 대지확정절차 및 토지분할

① 사업시행자는 공사완료 고시가 있은 경우에는 지체 없이 대지확정측량을 하고 토지의 분할절차를 거쳐 관리처분계획에 정한 사항을 분양을 받을 자에게 통지하고 대지 또는 건축물의 소유권을 이전해야 합니다(도시정비법 제54조제1항 본문).

② 분양 받을 자에게 해야 할 통지를 태만히 한 자에게는 500만원 이하의 과태료가 부과됩니다(도시정비법 제88조제2항제1호).

5-2-2. 소유권이전 고시 및 보고

사업시행자는 대지 및 건축물의 소유권을 이전하려 할 경우에는 그 내용을 해당 지방자치단체의 공보에 고시한 후 이를 특별자치시장, 특별자치도지사, 시장, 군수, 자치구의 구청장에게 보고해야 합니다(도시정비법 제54조제2항).

5-2-3. 재건축사업 공사완료 전 소유권 이전

① 주택재건축사업의 효율적인 추진을 위하여 필요한 경우에는 해당 주택재건축사업에 관한 공사가 전부 완료되기 전에 완공된 부분에 대하여 준공인가를 받아 대지 또는 건축물별로 분양받을 자에게 그 소유권을 이전할 수 있습니다(도시정비법 제54조제1항 단서).
② 관리처분계획의 인가를 받지 않고 이전을 한 자는 2년 이하의 징역 또는 2천만원 이하의 벌금에 처해 집니다(도시정비법 제85조제8호).

5-3. 이전고시의 효과
5-3-1. 소유권 취득

대지 또는 건축물을 분양받을 자는 고시가 있은 날의 다음 날에 그 대지 또는 건축물에 대한 소유권을 취득합니다(도시정비법 제54조제2항).

5-3-2. 대지 및 건축물에 대한 권리의 확정

대지 또는 건축물을 분양받을 자에게 소유권을 이전한 경우 종전의 토지 또는 건축물에 설정된 지상권·전세권·저당권·임차권·가등기담보권·가압류 등 등기된 권리 및 「주택임대차보호법」 제3조제1항에 따른 대항력을 갖춘 임차권은 소유권을 이전받은 대지 또는 건축물에 설정된 것으로 봅니다(도시정비법 제55조제1항).

5-3-3. 「도시개발법」의 환지로 의제

취득하는 대지 또는 건축물 중 토지 등 소유자에게 분양하는 대지 또는 건축물은 「도시개발법」 제40조에 따라 행하여진 환지로 보며, 도시정비법 제48조제3항에 따른 보류지와 일반에게 분양하는 대지 또는 건축물은 「도시개발법」 제34조에 따른 보류지 또는 체비지로 봅니다(도시정비법 제55조제2항).

(법률용어해설)

환지 : 종전토지를 사업시행으로 조합원 등에게 신규 부여하는 토지

체비지 : 사업에 필요한 경비를 충당하기 위해 규약·정관·시행규정 등에서 정한 목적을 위해 일정한 토지를 환지로 정하지 않고 이를 처분할 수 있도록 한 토지

5-3-4. 권리변동의 제한

주택재건축사업에 관하여 이전고시가 있은 날부터 대지 또는 건축물에 관한 등기가 있을 때까지는 저당권 등의 다른 등기를 할 수 없습니다(도시정비법 제56조제3항).

5-3-5. 청산금의 지급 등 절차개시

대지 또는 건축물을 분양받은 자가 종전에 소유하고 있던 토지 또는 건축물의 가격과 분양받은 대지 또는 건축물의 가격 사이에 차이가 있는 경우에는 사업시행자는 이전의 고시가 있은 후에 그 차액에 상당하는 금액을 분양받은 자로부터 징수하거나 분양받은 자에게 지급해야 합니다(도시정비법 제57조제1항).

◆ 준공인가를 하지 못한 경우 일부 이전고시 가능여부

(질의요지)

주택재건축사업에서 임시사용승인을 득하여 조합원 및 일반 분양자 전원이 입주하였으나 정비사업구역 중 토지 소유권의 일부를 확보하지 못하여 준공인가 및 공사완료 고시를 얻지 못 한 경우 건축물에 대한 일부 이전고시가 가능한지 여부

(회신내용)

도시정비법 제54조제1항에 따르면 사업시행자는 제52조제3항 및 제4항의 규정에 의한 고시가 있은 때에는 지체없이 대지확정측량을 하고 토지의 분할절차를 거쳐 관리처분계획에 정한 사항을 분양을 받을 자에게 통지하고 대지 또는 건축물의 소유권을 이전하도록 하고 있고, 정비사업의 효율적인 추진을 위하여 필요한 경우에는 당해 정비사업에 관한 공사가 전부 완료되기 전에 완공된 부분에 대하여 준공인가를 받아 대지 또는 건축물별로 이를 분양받을 자에게 그 소유권을 이전할 수 있도록 하고 있습니다.

◆ 도시정비법 제55조제1항 관련 종전토지 설정 권리 및 이전고시

(질의요지)

가. 도시정비법 제55조제1항과 관련하여 종전토지에 설정된 권리는 토지만에, 건물에 설정된 권리는 건물만에 설정된 것으로 보는지, 아니면 종전토지에 설정된 권리가 아파트 토지와 건물에 공통으로 설정된 것으로 보는지요?

나. 이전고시를 할 때 종전토지에 설정되어 있는 것을 새로운 건축물에 이기하면서 토지에만 설정할 것인지, 토지건물에 함께 할 것인지가 조합의 재량사항인지요?

(회신내용)

도시정비법 제55조제1항에 따라 대지 또는 건축물을 분양받을 자에게 소유권을 이전한 경우 종전의 토지 또는 건축물에 설정된 지상권·전세권·저당권·임차권·가등기담보권·가압류 등 등기된 권리 및 주택임대차보호법 제3조제1항의 요건을 갖춘 임차권은 소유권을 이전받은 대지 또는 건축물에 설정된 것으로 보도록 하고 있습니다.

5-4. 등기절차

5-4-1. 등기촉탁 또는 신청

사업시행자는 이전고시가 있은 경우에는 지체 없이 대지 및 건축물에 관한 등기를 지방법원지원 또는 등기소에 촉탁 또는 신청해야 합니다(도시정비법 제56조제1항).

5-4-2. 등기사항

① 사업시행자는 이전고시를 한 경우에는 지체 없이 그 사실을 관할 등기소에 통지하고 다음의 등기를 신청해야 합니다.

1. 주택재건축사업 시행에 의한 종전 토지에 관한 등기의 말소등기

2. 주택재건축사업 시행으로 축조된 건축시설과 조성된 대지에 관한 소유권보존등기

3. 종전 건물과 토지에 관한 지상권, 전세권, 임차권, 저당권, 가등기, 환매특약이나 권리소멸의 약정, 처분제한의 등기(이하 '담보권

등에 관한 권리의 등기'라 함)로서 분양받은 건축시설과 대지에 존속하게 되는 등기

5-4-3. 등기방법

① 등기를 신청함에 있어서는 1개의 건축시설 및 그 대지인 토지를 1개의 단위로 하여, 1필의 토지 위에 수 개의 건축시설이 있는 경우에는 그 건축시설 전부와 그 대지를 1개의 단위로 하여, 수 필의 토지를 공동대지로 하여 그 위에 수 개의 건축시설이 있는 경우에는 그 건축시설 및 대지전부를 1개 단위로 하여 동시에 해야 합니다. 다만, 사업시행자가 사업에 관한 공사의 완공 부분만에 관하여 이전고시를 한 경우에는 등기사항 중 건물에 관한 등기신청은 그 부분만에 관하여 할 수 있습니다.

② 등기를 신청하는 경우에는 관리처분계획 및 그 인가를 증명하는 서면과 이전고시를 증명하는 서면을 첨부해야 합니다.

③ 그 밖에 개별 토지, 건축물 등에 대한 등기 방법은 「도시 및 주거환경정비 등기처리규칙」에 따릅니다(도시정비법 제56조제2항).

■ **재건축조합이 취득시효 완성 후 등기 전, 이해관계 있는 제3자에 해당하는지요?**

ⓠ 甲은 X토지에 대한 점유취득 완성 후 등기를 마치기 전, X토지의 소유자 乙이 신탁법에 따라 자신이 조합원으로 있는 비법인사단인 재건축조합에 X토지를 위탁한 경우 위 재건축조합에 대하여 甲이 취득시효 완성을 원인으로 한 X토지에 대한 소유권이전등기 청구가 가능하나요?

Ⓐ 부동산에 관한 점유취득시효기간이 경과하였다고 하더라도 그 점유자가 자신의 명의로 등기하지 않고 있는 사이에 먼저 제3자 명의로 소유권이전등기가 마쳐져 버리면, 특별한 사정이 없는 한 점유자가 그 제3자에 대하여는 시효취득을 주장할 수 없으므로(대법원 1993. 9. 28. 선고 93다22883 판결, 1995. 9. 5. 선고 95다24586 판결 등 참조), 신탁법상의 신탁은 위탁자가 수탁자에게 재산권을 이전 하거나 기타의 처분을 하여 수탁자로 하여금 신탁의 목적을 위하여 재산의 관리 또는 처분을 하도록 하는 것으로서, 부동산의 신탁에 있어서 신탁자의 위탁에 의하여 수탁자 앞으로 그 소유권이전등기가 마쳐지게 되면 대내외적으로 소유권이 수탁자에게 완전히 이전되고, 위탁자와의 내부관계에 있어서 소유권이 위탁자에게 유보되어 있는 것도 아니며, 다만 수탁자는 신탁의 목적 범위 내에서 신탁계약에 정하여진 바에 따라 신탁재산을 관리하여야 하는 제한을 부담함에 불과하므로(대법원 1991. 8. 13. 선고 91다12608 판결 ,1994. 10. 14. 선고 93다62119 판결, 2002. 4. 12. 선고 2000다70460 판결 참조), 부동산에 관한 점유취득시효 기간이 경과한 후 원래의 소유자의 위탁에 의하여 소유권이 전등기를 마친 신탁법상의 수탁자는 그 점유자가 시효취득을 주장할 수 없는 새로운 이해관계인인 제3자에 해당하고, 그 수탁자가 해당 부동산의 공유자들을 조합원으로 한 비법인사단인 재건축조합이라고 하여 달리 볼 것도 아닙니다. 따라서 비록 乙이 재건축조합의 조합원이라고 하더라도 甲은 위 재건축조합을 상대로 X토지에 대한 점유취득 완성을 원인으로 한 소유권이전등기 청구는 불가합니다.

(관련판례)

명의신탁자와 명의수탁자의 명의신탁약정에 기하여 명의수탁자 앞으로 부동산소유권이전등기가 마쳐진 후 명의수탁자가 이를 새로운 이해관계를 가진 제3자에게 처분한 경우에는 그 제3자에 대하여 명의신탁약정의 무효를 이유로 대항하지 못하는바, 명의수탁자가 명의신탁 부동산을 재건축조합에게 신탁하고 재건축조합이 이를 바탕으로 재건축사업을 진행한 경우, 재건축조합도 여기서 말하는 새로운 이해관계인인 제3자에 해당하므로, 명의수탁자와 재건축조합 간에 체결된 명의신탁 부동산에 관한 신탁약정이나 명의수탁자가 재건축조합과의 관계에서 취득한 조합원의 지위 등은 특별한 사정이 없는 한 그 명의신탁약정이 명의신탁자에 대한 관계에서 무효라는 사정만으로 영향을 받지 않는다. 따라서 재건축조합이 관리처분계획 인가 및 이에 따른 분양처분의 고시 내지 이전고시 등의 절차를 밟지 않고 조합원들로부터 토지 및 건물 등을 신탁받아 재건축사업을 진행하여 신축한 건물과 그 대지권을 조합원인 명의수탁자와의 분양계약을 통하여 명의수탁자에게 분양한 경우, 명의수탁자의 그 신축 건물 등에 대한 소유권 취득은 유효하고 그 신축 건물 등과 당초의 명의신탁 부동산 사이에는 동일성이 유지되고 있다고 볼 수 없으므로, 명의신탁자는 명의신탁 부동산의 처분을 이유로 명의수탁자에게 손해배상 등을 청구할 수 있음은 별론으로 하고, 당초의 명의신탁약정이 명의신탁자에 대한 관계에서 무효라는 사정을 내세워 명의수탁자를 상대로 명의수탁자가 재건축조합으로부터 분양받은 신축 건물 등에 관한 소유권의 이전을 청구할 권리가 있다고 할 수 없다(대법원 2009. 6. 23. 선고 2008다1132 판결).

6. 청산 등

① 대지 또는 건축물을 분양받은 자가 종전에 소유하고 있던 토지 또는 건축물의 가격과 분양받은 대지 또는 건축물의 가격 사이에 차이가 있는 경우에는 사업시행자는 이전고시가 있은 후에 청산금을 분양받은 자로부터 징수하거나 분양받은 자에게 지급해야 합니다.

② 대지 또는 건축물을 분양받은 자가 종전에 소유하고 있던 토지 또는 건축물의 가격과 분양받은 대지 또는 건축물의 가격 사이에 차이가 있는 경우에는 사업시행자는 이전고시가 있은 후에 그 차액에 상당하는 금액(이하 '청산금'이라 함)을 분양받은 자로부터 징수하거나 분양받은 자에게 지급해야 합니다(도시정비법 제57조제1항 본문).

6-1. 청산금의 산정
6-1-1. 토지 또는 건축물의 가격평가

종전에 소유하고 있던 토지 또는 건축물의 가격과 분양받은 대지 또는 건축물의 가격은 그 토지 또는 건축물의 규모·위치·용도·이용상황·재건축사업비 등을 참작하여 사업시행자가 정하는 바에 따라 평가해야 합니다. 다만, 감정평가업자의 평가를 받으려는 경우에는 감정평가업자 중 시장·군수가 선정·계약한 2인 이상의 감정평가업자 또는 시장·군수가 선정·계약한 1인 이상의 감정평가업자와 조합총회의 의결로 정하여 선정·계약한 1인 이상의 감정평가업자가 평가한 금액을 산술평균하여 산정할 수 있습니다(도시정비법 제57조제2항 및 시행령 제57조제1항제2호·제2항제2호).

6-1-2. 분양받은 대지 또는 건축물의 평가가격 가감

① 분양받은 대지 또는 건축물의 가격 평가에 있어 다음의 비용은 가산해야 하며, 보조금을 받은 경우에는 받은 보조금을 공제해야 합니다(도시정비법 시행령 제57조제3항).

1. 주택재건축사업의 조사·측량·설계 및 감리에 소요된 비용

2. 공사비

3. 주택재건축사업의 관리에 소요된 등기비용·인건비·통신비·사무용품비·이자, 그 밖에 필요한 경비

4. 융자금이 있는 경우에는 그 이자에 해당하는 금액

5. 정비기반시설 및 공동이용시설의 설치에 소요된 비용(시장·군수가 부담한 비용은 제외함)

6. 안전진단의 실시, 정비사업전문관리업자의 선정, 회계감사, 감정평가, 그 밖에 주택재건축사업추진과 관련하여 지출한 비용으로서 정관 등에서 정한 비용

② 건축물의 가격평가에 있어서는 층별·위치별 가중치를 참작할 수 있습니다(도시정비법 시행령 제57조제4항).

6-2. 청산금의 징수 및 지급

6-2-1. 분할징수 및 분할지급

정관 등에서 분할징수 및 분할지급에 대하여 정하고 있거나 총회의 의결을 거쳐 따로 정한 경우에는 관리처분계획인가 후부터 이전고시일까지 일정기간별로 분할징수하거나 분할지급할 수 있습니다(도시정비법 제57조제1항 단서).

6-2-2. 강제징수

청산금을 납부할 자가 이를 납부하지 않는 경우에는 시장·군수인 사업시행자는 지방세체납처분의 예에 의하여 이를 징수(분할징수 포함)할 수 있으며, 시장·군수가 아닌 사업시행자는 시장·군수에게 청산금의 징수를 위탁할 수 있습니다. 이 경우 지방세체납처분의 예에 의하여 이를 부과·징수할 수 있으며, 사업시행자는 징수한 금액의 100분의 4에 해당하는 금액을 해당 시장·군수에게 교부해야 합니다(도시정비법제58조제1항)

6-2-3. 청산금의 공탁

청산금을 지급받을 자가 이를 받을 수 없거나 거부한 경우에는 사업시행자는 그 청산금을 공탁할 수 있습니다(도시정비법 제58조제2항).

6-2-3. 청산금의 소멸시효

청산금을 지급(분할지급 포함)받을 권리 또는 이를 징수할 권리는 이전고시일 다음 날부터 5년간 이를 행사하지 않으면 소멸합니다(도시정비법 제58조제3항).

6-3. 저당권 설정자의 청산금 지급

주택재건축사업을 시행하는 지역 안에 있는 토지 또는 건축물에 저당권을 설정한 권리자는 저당권이 설정된 토지 또는 건축물의 소유자가 지급받을 청산금에 대하여 청산금을 지급하기 전에 압류절차를 거쳐 저당권을 행사할 수 있습니다(도시 정비법 제59조).

7. 조합해산

주택재건축 정비사업조합은 주택재건축사업의 완료 또는 사업의 완
료 불능, 그 밖에 조합 정관에 정한 해산사유의 발생, 파산 또는
설립인가의 취소로 해산합니다.

7-1. 조합해산 사유

주택재건축 정비사업조합(이하 "조합"이라 함)은 주택재건축사업의
완료 또는 사업의 완료 불능, 그 밖에 조합 정관에 정한 해산사유
의 발생, 파산 또는 설립인가의 취소로 해산합니다(도시정비법 제27
조, 시행령 제31조제12호 및 「민법」 제77조제1항).

7-2. 조합의 해산 결의

7-2-1. 사업완료 외의 사유에 의한 조합 해산

사업완료 외의 사유로 인한 조합의 해산은 조합원총회의 의결을 거
쳐야 하며, 이는 대의원회가 대행할 수 없습니다(도시 정비법 시행령
제35조제3호 본문).

7-2-2. 사업완료로 인한 조합 해산

주택재건축사업의 완료로 인한 조합의 해산의 경우에는 대의원회에
서 이를 대행할 수 있습니다(도시정비법 시행령 제35조제3호 단서).

7-3. 조합청산절차

7-3-1. 청산인

① 법인이 해산한 경우에는 파산의 경우를 제외하고는 정관 또는

총회의 의결로 달리 정한 바가 없으면 이사가 청산인이 되므로, 조합의 경우에는 특별한 사정이 없는 한 조합장이 청산인이 됩니다(「민법」 제82조).

② 청산인은 현존하는 조합사무의 종결, 채권추심 및 채무변제, 잔여재산의 인도, 그 밖에 청산에 필요한 사항 등의 업무를 처리해야 합니다(「민법」 제87조).

7-3-2. 청산종결

① 조합이 해산 된 경우 청산인은 취임 후 3주간 내에 해산의 사유 및 연월일, 청산인의 성명 및 주소 등을 주된 사무소 및 분사무소의 소재지에 등기하고 시·군 또는 자치구의 구(이하 "시·군"이라 함)에 이를 신고해야 합니다(「민법」 제85조 및 제86조).

② 청산이 종결된 경우에는 종결 후 3주간 내에 청산종결등기를 하고 이를 시·군에 신고해야 합니다(「민법」 제94조).

(관련판례)

「민법」 제78조는 "사단법인은 총사원 4분의 3 이상의 동의가 없으면 해산을 결의하지 못한다. 그러나 정관에 다른 규정이 있는 때에는 그 규정에 의한다."고 규정하고 있고, 한편 「도시 및 주거환경정비법」 제20조제1항제17호, 제24조제3항제12호, 제24조제5항, 같은 법 시행령 제31조제12호, 제34조제1호는 조합의 해산은 총회의 의결을 거쳐야 하되 그 의결방법에 관하여 정관에서 정하도록 규정하고 있는바, 「민법」 제78조의 문언의 취지 및 「도시 및 주거환경정비법」상 해산결의의 최소요건을 규정하고 있지는 않은 점에 비추어, 주택재건축 정비사업조합이 정관으로 해산결의의 요건을 정함에 있어 총조합원 4분의 3 이상의 동의보다 완화하여 규정하는 것도 가능하고, 그것이 통상의 결의 요건에도 미달하는 등 현저히 타당성이 없는 경우가 아닌 한 유효하다고 할 것이다(대법원 2007. 7. 24. 자 2006마635 결정).

제6장 비용의 부담 및 감독 등

제6장 비용의 부담 및 감독 등

1. 비용의 부담

1-1. 주택재건축사업의 비용 부담

① 주택재건축사업비는 도시정비법 또는 다른 법령에 특별한 규정이 있는 경우를 제외하고는 사업시행자가 부담합니다.

② 그러나 주택재건축사업의 정비계획에 따라 설치되는 주요 정비기반시설에 대하여는 그 건설에 소요되는 비용의 전부 또는 일부를 시장·군수 또는 자치구의 구청장이 부담할 수 있습니다.

③ 사업시행자는 토지 등 소유자로부터 주택재건축사업 비용과 주택재건축사업의 시행과정에서 발생한 수입의 차액을 부과금으로 부과·징수할 수 있습니다.

1-2. 비용부담의 원칙

1-2-1. 사업시행자 부담의 원칙

주택재건축사업비는 도시정비법 또는 다른 법령에 특별한 규정이 있는 경우를 제외하고는 사업시행자가 부담합니다(도시 정비법 제60조 제1항).

1-2-2. 시장·군수의 부담

특별자치시장, 특별자치도지사, 시장, 군수, 자치구의 구청장(이하 '시장·군수'라 함)은 시장·군수가 아닌 사업시행자가 시행하는 주택재건축사업의 정비계획에 따라 설치되는 도시·군계획시설 중 다음의 주요 정비기반시설, 공동이용시설 및 임시수용시설에 대해서 그 건설에 소요되는 비용의 전부 또는 일부를 부담할 수 있습니다(도시정비법 제60조제2항 및 시행령 제58조).

1. 도로
2. 상·하수도
3. 공원
4. 공용주차장
5. 공동구
6. 녹지
7. 하천
8. 공공공지
9. 광장
10. 임시수용시설

1-3. 조합원의 비용부담

1-3-1. 사업시행자의 부과·징수

① 사업시행자는 토지 등 소유자로부터 주택재건축사업 비용과 주택재건축사업의 시행과정에서 발생한 수입의 차액을 부과금으로 부과·징수할 수 있습니다(도시정비법 제61조제1항).

② 사업시행자는 토지 등 소유자가 부과금의 납부를 태만히 한 경우에는 연체료를 부과·징수할 수 있습니다(도시정비법 제61조제2항).

③ 부과금 및 연체료의 부과·징수에 관하여 필요한 사항은 정관 등에 따릅니다(도시정비법 제61조제3항).

1-3-2. 부과금 등의 강제징수

① 시장·군수가 아닌 사업시행자는 부과금 또는 연체료를 체납하는 자가 있는 경우에는 시장·군수에게 그 부과·징수를 위탁할 수 있습니다(도시정비법 제61조제4항).

② 부과·징수를 위탁받은 시장·군수는 지방세체납처분의 예에 따라 이를 부과·징수할 수 있으며, 이 경우 사업시행자는 징수한 금액의 100분의 4에 해당하는 금액을 위탁수수료로 해당 시장·군수에게 교부해야 합니다(도시정비법 제61조제5항).

1-4. 정비기반시설의 비용부담
1-4-1. 정비기반시설 관리자의 비용부담

① 시장·군수는 그가 시행하는 주택재건축사업으로 인하여 현저한 이익을 받는 정비기반시설의 관리자가 있는 경우에는 그 정비기반시설의 관리자와 협의하여 그 관리자에게 해당 주택재건축사업비의 일부를 부담시킬 수 있습니다(도시정비법 제62조제1항).

② 부담비용의 총액은 해당 주택재건축사업에 소요된 비용(주택재건축사업의 조사·측량·설계 및 감리에 소요된 비용은 제외함)의 3분의 1을 초과하여서는 안 됩니다. 다만, 다른 정비기반시설의 정비가 그 주택재건축사업의 주된 내용이 되는 경우에는 그 부담비용의 총액은 해당 주택재건축사업에 소요된 비용의 50%까지로 할 수 있습니다(도시정비법 시행령 제59조제1항).

③ 이 경우 사업시행자는 주택재건축사업에 소요된 비용의 명세와 부담 금액을 명시하여 그 비용을 부담시키려 하는 자에게 통지해야 합니다(도시정비법 시행령 제59조제2항).

1-4-2. 공동구 설치의무자의 비용부담

① 「공동구」란 전기·가스·수도 등의 공급설비, 통신시설, 하수도시설 등 지하매설물을 공동 수용함으로써 미관의 개선, 도로구조의 보전 및 교통의 원활한 소통을 위하여 지하에 설치하는 시설물을 말합니다(「국토의 계획 및 이용에 관한 법률」제2조제9호).

② 사업시행자는 주택재건축사업을 시행하는 지역에 전기·가스 등의 공급시설을 설치하기 위하여 공동구를 설치하는 경우에는 다른 법령에 따라 그 공동구에 수용될 시설을 설치할 의무가 있는 자에게 공동구의 설치에 소요되는 비용을 부담시킬 수 있습니다(도시정비법 제62조제2항).

1-4-3. 공동구의 설치비용

① 공동구의 설치에 소요되는 비용은 다음과 같습니다. 다만, 보조금을 받은 경우에는 그 보조금의 금액은 설치비용에서 공제해야 합니다(도시정비법 시행규칙 제16조제1항).

1. 설치공사의 비용
2. 내부공사의 비용
3. 설치를 위한 측량·설계비용
4. 공동구의 설치로 인한 보상의 필요가 있는 경우에는 그 보상비용
5. 공동구부대시설의 설치비용
6. 융자금이 있는 경우에는 그 이자에 해당하는 금액

② 공동구에 수용될 전기·가스·수도의 공급시설과 전기통신시설 등의 관리자(이하 '공동구점용예정자'라 함)가 부담할 공동구의 설치에 소요되는 비용의 부담비율은 공동구의 점용예정면적비율에 따릅니다(도시정비법 시행규칙 제16조제2항).

③ 시행자는 사업시행인가의 고시가 있은 후 지체 없이 공동구점용예정자에게 산정된 부담금의 납부를 통지해야 합니다(도시정비법 시행규칙 제16조제3항).

④ 부담금의 납부통지를 받은 공동구점용예정자는 공동구의 설치공사가 착수되기 전에 부담금액의 3분의 1 이상을 납부해야 하며, 그 잔액은 공사완료 고시일 전까지 이를 납부해야 합니다(도시정비법 시행규칙 제16조제4항).

1-4-4. 공동구의 관리

① 공동구는 시장·군수가 이를 관리하며, 공동구 관리비용(유지·수선비를 말하며, 조명·배수·통풍·방수·개축·재축, 그 밖의 시설비 및 인건비를 포함함. 이하 같음)의 일부를 그 공동구를 점용하는 자에게 부담시킬 수 있으며 그 부담비율은 점용면적비율을 고려하여 시장·군수가 정합니다(도시정비법 시행규칙 제17조제1항 및 제2항).

② 공동구 관리비용은 연도별로 이를 산출하여 부과하며, 납입기한은 매년 3월 말일까지이며, 시장·군수는 납입기한 1개월 전까지 납입통지서를 발부해야 합니다. 다만, 필요한 경우에는 2회로 분할납부하게 할 수 있으며 이 경우 분할금의 납입기한은 3월 말일과 9월 말일입니다(도시정비법 시행규칙 제17조제3항 및 제4항).

2. 비용의 보조·융자

국가 또는 지방자치단체는 시장·군수가 아닌 사업시행자가 시행하는 주택재건축사업에 소요되는 비용 중 기초조사비, 정비기반시설 및 임시수용시설의 사업비, 조합 운영경비를 각 비용의 50% 이내에서 보조할 수 있으며, 80% 이내에서 융자하거나 융자를 알선할 수 있습니다.

2-1. 시장·군수, 주택공사 등에 대한 보조·융자

2-1-1. 기초조사 및 정비기반시설 등에 대한 보조·융자

국가 또는 특별시·광역시·도(이하 "시·도"라 함)는 시장, 군수, 구청장(자치구의 구청장을 말함. 이하 같음) 또는 한국토지주택공사·지방공사(이하 "주택공사 등"이라 함)가 시행하는 주택재건축사업에 관한 기초조사, 정비기반시설, 임시수용시설 및 주거환경관리사업에 따른 공동이용시설의 사업비의 80% 이내로 보조하거나 융자할 수 있습니다(도시정비법 제63조제1항 전단 및 시행령 제60조제1항·제3항).

2-1-2. 순환정비사업의 우선지원

① 국가 또는 지방자치단체는 주택재건축사업에 필요한 기초조사 및 정비기반시설 등에 대한 비용을 보조 또는 융자하는 경우 순환정비방식의 정비사업에 우선적으로 지원할 수 있습니다. 이 경우 순환용주택의 건설비, 공가(空家)관리비의 일부를 보조 또는 융자할 수 있습니다(도시정비법 제63조제4항).

② 국가는 주택공사 등이 보유한 공공임대주택을 순환용주택으로 주택재건축 정비사업조합(이하 "조합"이라 함)에게 제공하는 경우 그 건설비 및 공가관리비 등의 비용의 전부 또는 일부를 지방자치단체 또는 주택공사 등에 보조 또는 융자할 수 있습니다(도시정비법 제63조제5항제1호).

2-2. 조합 등에 대한 보조·융자

2-2-1. 국가 또는 지방자치단체의 보조

국가 또는 지방자치단체는 시장·군수가 아닌 사업시행자가 시행하는 주택재건축사업에 소요되는 비용 중 기초조사비, 정비기반시설 및 임시수용시설의 사업비, 조합 운영경비를 각 비용의 50% 이내에서 보조할 수 있습니다(도시정비법 제63조제3항 및 시행령 제60조제4항).

2-2-2. 국가 또는 지방자치단체의 융자

① 국가 또는 지방자치단체는 시장·군수가 아닌 사업시행자가 시행하는 주택재건축사업에 소요되는 비용 중 다음의 사항에 필요한 비용을 각 80% 이내에서 융자하거나 융자를 알선할 수 있습니다(도시정비법 제63조제3항 및 시행령 제60조제5항).

1. 기초조사비
2. 정비기반시설 및 임시수용시설의 사업비
3. 주민 이주비
4. 그 밖에 특별시·광역시 또는 도의 조례로 정하는 사항(지방자치단체가 융자하거나 융자를 알선하는 경우만 해당함)

2-2-3. 토지임대부 분양주택의 공급비용 지원

국가 또는 지방자치단체는 토지임대부 분양주택을 공급받는 자에게 해당 공급비용의 전부 또는 일부를 보조 또는 융자할 수 있습니다(도시정비법 제63조제6항).

3. 부담금 납부

① 일정한 규모의 주택재건축사업을 시행하는 사업시행자는 광역교통시설부담금, 학교용지부담금 등의 부담금을 납부해야 합니다.
② 재건축사업으로 인하여 정상주택가격상승분을 초과하여 해당 재건축조합 또는 조합원에 귀속되는 주택가액의 증가분으로 산정된 재건축부담금은 1차적으로 재건축조합이 납부해야 하며, 2차적으로 조합원이 납부해야 합니다.

3-1. 광역교통시설부담금
3-1-2. 광역교통시설부담금

광역교통시행계획이 수립·고시된 대도시권에서 주택재건축사업을 시행하는 자는 광역교통시설 등의 건설 및 개량을 위한 광역교통시설부담금(이하 "부담금"이라 함)을 50% 경감받아 납부해야 합니다 (「대도시권 광역교통 관리에 관한 특별법」 제11조제1항제5호 및 제11조의2제2항제3호).

3-1-2. 광역교통시설부담금 산정기준

① 광역교통시설부담금 = [1㎡ 당 표준건축비 × 부과율 × 건축연면적]-공제액
② 표준건축비는 「공공주택 특별법」 제50조의3에 따라 공공건설임대주택의 분양전환가격을 산정하는 기준으로 국토교통부장관이 고시하는 표준건축비를 기준으로 산정합니다(「대도시권 광역교통 관리에 관한 특별법」 제11조의3제4항).
③ 부과율은 100분의 2(수도권은 100분의 4)이며, 특별시장·광역시

장 또는 도지사(이하 "시·도지사"라 함)는 해당 지방자치단체의 조례에 따라 주택재건축사업이 시행되는 구역 또는 사업지역의 위치, 규모, 특성 등에 따라 100분의 50의 범위에서 부과율을 조정할 수 있습니다(「대도시권 광역교통 관리에 관한 특별법」 제11조의3제1항제2호·제3항 및 시행령 제16조의2제8항제2호).

④ 건축연면적은 전체 연면적의 합계에서 다음의 어느 하나에 해당하는 연면적의 합계를 제외한 면적으로 합니다(「대도시권 광역교통 관리에 관한 특별법」 제11조의3제5항 및 시행령 제16조의2제6항).

1. 지하층(주거용인 경우는 제외함)과 건축물 안의 주차장
2. 공용의 청사와 「학교용지 확보 등에 관한 특례법」에 따른 각급학교
3. 「주택법」 제2조제13호에 따른 부대시설 및 「주택법」 제2조제14호에 따른 복리시설
4. 「주택건설기준 등에 관한 규정」 제2조제3호에 따른 주민공동시설 (위 부대시설 및 복리시설은 제외)
5. 해당 주택재건축사업이 시행되는 구역 내 종전 건축물의 연면적
6. 국민주택 규모 이하인 임대주택의 연면적

⑤ 공제액은 다음의 금액을 모두 합한 금액입니다. 이러한 공제액을 인정받으려는 사업시행자는 관할 시·도지사에게 그 사유를 증명하는 서류를 제출해야 합니다(「대도시권 광역교통 관리에 관한 특별법」 제11조의3제5항, 시행령 제16조의2제4항 및 제5항).

1. 해당 사업과 관련하여 도시철도 또는 철도의 건설 및 개량에 소요되는 비용을 부담하는 경우에는 그 금액
2. 주택재건축사업이 시행되는 구역 또는 사업지역 밖에서 다음의 어느 하나에 해당하는 도로를 설치하거나 그 비용의 전부 또는

일부를 부담하는 경우에는 그 금액

가. 도로 관계 법령에 따른 고속국도, 자동차전용도로, 일반국도, 특별시도, 광역시도 또는 지방도

나. 광역도로에 해당하는 시·군·구도

다. 확정된 광역교통개선대책에 따라 건설 또는 개량되는 도로

라. 그 밖에 시·도지사가 광역교통에 영향을 미친다고 인정하는 도로

3. 해당사업과 관련하여 다음의 어느 하나에 해당하는 시설을 설치하거나 그 시설의 건설 및 개량에 드는 비용의 전부 또는 일부를 부담하는 경우에는 그 금액

가. 주차장

나. 여객자동차 운수사업에 제공되는 차고지로서 지방자치단체의 장이 설치하는 공영차고지

다. 간선급행버스체계의 구성시설

라. 환승센터의 구성시설

3-2. 학교용지부담금

3-2-1. 학교용지부담금

「학교용지부담금」이란 개발사업에 대하여 특별시장·광역시장·도지사 또는 특별자치도지사(이하 '시·도지사'라 함)가 학교용지를 확보하거나, 학교용지를 확보할 수 없는 경우 가까운 곳에 있는 학교를 증축하기 위하여 개발사업을 시행하는 자에게 징수하는 경비(이하 "부담금"이라 함)를 말합니다(「학교용지 확보 등에 관한 특례법」제2조 제3호).

3-2-2. 지의 조성·개발

주택재건축사업을 통해 기존 가구의 수를 제외한 가구의 수가 300 가구 이상인 주택재건축사업(이하 "개발사업"이라 함)을 시행하는 자(이하 "개발사업시행자"라 함)는 주택재건축사업을 시행하기 위하여 수립하는 계획에 학교용지의 조성·개발에 관한 사항을 포함시켜야 합니다(「학교용지 확보 등에 관한 특례법」제3조제1항).

3-2-3.지부담금 부과 및 징수

① 주택재건축사업을 통해 100가구 규모 이상의 주택건설용 토지를 조성·개발하거나 공동주택을 건설하는 경우 학교용지부담금 징수의 대상이 됩니다(「학교용지 확보 등에 관한 특례법」제2조제2호 참조).

② 주택재건축사업을 통해 공동주택을 분양하는 자는 기존 거주자와 토지 및 건축물의 소유자에 대한 분양분을 제외한 나머지 일반 분양분에 대하여 부담금을 부과받을 수 있습니다. 다만, 다음의 어느 하나에 해당하는 경우에는 부담금의 부과를 면제받습니다(「학교용지 확보 등에 관한 특례법」제5조제1항 본문 및 제4항).

1. 발사업시행자가 교육감 의견으로 제시된 학교용지를 교육특별회계에 기부채납하는 경우
2. 최근 3년 이상 취학 인구가 지속적으로 감소하여 학교 신설의 수요가 없는 지역에서 개발사업을 시행하는 경우(시·도지사의 판단에 따라 부담금을 부과받을 수 있음)
3. 개발사업시행자가 학교용지 또는 학교시설을 시·도 교육비특별회계 소관 공유재산으로 무상공급하는 경우

3-2-3. 학교용지부담금 산정기준

부담금은 공동주택인 경우에는 분양가격을 기준으로 가구별 공동주택 분양가격에 1천분의 8을 곱한 금액이 부과됩니다(「학교용지 확보 등에 관한 특례법」 제5조의2).

3-3. 재건축부담금

3-3-1. 재건축부담금

"재건축부담금"이란 재건축사업으로 인하여 정상주택가격상승분을 초과하여 해당 재건축조합 또는 조합원에 귀속되는 주택가액의 증가분으로 산정된 금액 중 「재건축초과이익 환수에 관한 법률」에 따라 국토교통부장관이 부과·징수하는 금액을 말합니다(「재건축초과이익 환수에 관한 법률」 제2조제1호 및 제3호).

3-3-2. 납부의무자

① 주택재건축 정비사업조합(이하 "조합"이라 함)은 1차적으로 재건축부담금을 납부할 의무가 있습니다(「재건축초과이익 환수에 관한 법률」 제6조제1항 본문).

② 재건축조합은 조합원별로 종전자산을 평가한 가액 등 다음의 사항을 고려하여 재건축부담금 예정액의 조합원별 납부액과 특별시장·광역시장·도지사 또는 시장·군수·구청장이 결정 및 부과하는 재건축부담금의 조합원별 분담기준 및 비율을 결정하여 이를 관리처분계획에 명시해야 합니다(「재건축초과이익 환수에 관한 법률」 제6조제2항 및 시행령 제4조).

1. 조합원별 개시시점 부과대상 주택의 가격(부과개시시점이 2006년 9월 24일 이전인 경우에는 개시시점 부과대상 주택의 가격에 종

료시점 부과대상 주택의 가격 추정액에서 개시시점 부과대상 주택의 가격을 뺀 금액을 일 단위로 안분하여 개시시점부터 2006년 9월 24일까지 산정한 주택가격 변동분을 합한 주택의 가격을 말함)

2. 조합원별 종료시점 부과대상 주택의 가격 추정액

3. 관리처분계획상 청산금

③ 그러나 조합이 해산되었거나 조합의 재산으로 그 조합에 부과되거나 그 조합이 납부할 재건축부담금·가산금 등에 충당하여도 부족한 경우에는 종료시점 부과대상 주택을 분양받은 조합원(이하 '조합원'이라 하며, 조합이 해산된 경우에는 부과종료 시점 당시의 조합원을 말함)이 2차적으로 재건축부담금을 납부해야 합니다(「재건축초과이익 환수에 관한 법률」 제6조제1항 단서).

④ 조합원의 2차 납부의무는 산정된 재건축부담금 중 관리처분계획상 분담비율을 적용하여 산정한 금액에 한합니다(「재건축초과이익 환수에 관한 법률」 제6조제3항).

3-3-3. 부과기준

① 부과기준은 다음과 같습니다(「재건축초과이익 환수에 관한 법률」 제7조).

주택재건축부담금 = [종료시점 주택가액-개시시점 주택가액-정상가격상승분 총액-개발비용 등] × 부과율

② 기준시점 등

1. 부과개시시점

부과개시시점은 해당 주택재건축사업을 위하여 최초로 구성된 조합설립추진위원회(이하 '추진위원회'라 함)가 승인된 날입니다. 다

만, 부과대상이 되는 주택재건축사업의 전부 또는 일부가 다음의 어느 하나에 해당하는 경우에는 각각 해당하는 날을 부과개시시점으로 합니다(「재건축초과이익 환수에 관한 법률」 제8조제1항 및 시행령 제5조).

위의 내용에도 불구하고 부과개시시점부터 부과종료시점까지의 기이 10년을 초과하는 경우에는 부과종료시점으로부터 역산하여 10년이 되는 날을 부과개시시점으로 합니다(「재건축초과이익 환수에 관한 법률」 제8조제2항).

2. 부과종료시점

부과종료시점은 해당 주택재건축사업의 준공인가일입니다. 다만, 부과대상이 되는 주택재건축사업의 전부 또는 일부가 다음의 어느 하나에 해당하는 경우에는 각각 해당하게 된 날을 부과종료시점으로 한다(「재건축초과이익 환수에 관한 법률」 제8조제3항).

가. 관계 법령에 따라 주택재건축사업의 일부가 준공인가된 날

나. 관계 행정청의 인가 등을 받아 건축물의 사용을 개시한 날

③ 주택가액의 산정

1. 개시시점 주택가액

개시시점 주택가액은 「부동산 가격공시에 관한 법률」에 따라 공시된 부과대상 주택가격(공시된 주택가격이 없는 경우는 국토교통부장관이 산정한 부과 개시시점 현재의 주택가격)총액에 공시기준일부터 개시시점까지의 정상주택가격상승분을 반영한 가액입니다(「재건축초과이익 환수에 관한 법률」 제9조제1항).

공시된 부과대상 주택가격이 없는 경우에는 인근 유사주택의 거

래가격·임대료 및 건설비용 추정액 등을 종합적으로 고려해야 하며, 해당 주택에 전세권, 그 밖에 주택의 사용·수익을 제한하는 권리가 설정되어 있는 경우에는 그 권리가 설정되지 않은 것으로 보고 해당 주택의 가액을 산정해야 합니다(「재건축초과이익 환수에 관한 법률」 제6조제1항).

2. 종료시점 주택가액

종료시점 주택가액은 「국유재산법 시행령」 제2조의 주식회사한국감정원 및 「감정평가 및 감정평가사에 관한 법률」에 따른 감정평가법인 중 국토교통부장관이 정하는 요건을 충족하는 감정평가법인(이하 '부동산가격조사 전문기관'이라 함)에 의뢰하여 종료시점 현재의 주택가격 총액을 조사·산정하고 이를 「부동산 가격공시에 관한 법률」에 따른 부동산가격공시위원회의 심의를 거쳐 결정한 가액으로 합니다(「재건축초과이익 환수에 관한 법률」 제9조제2항 전단 및 시행령 제7조제1항).

이 경우 산정된 종료시점 현재의 주택가격은 규제「부동산 가격공시에 관한 법률」 제16조, 제17조 및 제18조에 따라 공시된 주택가격으로 봅니다(「재건축초과이익 환수에 관한 법률」 제9조제2항 후단).

공시된 부과대상 주택가격이 없는 경우에 종료시점 주택가액을 산정하는 때에는 인근 유사주택의 거래가격·임대료 및 건설비용 추정액 등을 종합적으로 고려해야 하며, 해당 주택에 전세권, 그 밖에 주택의 사용·수익을 제한하는 권리가 설정되어 있는 경우에는 그 권리가 설정되지 않은 것으로 보고 해당 주택의 가액을 산정해야 합니다(「재건축초과이익 환수에 관한 법률 시행령」 제6조제1항).

④ 정상주택가격상승분의 산정

1. 정상주택가격상승분

정상주택가격상승분은 개시시점 주택가액에 국토교통부장관이 고시하는 정기예금이자율과 종료시점까지의 해당 재건축사업장이 소재하는 특별자치시·특별자치도·시·군·구의 평균주택가격상승률 중 높은 비율을 곱하여 산정합니다(「재건축초과이익 환수에 관한 법률」 제10조제1항).

2. 평균주택가격상승률

평균주택가격상승률은 「주택법」 제89조에 따라 국토교통부장관의 위탁을 받아 기금수탁자가 통계청 승인을 받아서 작성한 주택가격 통계를 이용하여 산정합니다. 다만, 특별자치시·특별자치도·시·군·구의 주택가격 통계가 생산되기 이전 기간의 평균주택가격상승률은 부동산가격조사 전문기관에 의뢰하여 해당 특별자치시·특별자치도·시·군·구의 기준시가 변동률, 통계청 승인을 받은 해당 특별자치시·특별자치도·시·군·구가 소재하는 광역지방자치단체의 주택가격 상승률 등을 감안하여 조사·산정하고 이를 부동산가격공시위원회의 심의를 거쳐 결정합니다(「재건축초과이익 환수에 관한 법률」 제10조제2항).

⑤ 개발비용의 산정

개발비용은 해당 주택재건축사업의 시행과 관련하여 지출된 다음의 금액을 합하여 산출합니다(「재건축초과이익 환수에 관한 법률」 제11조제1항).

1. 공사비, 설계감리비, 부대비용 및 그 밖의 경비

2. 관계법령의 규정 또는 인가 등의 조건에 의하여 납부의무자가 국가 또는 지방자치단체에 납부한 제세공과금

3. 관계법령의 규정 또는 인가 등의 조건에 의하여 납부의무자가 공
   공시설 또는 토지 등을 국가 또는 지방자치단체에 제공하거나
   기부한 경우에는 그 가액(기부의 대가로 「국토의 계획 및 이용에
   관한 법률」 및 도시정비법에 따라 용적률 등이 완화된 경우는 제
   외함)
4. 주택재건축조합(추진위원회 포함)의 운영과 관련된 경비
5. 재건축소형주택 건설과 관련된 비용

⑥ 부과율
납부의무자가 납부해야 할 재건축부담금의 부과율은 다음과 같습니
다(「재건축초과이익 환수에 관한 법률」 제12조).

3-3-4. 재건축부담금 산정자료 제출

① 납부의무자는 사업시행인가 고시일로부터 3개월 이내에 재건축부
담금 예정액 산정을 위한 명세서에 다음의 사항을 증명할 수 있는
서류를 첨부하여 특별자치도지사·시장·군수 또는 구청장에게 제출해
야 합니다(제「재건축초과이익 환수에 관한 법률」 제14조제1항 본문,
시행규칙 제7조제1항 및 별지 제3호서식).
1. 사업주체
2. 사업시행기간
3. 시공사
4. 개발비용 추정액
5. 부과대상 주택 중 일반분양분의 분양가격 추정액
6. 그 밖에 특별자치도지사·시장·군수 또는 구청장이 필요하다고 인
   정하는 자료

② 사업시행인가 고시일로부터 3개월 이내에 시공자가 선정되지 않은 경우에는 자료제출 기한을 시공자와의 계약 체결일로부터 1월 이내로 연장할 수 있습니다(「재건축초과이익 환수에 관한 법률」 제14조제1항 단서).

3-3-5. 재건축부담금 예정액 통지

특별자치도지사·시장·군수 또는 구청장은 재건축부담금 산정자료를 제출받은 날로부터 30일 이내에 납부의무자에게 재건축부담금의 부과기준 및 예정액 통지서를 통해 재건축부담금의 부과기준 및 예정액을 통지해야 합니다(「재건축초과이익 환수에 관한 법률」 제14조제2항, 시행규칙 제8조 및 별지 제4호서식).

3-3-6. 재건축부담금의 사전통지

특별자치도지사·시장·군수 또는 구청장은 재건축부담금을 결정·부과하기 전에 부과종료시점부터 3개월 이내에 그 부과기준 및 재건축부담금을 납부의무자에게 미리 재건축부담금 사전통지서로 통지해야 합니다(「재건축초과이익 환수에 관한 법률」 제15조제2항, 시행령 제11조제1항, 시행규칙 제9조 및 별지 제5호서식).

3-3-7. 재건축부담금의 결정 및 부과

특별자치도지사·시장·군수 또는 구청장은 부과종료시점부터 4개월 이내에 재건축부담금을 결정·부과해야 합니다. 다만, 납부의무자가 이의신청을 제기한 경우에는 그 결과의 서면통지일로부터 1월 이내에 재건축부담금을 결정·부과해야 합니다(「재건축초과이익 환수에 관한 법률」 제15조제1항).

3-3-8. 재건축부담금의 납부

재건축부담금의 납부의무자는 부과일부터 6게월 이내에 재건축부담금을 납부해야 하며, 이는 현금 납부를 원칙으로 하되, 해당 주택재건축사업으로 건설·공급되는 주택에 의한 납부를 인정할 수 있습니다(「재건축초과이익 환수에 관한 법률」 제17조제1항 및 제2항).

4. 감독 등

4-1. 회계감사 및 감독 등

① 시장·군수 또는 자치구의 구청장, 한국토지주택공사 또는 지방공사가 아닌 사업시행자는 납부 또는 지출 금액이 일정 금액 이상일 경우에는 비용의 납부 및 지출내역에 대하여 조합원의 80% 이상의 동의를 얻지 않은 경우에 감사인의 회계감사를 받아야 합니다.

② 주택재건축사업의 시행이 도시정비법 또는 같은 법에 따른 명령·처분이나 사업시행계획서 또는 관리처분계획에 위반되었다고 인정되는 경우에는 주택재건축사업의 적정한 시행을 위하여 필요한 범위에서 감독체계를 통해 그 처분의 취소·변경 또는 정지, 그 공사의 중지·변경, 임원의 개선 권고, 그 밖의 필요한 조치를 취할 수 있습니다.

4-2. 자료의 제출

4-2-1. 사업추진실적 제출

① 특별시장·광역시장·특별자치시장·도지사·특별자치도지사(이하 "시·

도지사"라 함)는 정비구역의 지정, 사업시행자의 지정 또는 조합설립
인가, 사업시행인가, 관리처분계획인가 및 주택재건축사업완료의 실
적을 매분기의 만료일부터 15일 이내에 국토교통부장관에게 보고(전
자문서에 의한 보고를 포함함)해야 합니다(도시정비법 제75조제1항
및 시행규칙 제20조).

② 시장, 군수 또는 구청장(자치구의 구청장을 말함. 이하 같음)은
특별시·광역시 또는 도의 조례에 따라 주택재건축사업의 추진실적을
특별시장·광역시장 또는 도지사에게 보고해야 합니다(도시정비법 제
75조제1항).

4-2-2. 자료제출 요청 및 보고

① 국토교통부장관, 시·도지사, 시장, 군수 또는 구청장은 주택재건
축사업의 원활한 시행을 위해 감독상 필요하다고 인정하는 경우에는
조합설립추진위원회·사업시행자·정비사업전문관리업자·철거업자·설계자
및 시공자 등 도시정비법에 따른 업무를 하는 자에 대하여 보고 또
는 자료의 제출을 요청할 수 있으며 소속 공무원으로 하여금 그 업
무에 관한 사항을 조사하게 할 수 있습니다(도시정비법 제75조제2
항).

② 업무를 조사하는 공무원은 업무조사를 받을 자에게 조사 3일전
까지 조사의 일시·목적 등을 서면으로 통지하고, 그 권한을 표시하
는 조사공무원증표를 관계인에게 내보여야 합니다(도시정비법 제75
조제3항, 시행규칙 제21조제2항·제3항 및 별지 제14호서식).

③ 요청을 받은 자는 그 요청을 받은 날부터 15일 이내에 보고(전
자문서에 의한 보고를 포함함)하거나 자료를 제출(전자문서에 의한
제출을 포함함)해야 합니다(도시정비법 시행규칙 제21조제1항).

④ 위반 시 제재

국토교통부장관, 국토교통부장관, 시·도지사, 시장, 군수 또는 구청장이 요청한 보고 또는 자료의 제출을 태만히 한 자에게는 500만원 이하의 과태료가 부과됩니다(도시정비법 제88조제2항제2호).

4-3. 회계감사

4-3-1. 회계감사 실시

① 특별자치시장, 특별자치도지사, 시장, 군수, 자치구의 구청장(이하 "시장·군수"라 함), 한국토지주택공사 또는 지방공사(이하 "주택공사 등"이라 함)가 아닌 사업시행자 또는 추진위원회는 다음의 어느 하나에 해당하는 경우로서 비용의 납부 및 지출내역에 대하여 조합원(조합이 구성되지 않은 경우에는 토지 등 소유자를 말함)의 80% 이상의 동의를 얻지 않은 경우에는 각각 해당하는 시기까지 「주식회사의 외부감사에 관한 법률」에 따른 감사인의 회계감사를 받아야 합니다(도시정비법 제76조제1항 및 시행령 제67조제1항).

② 회계감사를 받지 않은 자는 1년 이하의 징역 또는 1천만원 이하의 벌금에 처해 집니다(도시정비법 제86조제4호).

③ 토지 등 소유자의 동의자 수 산정방법(도시정비법 시행령 제67조제2항)

1. 소유권 또는 구분소유권이 여러 명의 공유에 속하는 경우에는 그 여러 명을 대표하는 1명을 토지 등 소유자로 산정하여 동의서를 받아야 하며, 1명이 둘 이상의 소유권 또는 구분소유권을 소유하고 있는 경우에는 소유권 또는 구분소유권의 수에 관계없이 토지 등 소유자를 1명으로 산정하여 동의서를 받아야 합니다(도시정비

법시행령 제28조제1항제2호).

2. 토지등기부등본·건물등기부등본·토지대장 및 건축물관리대장에 소유자로 등재될 당시 주민등록번호의 기재가 없고 기재된 주소가 현재 주소와 다른 경우로서 소재가 확인되지 않는 자는 토지 등 소유자의 수에서 제외해야 합니다(도시정비법 시행령 제28조제1항제4호).

4-3-2. 회계감사 결과 보고 및 공람

① 사업시행자는 감사결과를 회계감사가 종료된 날부터 15일 이내에 시장·군수에게 보고하고, 이를 해당 주택재건축 정비사업조합(이하 "조합"이라 함)에 보고하여 조합원이 공람할 수 있도록 해야 합니다. 다만, 지정개발자가 사업시행자인 경우 2. 및 3.에 해당하는 시기에 한정합니다(도시정비법 제76조제1항).

1. 도시정비법 제15조제5항의 규정에 의하여 추진위원회에서 조합으로 인계되기 전 7일 이내
2. 도시정비법 제28조제4항의 규정에 의한 사업시행인가의 고시일부터 20일 이내
3. 도시정비법 제52조제1항의 규정에 의한 준공인가의 신청일부터 7일 이내

4-3-3. 회계감사기관 선정·계약

① 회계감사가 필요한 경우 사업시행자는 그 시장·군수에게 회계감사기관의 선정·계약을 요청해야 하며, 그 요청이 있는 경우 시장·군수는 즉시 회계감사기관을 선정하여 회계감사가 이루어지도록 해야 합니다(도시정비법 제76조제2항).

② 사업시행자는 회계감사기관의 선정·계약을 요청하려는 경우 시장·군수에게 회계감사에 필요한 비용을 미리 예치해야 합니다. 시장·군수는 회계감사가 끝난 경우 예치된 금액에서 회계감사비용을 직접 지불한 후 나머지 비용은 사업시행자와 정산해야 합니다(도시정비법 제76조제4항).

③ 회계감사기관을 선정·계약한 경우 시장·군수는 공정한 회계감사를 위하여 선정된 회계감사기관을 감독해야 하며, 필요한 처분이나 조치를 명할 수 있습니다(도시정비법 제76조제3항).

◆ 도시정비법 제76조제1항 회계감사를 하는 경우, 「주식회사의 외부감사에 관한 법률」 제3조 외의 다른 규정의 적용을 받는지요?

(질의요지)

「주식회사의 외부감사에 관한 법률」 제3조에 따른 감사인이 시장·군수 또는 주택공사 등이 아닌 사업시행자에 대해 도시정비법 제76조제1항에 따라 회계감사를 하는 경우, 그 감사인이 「주식회사의 외부감사에 관한 법률」 제3조 외의 다른 규정들의 적용을 받아야 하는지요?

(회신내용)

「주식회사의 외부감사에 관한 법률」 제3조에 따른 감사인이 시장·군수 또는 주택공사 등이 아닌 사업시행자에 대해 도시정비법 제76조제1항에 따라 회계감사를 하는 경우, 그 감사인이 「주식회사의 외부감사에 관한 법률」 제3조 외의 다른 규정들의 적용을 받아야 하는 것은 아닙니다.

◆ 정관에 따른 회계감사로 도시정비법 제76조 회계감사를 대신할 수 있는지요?

(질의요지)

조합정관에 따른 외부회계감사를 도시정비법 제76조에 따른 회계감사로 대체할 수 있는지요?

(회신내용)

도시정비법 제76조제1항 및 제2항에 따르면 시장·군수 또는 주택공사등이 아닌 사업시행자는 대통령령이 정하는 방법 및 절차에 의하여 제1항 각호의 1에 해당하는 시기에 「주식회사의 외부감사에 관한 법률」 제3조의 규정에 의한 감사인이 회계감사를 받도록 하고 있고, 그 감사결과를 회계감사가 종료된 날부터 15일 이내에 시장·군수에게 보고하고 이를 당해 조합에 보고하여 조합원이 공람할 수 있도록 하고 있으며, 동 규정에 따라 회계감사가 필요한 경우 사업시행자는 시장·군수에게 회계감사기관의 선정·계약을 요청하도록 하고 있으나, 조합정관에 따른 외부회계감사에 대하여는 해당 조합정관에 따라 판단하여야 할 것입니다.

◆ 외부회계감사 대상 판단시 지출된 금액의 범위

(질의요지)

도시정비법 시행령 제67조제1항제2호의 의미가 사업행인 가고시일전까지 "납부 또는 지출된 금액"을 의미하는지, "지출될 것이 확정된 금액"을 포함한 의미인지요?

(회신내용)

도시정비법 시행령 제67조제1항제2호에 따르면 도시정비법

제76조에 따라 시장·군수 또는 주택공사등이 아닌 사업시행자는 사업시행인가고시일전까지 납부 또는 지출된 금액이 7억원 이상인 경우로서 비용의 납부 및 지출내역에 대하여 조합원의 80퍼센트 이상의 동의를 얻지 아니한 경우에는 회계감사를 받도록 하고 있으며, 동 규정은 사업시행자가 사업시행인가 고시일전까지 납부 또는 지출된 금액을 의미합니다.

4-4. 감독

4-4-1. 위반행위에 대한 조치

① 주택재건축사업의 시행이 도시정비법 또는 같은 법에 따른 명령·처분이나 사업시행계획서 또는 관리처분계획에 위반되었다고 인정되는 경우에는 주택재건축사업의 적정한 시행을 위하여 필요한 범위에서 감독체계를 통해 그 처분의 취소·변경 또는 정지, 그 공사의 중지·변경, 임원의 개선 권고, 그 밖의 필요한 조치를 취할 수 있습니다(도시정비법 제77조제1항).

② 감독체계(도시정비법 제77조제1항 참조)

1. 국토교통부장관 → 시·도지사, 시장, 군수, 구청장, 추진위원회, 주민대표회의, 사업시행자 또는 정비사업전문관리업자

2. 특별시장, 광역시장 또는 도지사 → 시장, 군수, 구청장, 추진위원회, 주민대표회의, 사업시행자 또는 정비사업전문관리업자

3. 시장·군수 → 추진위원회, 주민대표회의, 사업시행자 또는 정비사업전문관리업자

4-4-2. 청문 실시

국토교통부장관, 시·도지사 또는 시장·군수는 추진위원회 승인의 취

소, 조합 설립인가의 취소, 사업시행인가의 취소 또는 관리처분계획인가의 취소 처분을 하려는 경우에는 청문을 실시해야 합니다(도시정비법 제78조제2호).

4-4-3. 점검반 운영

① 국토교통부장관은 도시정비법에 따른 주택재건축사업의 원활한 시행을 위하여 관계 공무원 및 전문가로 구성된 점검반을 구성하여 주택재건축사업 현장조사를 통하여 분쟁의 조정, 위법사항의 시정요구 등 필요한 조치를 할 수 있습니다(도시 정비법 제77조제3항).

② 이 경우 관할 지방자치단체의 장과 조합 등은 다음의 자료를 제공하는 등 점검반의 활동에 적극 협조해야 합니다(도시 정비법 제77조제3항 및 시행령 제68조).

1. 토지 등 소유자의 동의서

2. 총회의 의사록

3. 주택재건축사업과 관련된 계약 관련 서류

4. 사업시행계획서·관리처분계획서 및 회계감사보고서를 포함한 회계 관련 서류

5. 주택재건축사업의 추진과 관련하여 분쟁이 발생한 경우에는 해당 분쟁과 관련된 서류

③ 현장조사 공무원은 업무조사를 받을 자에게 조사 3일전까지 조사의 일시·목적 등을 서면으로 통지하고, 그 권한을 표시하는 조사 공무원증표를 관계인에게 내보여야 합니다(도시 정비법 제75조제3항, 제77조제4항, 시행규칙 제21조제2항·제3항 및 별지 제14호서식).

④ 위반 시 제재

도시정비법 또는 같은 법에 따른 명령·처분이나 사업시행계획서 또는 관리처분계획을 위반하여 처분의 취소·변경 또는 정지, 그 공사의 중지 및 변경에 관한 명령을 받고도 이에 응하지 않은 사업시행자 및 정비사업전문관리업자는 2년 이하의 징역 또는 2천만원 이하의 벌금에 처해 집니다(도시정비법 제85조제12호).

점검반의 현장조사를 거부·기피 또는 방해한 자에게는 1천만원의 과태료가 부과됩니다(도시정비법 제88조제1항).

(관련판례)

작위·부작위 의무 부과 여부는 물론 그 내용과 범위는 전적으로 행정처분에 의하여 정하여지는 것으로서, 죄형법정주의의 관점이나 그로부터 파생되는 형벌법규의 명확성의 원칙에 비추어 보면, 공사의 중지 또는 변경에 관한 명령은 금지되는 공사의 범위와 종류, 내용 등을 의문의 여지 없이 명확히 할 것이 요구되며, 또 이를 해석함에 있어서도 엄격히 하지 않으면 안된다 할 것이다(대법원 2007. 7.26. 선고 2007도1440 판결).

(관련판례)

「행정절차법」 제22조제1항제1호에 정한 청문제도는 행정처분의 사유에 대하여 당사자에게 변명과 유리한 자료를 제출할 기회를 부여함으로써 위법사유의 시정가능성을 고려하고 처분의 신중과 적정을 기하려는 데 그 취지가 있으므로, 행정청이 특히 침해적 행정처분을 할 때 그 처분의 근거 법령 등에서 청문을 실시하도록 규정하고 있다면, 「행정절차법」 등 관련 법령상 청문을 실시하지 않아도 되는 예외적인 경우에 해당하지 않는 한 반드시 청문을 실시하여야 하며, 그러한 절차를 결여한 처분은 위법한 처분으로서 취소사유에 해당한다(대법원 2007. 11. 16. 선고 2005두15700 판결).

◆ 회계감사기관에 대한 구청장의 감독 범위

(질의요지)

도시정비법 제76조제3항에서 규정하고 있는 회계감사기관에 대한 구청장의 감독 범위는?

(회신내용)

도시정비법 제76조제3항에 따라 공정한 회계감사가 이루어질 수 있도록 회계감사를 선정·계약한 내용을 토대로 감독할 수 있을 것으로 판단됩니다.

◆ 도시정비법 제76조제1항제2호 '사업시행인가'에 변경·중지 등이 포함되는지요?

(질의요지)

도시정비법 제76조제1항제2호의 '사업시행인가'에는 인가받은 내용을 변경하거나 정비사업을 중지 또는 폐지하고자하는 경우가 포함되는지요?

(회신내용)

도시정비법 제76조제1항제2호의 '사업시행인가의 고시일'은 도시정비법 제28조제4항에 따른 사업시행인가의 고시일을 말하는 것이며, 참고로 동 규정은 도시정비법 시행령 제67조제1항에 따라 조합원의 80퍼센트 이상의 동의를 얻지 아니한 경우로서 사업시행인가고시일전까지 납부 또는 지출된 금액이 7억원 이상인 경우에 적용되는 것입니다.

5. 주택재건축사업의 공공지원

시장·군수 또는 자치구의 구청장은 주택재건축사업의 투명성 강화 및 효율성 제고를 위하여 시·도 조례로 정하는 정비사업에 대하여 사업시행 과정을 지원하거나, 전문기관에 공공지원을 위탁할 수 있습니다.

5-1. 공공지원

5-1-1. 공공지원 및 공공지원 위탁

특별자치시장, 특별자치도지사, 시장, 군수, 자치구의 구청장(이하 '시장·군수'라 함)은 주택재건축사업의 투명성 강화 및 효율성 제고를 위하여 특별시·광역시·도의 조례(이하 "시·도 조례"라 함)로 정하는 정비사업에 대하여 사업시행 과정을 지원(이하'공공지원'이라함)하거나 주택공사등, 신탁업자, 「주택도시기금법」에 따른 주택도시보증공사 또는 「국유재산법 시행령」 제2조에 따른 한국감정원에 공공지원을 위탁할 수 있습니다(도시정비법 제77조의4제1항).

1. 한국토지주택공사 또는 지방공사(이하 "주택공사 등"이라함)
2. 「자본시장과 금융투자업에 관한 법률」 제8조제7항에 따른 신탁업자
3. 「주택도시기금법」에 따른 주택도시보증공사
4. 「국유재산법 시행령」 제2조에 따른 한국감정원

5-1-2. 시장·군수 및 위탁관리자의 업무

① 정비사업을 공공지원하는 시장·군수 및 공공지원을 위탁받은 자(이하 '위탁관리자'라 함)는 다음의 업무를 수행합니다(도시정비법

제77조의4제2항).

1. 조합설립추진위원회 또는 주민대표회의 구성을 위한 업무지원
2. 정비사업전문관리업자의 선정(위탁관리자는 선정을 위한 지원에 한함)
3. 설계자 및 시공자 선정 방법 등에 대한 지원
4. 세입자의 주거 및 이주대책(이주 거부에 따른 협의 대책을 포함함) 수립에 관한 지원
5. 관리처분계획 수립에 관한 지원
6. 그 밖에 시·도 조례로 정하는 사항

② 시장·군수는 위탁관리자의 공정한 업무수행을 위하여 관련 자료의 제출 및 조사, 현장점검 등 필요한 조치를 할 수 있으며, 위탁관리자의 행위에 대한 대외적인 책임은 시장·군수에게 있습니다(도시정비법 제77조의4제3항).

5-1-3. 공공지원 비용

공공지원에 필요한 비용은 시장·군수가 부담하되, 특별시장, 광역시장 또는 도지사는 관할 구역의 시장, 군수 또는 구청장(자치구의 구청장을 말함. 이하 같음)에게 특별시·광역시 또는 도의 조례에 따라 그 비용의 일부를 지원할 수 있습니다(도시 정비법 제77조의4제4항).

5-1-4. 시·도 조례로의 위임

공공지원의 시행을 위한 방법과 절차, 기준 및 도시·주거환경정비기금의 지원, 시공자 선정 시기 등 필요한 사항은 시·도 조례에 따릅니다(도시정비법 제77조의4제7항).

5-1-5. 서울시의 공공지원 제도

① 공공지원 제도의 의의

「공공관리 제도」란, 정비사업의 투명성 강화 및 효율성 제고를 위해 시장·군수 및 공공관리를 위탁받은 자가 정비사업의 행정적·재정적 지원을 하는 제도를 말합니다(도시정비법 제77조의4제1항).

② 지방자치단체는 공공지원에 소요되는 비용만 부담하며, 사업비는 기존과 마찬가지로 주민이 부담합니다. 이에 따라 서울특별시에서는 조례를 개정하여 정비사업을 시행하는 경우 시공자 선정에 있어 조합설립인가 직후가 아닌 사업시행인가 후에 시공사를 선정하도록 하고 있습니다[「서울특별시 도시 및 주거환경 정비조례」(서울특별시 조례 제6303호, 2016. 7. 14. 발령·시행) 제48조제2항 참조].

③ 공공지원 제도 적용대상 정비사업

서울특별시 안에서 조합이 시행하는 정비사업은 공공지원 제도의 적용을 받습니다(「서울특별시 도시 및 주거환경 정비조례」 제44조 본문).

④ 공공지원의 시기는 추진위원회 설립 이전부터 시공자를 선정할 때까지입니다. 다만, 다음 어느 하나에 해당하는 사업은 공공지원 제도의 적용을 받지 않습니다(「서울특별시 도시 및 주거환경 정비조례」 제44조 단서).

1. 정비구역이 아닌 구역에서의 주택재건축사업
2. 정비구역지정·고시가 있은 날의 토지등소유자의 수가 100명 미만으로서 주거용 건축물의 건설비율이 50% 미만인 도시환경정비사업
3. 토지등소유자의 수가 100명 미만인 가로주택정비사업

⑤ 공공지원을 위한 비용부담

구청장은 공공지원 업무를 수행하는데 필요한 다음의 비용을 부담합

니다(「서울특별시 도시 및 주거환경 정비조례」 제45조제1항).

1. 구청장이 추진위원회 구성 또는 조합설립(「도시 및 주거환경정비법」 제13조제6항에 따라 추진위원회를 구성하지 않는 경우에만 해당)을 위한 용역 및 선거관리위원회 위탁비용

2. 위탁관리 수수료

3. 공공지원자의 업무

⑥ 주택재건축사업의 공공지원자(구청장)는 다음의 업무를 수행합니다(도시정비법 제77조의4제2항 및 「서울특별시 도시 및 주거환경 정비조례」 제46조).

1. 추진위원회 또는 주민대표회의구성을 위한 업무 지원

2. 정비사업전문관리업자의 선정(구청장이 공공지원을 하는 경우만 해당)

3. 설계자 및 시공자 선정 방법 등에 대한 지원

4. 세입자의 주거 및 이주대책(이주 거부에 따른 협의 대책을 포함함) 수립에 관한 지원

5. 관리처분계획 수립에 관한 지원

6. 추진위원회 구성을 위한 위원 선출업무의 선거관리위원회위탁

7. 건설사업관리자 등 그 밖의 용역업체 선정방법 등에 관한 업무 지원

8. 조합설립 준비업무에 관한 지원

9. 추진위원회 또는 조합의 운영 및 정보공개 업무 지원

10. 세입자의 주거 및 이주 대책 수립에 관한 지원

11. 관리처분계획 수립에 관한 지원

12. 추진위원회 구성 단계를 생략하는 정비사업의 조합설립에 필요한 토지등소유자의 대표자 선출 등 지원

13. 건설업자의 선정방법 등에 관한 업무 지원

⑦ 관련 자료의 공개 및 보관

조합설립추진위원회 위원장 또는 사업시행자는 주택재건축사업시행에 관하여 관련 서류 및 자료를 조합원 또는 토지 등 소유자가 알 수 있도록 인터넷과 그 밖의 방법을 병행하여 공개해야 하며, 조합원 또는 토지 등 소유자의 열람·등사 요청이 있는 경우 즉시 이에 응해야 합니다. 추진위원회원회 위원장·정비사업전문관리업자 또는 사업시행자(조합의 경우 조합임원을 말함)는 공개 서류 및 관련 자료와 총회 또는 중요한 회의가 있는 경우에는 속기록·녹음 또는 영상 자료를 만들어 이를 청산 시까지 보관해야 합니다.

5-2. 관련 자료의 공개 및 열람

5-2-1. 관련 자료의 공개

조합설립추진위원회(이하 "추진위원회"라 함) 위원장 또는 사업시행자[주택재건축 정비사업조합(이하 "조합"이라 함)의 경우에는 청산인을 포함한 조합임원]는 주택재건축사업의 시행에 관한 다음의 서류 및 관련 자료가 작성되거나 변경된 후 15일 이내에 이를 조합원, 토지 등 소유자 또는 세입자가 알 수 있도록 인터넷과 그 밖의 방법을 병행하여 공개해야 합니다(도시정비법 제81조제1항 및 시행령 제70조제1항).

1. 추진위원회 운영규정 및 정관 등
2. 설계자·시공자·철거업자 및 정비사업전문관리업자 등 용역업체의 선정계약서
3. 추진위원회·주민총회·조합총회 및 조합의 이사회·대의원회의 의사록
4. 사업시행계획서

5. 관리처분계획서

6. 해당 주택재건축사업의 시행에 관한 공문서

7. 회계감사보고서

8. 월별 자금 입금·출금 세부 내역

9. 청산인의 업무 처리 현황

10. 연간 자금운용 계획에 관한 사항

11. 주택재건축사업의 월별 공사 진행에 관한 사항

12. 설계자·시공자·정비사업전문관리업자 등 용역업체와의 세부 계약 변경에 관한 사항

13. 주택재건축 사업비 변경에 관한 사항

14. 분양공고 및 분양신청에 관한 사항

5-2-2. 관련 자료의 열람·복사

① 도시정비법 제81조제1항에 따른 서류 및 다음을 포함하여 정비사업 시행에 관한 서류와 관련 자료를 조합원, 토지 등 소유자가 열람·복사 요청을 한 경우 추진위원회 위원장이나 사업시행자는 15일 이내에 그 요청에 따라야 합니다. 이 경우 복사에 필요한 비용은 실비의 범위에서 청구인이 부담합니다(도시정비법 제81조제6항).

1. 토지 등 소유자 명부

2. 조합원 명부

3. 그 밖에 도시정비법 시행령으로 정하는 서류 및 관련 자료

② 위의 청구인은 제공받은 서류와 자료를 사용목적 외의 용도로 이용·활용해서는 안 됩니다(도시정비법 제81조제7항).

③ 추진위원회 위원장 또는 사업시행자는 관련자료를 공개 및 열람·복사 등을 하는 경우에는 주민등록번호를 제외하고 공개해야 합니

다(도시정비법 제81조제3항).

④ 사업시행계획서 및 관리처분계획서를 인터넷으로 공개할 때는 조합원 또는 토지 등 소유자의 과반수의 동의를 얻어 그 개략적인 내용만 공개할 수 있습니다(도시정비법 시행규칙 제22조제1항).

⑤ 열람·복사요청은 사용목적 등을 기재한 서면 또는 전자문서로 해야 합니다(도시정비법 시행규칙 제22조제2항).

⑥ 위반 시 제재

주택재건축사업 시행과 관련한 서류 및 자료를 인터넷과 그 밖의 방법을 병행하여 공개하지 않거나 조합원 또는 토지 등 소유자의 열람·복사 요청에 응하지 않는 추진위원장, 조합임원 또는 전문조합관리인은 1년 이하의 징역 또는 1천만원 이하의 벌금에 처해 집니다(도시정비법 제86조제6호).

◆ 유찰되었던 시공자 선정 입찰서류도 정보공개 대상인지요?

(질의요지)

「정비사업의 시공자 선정기준」에 따라 입찰을 실시하였으나 3회 유찰되어 임시총회 개최 후 수의계약을 체결한 경우 유찰되었던 입찰서류도 도시정비법 제81조에 따른 열람 및 등사 요청에 따라야 하는지요?

(회신내용)

도시정비법 제81조에는 추진위원회위원장 또는 사업시행자는 정비사업 시행에 관한 제1항 각 호 및 제6항 각 호의 정비사업 시행에 관한 서류와 관련 자료를 조합원, 토지등소유자가 열람·복사 요청하는 경우 15일 이내에 그 요청에 따르도록 되어 있으며, 질의하신 '시공자 선정 입찰서류'도 정비사업 시행에 관한 서류와 관련 자료에 해당될 것으로 판단됩니다.

◆ **조합총회 등에 제출된 서면결의서가 도시정비법 제81조에 따른 공개 대상인지요?**

(질의요지)

조합총회 등에 제출된 서면결의서가 도시정비법 제81조에 따른 공개 대상인지요?

(회신내용)

서면결의서는 도시정비법 제81조제1항제3호의 조합총회 등의 이사록과 관련된 자료로 볼 수 있고, 도시정비법 제81조제3항에서 추진위원회 위원장 또는 사업시행자는 같은 법 제81조제1항 및 제6항에 따라 공개 및 열람·복사 등을 하는 경우에는 주민등록번호를 제외하고 공개하도록 하고 있습니다.

◆ **주민총회 참석자 명부 및 서면결의서도 도시정비법 제81조에 따른 공개 대상인지요?**

(질의요지)

주민총회 참석자 명부 및 서면결의서도 정비사업 시행에 관한 서류 및 관련 자료에 해당되어 열람·복사 요청에 따라야 하는지요?

(회신내용)

도시정비법 제81조에 따라 사업시행자는 동조 제1항 각 호의 서류 및 제6항 각 호의 서류를 포함하여 정비사업의 시행에 관한 서류와 관련 자료를 조합원, 토지등소유자가 열람·복사 요청을 한 경우 주민등록번호를 제외하고 15일이내에 그 요청에 따르도록 하고 있으므로, 질의하신 총회 등과 관련한 참석자 명부 및 서면결의서는 동조 제1항 제3호의 조합총회 및 조합의 이사회·대의원회의 의사록의 관련 자료로 판단됩니다.

◆ 총회 영상기록물이 도시정비법 제81조에 따른 공개대상 여부

(질의요지)

조합 총회시 촬영한 영상기록물이 도시정비법 제81조에 따른 공개대상에 해당되는지요?

(회신내용)

도시정비법 제81조에 따라 사업시행자는 동조 제1항 각 호의 서류 및 제6항 각 호의 서류를 포함하여 정비사업의 시행에 관한 서류와 관련 자료를 조합원, 토지등소유자가 열람·복사 요청을 한 경우 주민등록번호를 제외하고 15일 이내에 그 요청에 따르도록 하고 있으며, 질의하신 조합 총회시 촬영한 영상기록물은 동조 제1항제3호의 "추진위원회·주민총회·조합총회 및 조합의 이사회·대의원회의 의사록"의 관련 자료로 판단됩니다.

◆ 현금청산자가 정보공개 청구를 할 수 있는지요?

(질의요지)

조합정관에 따라 분양신청기한 내에 분양신청을 아니한 자는 조합원 자격이 상실되도록 하고 있고, 이에 따라 조합원

의 자격이 상실된 자가 도시정비법 제81조제6항에 따른 정비사업에 관한 자료를 정보공개 요청한 경우 이에 따라야 하는지요?

(회신내용)

도시정비법 제81조에 따르면 제1항 각호 및 제6항 각호의 정비사업 시행에 관한 서류와 관련 자료를 조합원, 토지등소유자가 열람·복사 요청을 한 경우 추진위원회위원장이나 사업시행자는 15일 이내에 그 요청에 따르도록 하고 있으므로, 질의하신 조합정관에 따라 조합원 자격이 상실된 자가 토지등소유자에 해당되는 경우에는 정보공개 요청에 따라야 할 것입니다.

◆ **조합장 학력 및 이력 공개이 정보공개 대상인지요?**

(질의요지)

조합장의 학력 및 이력이 도시정비법 제81조에서 규정하고 있는 공개대상 자료에 해당하는지요?

(회신내용)

도시정비법제81조제6항에 따르면 정비사업 시행에 관한 서류와 관련 자료를 조합원, 토지등소유자가 열람·복사 요청을 한 경우 추진위원회 위원장이나 사업시행자는 15일 이내에 그 요청에 따르도록 하고 있으나, 질의하신 조합장 개인의 학력 및 이력은 정비사업 시행에 관한 서류와 관련 자료에 해당되지 않습니다.

◆ **조합 관련 판결문이 정보공개 대상인지요?**

(질의요지)

조합과 설계사무소간 계약 파기 관련 1심 판결문에 대한 복사요청이 있을 경우, 조합에서는 복사 요청에 응해야 하는지요?

(회신내용)

도시정비법 제81조제6항에 따르면 제1항에 따른 서류 및 다음 각 호를 포함하여 정비사업 시행에 관한 서류와 관련 자료를 조합원, 토지등소유자가 열람·복사 요청을 한 경우 추진위원회 위원장이나 사업시행자는 15일 이내에 그 요청에 따라야 한다고 규정하고 있으며, 질의의 판결문은 위 규정에 따른 정비사업 시행에 관한 서류 및 관련 자료에 해당되기 때문에, 조합원 등의 열람·복사 요청이 있는 경우 그에 따라야 할 것입니다.

5-3. 관련 자료의 보관 및 인계

5-3-1. 관련 자료의 보관

① 추진위원회원회 위원장·정비사업전문관리업자 또는 사업시행자(조합의 경우 청산인을 포함한 조합임원을 말함)는 공개 서류 및 관련 자료와 총회 또는 중요한 회의(조합원 또는 토지 등소유자의 비용부담을 수반하거나 권리와 의무의 변동을 발생시키는 경우로서 도시정비법 시행령으로 정하는 회의를 말함)가 있는 경우에는 속기록·녹음 또는 영상자료를 만들어 이를 청산 시까지 보관해야 합니다(도시정비법 제81조제2항).

② 위반 시 제재

속기록 등을 만들지 않거나 관련 자료를 청산 시까지 보관하지 않은 추진위원장, 조합임원 또는 전문조합관리인은 1년 이하의 징역 또는 1천만원 이하의 벌금에 처해 집니다(도시정비법 제86조제7호).

추진위원회위원장 또는 사업시행자(조합의 경우 청산인을 포함한 조합임원을 말함)는 매 분기가 끝나는 달의 다음 달 15일까지 다음의 사항을 조합원 또는 토지 등 소유자에게 서면으로 통지해야 합니다 (도시정비법 제81조제2항 및 시행령 제70조제2항).

1. 공개 대상의 목록
2. 공개 자료의 개략적인 내용
3. 공개 장소
4. 대상자별 정보공개의 범위
5. 열람·복사 방법
6. 등사에 필요한 비용

5-3-2. 관련 서류의 인계

① 특별자치시장, 특별자치도지사, 시장, 군수, 자치구의 구청장(이하 '시장·군수'라 함), 한국토지주택공사 또는 지방공사(이하 "주택공사 등"이라 함)가 아닌 사업시행자는 주택재건축사업을 완료하거나 폐지한 경우에는 특별시·광역시 또는 도의 조례에 따라 관계 서류를 시장·군수에게 인계해야 합니다(도시정비법 제81조제4항).

② 시장·군수 또는 주택공사 등인 사업시행자와 관계 서류를 인계받은 시장·군수는 해당 주택재건축사업의 관계 서류를 5년간 보관해야 합니다(도시정비법 제81조제5항).

③ 위반 시 제재

관계 서류의 인계를 태만히 한 자에게는 500만원 이하의 과태료가 부과됩니다(도시정비법 제88조제2항제3호).

◆ **서면결의서 양식의 청산시까지 보관 여부**

(질의요지)

주택재개발 조합에서 서면결의서 양식이 폐기되어 정보공개를 거절할 경우 도시정비법 제86조제7항의 벌칙규정이 적용되는지요?

(회신내용)

도시정비법 제81조제2항에 따르면 사업시행자는 같은 조 제1항에 따른 서류 및 관련 자료와 총회 또는 중요한 회의가 있은 때에는 속기록·녹음 또는 영상자료를 만들어 이를 청산시까지 보관하도록 하고 있고, 도시정비법 제86조제7호에 따르면 도시정비법 제81조제2항을 위반하여 속기록 등을 만들지 아니하거나 관련 자료를 청산 시까지 보관하지 아니한 추진위원장 또는 조합임원은 1년 이하의 징역 또는 1천만원 이하의 벌금에 처하도록 하고 있으나, 질의하신 서면결의서 양식은 동법에 따른 청산 시까지 보관할 자료로 보기 어려울 것입니다.

6. 분쟁조정

6-1. 도시분쟁조정위원회의 구성

6-1-1. 분쟁조정위원회의 구성

정비사업(주택재건축사업, 주택재개발사업, 도시환경정비사업, 주거환경정비사업)의 시행으로 인해 발생된 분쟁의 조정을 위해 정비구역이 지정된 특별자치시, 특별자치도, 또는 시·군·구(자치구를 말함. 이하 같음)에 도시분쟁조정위원회(이하 '조정위원회'라 함)를 둡니다(도시

정비법 제77조의2제1항)

6-1-2. 조정위원회의 업무

조정위원회는 정비사업의 시행과 관련한 분쟁 사항을 심사·조정하되, 「주택법」, 「공익사업을 위한 토지 등의 취득 및 보상에 관한 법률」, 그 밖의 관계 법률에 따라 설치된 위원회의 심사대상에 포함되는 사항은 제외할 수 있습니다(도시정비법 제77조의2제3항).

6-1-3. 분과위원회

조정위원회에는 위원 3명으로 구성된 분과위원회(이하 '분과위원회'라 함)를 두며, 분과위원회에는 해당 시·군·구에서 정비사업 관련 업무에 종사하는 5급 이상 공무원 1명 이상과 변호사·건축사·감정평가사 또는 공인회계사 중에서 1명 이상이 포함되어야 합니다(도시정비법 제77조의2제4항).

6-2. 조정위원회의 조정
6-2-1. 분쟁조정 신청

주택재건축사업을 비롯한 정비사업과 관련한 분쟁당사자는 조정위원회에 조정을 신청할 수 있으며, 조정위원회는 조정의 신청을 받은 날부터 60일 이내에 조정절차를 마쳐야 합니다. 다만, 기간 내에 조정절차를 마칠 수 없다고 판단되는 경우에는 조정위원회의 의결로 그 기간을 최대 30일 동안 1회에 한하여 연장할 수 있습니다(도시정비법 제77조의3제1항).

6-2-2. 분과위원회 심사

조정위원회의 위원장은 조정위원회의 심사에 앞서 분과위원회에서 사전 심사를 담당하게 할 수 있으며, 분과위원회의 위원 전원이 일치된 의견으로 조정위원회 심사가 필요 없다고 인정하는 경우에는 조정위원회에 회부하지 않고 분과위원회의 심사로 조정절차를 끝낼 수 있습니다(도시정비법 제77조의3제2항).

6-2-3. 조정안 작성 및 제시

조정위원회 또는 분과위원회는 조정절차를 마친 경우 조정안을 작성하여 지체 없이 각 당사자에게 제시해야 하며, 조정안을 제시받은 각 당사자는 그 제시받은 날부터 15일 이내에 그 수락 여부를 조정위원회 또는 분과위원회에 통보해야 합니다(도시정비법 제77조의3제3항).

6-2-4. 조정서 작성 및 서명·날인

① 당사자가 조정안을 수락한 경우 조정위원회는 즉시 조정서를 작성하고, 위원장 및 각 당사자는 이에 서명·날인해야 합니다. 이 경우 당사자 간 조정서와 동일한 내용의 합의가 성립된 것으로 봅니다(도시정비법 제77조의3제4항).

② 조정위원회의 구성·운영 및 비용의 부담, 그 밖에 필요한 사항은 특별시·광역시 또는 도의 조례에 따릅니다(도시정비법 제77조의3제5항).

부록

도시 및 주거환경정비법

도시 및 주거환경정비법 (약칭: 도시정비법)

[시행 2017.3.30.] [법률 제14113호, 2016.3.29., 타법개정]

제1장 총칙

제1조(목적) 이 법은 도시기능의 회복이 필요하거나 주거환경이 불량한 지역을 계획적으로 정비하고 노후·불량건축물을 효율적으로 개량하기 위하여 필요한 사항을 규정함으로써 도시환경을 개선하고 주거생활의 질을 높이는데 이바지함을 목적으로 한다.

제2조(정의) 이 법에서 사용하는 용어의 뜻은 다음과 같다. <개정 2006.5.24., 2009.2.6., 2011.4.14., 2012.2.1., 2012.12.18., 2013.12.24., 2015.9.1., 2016.1.19.>

1. "정비구역"이란 정비사업을 계획적으로 시행하기 위하여 제4조의 규정에 의하여 지정·고시된 구역을 말한다.

2. "정비사업"이라 함은 이 법에서 정한 절차에 따라 도시기능을 회복하기 위하여 정비구역 또는 가로구역(街路區域: 정비구역이 아닌 대통령령으로 정하는 구역을 말하며, 바목의 사업으로 한정한다)에서 정비기반시설을 정비하거나 주택 등 건축물을 개량하거나 건설하는 다음 각목의 사업을 말한다. 다만, 다목의 경우에는 정비구역이 아닌 구역에서 시행하는 주택재건축 사업을 포함한다.

   가. 주거환경개선사업 : 도시저소득주민이 집단으로 거주하는 지역으로서 정비기반시설이 극히 열악하고 노후·불량건축물이 과도하게 밀집한 지역에서 주거환경을 개선하기 위하여 시행하는 사업

나. 주택재개발사업 : 정비기반시설이 열악하고 노후·불량 건축물이 밀집한 지역에서 주거환경을 개선하기 위하여 시행하는 사업

다. 주택재건축사업 : 정비기반시설은 양호하나 노후·불량 건축물이 밀집한 지역에서 주거환경을 개선하기 위하여 시행하는 사업

라. 도시환경정비사업 : 상업지역·공업지역 등으로서 토지 의 효율적 이용과 도심 또는 부도심 등 도시기능의 회복 이나 상권활성화 등이 필요한 지역에서 도시환경을 개선 하기 위하여 시행하는 사업

마. 주거환경관리사업: 단독주택 및 다세대주택 등이 밀집한 지역에서 정비기반시설과 공동이용시설의 확충을 통하여 주거환경을 보전·정비·개량하기 위하여 시행하는 사업

바. 가로주택정비사업: 노후·불량건축물이 밀집한 가로구역 에서 종전의 가로를 유지하면서 소규모로 주거환경을 개 선하기 위하여 시행하는 사업

3."노후·불량건축물"이란 다음 각 목의 어느 하나에 해당하는 건축물을 말한다.

가. 건축물이 훼손되거나 일부가 멸실되어 붕괴 그 밖의 안 전사고의 우려가 있는 건축물

나. 내진성능이 확보되지 아니한 건축물 중 중대한 기능적 결함 또는 부실 설계·시공으로 인한 구조적 결함 등이 있는 건축물로서 대통령령으로 정하는 건축물

다. 다음의 요건에 해당하는 건축물로서 대통령령으로 정하 는 바에 따라 특별시·광역시·특별자치시·도·특별자 치도 또는 「지방자치법」 제175조에 따른 서울특별 시·광역시 및 특별자치시를 제외한 인구 50만 이상 대 도시(이하 "대도시"라 한다)의 조례(이하 "시·도조례"라

한다)로 정하는 건축물

   (1) 주변 토지의 이용상황 등에 비추어 주거환경이 불량한 곳에 소재할 것

   (2) 건축물을 철거하고 새로운 건축물을 건설하는 경우 그에 소요되는 비용에 비하여 효용의 현저한 증가가 예상될 것

  라. 도시미관을 저해하거나 노후화로 인하여 구조적 결함 등이 있는 건축물로서 대통령령으로 정하는 바에 따라 시·도조례로 정하는 건축물

4. "정비기반시설"이라 함은 도로·상하수도·공원·공용주차장·공동구(국토의계획및이용에관한법률 제2조제9호의 규정에 의한 공동구를 말한다. 이하 같다) 그 밖에 주민의 생활에 필요한 열·가스 등의 공급시설로서 대통령령이 정하는 시설을 말한다.

5. "공동이용시설"이라 함은 주민이 공동으로 사용하는 놀이터·마을회관·공동작업장 그 밖에 대통령령이 정하는 시설을 말한다.

6. "대지"라 함은 정비사업에 의하여 조성된 토지를 말한다.

7. "주택단지"라 함은 주택 및 부대·복리시설을 건설하거나 대지로 조성되는 일단의 토지로서 다음 각 목의 어느 하나에 해당하는 일단의 토지를 말한다.

  가. 「주택법」 제15조에 따른 사업계획승인을 받아 주택과 부대·복리시설을 건설한 일단의 토지

  나. 가목에 따른 일단의 토지 중 도시·군계획시설인 도로나 그 밖에 이와 유사한 시설로 분리되어 각각 관리되고 있는 각각의 토지

  다. 가목에 따른 일단의 토지 2 이상이 공동으로 관리되고 있는 경우 그 전체 토지

라. 제41조에 따라 분할된 토지 또는 분할되어 나가는 토지

마. 「건축법」 제11조에 따라 건축허가를 얻어 아파트 또는 연립주택을 건설한 일단의 토지

8. "사업시행자"라 함은 정비사업을 시행하는 자를 말한다.

9. "토지등소유자"라 함은 다음 각목의 자를 말한다. 다만, 제8조제4항에 따라 「자본시장과 금융투자업에 관한 법률」 제8조제7항에 따른 신탁업자(이하 "신탁업자"라 한다)가 사업시행자로 지정된 경우 토지등소유자가 정비사업을 목적으로 신탁업자에게 신탁한 토지 또는 건축물에 대하여는 위탁자를 토지등소유자로 본다.

　가. 주거환경개선사업, 주택재개발사업, 도시환경정비사업 또는 주거환경관리사업의 경우에는 정비구역안에 소재한 토지 또는 건축물의 소유자 또는 그 지상권자

　나. 주택재건축사업의 경우에는 다음의 1에 해당하는 자

　　(1) 정비구역안에 소재한 건축물 및 그 부속토지의 소유자

　　(2) 정비구역이 아닌 구역안에 소재한 대통령령이 정하는 주택 및 그 부속토지의 소유자와 부대·복리시설 및 그 부속토지의 소유자

　다. 가로주택정비사업의 경우에는 가로구역에 있는 토지 또는 건축물의 소유자 또는 그 지상권자

10. "주택공사등"이란 「한국토지주택공사법」에 따라 설립된 한국토지주택공사 또는 「지방공기업법」에 따라 주택사업을 수행하기 위하여 설립된 지방공사를 말한다.

11. "정관등"이라 함은 다음 각목의 것을 말한다.

　가. 제20조의 규정에 의한 정관

　나. 토지등소유자가 자치적으로 정하여 운영하는 규약

　다. 특별자치시장, 특별자치도지사, 시장, 군수, 자치구의 구

청장(이하 "시장·군수"라 한다), 주택공사등 또는 신탁
업자가 제30조제8호의 규정에 의하여 작성한 시행규정

[제목개정 2012.2.1.]

제2조의2(적용의 제외) 가로주택정비사업에 대하여는 제3조와
제4조를 적용하지 아니한다.

[본조신설 2012.2.1.]

제2장 기본계획의 수립 및 정비구역의 지정

제2조의3(도시 및 주거환경 정비 기본방침 수립) 국토교통부장
관은 도시 및 주거환경을 개선하기 위하여 10년마다 다음 각
호의 사항을 포함한 기본방침을 수립하고, 5년마다 그 타당성
을 검토하여 그 결과를 기본방침에 반영하여야 한다. <개정
2013.3.23.>

1. 도시 및 주거환경 정비를 위한 국가 정책방향
2. 제3조제1항에 따른 도시·주거환경정비기본계획의 수립 방
   향
3. 노후·불량 주거지 조사 및 개선계획의 수립
4. 도시 및 주거환경 개선에 필요한 재정지원계획
5. 그 밖에 도시 및 주거환경 개선을 위하여 필요한 사항으로
   서 대통령령으로 정하는 사항

[본조신설 2012.2.1.]

제3조(도시·주거환경정비기본계획의 수립) ①특별시장·광역시
장·특별자치시장·특별자치도지사 또는 시장은 다음 각호의
사항이 포함된 도시·주거환경정비기본계획 (이하 "기본계획"
이라 한다)을 10년 단위로 수립하여야 한다. 다만, 도지사가
기본계획을 수립할 필요가 없다고 인정하는 시(대도시가 아닌

지역을 말한다)와 제8조제4항제1호에 따른 정비사업은 기본계획을 수립하지 아니할 수 있다. <개정 2006.5.24., 2009.2.6., 2012.2.1., 2013.12.24., 2016.1.27.>

1. 정비사업의 기본방향
2. 정비사업의 계획기간
3. 인구·건축물·토지이용·정비기반시설·지형 및 환경 등의 현황
4. 주거지 관리계획
5. 토지이용계획·정비기반시설계획·공동이용시설설치계획 및 교통계획
6. 녹지·조경·에너지공급·폐기물처리 등에 관한 환경계획
7. 사회복지시설 및 주민문화시설 등의 설치계획
7의2. 노시의 광역적 재정비를 위한 기본방향
8. 제4조에 따라 정비구역으로 지정할 예정인 구역(이하 "정비예정구역"이라 한다)의 개략적 범위
9. 단계별 정비사업추진계획(정비예정구역별 정비계획의 수립시기를 포함하여야 한다)
10. 건폐율·용적률 등에 관한 건축물의 밀도계획
11. 세입자에 대한 주거안정대책
12. 그 밖에 주거환경 등을 개선하기 위하여 필요한 사항으로서 대통령령이 정하는 사항

②특별시장·광역시장·특별자치시장·특별자치도지사 또는 시장은 기본계획에 대하여 5년마다 그 타당성 여부를 검토하여 그 결과를 기본계획에 반영하여야 한다. <개정 2013.12.24.>

③특별시장·광역시장·특별자치시장·특별자치도지사 또는 시장은 제1항의 규정에 의한 기본계획을 수립 또는 변경하고자 하는 때에는 14일 이상 주민에게 공람하고 지방의회의 의견을 들은 후(이 경우 지방의회는 특별시장·광역시장·특별

자치시장·특별자치도지사 또는 시장이 기본계획을 통지한 날부터 60일 이내에 의견을 제시하여야 하며, 의견제시 없이 60일이 도과한 경우 이의가 없는 것으로 본다) 「국토의 계획 및 이용에 관한 법률」 제113조제1항 및 제2항에 따른 지방도시계획위원회(이하 "지방도시계획위원회"라 한다)의 심의(대도시의 시장이 아닌 시장이 기본계획을 수립 또는 변경하는 경우에는 제외한다)를 거쳐야 한다. 다만, 대통령령이 정하는 경미한 사항을 변경하는 경우에는 그러하지 아니하다. <개정 2009.2.6., 2013.12.24.>

④대도시의 시장이 아닌 시장은 제1항 및 제3항의 규정에 의하여 기본계획을 수립 또는 변경한 때에는 도지사의 승인을 얻어야 하며, 도지사가 이를 승인함에 있어서는 지방도시계획위원회의 심의를 거쳐야 한다. 다만, 제3항 단서의 규정에 해당하는 변경의 경우에는 그러하지 아니하다. <개정 2009.2.6.>

⑤특별시장·광역시장·특별자치시장·도지사·특별자치도지사(이하 "시·도지사"라 한다) 또는 대도시의 시장은 지방도시계획위원회의 심의를 거치기 전에 관계 행정기관의 장과 협의하여야 한다. <개정 2006.5.24., 2008.2.29., 2009.2.6., 2013.12.24.>

⑥특별시장·광역시장·특별자치시장·특별자치도지사 또는 시장은 기본계획이 수립 또는 변경된 때에는 이를 지체없이 당해 지방자치단체의 공보에 고시하여야 한다. <개정 2013.12.24.>

⑦특별시장·광역시장·특별자치시장·특별자치도지사 또는 시장은 기본계획을 수립하거나 변경한 때에는 국토교통부령이 정하는 방법 및 절차에 따라 국토교통부장관에게 보고하여야 한다. <개정 2008.2.29., 2013.3.23., 2013.12.24.>

⑧기본계획의 작성기준 및 작성방법은 국토교통부장관이 이를 정한다. <개정 2008.2.29., 2013.3.23.>

⑨ 특별시장·광역시장·특별자치시장·특별자치도지사 또는

시장은 기본계획에 다음 각 호의 사항을 포함하는 경우에는 제1항제8호 및 제9호의 사항을 생략할 수 있다. <신설 2012.2.1., 2013.12.24.>

1. 생활권의 설정, 생활권별 기반시설 설치계획 및 주택수급계획
2. 생활권별 주거지의 정비·보전·관리의 방향

제4조(정비계획의 수립 및 정비구역의 지정) ①자치구의 구청장 또는 광역시의 군수(이하 이 조, 제4조의3 및 제4조의4에서 "구청장등"이라 한다)는 기본계획에 적합한 범위에서 노후·불량건축물이 밀집하는 등 대통령령으로 정하는 요건에 해당하는 구역에 대하여 다음 각 호의 사항이 포함된 정비계획을 수립하여 이를 주민에게 서면으로 통보한 후 주민설명회를 하고 30일 이상 주민에게 공람하며 지방의회의 의견을 들은 후(이 경우 지방의회는 구청장등이 정비계획을 통지한 날부터 60일 이내에 의견을 제시하여야 하며, 의견제시 없이 60일이 지난 경우 이의가 없는 것으로 본다) 이를 첨부하여 특별시장·광역시장에게 정비구역지정을 신청하여야 하고, 정비계획의 내용을 변경할 필요가 있을 때에는 같은 절차를 거쳐 변경지정을 신청하여야 한다. 다만, 제7호의2다목을 포함하는 정비계획은 기본계획에서 정하고 있는 제3조제1항제10호에 따른 건폐율·용적률 등에 관한 건축물의 밀도계획에도 불구하고 수립할 수 있으며, 대통령령으로 정하는 경미한 사항을 변경하는 경우에는 주민에 대한 서면통보, 주민설명회, 주민공람 및 지방의회의 의견청취절차를 거치지 아니할 수 있다. <개정 2005.3.18., 2007.12.21., 2009.2.6., 2009.4.22., 2009.5.27., 2011.4.14., 2012.2.1., 2013.12.24., 2015.9.1., 2016.1.27.>

1. 정비사업의 명칭
2. 정비구역 및 그 면적
3. 「국토의 계획 및 이용에 관한 법률」 제2조제7호에 따른

도시 · 군계획시설(이하 "도시 · 군계획시설"이라 한다)의 설
치에 관한 계획

4. 공동이용시설 설치계획

5. 건축물의 주용도 · 건폐율 · 용적률 · 높이에 관한 계획

6. 환경보전 및 재난방지에 관한 계획

6의2. 정비구역 주변의 교육환경 보호에 관한 계획

6의3. 세입자 주거대책

7. 정비사업시행 예정시기

7의2. 정비사업을 통하여 「민간임대주택에 관한 특별법」 제
2조제4호에 따른 기업형임대주택(이하 "기업형임대주택"이
라 한다)을 공급하거나, 임대할 목적으로 주택을 같은 조
제11호에 따른 주택임대관리업자(이하 "주택임대관리업자"
라 한다)에게 위탁하려는 경우에는 다음 각 목의 사항. 다
만, 나목과 다목의 사항은 건설하는 주택 전체 세대수에서
기업형임대주택 또는 임대할 목적으로 주택임대관리업자에
게 위탁하려는 주택(이하 "임대관리 위탁주택"이라 한다)이
차지하는 비율이 100분의 20 이상, 임대기간이 8년 이상의
범위 등에서 대통령령으로 정하는 요건에 해당하는 경우로
한정한다.

가. 기업형임대주택 또는 임대관리 위탁주택에 관한 획지별
토지이용 계획

나. 주거 · 상업 · 업무 등의 기능을 결합하는 등 복합적인 토
지이용을 증진시키기 위하여 필요한 건축물의 용도에 관
한 계획

다. 「국토의 계획 및 이용에 관한 법률」 제36조제1항제1
호가목에 따른 주거지역을 세분 또는 변경하는 계획과
용적률에 관한 사항

라. 그 밖에 기업형임대주택 또는 임대관리 위탁주택의 원활

한 공급 등을 위하여 필요한 사항으로서 대통령령으로 정하는 사항

7의3. 「국토의 계획 및 이용에 관한 법률」 제52조제1항 각 호의 사항에 관한 계획(필요한 경우에 한한다)

8. 그 밖에 정비사업의 시행을 위하여 필요한 사항으로서 대통령령이 정하는 사항

② 제1항에도 불구하고 제8조제4항제1호에 따라 정비구역을 지정 또는 변경하려는 경우에는 구청장등이 특별시장·광역시장에게 정비구역 지정을 신청하지 아니하고 제5항 및 제6항을 준용하여 직접 정비구역을 지정(변경지정을 포함한다)한다. 이 경우 "군수"는 "구청장등"으로 본다. <개정 2016.1.27.>

③ 특별자치시장, 특별자치도지사, 시장 또는 군수(광역시의 군수를 제외한다. 이하 이 조, 제4조의3, 제4조의4 및 제82조제1항 단서에서 같다)는 제1항 각 호의 사항이 포함된 정비계획을 수립하고 정비구역을 지정(변경지정을 포함한다)한다. 이 경우 주민설명회, 주민공람 및 지방의회의 의견청취 등에 관하여는 제1항을 준용한다. <신설 2013.12.24., 2016.1.27.>

④ 토지등소유자(제5호의 경우에는 제8조제4항제1호에 따라 사업시행자가 되려는 자를 말한다)는 다음 각 호의 어느 하나에 해당하는 경우에 특별자치시장, 특별자치도지사, 시장, 군수 또는 구청장등에게 제1항에 따른 정비계획의 입안을 제안할 수 있으며, 이 경우 정비계획의 제안을 위한 토지등소유자의 동의, 제안서의 처리 등에 관하여 필요한 사항은 대통령령으로 정한다. <신설 2009.2.6., 2012.2.1., 2013.12.24., 2015.9.1., 2016.1.27.>

1. 제3조제1항제9호에 따른 단계별 정비사업추진계획상 정비계획의 수립시기가 1년(시·도조례로 그 이상의 연수로 정하는 경우에는 그 연수로 한다) 이상 경과하였음에도 불구

하고 정비계획이 수립되지 아니한 경우

2. 토지등소유자가 제8조제4항에 따라 주택공사등을 사업시행
   자로 요청하고자 하는 경우

3. 대도시가 아닌 시 또는 군으로서 시·도조례로 정하는 경우

4. 정비사업을 통하여 기업형임대주택을 공급하거나, 임대할
   목적으로 주택을 주택임대관리업자에게 위탁하려는 경우로
   서 제1항제7호의2 각 목을 포함하는 정비계획의 수립을 요
   청하고자 하는 경우

5. 제8조제4항제1호에 따라 정비사업을 시행하려는 경우

⑤특별시장, 광역시장, 특별자치시장, 특별자치도지사, 시장 또
는 군수는 정비구역을 지정 또는 변경지정하고자 하는 경우에
는 대통령령이 정하는 바에 따라 지방도시계획위원회의 심의
를 거쳐 지정 또는 변경지정하여야 한다. 다만, 제1항 단서에
따른 경미한 사항을 변경하고자 하는 경우에는 지방도시계획
위원회의 심의를 거치지 아니할 수 있다. <개정 2005.3.18.,
2008.3.28., 2009.2.6., 2013.12.24., 2016.1.27.>

⑥특별시장, 광역시장, 특별자치시장, 특별자치도지사, 시장 또
는 군수는 제2항 또는 제5항에 따라 정비구역을 지정 또는
변경지정한 경우에는 당해 정비계획을 포함한 지정 또는 변경
지정 내용을 당해 지방자치단체의 공보에 고시하고 국토교통
부령이 정하는 방법 및 절차에 따라 국토교통부장관에게 그
지정내용 또는 변경지정내용을 보고하여야 하며, 관계 서류를
일반인이 열람할 수 있도록 하여야 한다. <개정 2008.2.29.,
2008.3.28., 2009.2.6., 2013.3.23., 2013.12.24., 2016.1.27.>

⑦제6항에 따라 정비구역의 지정 또는 변경지정에 대한 고시가
있는 경우 당해 정비구역 및 정비계획중 「국토의 계획 및 이
용에 관한 법률」 제52조제1항 각호의 1에 해당하는 사항은
같은 법 제49조 및 제51조제1항에 따른 지구단위계획 및 지구

단위계획구역으로 결정·고시된 것으로 본다. <개정 2008.3.28., 2009.2.6., 2011.4.14., 2013.12.24.>

⑧「국토의 계획 및 이용에 관한 법률」에 의한 지구단위계획구역에 대하여 제1항 각 호의 사항을 모두 포함한 지구단위계획을 결정·고시(변경 결정·고시하는 경우를 포함한다)하는 경우 당해 지구단위계획구역은 정비구역으로 지정·고시된 것으로 본다. <신설 2005.3.18., 2008.3.28., 2009.2.6., 2013.12.24.>

⑨정비계획을 통한 토지의 효율적인 활용을 도모하기 위하여 「국토의 계획 및 이용에 관한 법률」 제52조제3항의 규정에 의한 건폐율 등의 완화규정은 제1항의 규정에 의한 정비계획에 관하여 이를 준용한다. 이 경우 "지구단위계획구역"은 "정비구역"으로, "지구단위계획"은 "정비계획"으로 본다. <신설 2005.3.18., 2008.3.28., 2009.2.6., 2013.12.24.>

⑩ 제9항에도 불구하고 용도지역의 변경 등 대통령령으로 정하는 요건에 해당되어 사업시행자가 정비구역 안에 있는 대지의 가액 일부에 해당하는 금액을 현금으로 납부한 경우에는 대통령령으로 정하는 공공시설 또는 기반시설(이하 이 항에서 "공공시설등"이라 한다)의 부지를 제공하거나 공공시설등을 설치하여 제공한 것으로 본다. <신설 2016.1.27.>

⑪ 시장·군수는 제65조, 제66조, 제68조 등에 따라 정비기반시설 및 국·공유재산의 귀속 및 처분에 관한 사항이 포함된 정비계획을 수립하고자 하는 때에는 미리 해당 정비기반시설 및 국·공유재산의 관리청의 의견을 들어야 한다. <신설 2009.2.6., 2016.1.27.>

⑫ 정비계획의 작성기준 및 작성방법은 국토교통부장관이 이를 정한다. <신설 2009.2.6., 2013.3.23., 2016.1.27.>

⑬ 제3조제9항 각 호의 사항을 포함하여 기본계획을 수립한 지역에서 정비계획을 수립하는 경우에는 시장·군수는 그 정비구역을 포함한 해당 생활권에 대하여 제3조제9항 각 호의

사항에 대한 세부 계획을 수립할 수 있다. <신설 2012.2.1., 2016.1.27.>

⑭ 제10항에 따른 현금납부 및 부과 방법 등에 필요한 사항은 대통령령으로 정한다. <신설 2016.1.27.>

[시행일 : 2016.3.2.] 제4조제4항제4호

제4조의2(주택의 규모 및 건설비율) ① 국토교통부장관은 주택 수급의 안정과 저소득 주민의 입주기회 확대를 위하여 정비사 업(가로주택정비사업은 제외한다)으로 건설하는 주택에 대하여 다음 각 호의 구분에 따른 범위에서 주택의 규모 및 규모별 비 율 등을 정하여 고시할 수 있으며, 사업시행자는 고시된 내용 에 따라 주택을 건설하여야 한다. <개정 2008.2.29., 2008.3.28., 2009.4.22., 2012.2.1., 2013.3.23., 2015.8.28., 2016.1.19.>

1. 「주택법」 제2조제6호에 따른 국민주택규모의 주택이 전 체 세대 수의 100분의 90 이하로서 대통령령으로 정하는 범위

2. 임대주택(「민간임대주택에 관한 특별법」에 따른 민간임 대주택 및 「공공주택 특별법」에 따른 공공임대주택을 말 한다. 이하 같다)이 전체 세대수 또는 전체 연면적의 100분 의 30 이하로서 대통령령으로 정하는 범위

② 시장·군수는 제1항에 따라 고시된 내용을 제4조에 따른 정비계획에 반영하여야 한다. <개정 2012.2.1.>

③ 가로주택정비사업의 사업시행자는 가로구역에 있는 기존 단독주택의 호수(戶數)와 공동주택의 세대 수를 합한 수 이상 의 주택을 공급하여야 한다. 이 경우 건설하는 건축물의 층수 등은 대통령령으로 정한다. <신설 2012.2.1.>

[본조신설 2005.3.18.]

제4조의3(정비구역등 해제) ① 구청장등은 정비예정구역 또는 정비구역(이하 이 조에서 "정비구역등"이라 한다)이 다음 각

호의 어느 하나에 해당하는 경우 특별시장·광역시장에게 정비구역등의 해제를 요청하여야 하고, 특별자치시장, 특별자치도지사, 시장 또는 군수는 직접 정비구역등을 해제하여야 한다. <개정 2013.12.24., 2015.9.1., 2016.1.27.>

1. 정비예정구역에 대하여 기본계획에서 정한 정비구역 지정 예정일부터 3년이 되는 날까지 특별자치시장, 특별자치도지사, 시장 또는 군수가 정비구역을 지정하지 아니하거나 구청장등이 정비구역 지정을 신청하지 아니하는 경우

2. 주택재개발사업·주택재건축사업[제13조에 따른 조합(이하 "조합"이라 한다)이 시행하는 경우로 한정한다]이 다음 각 목의 어느 하나에 해당하는 경우

   가. 토지등소유자가 정비구역으로 지정·고시된 날부터 2년이 되는 날까지 제13조에 따른 조합설립추진위원회(이하 "추진위원회"라 한다)의 승인을 신청하지 아니하는 경우

   나. 토지등소유자가 정비구역으로 지정·고시된 날부터 3년이 되는 날까지 제16조에 따른 조합 설립인가를 신청하지 아니하는 경우(제13조제6항에 따라 추진위원회를 구성하지 아니하는 경우로 한정한다)

   다. 추진위원회가 추진위원회 승인일부터 2년이 되는 날까지 제16조에 따른 조합 설립인가를 신청하지 아니하는 경우

   라. 조합이 제16조에 따른 조합 설립인가를 받은 날부터 3년이 되는 날까지 제28조에 따른 사업시행인가(이하 "사업시행인가"라 한다)를 신청하지 아니하는 경우

3. 도시환경정비사업이 다음 각 목의 어느 하나에 해당하는 경우

   가. 도시환경정비사업을 토지등소유자가 시행하는 경우로서 토지등소유자가 정비구역으로 지정·고시된 날부터 5년

이 되는 날까지 사업시행인가를 신청하지 아니하는 경우

    나. 도시환경정비사업을 조합이 시행하는 경우로서 추진위원회가 그 승인일부터 2년이 되는 날까지 제16조에 따른 조합설립인가를 신청하지 아니하는 경우

    다. 도시환경정비사업을 조합이 시행하는 경우로서 조합이 제16조에 따른 조합설립인가를 받은 날부터 3년이 되는 날까지 사업시행인가를 신청하지 아니하는 경우

4. 삭제 <2015.9.1.>

5. 제16조의2에 따라 추진위원회의 승인 또는 조합 설립인가가 취소되는 경우

② 제1항에 따라 정비구역등을 해제하거나 정비구역등의 해제를 요청하는 특별자치시장, 특별자치도지사, 시장, 군수 또는 구청장등은 정비구역등의 해제에 관한 내용을 30일 이상 주민에게 공람하고 지방의회의 의견을 들은 후(이 경우 지방의회는 특별자치시장, 특별자치도지사, 시장, 군수 또는 구청장등이 정비구역 지정의 취소에 관한 계획을 통지한 날부터 60일 이내에 의견을 제시하여야 하며, 의견제시 없이 60일이 지난 경우 이의가 없는 것으로 본다) 이를 첨부하여야 한다. <개정 2013.12.24., 2016.1.27.>

③ 제1항 및 제2항에 따라 정비구역등을 해제하거나 정비구역등의 해제를 요청받은 특별시장, 광역시장, 특별자치시장, 특별자치도지사, 시장 또는 군수는 지방도시계획위원회의 심의를 거쳐 정비구역등을 해제하여야 한다. 다만, 다음 각 호의 경우에는 제1항제1호부터 제3호까지에 따른 해당 기간을 2년의 범위에서 연장하여 정비구역등을 해제하지 아니할 수 있다. <개정 2013.12.24., 2015.9.1., 2016.1.27.>

1. 정비구역등의 토지등소유자(제16조에 따라 조합을 설립한 경우에는 조합원을 말한다) 100분의 30 이상의 동의로 제

1항제1호부터 제3호까지에 따른 해당 기간 도래 전까지 연
장을 요청하는 경우

2. 정비사업의 추진상황으로 보아 주거환경의 계획적 정비 등
을 위하여 정비구역등의 존치가 필요하다고 인정하는 경우

④ 특별시장, 광역시장, 특별자치시장, 특별자치도지사, 시장
또는 군수는 다음 각 호의 경우 지방도시계획위원회의 심의를
거쳐 정비구역등의 지정을 해제할 수 있다. 이 경우 제1호 및
제2호에 따른 구체적인 기준 등에 필요한 사항은 시·도조례
로 정한다. <개정 2015.9.1., 2016.1.27.>

1. 정비사업의 시행에 따른 토지등소유자의 과도한 부담이 예
상되는 경우

2. 정비예정구역 또는 정비구역의 추진 상황으로 보아 지정
목적을 달성할 수 없다고 인정하는 경우

3. 토지등소유자의 100분의 30 이상이 정비구역등(추진위원
회가 구성되지 아니한 구역에 한한다)의 해제를 요청하는
경우

4. 제6조제1항제1호에 따른 방법으로 시행하고 있는 주거환경
개선사업은 정비구역이 지정·고시된 날부터 10년 이상 경
과하고, 추진 상황으로 보아 지정 목적을 달성할 수 없다고
인정되는 경우로서 토지등소유자의 3분의 2 이상이 정비구
역의 해제에 동의하는 경우

⑤ 제3항 또는 제4항에 따라 정비구역등이 해제된 경우에는
정비계획으로 변경된 용도지역, 정비기반시설 등은 정비구역
지정 이전의 상태로 환원된 것으로 본다. 다만, 제4항제4호의
경우 특별시장, 광역시장, 특별자치시장, 특별자치도지사, 시장
또는 군수는 정비기반시설의 설치 등 해당 정비사업의 추진상
황에 따라 환원되는 범위를 제한할 수 있다. <개정 2015.9.1.,
2016.1.27.>

⑥ 제3항 또는 제4항에 따라 정비구역등이 해제된 경우 특별시장, 광역시장, 특별자치시장, 특별자치도지사, 시장 또는 군수는 해제된 정비구역등을 주거환경관리사업구역으로 지정할 수 있다. 이 경우 주거환경관리사업구역으로 지정된 구역은 제3조에 따른 기본계획에 반영된 것으로 본다. <개정 2014.5.21., 2015.9.1., 2016.1.27.>

⑦ 특별시장, 광역시장, 특별자치시장, 특별자치도지사, 시장 또는 군수는 제3항 또는 제4항에 따라 정비구역등을 해제하는 경우(제3항 단서에 따라 해제하지 아니한 경우를 포함한다)에는 그 사실을 해당 지방자치단체의 공보에 고시하고 국토교통부장관에게 통보하여야 하며, 관계 서류를 일반인이 열람할 수 있도록 하여야 한다. <개정 2013.3.23., 2015.9.1., 2016.1.27.>
[본조신설 2012.2.1.]

제4조의4(기본계획 및 정비계획 수립시 용적률 완화) ① 특별시장, 광역시장, 특별자치시장, 특별자치도지사, 시장, 군수 또는 구청장등은 정비사업의 원활한 시행을 위하여 기본계획 또는 정비계획을 수립하거나 변경하고자 하는 경우 「국토의 계획 및 이용에 관한 법률」 제36조에 따른 주거지역에 대하여는 같은 법 제78조에 따라 조례로 정한 용적률에도 불구하고 같은 법 같은 조 및 관계 법률에 따른 용적률의 상한까지 용적률을 정할 수 있다. <개정 2016.1.27.>

② 시장·군수 또는 구청장등은 제1항에 따라 정비계획을 수립하거나 변경하고자 하는 경우 기본계획의 변경을 특별시장·광역시장·도지사에게 요청할 수 있다. <개정 2016.1.27.>
[본조신설 2014.1.14.]

제5조(행위제한 등) ①정비구역 안에서 건축물의 건축, 공작물의 설치, 토지의 형질변경, 토석의 채취, 토지분할, 물건을 쌓아놓는 행위 등 대통령령이 정하는 행위를 하고자 하는 자는 시

장·군수의 허가를 받아야 한다. 허가받은 사항을 변경하고자
하는 때에도 또한 같다.

②다음 각 호의 어느 하나에 해당하는 행위는 제1항의 규정에
불구하고 허가를 받지 아니하고 이를 할 수 있다.

1. 재해복구 또는 재난수습에 필요한 응급조치를 위하여 하는
   행위

2. 그 밖에 대통령령이 정하는 행위

③제1항의 규정에 따라 허가를 받아야 하는 행위로서 정비구
역의 지정 및 고시 당시 이미 관계 법령에 따라 행위허가를
받았거나 허가를 받을 필요가 없는 행위에 관하여 그 공사 또
는 사업에 착수한 자는 대통령령이 정하는 바에 따라 시장·
군수에게 신고한 후 이를 계속 시행할 수 있다.

④시장·군수는 제1항의 규정을 위반한 자에 대하여 원상회복
을 명할 수 있다. 이 경우 명령을 받은 자가 그 의무를 이행
하지 아니하는 때에는 시장·군수는 「행정대집행법」에 따라
이를 대집행할 수 있다.

⑤제1항의 규정에 따른 허가에 관하여 이 법에 규정한 것을
제외하고는 「국토의 계획 및 이용에 관한 법률」 제57조 내
지 제60조 및 제62조의 규정을 준용한다.

⑥제1항의 규정에 따라 허가를 받은 경우에는 「국토의 계획
및 이용에 관한 법률」 제56조의 규정에 따라 허가를 받은
것으로 본다.

⑦ 국토교통부장관, 시·도지사, 시장, 군수 또는 구청장(자치
구의 구청장을 말한다. 이하 같다)은 비경제적인 건축행위 및
투기 수요의 유입 방지를 위하여 제3조제3항에 따라 기본계
획을 공람 중인 정비예정구역 또는 정비계획을 수립 중인 지
역에 대하여 3년 이내의 기간(1회에 한하여 1년의 범위 안에
서 연장할 수 있다)을 정하여 대통령령으로 정하는 방법과 절

차에 따라 다음 각 호의 행위를 제한할 수 있다. <신설 2009.2.6., 2013.3.23., 2013.12.24., 2016.1.27.>

1. 건축물의 건축
2. 토지의 분할

[전문개정 2005.12.7.]

제3장 정비사업의 시행

제1절 정비사업의 시행

제6조(정비사업의 시행방법) ①주거환경개선사업은 다음 각호의 1에 해당하는 방법 또는 이를 혼용하는 방법에 따른다. <개정 2005.3.18., 2009.2.6., 2012.2.1., 2015.9.1.>

1. 제7조의 규정에 의한 주거환경 개선사업의 시행자가 정비구역안에서 정비기반시설을 새로이 설치하거나 확대하고 토지등소유자가 스스로 주택을 개량하는 방법
2. 제7조의 규정에 의한 주거환경개선사업의 시행자가 제38조의 규정에 의하여 정비구역의 전부 또는 일부를 수용하여 주택을 건설한 후 토지등소유자에게 우선 공급하거나 토지를 토지등소유자 또는 토지등소유자 외의 자에게 공급하는 방법
3. 제7조의 규정에 의한 주거환경개선사업의 시행자가 제43조 제2항의 규정에 의하여 환지로 공급하는 방법
4. 제7조에 따른 사업시행자가 정비구역에서 제48조에 따라 인가받은 관리처분계획에 따라 주택 및 부대시설·복리시설을 건설하여 공급하는 방법

②주택재개발사업은 정비구역안에서 제48조의 규정에 의하여 인가받은 관리처분계획에 따라 주택, 부대·복리시설 및 오피

스텔(「건축법」 제2조제2항에 따른 오피스텔을 말한다. 이하 같다)을 건설하여 공급하거나, 제43조제2항의 규정에 의하여 환지로 공급하는 방법에 의한다. <개정 2016.1.27.>

③주택재건축사업은 정비구역안 또는 정비구역이 아닌 구역에서 제48조의 규정에 의하여 인가받은 관리처분계획에 따라 주택, 부대·복리시설 및 오피스텔을 건설하여 공급하는 방법에 의한다. 다만, 주택단지안에 있지 아니하는 건축물의 경우에는 지형여건·주변의 환경으로 보아 사업시행상 불가피한 경우와 정비구역안에서 시행하는 사업에 한한다. <개정 2009.2.6., 2016.1.27.>

④도시환경정비사업은 정비구역안에서 제48조의 규정에 의하여 인가받은 관리처분계획에 따라 건축물을 건설하여 공급하는 방법 또는 제43조제2항의 규정에 의하여 환지로 공급하는 방법에 의한다.

⑤ 주거환경관리사업은 제8조제6항에 따른 주거환경관리사업의 사업시행자가 정비구역에서 정비기반시설 및 공동이용시설을 새로 설치하거나 확대하고 토지등소유자가 스스로 주택을 보전·정비하거나 개량하는 방법으로 한다. <신설 2012.2.1.>

⑥ 가로주택정비사업은 사업시행자가 가로구역에서 제48조에 따라 인가받은 관리처분계획에 따라 주택 등을 건설하여 공급하거나 보전 또는 개량하는 방법으로 한다. <신설 2012.2.1.>

⑦ 제2항 및 제3항에 따라 오피스텔을 건설하여 공급하는 경우에는 「국토의 계획 및 이용에 관한 법률」에 따른 준주거지역 및 상업지역에서만 건설할 수 있다. 이 경우 오피스텔의 연면적은 전체 건축물 연면적의 100분의 30 이하이어야 한다. <신설 2016.1.27.>

제7조(주거환경개선사업의 시행자) ①주거환경개선사업은 제4조제1항에 따른 공람공고일 현재 해당 정비예정구역안의 토지

또는 건축물의 소유자 또는 지상권자의 3분의 2 이상(제6조제1항제1호의 경우에는 과반수를 말한다)의 동의와 세입자(제4조제1항의 규정에 의한 공람공고일 3월 전부터 당해 정비예정구역안에 3월 이상 거주하고 있는 자를 말한다)세대수 과반수의 동의를 각각 얻어 시장·군수가 다음 각 호에 따라 이를 시행하게 할 수 있다. 다만, 세입자의 세대수가 토지등소유자의 2분의 1 이하인 경우 등 대통령령이 정하는 사유가 있는 경우에는 세입자의 동의절차를 거치지 아니할 수 있다. <개정 2005.3.18., 2009.2.6., 2015.9.1., 2016.1.19.>

1. 시장·군수가 직접 시행하거나 다음 각 목의 어느 하나에 해당하는 자를 사업시행자로 지정하는 경우
   가. 주택공사등
   나. 주거환경개선사업을 시행하기 위하여 국가, 지방자치단체, 주택공사등 또는 「공공기관의 운영에 관한 법률」 제4조에 따른 공공기관이 총지분의 100분의 50을 초과하는 출자로 설립한 법인

2. 시장·군수가 제1호에 해당하는 자와 다음 각 목의 어느 하나에 해당하는 자를 공동시행자로 지정하는 경우
   가. 「건설산업기본법」 제9조에 따른 건설업자(이하 "건설업자"라 한다)
   나. 「주택법」 제7조제1항에 따라 건설업자로 보는 등록사업자(이하 "등록사업자"라 한다)

②시장·군수는 천재·지변 그 밖의 불가피한 사유로 인하여 건축물의 붕괴우려가 있어 긴급히 정비사업을 시행할 필요가 있다고 인정하는 경우에는 제1항의 규정에 불구하고 토지등소유자 및 세입자의 동의없이 자신이 직접 시행하거나 주택공사등을 사업시행자로 지정하여 시행하게 할 수 있다. 이 경우 시장·군수는 지체없이 토지등소유자에게 긴급한 정비사업의

시행사유 · 시행방법 및 시행시기 등을 통보하여야 한다. <개정
2005.3.18.>

제8조(주택재개발사업 등의 시행자) ①주택재개발사업은 조합이
이를 시행하거나 조합이 조합원 과반수의 동의를 얻어 시장 ·
군수, 주택공사등, 건설업자, 등록사업자 또는 대통령령이 정하
는 요건을 갖춘 자와 공동으로 이를 시행할 수 있다. <개정
2005.3.18., 2012.2.1., 2015.9.1.>
②주택재건축사업은 조합이 이를 시행하거나 조합이 조합원
과반수의 동의를 얻어 시장 · 군수, 주택공사등, 건설업자 또는
등록사업자와 공동으로 이를 시행할 수 있다. <신설 2005.3.18.,
2012.2.1., 2015.9.1.>
③도시환경정비사업은 조합 또는 토지등소유자가 시행하거나,
조합 또는 토시등소유자가 조합원 또는 토지능소유자의 과반
수의 동의를 얻어 시장 · 군수, 주택공사등, 건설업자, 등록사
업자 또는 대통령령이 정하는 요건을 갖춘 자와 공동으로 이
를 시행할 수 있다. <개정 2005.3.18., 2012.2.1.>
④시장 · 군수는 정비사업이 다음 각 호의 어느 하나에 해당하
는 때에는 제1항부터 제3항까지의 규정에도 불구하고 직접
정비사업(주거환경개선사업은 제외한다. 이하 이 조 및 제9조
에서 같다)을 시행하거나, 시장 · 군수가 토지등소유자 · 「사
회기반시설에 대한 민간투자법」 제2조제12호에 따른 민관합
동법인 또는 신탁업자로서 대통령령으로 정하는 요건을 갖춘
자(이하 "지정개발자"라 한다) 또는 주택공사등(주택공사등이
건설업자 또는 등록사업자와 공동으로 시행하는 경우를 포함
한다)을 사업시행자로 지정하여 정비사업을 시행하게 할 수
있다. 이 경우 시장 · 군수는 제1호, 제2호 및 제8호에 해당하
는 경우에만 지정개발자를 사업시행자로 지정하여 정비사업을
시행하게 할 수 있다. <개정 2005.3.18., 2009.2.6., 2011.4.14.,

2012.2.1., 2013.12.24., 2015.9.1., 2016.1.27.>

1. 천재·지변, 「재난 및 안전관리 기본법」 제27조 또는 「시설물의 안전관리에 관한 특별법」 제14조에 따른 사용제한·사용금지, 그 밖의 불가피한 사유로 인하여 긴급히 정비사업을 시행할 필요가 있다고 인정되는 때

2. 제4조제6항에 따라 고시된 정비계획에서 정한 정비사업시행 예정일부터 2년 이내에 사업시행인가를 신청하지 아니하거나 사업시행인가를 신청한 내용이 위법 또는 부당하다고 인정되는 때(주택재건축사업의 경우는 제외한다)

2의2. 추진위원회가 시장·군수의 구성 승인을 얻은 날부터 3년 이내에 제16조에 따른 조합의 설립인가를 신청하지 아니하거나, 조합이 제16조에 따른 조합의 설립인가를 얻은 날부터 3년 이내에 제28조에 따른 사업시행인가를 신청하지 아니하는 경우(이 경우 시장·군수는 제5항에 따른 사업시행자 지정 고시일 다음날에 추진위원회의 구성 승인 또는 조합의 설립인가는 취소된 것으로 본다)

3. 지방자치단체의 장이 시행하는 국토의계획및이용에관한법률 제2조제11호의 규정에 의한 도시·군계획사업과 병행하여 정비사업을 시행할 필요가 있다고 인정되는 때

4. 제35조제1항의 규정에 의한 순환정비방식에 의하여 정비사업을 시행할 필요가 있다고 인정되는 때

5. 제77조의 규정에 의하여 사업시행인가가 취소된 때

6. 당해 정비구역안의 국·공유지면적 또는 국·공유지와 주택공사등이 소유한 토지를 합한 면적이 전체 토지면적의 2분의 1 이상으로서 토지등소유자의 과반수가 시장·군수 또는 주택공사등을 사업시행자로 지정하는 것에 동의하는 때

7. 당해 정비구역안의 토지면적 2분의 1 이상의 토지소유자와 토지등소유자의 3분의 2 이상에 해당하는 자가 시장·군수

또는 주택공사등을 사업시행자로 지정할 것을 요청하는 때. 이 경우 제4조제4항제2호에 따라 토지등소유자가 정비계획의 수립에 대한 입안을 제안한 경우 입안제안에 동의한 토지등소유자는 주택공사등의 사업시행자 지정에 동의한 것으로 본다. 다만, 사업시행자의 지정 요청 전에 시장·군수 및 제26조에 따른 주민대표회의에 사업시행자의 지정에 대한 반대의 의사표시를 한 토지등소유자의 경우에는 그러하지 아니하다.

8. 제16조에 따른 주택재개발사업 및 주택재건축사업의 조합 설립을 위한 동의요건 이상에 해당하는 자가 신탁업자를 주택재개발사업 또는 주택재건축사업의 사업시행자로 지정하는 것에 동의하는 때

⑤ 시장·군수는 제4항에 따라 직접 정비사업을 시행하거나 지정개발자 또는 주택공사등을 사업시행자로 지정하는 때에는 정비사업 시행구역 등 토지등소유자에게 알릴 필요가 있는 사항으로서 대통령령이 정하는 사항을 당해 지방자치단체의 공보에 고시하여야 한다. 다만, 제4항제1호의 경우에는 토지등소유자에게 지체 없이 정비사업의 시행 사유·시기 및 방법 등을 통보하여야 한다. <개정 2005.3.18., 2009.2.6., 2016.1.27.>

⑥ 주거환경관리사업은 시장·군수가 직접 시행하되, 주택공사등을 사업시행자로 지정하여 시행하게 하려는 경우에는 제4조제1항에 따른 공람공고일 현재 토지등소유자 과반수의 동의를 받아야 한다. <신설 2012.2.1.>

⑦ 가로주택정비사업은 조합이 시행하거나 조합이 조합원 과반수의 동의를 받아 시장·군수, 주택공사등 또는 대통령령으로 정하는 요건을 갖춘 자와 공동으로 시행할 수 있다. <신설 2012.2.1.>

⑧ 신탁업자는 제4항제8호에 따른 사업시행자 지정에 필요한

동의를 받기 전에 다음 각 호에 관한 사항을 토지등소유자에게 제공하여야 한다. <신설 2015.9.1.>

1. 토지등소유자별 분담금 추산액 및 산출근거

2. 그 밖에 추정 분담금의 산출 등과 관련하여 시 · 도조례로 정하는 사항

⑨ 제4항제8호에 따른 토지등소유자의 동의는 국토교통부령으로 정하는 동의서에 동의를 받는 방법에 따른다. 이 경우 동의서에는 다음 각 호의 사항이 포함되어야 한다. <신설 2015.9.1.>

1. 건설되는 건축물의 설계의 개요

2. 공사비 등 정비사업에 드는 비용(이하 "정비사업비"라 한다)

3. 정비사업비의 분담기준(신탁업자에게 지급하는 신탁보수 등의 부담에 관한 사항을 포함한다)

4. 사업 완료 후 소유권의 귀속에 관한 사항

5. 정비사업의 시행방법 등에 관한 시행규정

6. 신탁계약에 관한 사항

제8조(주택재개발사업 등의 시행자) ①주택재개발사업은 조합이 이를 시행하거나 조합이 조합원 과반수의 동의를 얻어 시장 · 군수, 주택공사등, 건설업자, 등록사업자 또는 대통령령이 정하는 요건을 갖춘 자와 공동으로 이를 시행할 수 있다. <개정 2005.3.18., 2012.2.1., 2015.9.1.>

②주택재건축사업은 조합이 이를 시행하거나 조합이 조합원 과반수의 동의를 얻어 시장 · 군수, 주택공사등, 건설업자 또는 등록사업자와 공동으로 이를 시행할 수 있다. <신설 2005.3.18., 2012.2.1., 2015.9.1.>

③도시환경정비사업은 조합 또는 토지등소유자가 시행하거나, 조합 또는 토지등소유자가 조합원 또는 토지등소유자의

과반수의 동의를 얻어 시장·군수, 주택공사등, 건설업자, 등록사업자 또는 대통령령이 정하는 요건을 갖춘 자와 공동으로 이를 시행할 수 있다. <개정 2005.3.18., 2012.2.1.>

④시장·군수는 정비사업이 다음 각 호의 어느 하나에 해당하는 때에는 제1항부터 제3항까지의 규정에도 불구하고 직접 정비사업(주거환경개선사업은 제외한다. 이하 이 조 및 제9조에서 같다)을 시행하거나, 시장·군수가 토지등소유자·「사회기반시설에 대한 민간투자법」 제2조제12호에 따른 민관합동법인 또는 신탁업자로서 대통령령으로 정하는 요건을 갖춘 자(이하 "지정개발자"라 한다) 또는 주택공사등(주택공사등이 건설업자 또는 등록사업자와 공동으로 시행하는 경우를 포함한다)을 사업시행자로 지정하여 정비사업을 시행하게 할 수 있다. 이 경우 시장·군수는 제1호, 제2호 및 제8호에 해당하는 경우에만 지정개발자를 사업시행자로 지정하여 정비사업을 시행하게 할 수 있다. <개정 2005.3.18., 2009.2.6., 2011.4.14., 2012.2.1., 2013.12.24., 2015.9.1., 2016.1.27., 2017.1.17.>

1. 천재·지변, 「재난 및 안전관리 기본법」 제27조 또는 「시설물의 안전 및 유지관리에 관한 특별법」 제23조에 따른 사용제한·사용금지, 그 밖의 불가피한 사유로 인하여 긴급히 정비사업을 시행할 필요가 있다고 인정되는 때

2. 제4조제6항에 따라 고시된 정비계획에서 정한 정비사업 시행 예정일부터 2년 이내에 사업시행인가를 신청하지 아니하거나 사업시행인가를 신청한 내용이 위법 또는 부당하다고 인정되는 때(주택재건축사업의 경우는 제외한다)

2의2. 추진위원회가 시장·군수의 구성 승인을 얻은 날부터 3년 이내에 제16조에 따른 조합의 설립인가를 신청하지 아니하거나, 조합이 제16조에 따른 조합의 설립인가를 얻

은 날부터 3년 이내에 제28조에 따른 사업시행인가를 신청하지 아니하는 경우(이 경우 시장·군수는 제5항에 따른 사업시행자 지정 고시일 다음날에 추진위원회의 구성 승인 또는 조합의 설립인가는 취소된 것으로 본다)

3. 지방자치단체의 장이 시행하는 국토의계획및이용에관한 법률 제2조제11호의 규정에 의한 도시·군계획사업과 병행하여 정비사업을 시행할 필요가 있다고 인정되는 때

4. 제35조제1항의 규정에 의한 순환정비방식에 의하여 정비 사업을 시행할 필요가 있다고 인정되는 때

5. 제77조의 규정에 의하여 사업시행인가가 취소된 때

6. 당해 정비구역안의 국·공유지면적 또는 국·공유지와 주택공사등이 소유한 토지를 합한 면적이 전체 토지면적 의 2분의 1 이상으로서 토지등소유자의 과반수가 시장· 군수 또는 주택공사등을 사업시행자로 지정하는 것에 동 의하는 때

7. 당해 정비구역안의 토지면적 2분의 1 이상의 토지소유자 와 토지등소유자의 3분의 2 이상에 해당하는 자가 시장 ·군수 또는 주택공사등을 사업시행자로 지정할 것을 요 청하는 때. 이 경우 제4조제4항제2호에 따라 토지등소유 자가 정비계획의 수립에 대한 입안을 제안한 경우 입안제 안에 동의한 토지등소유자는 주택공사등의 사업시행자 지 정에 동의한 것으로 본다. 다만, 사업시행자의 지정 요청 전에 시장·군수 및 제26조에 따른 주민대표회의에 사업 시행자의 지정에 대한 반대의 의사표시를 한 토지등소유 자의 경우에는 그러하지 아니하다.

8. 제16조에 따른 주택재개발사업 및 주택재건축사업의 조 합설립을 위한 동의요건 이상에 해당하는 자가 신탁업자 를 주택재개발사업 또는 주택재건축사업의 사업시행자로

지정하는 것에 동의하는 때

⑤시장·군수는 제4항에 따라 직접 정비사업을 시행하거나 지정개발자 또는 주택공사등을 사업시행자로 지정하는 때에는 정비사업 시행구역 등 토지등소유자에게 알릴 필요가 있는 사항으로서 대통령령이 정하는 사항을 당해 지방자치단체의 공보에 고시하여야 한다. 다만, 제4항제1호의 경우에는 토지등소유자에게 지체 없이 정비사업의 시행 사유·시기 및 방법 등을 통보하여야 한다. <개정 2005.3.18., 2009.2.6., 2016.1.27.>

⑥ 주거환경관리사업은 시장·군수가 직접 시행하되, 주택공사등을 사업시행자로 지정하여 시행하게 하려는 경우에는 제4조제1항에 따른 공람공고일 현재 토지등소유자 과반수의 동의를 받아야 한다. <신설 2012.2.1.>

⑦ 가로주택정비사업은 조합이 시행하거나 조합이 조합원 과반수의 동의를 받아 시장·군수, 주택공사등 또는 대통령령으로 정하는 요건을 갖춘 자와 공동으로 시행할 수 있다. <신설 2012.2.1.>

⑧ 신탁업자는 제4항제8호에 따른 사업시행자 지정에 필요한 동의를 받기 전에 다음 각 호에 관한 사항을 토지등소유자에게 제공하여야 한다. <신설 2015.9.1.>

1. 토지등소유자별 분담금 추산액 및 산출근거
2. 그 밖에 추정 분담금의 산출 등과 관련하여 시·도조례로 정하는 사항

⑨ 제4항제8호에 따른 토지등소유자의 동의는 국토교통부령으로 정하는 동의서에 동의를 받는 방법에 따른다. 이 경우 동의서에는 다음 각 호의 사항이 포함되어야 한다. <신설 2015.9.1.>

1. 건설되는 건축물의 설계의 개요
2. 공사비 등 정비사업에 드는 비용(이하 "정비사업비"라 한

다)
3. 정비사업비의 분담기준(신탁업자에게 지급하는 신탁보수 등의 부담에 관한 사항을 포함한다)
4. 사업 완료 후 소유권의 귀속에 관한 사항
5. 정비사업의 시행방법 등에 관한 시행규정
6. 신탁계약에 관한 사항

[시행일 : 2018.1.18.] 제8조

제9조(사업대행자의 지정 등) ① 시장·군수는 다음 각 호의 어느 하나에 해당하는 경우에는 해당 조합 또는 토지등소유자를 대신하여 직접 정비사업을 시행하거나 지정개발자 또는 주택공사등으로 하여금 해당 조합 또는 토지등소유자를 대신하여 정비사업을 시행하게 할 수 있다. <개정 2016.1.27.>

1. 장기간 정비사업이 지연되거나 권리관계에 대한 분쟁 등으로 인하여 해당 조합 또는 토지등소유자가 시행하는 정비사업을 계속 추진하기 어렵다고 인정하는 경우
2. 토지등소유자(제16조에 따라 조합을 설립한 경우에는 조합원을 말한다)의 과반수 동의로 요청하는 경우

②제1항의 규정에 의하여 정비사업을 대행하는 시장·군수, 지정개발자 또는 주택공사등(이하 "사업대행자"라 한다)은 사업시행자에게 청구할 수 있는 보수 또는 비용의 상환에 대한 권리로써 사업시행자에게 귀속될 대지 또는 건축물을 압류할 수 있다.

③제1항의 규정에 의한 사업의 대행에 있어서 개시결정 및 고시와 개시결정의 효과, 사업대행자의 업무집행, 사업대행의 완료와 그 고시 등에 관하여 필요한 사항은 대통령령으로 정한다.

제10조(사업시행자 등의 권리·의무의 승계) 사업시행자와 정비사업과 관련하여 권리를 갖는 자(이하 "권리자"라 한다)의 변

동이 있은 때에는 종전의 사업시행자와 권리자의 권리·의무
는 새로이 사업시행자와 권리자로 된 자가 이를 승계한다.

제11조(시공자의 선정 등) ① 조합은 제16조에 따른 조합설립
인가를 받은 후 조합총회에서 국토교통부장관이 정하는 경쟁
입찰의 방법으로 건설업자 또는 등록사업자를 시공자로 선정
하여야 한다. 다만, 대통령령으로 정하는 규모 이하의 정비사
업의 경우에는 조합총회에서 정관으로 정하는 바에 따라 선정
할 수 있다. <개정 2009.2.6., 2013.3.23.>
② 제8조제3항에 따라 도시환경정비사업을 토지등소유자가 시
행하는 경우에는 사업시행인가를 받은 후 제2조제11호나목에
따른 규약으로 정하는 바에 따라 건설업자 또는 등록사업자를
시공자로 선정하여야 한다. <개정 2009.2.6.>
③ 제8조제4항에 따라 시장·군수가 직접 정비사업을 시행하
거나 주택공사등 또는 지정개발자를 사업시행자로 지정한 경
우 사업시행자는 제8조제5항에 따른 사업시행자 지정 고시
후 건설업자 또는 등록사업자를 시공자로 선정하여야 한다.
이 경우 제26조에 따른 주민대표회의 또는 제26조의2에 따른
토지등소유자 전체회의는 대통령령으로 정하는 경쟁입찰의 방
법에 따라 시공자를 추천할 수 있으며, 주민대표회의 또는 토
지등소유자 전체회의가 시공자를 추천한 때에는 시장·군수,
지정개발자 또는 주택공사등은 「지방자치단체를 당사자로 하
는 계약에 관한 법률」 제9조 또는 「공공기관의 운영에 관한
법률」 제39조에도 불구하고 추천한 자를 시공자로 선정하여
야 한다. <신설 2009.2.6., 2015.9.1.>
④ 사업시행자(사업대행자를 포함한다)는 제1항부터 제3항까
지의 규정에 따라 선정된 시공자와 공사에 관한 계약을 체결
할 때에는 기존 건축물의 철거 공사에 관한 사항을 포함하여
야 한다. <신설 2010.4.15.>

⑤ 누구든지 시공자, 설계자 또는 제69조에 따른 정비사업전문관리업자(이하 "정비사업전문관리업자"라 한다)의 선정과 관련하여 다음 각 호의 행위를 할 수 없다. <신설 2012.2.1.>

1. 금품, 향응 또는 그 밖의 재산상 이익을 제공하거나 제공의 사를 표시하거나 제공을 약속하는 행위

2. 금품, 향응 또는 그 밖의 재산상 이익을 제공받거나 제공의 사 표시를 승낙하는 행위

3. 제3자를 통하여 제1호 또는 제2호에 해당하는 행위를 하는 행위

[제목개정 2010.4.15.]

제12조(주택재건축사업의 안전진단 및 시행여부 결정 등) ① 시장·군수는 정비계획의 수립, 주택재건축사업의 시행여부 결정 또는 안전사고를 방지하기 위하여 다음 각 호의 어느 하나에 해당하는 경우 안전진단을 실시하여야 한다. 다만, 제2호부터 제5호까지의 경우에는 시장·군수는 안전진단에 소요되는 비용을 해당 안전진단 실시를 요청하는 자에게 부담하게 할 수 있다. <개정 2009.2.6., 2012.2.1., 2012.12.18., 2013.12.24., 2015.8.11., 2015.9.1.>

1. 제3조제1항제9호에 따른 주택재건축사업의 정비예정구역별 정비계획의 수립시기가 도래한 때

2. 제4조제4항에 따라 정비계획의 입안을 제안하고자 하는 자가 입안을 제안하기 전에 해당 정비예정구역 안에 소재한 건축물 및 그 부속토지의 소유자 10분의 1 이상의 동의를 얻어 안전진단 실시를 요청하는 때

3. 정비구역이 아닌 구역에서의 주택재건축사업을 시행하고자 하는 자가 추진위원회의 구성 승인을 신청하기 전에 해당 사업예정구역 안에 소재한 건축물 및 그 부속토지의 소유자 10분의 1 이상의 동의를 얻어 안전진단 실시를 요청하는

때

4. 제3조제9항에 따라 정비예정구역을 지정하지 아니한 지역에서 주택재건축사업을 하려는 자가 사업예정구역에 있는 건축물 및 그 부속토지의 소유자 10분의 1 이상의 동의를 받아 안전진단을 요청하는 경우

5. 제2조제3호나목에 해당하는 건축물의 소유자로서 주택재건축사업을 시행하고자 하는 자가 해당 사업예정구역에 소재한 건축물 및 그 부속토지의 소유자 10분의 1 이상의 동의를 받아 안전진단 실시를 요청하는 때

6. 제5항에 따라 주택재건축사업의 시행을 결정한 날부터 10년이 되는 날까지 제28조에 따른 사업시행인가를 받지 아니하고 다음 각 목의 어느 하나에 해당하는 경우로서 시장·군수가 안전사고의 우려가 있다고 인정하는 경우

　가. 「재난 및 안전관리 기본법」 제27조제1항에 따라 재난이 발생할 위험이 높거나 재난예방을 위하여 계속적으로 관리할 필요가 있다고 인정하여 특정관리대상시설등으로 지정하는 경우

　나. 「시설물의 안전관리에 관한 특별법」 제7조제2항에 따라 재해 및 재난 예방과 시설물의 안전성 확보 등을 위하여 정밀안전진단을 실시하는 경우

　다. 「공동주택관리법」 제37조제3항에 따라 공동주택의 구조안전에 중대한 하자가 있다고 인정하여 안전진단을 실시하는 경우

② 제1항에 따른 주택재건축사업의 안전진단은 주택단지내의 건축물을 대상으로 한다. 다만, 대통령령으로 정하는 주택단지내 건축물의 경우에는 안전진단 대상에서 제외할 수 있다. <개정 2009.2.6.>

③ 시장·군수는 현지조사 등을 통하여 해당 건축물의 구조안

전성, 건축마감, 설비노후도 및 주거환경 적합성 등을 심사하여 안전진단 실시여부를 결정하여야 하며, 안전진단의 실시가 필요하다고 결정한 경우에는 대통령령으로 정하는 안전진단기관에 안전진단을 의뢰하여야 한다. <개정 2009.2.6.>

④제3항에 따라 시장·군수로부터 의뢰 받은 안전진단기관은 국토교통부장관이 정하여 관보에 고시하는 기준(건축물의 내진성능 확보를 위한 비용을 포함한다)에 따라 안전진단을 실시하여야 하며, 국토교통부령이 정하는 방법 및 절차에 따라 안전진단결과보고서를 작성하여 시장·군수 및 제1항 단서에 따라 안전진단 실시를 요청한 자에게 제출하여야 한다. <개정 2008.2.29., 2009.2.6., 2013.3.23., 2013.12.24.>

⑤시장·군수는 제4항에 따른 안전진단의 결과와 도시계획 및 지역여건 등을 종합적으로 검토하여 정비계획의 수립 또는 주택재건축사업의 시행여부를 결정하여야 한다. <개정 2009.2.6.>

⑥시장, 군수 또는 구청장은 제5항에 따라 정비계획의 수립 또는 주택재건축사업의 시행을 결정한 경우에는 지체 없이 특별시장·광역시장·도지사에게 결정내용과 해당 안전진단결과보고서를 제출하여야 한다. <신설 2006.5.24., 2009.2.6., 2013.12.24.>

⑦시·도지사는 필요한 경우 한국시설안전공단 또는 한국건설기술연구원에 안전진단결과의 적정성 여부에 대한 검토를 의뢰할 수 있다. <신설 2006.5.24., 2008.3.21., 2009.2.6., 2013.12.24.>

⑧국토교통부장관은 시·도지사에게 안전진단결과보고서의 제출을 요청할 수 있으며, 필요한 경우 시·도지사로 하여금 안전진단결과의 적정성 여부에 대한 검토를 하도록 요청할 수 있다. <신설 2006.5.24., 2008.2.29., 2009.2.6., 2013.3.23., 2013.12.24.>

⑨특별시장·광역시장·도지사는 제7항 및 제8항에 따른 검토 결과에 따라 시장, 군수 또는 구청장에게 정비계획 수립결정

또는 주택재건축사업 시행결정의 취소 등 필요한 조치를 요청할 수 있으며, 시장, 군수 또는 구청장은 특별한 사유가 없는 한 이에 응하여야 한다. 다만, 특별자치시장 및 특별자치도지사는 직접 정비계획 수립결정 또는 주택재건축사업 시행결정의 취소 등 필요한 조치를 할 수 있다. <신설 2006.5.24., 2009.2.6., 2013.12.24.>

⑩제1항부터 제9항까지의 규정에 따른 안전진단의 대상·기준·실시기관·지정절차·수수료·안전진단결과의 평가 및 주택재건축사업의 시행여부의 결정 등에 관하여 필요한 세부사항은 대통령령으로 정한다. <개정 2006.5.24., 2009.2.6.>

제12조(주택재건축사업의 안전진단 및 시행여부 결정 등) ① 시장·군수는 정비계획의 수립, 주택재건축사업의 시행여부 결정 또는 안전사고를 방지하기 위하여 다음 각 호의 어느 하나에 해당하는 경우 안전진단을 실시하여야 한다. 다만, 제2호부터 제5호까지의 경우에는 시장·군수는 안전진단에 소요되는 비용을 해당 안전진단 실시를 요청하는 자에게 부담하게 할 수 있다. <개정 2009.2.6., 2012.2.1., 2012.12.18., 2013.12.24., 2015.8.11., 2015.9.1., 2017.1.17.>

1. 제3조제1항제9호에 따른 주택재건축사업의 정비예정구역별 정비계획의 수립시기가 도래한 때
2. 제4조제4항에 따라 정비계획의 입안을 제안하고자 하는 자가 입안을 제안하기 전에 해당 정비예정구역 안에 소재한 건축물 및 그 부속토지의 소유자 10분의 1 이상의 동의를 얻어 안전진단 실시를 요청하는 때
3. 정비구역이 아닌 구역에서의 주택재건축사업을 시행하고자 하는 자가 추진위원회의 구성 승인을 신청하기 전에 해당 사업예정구역 안에 소재한 건축물 및 그 부속토지의 소유자 10분의 1 이상의 동의를 얻어 안전진단 실시를 요청

하는 때

4. 제3조제9항에 따라 정비예정구역을 지정하지 아니한 지역에서 주택재건축사업을 하려는 자가 사업예정구역에 있는 건축물 및 그 부속토지의 소유자 10분의 1 이상의 동의를 받아 안전진단을 요청하는 경우

5. 제2조제3호나목에 해당하는 건축물의 소유자로서 주택재건축사업을 시행하고자 하는 자가 해당 사업예정구역에 소재한 건축물 및 그 부속토지의 소유자 10분의 1 이상의 동의를 받아 안전진단 실시를 요청하는 때

6. 제5항에 따라 주택재건축사업의 시행을 결정한 날부터 10년이 되는 날까지 제28조에 따른 사업시행인가를 받지 아니하고 다음 각 목의 어느 하나에 해당하는 경우로서 시장·군수가 안전사고의 우려가 있다고 인정하는 경우

가. 「재난 및 안전관리 기본법」 제27조제1항에 따라 재난이 발생할 위험이 높거나 재난예방을 위하여 계속적으로 관리할 필요가 있다고 인정하여 특정관리대상시설등으로 지정하는 경우

나. 「시설물의 안전 및 유지관리에 관한 특별법」 제12조제2항에 따라 재해 및 재난 예방과 시설물의 안전성 확보 등을 위하여 정밀안전진단을 실시하는 경우

다. 「공동주택관리법」 제37조제3항에 따라 공동주택의 구조안전에 중대한 하자가 있다고 인정하여 안전진단을 실시하는 경우

② 제1항에 따른 주택재건축사업의 안전진단은 주택단지내의 건축물을 대상으로 한다. 다만, 대통령령으로 정하는 주택단지내 건축물의 경우에는 안전진단 대상에서 제외할 수 있다. <개정 2009.2.6.>

③ 시장·군수는 현지조사 등을 통하여 해당 건축물의 구조

안전성, 건축마감, 설비노후도 및 주거환경 적합성 등을 심사하여 안전진단 실시여부를 결정하여야 하며, 안전진단의 실시가 필요하다고 결정한 경우에는 대통령령으로 정하는 안전진단기관에 안전진단을 의뢰하여야 한다. <개정 2009.2.6.>

④제3항에 따라 시장·군수로부터 의뢰 받은 안전진단기관은 국토교통부장관이 정하여 관보에 고시하는 기준(건축물의 내진성능 확보를 위한 비용을 포함한다)에 따라 안전진단을 실시하여야 하며, 국토교통부령이 정하는 방법 및 절차에 따라 안전진단결과보고서를 작성하여 시장·군수 및 제1항 단서에 따라 안전진단 실시를 요청한 자에게 제출하여야 한다. <개정 2008.2.29., 2009.2.6., 2013.3.23., 2013.12.24.>

⑤시장·군수는 제4항에 따른 안전진단의 결과와 도시계획 및 지역여건 등을 종합적으로 검토하여 정비계획의 수립 또는 주택재건축사업의 시행여부를 결정하여야 한다. <개정 2009.2.6.>

⑥시장, 군수 또는 구청장은 제5항에 따라 정비계획의 수립 또는 주택재건축사업의 시행을 결정한 경우에는 지체 없이 특별시장·광역시장·도지사에게 결정내용과 해당 안전진단결과보고서를 제출하여야 한다. <신설 2006.5.24., 2009.2.6., 2013.12.24.>

⑦시·도지사는 필요한 경우 한국시설안전공단 또는 한국건설기술연구원에 안전진단결과의 적정성 여부에 대한 검토를 의뢰할 수 있다. <신설 2006.5.24., 2008.3.21., 2009.2.6., 2013.12.24.>

⑧국토교통부장관은 시·도지사에게 안전진단결과보고서의 제출을 요청할 수 있으며, 필요한 경우 시·도지사로 하여금 안전진단결과의 적정성 여부에 대한 검토를 하도록 요청할 수 있다. <신설 2006.5.24., 2008.2.29., 2009.2.6., 2013.3.23., 2013.12.24.>

⑨특별시장·광역시장·도지사는 제7항 및 제8항에 따른 검토결과에 따라 시장, 군수 또는 구청장에게 정비계획 수립

결정 또는 주택재건축사업 시행결정의 취소 등 필요한 조치를 요청할 수 있으며, 시장, 군수 또는 구청장은 특별한 사유가 없는 한 이에 응하여야 한다. 다만, 특별자치시장 및 특별자치도지사는 직접 정비계획 수립결정 또는 주택재건축사업 시행결정의 취소 등 필요한 조치를 할 수 있다. <신설 2006.5.24., 2009.2.6., 2013.12.24.>

⑩제1항부터 제9항까지의 규정에 따른 안전진단의 대상·기준·실시기관·지정절차·수수료·안전진단결과의 평가 및 주택재건축사업의 시행여부의 결정 등에 관하여 필요한 세부사항은 대통령령으로 정한다. <개정 2006.5.24., 2009.2.6.>

[시행일 : 2018.1.18.] 제12조

제2절 조합설립추진위원회 및 조합의 설립 등

제13조(조합의 설립 및 추진위원회의 구성) ①시장·군수, 지정개발자 또는 주택공사등이 아닌 자가 정비사업을 시행하고자 하는 경우에는 토지등소유자로 구성된 조합을 설립하여야 한다. 다만, 제8조제3항에 따라 도시환경정비사업을 토지등소유자가 시행하고자 하는 경우에는 그러하지 아니하다. <개정 2005.3.18., 2009.2.6., 2015.9.1.>

② 제1항에 따라 조합을 설립하고자 하는 경우에는 제4조에 따른 정비구역지정 고시(정비구역이 아닌 구역에서의 주택재건축사업의 경우에는 제12조제5항에 따른 주택재건축사업의 시행결정을 말한다) 후 위원장을 포함한 5인 이상의 위원 및 제15조제2항에 따른 운영규정에 대한 토지등소유자 과반수의 동의를 받아 조합설립을 위한 추진위원회를 구성하여 국토교통부령으로 정하는 방법과 절차에 따라 시장·군수의 승인을 받아야 한다. 다만, 가로주택정비사업의 경우에는 추진위원회를 구성하지 아니한다. <개정 2009.2.6., 2012.2.1., 2013.3.23.>

③ 제2항에 따라 추진위원회의 구성에 동의한 토지등소유자(이하 "추진위원회 동의자"라 한다)는 제16조제1항부터 제3항까지에 따른 조합의 설립에 동의한 것으로 본다. 다만, 제16조에 따른 조합설립인가 신청 전에 시장·군수 및 추진위원회에 조합설립에 대한 반대의 의사표시를 한 추진위원회 동의자의 경우에는 그러하지 아니하다. <신설 2009.2.6.>

④ 제2항에 따른 토지등소유자의 동의를 받고자 하는 자는 그 동의를 받기 전에 대통령령으로 정하는 방법 및 절차에 따라 제3항의 내용을 설명·고지하여야 한다. <신설 2009.2.6.>

⑤제2항에 따른 추진위원회 위원에 관하여는 제23조제1항부터 제3항까지의 규정을 준용한다. 이 경우 "조합"은 "추진위원회"로, "임원"은 "위원"으로 본다. <개정 2009.2.6., 2012.2.1.>

⑥ 정비사업에 대하여 제77조의4에 따른 공공지원을 하려는 경우에는 추진위원회를 구성하지 아니할 수 있다. 이 경우 및 제2항 단서의 경우 조합 설립에 필요한 방법과 절차는 대통령령으로 정한다. <신설 2012.2.1., 2015.9.1.>

제14조(추진위원회의 기능) ①추진위원회는 다음 각호의 업무를 수행할 수 있다. <개정 2009.2.6., 2010.4.15., 2012.2.1.>

1. 삭제 <2009.2.6.>
2. 정비사업전문관리업자의 선정
2의2. 설계자의 선정 및 변경
3. 개략적인 정비사업 시행계획서의 작성
4. 조합의 설립인가를 받기 위한 준비업무
5. 그 밖에 조합설립의 추진을 위하여 필요한 업무로서 대통령령이 정하는 업무

② 추진위원회가 정비사업전문관리업자를 선정하고자 하는 경우에는 제13조에 따라 시장·군수의 추진위원회 승인을 얻은 후 국토교통부장관이 정하는 경쟁입찰의 방법으로 선정하여야

한다. <개정 2009.2.6., 2013.3.23.>

③ 추진위원회는 제16조제1항 및 제2항에 따른 조합설립인가를 신청하기 전에 대통령령으로 정하는 방법 및 절차에 따라 조합설립을 위한 창립총회를 개최하여야 한다. <신설 2009.2.6.>

④추진위원회가 제1항에 따라 수행하는 업무의 내용이 토지등소유자의 비용부담을 수반하는 것이거나 권리와 의무에 변동을 발생시키는 경우로서 대통령령으로 정하는 사항에 대하여는 그 업무를 수행하기 전에 대통령령이 정하는 비율 이상의 토지등소유자의 동의를 얻어야 한다. <개정 2009.2.6.>

제15조(추진위원회의 조직 및 운영) ①추진위원회는 추진위원회를 대표하는 위원장 1인과 감사를 두어야 하며, 그 운영에 필요한 사항은 대통령령으로 정한다.

②국토교통부장관은 추진위원회의 공정한 운영을 위하여 다음 각호의 내용을 포함한 추진위원회의 운영규정을 정하여 관보에 고시하여야 한다. <개정 2008.2.29., 2009.2.6., 2013.3.23.>

1. 추진위원회 위원의 선임방법 및 변경에 관한 사항

2. 추진위원회 위원의 권리·의무에 관한 사항

3. 추진위원회의 업무범위에 관한 사항

4. 추진위원회의 운영방법에 관한 사항

5. 토지등소유자의 운영경비 납부에 관한 사항

5의2. 추진위원회 운영자금의 차입에 관한 사항

6. 그 밖에 추진위원회의 운영에 필요한 사항으로서 대통령령이 정하는 사항

③추진위원회는 운영규정에 따라 운영하여야 하며, 토지등소유자는 운영에 필요한 경비를 운영규정이 정하는 바에 따라 납부하여야 한다.

④추진위원회는 추진위원회가 행한 업무를 제24조의 규정에 의한 총회(이하 "총회"라 한다)에 보고하여야 하며, 추진위원

회가 행한 업무와 관련된 권리와 의무는 조합이 포괄승계한다.

⑤추진위원회는 사용경비를 기재한 회계장부 및 관련서류를 조합 설립의 인가일부터 30일 이내에 조합에 인계하여야 한다.

⑥토지등소유자는 추진위원회의 운영규정이 정하는 바에 따라 추진위원회에 추진위원회 위원의 교체 및 해임을 요구할 수 있으며, 위원장이 사임, 해임, 유고 등으로 6개월 이상 선임되지 아니한 경우에는 제21조제6항 단서를 준용한다. 이 경우 "조합임원"은 "추진위원회의 추진위원장"으로 본다. <개정 2009.2.6., 2016.1.27.>

⑦제6항의 규정에 의한 추진위원회 위원의 교체·해임절차 등에 관한 구체적인 사항은 운영규정이 정하는 바에 의한다.

제16조(조합의 설립인가 등) ①주택재개발사업 및 도시환경정비사업의 추진위원회(제13조제2항 단서 또는 같은 조 제6항에 따라 추진위원회를 구성하지 아니하는 경우에는 토지등소유자를 말한다)가 조합을 설립하려면 토지등소유자의 4분의 3 이상 및 토지면적의 2분의 1 이상(가로주택정비사업의 경우에는 토지등소유자의 10분의 8 이상 및 토지면적의 3분의 2 이상)의 토지소유자의 동의를 얻어 다음 각 호의 사항을 첨부하여 시장·군수의 인가를 받아야 하며, 인가받은 사항을 변경하고자 하는 때에도 또한 같다. 다만, 대통령령으로 정하는 경미한 사항을 변경하고자 하는 때에는 조합원의 동의없이 시장·군수에게 신고하고 변경할 수 있다. <개정 2007.12.21., 2008.2.29., 2009.2.6., 2010.4.15., 2012.2.1., 2013.3.23., 2014.5.21., 2015.9.1.>

1. 정관
2. 정비사업비와 관련된 자료 등 국토교통부령으로 정하는 서류

3. 그 밖에 시·도조례로 정하는 서류

②주택재건축사업의 추진위원회(제13조제6항에 따라 추진위원회를 구성하지 아니하는 경우에는 토지등소유자를 말한다)가 조합을 설립하고자 하는 때에는 「집합건물의 소유 및 관리에 관한 법률」 제47조제1항 및 제2항에도 불구하고 주택단지 안의 공동주택의 각 동(복리시설의 경우에는 주택단지 안의 복리시설 전체를 하나의 동으로 본다)별 구분소유자의 과반수 동의(공동주택의 각 동별 구분소유자가 5 이하인 경우는 제외한다)와 주택단지 안의 전체 구분소유자의 4분의 3 이상 및 토지면적의 4분의 3 이상의 토지소유자의 동의를 얻어 제1항 각 호의 사항을 첨부하여 시장·군수의 인가를 받아야 한다. 인가받은 사항을 변경하고자 하는 때에도 또한 같다. 다만, 제1항 단서에 따른 경미한 사항을 변경하고자 하는 때에는 조합원의 동의없이 시장·군수에게 신고하고 변경할 수 있다. <개정 2007.12.21., 2008.2.29., 2009.2.6., 2012.2.1., 2016.1.27.>

③제2항의 규정에 불구하고 주택단지가 아닌 지역이 정비구역에 포함된 때에는 주택단지가 아닌 지역안의 토지 또는 건축물 소유자의 4분의 3 이상 및 토지면적의 3분의 2 이상의 토지소유자의 동의를 얻어야 한다. <개정 2007.12.21.>

④조합이 이 법에 의한 정비사업을 시행하는 경우 「주택법」 제54조의 규정을 적용함에 있어서는 조합을 같은 법 제2조제24호의 규정에 의한 사업주체로 보며, 조합설립인가일부터 같은 법 제4조의 규정에 의한 주택건설사업 등의 등록을 한 것으로 본다. <개정 2003.5.29., 2005.3.18., 2016.1.19.>

⑤제1항부터 제3항까지에 따른 토지등소유자에 대한 동의의 대상 및 절차, 조합 설립신청 및 인가절차 등에 관하여 필요한 사항은 대통령령으로 정한다. <개정 2009.2.6.>

⑥ 추진위원회는 조합설립에 필요한 동의를 받기 전에 추정

분담금 등 대통령령으로 정하는 정보를 토지등소유자에게 제
공하여야 한다. <신설 2012.2.1.>

제16조의2(조합 설립인가등의 취소) ① 시장·군수는 다음 각
호의 어느 하나에 해당하는 경우에는 추진위원회 승인 또는
조합 설립인가(이하 이 조에서 "조합 설립인가등"이라 한다)를
취소하여야 한다.

1. 추진위원회 구성에 동의한 토지등소유자의 2분의 1 이상 3
   분의 2 이하의 범위에서 시·도조례로 정하는 비율 이상의
   동의 또는 토지등소유자 과반수의 동의로 추진위원회의 해
   산을 신청하는 경우
2. 조합 설립에 동의한 조합원의 2분의 1 이상 3분의 2 이하
   의 범위에서 시·도조례로 정하는 비율 이상의 동의 또는
   토지등소유자 과반수의 동의로 조합의 해산을 신청하는 경
   우
3. 제4조의3에 따라 정비예정구역 또는 정비구역의 지정이 해
   제되는 경우

② 토지등소유자의 100분의 10 이상 100분의 25 이하의 범
위에서 시·도조례로 정하는 비율 이상의 요청이 있는 경우,
시장·군수는 토지등소유자의 의사결정에 필요한 정보를 제공
하기 위하여 개략적인 정비사업비 및 추정 분담금 등을 조사
하여 토지등소유자에게 제공할 수 있다. 이 경우 특별시장·
광역시장·도지사는 관할 구역의 시장, 군수 또는 구청장이
수행한 조사 비용의 전부 또는 일부를 지원할 수 있다. <개정
2013.12.24.>

③ 제1항 및 제2항의 시행에 필요한 절차, 방법, 조사 기간 등
은 시·도조례로 정할 수 있다.

④ 제1항제1호에 따라 추진위원회 승인이 취소된 경우 시·도
지사, 시장, 군수 또는 구청장은 해당 추진위원회가 사용한 비

용의 일부를 대통령령으로 정하는 범위에서 시·도조례로 정하는 바에 따라 보조할 수 있다. <개정 2013.12.24.>

⑤ 제1항에 따라 조합 설립인가등이 취소되는 경우에는 시장·군수는 지체 없이 그 내용을 해당 지방자치단체의 공보에 고시하여야 한다.

⑥ 제4조의3제4항에 따라 정비구역등을 해제하여 조합 설립인가등이 취소되는 경우 특별시장, 광역시장, 특별자치시장, 특별자치도지사, 시장 또는 군수는 해당 추진위원회 또는 조합이 사용한 비용의 일부를 대통령령으로 정하는 범위에서 시·도조례로 정하는 바에 따라 보조할 수 있다. <개정 2016.1.27.>

⑦ 시공자·설계자 또는 정비사업전문관리업자 등(이하 이 항에서 "시공자등"이라 한다)은 해당 추진위원회 또는 조합(연대보증인을 포함하며, 이하 이 항에서 "조합등"이라 한다)에 대한 채권(조합등이 시공자등과 합의하여 이미 상환하였거나 상환할 예정인 채권은 제외한다. 이하 이 항에서 같다)의 전부 또는 일부를 포기하고 이를 「조세특례제한법」 제104조의26에 따라 손금에 산입하려면 해당 조합등과 합의하여 다음 각 호의 사항을 포함한 채권확인서를 시장·군수에게 제출하여야 한다. <개정 2016.1.27.>

1. 채권의 금액 및 그 증빙 자료
2. 채권의 포기에 관한 합의서 및 이후의 처리 계획
3. 그 밖에 채권의 포기 등에 관하여 시·도조례로 정하는 사항

[본조신설 2012.2.1.]
[법률 제11293호(2012.2.1.) 부칙 제2조의 규정에 의하여 이 조 제1항제1호 및 제2호는 2016년 1월 31일까지 유효함. 다만, 2014년 1월 31일까지 건축법 제36조에 따라 건축물의 철거신고(제48조의2제2항에 따라 건축물을 철거하기 위한 신고를 한 경우를 제외한다)를 한 조합의 경우에는 2014년

1월 31일까지 유효함.]

[법률 제11293호(2012.2.1.) 부칙 제2조의 규정에 의하여 이 조 제2항은 시장·군수에게 필요한 정보의 제공을 요청한 경우에 한정하여 2014년 1월 31일까지 유효함.]

[법률 제11293호(2012.2.1.) 부칙 제2조의 규정에 의하여 이 조 제4항은 2016년 12월 31일까지 유효함.]

제17조(토지등소유자의 동의방법 등) ① 제4조의3제3항제1호 및 제4항제4호, 제7조제1항, 제8조, 제13조제2항, 제14조제4항, 제16조제1항부터 제3항까지, 제16조의2제1항, 제26조제3항, 제28조제7항, 제33조제2항에 따른 동의(동의한 사항의 철회 또는 제8조제4항제7호·제13조제3항 및 제26조제3항에 따른 반대의 의사표시를 포함한다)는 서면동의서에 토지등소유자의 지장(指章)을 날인하고 자필로 서명하는 서면동의의 방법으로 하며, 주민등록증, 여권 등 신원을 확인할 수 있는 신분증명서의 사본을 첨부하여야 한다. 다만, 토지등소유자가 해외에 장기체류하거나 법인인 경우 등 불가피한 사유가 있다고 시장·군수가 인정하는 경우에는 토지등소유자의 인감도장을 날인한 서면동의서에 해당 인감증명서를 첨부하는 방법으로 할 수 있다. <개정 2009.2.6., 2012.2.1., 2015.9.1.>

② 제1항에 따라 서면동의서를 작성하는 경우 제13조제2항 및 제16조제1항부터 제3항까지에 해당하는 때에는 시장·군수가 대통령령으로 정하는 방법에 따라 검인(檢印)한 서면동의서를 사용하여야 하며, 검인을 받지 아니한 서면동의서는 그 효력이 발생하지 아니한다. <신설 2016.1.27.>

③ 제1항 및 제12조에 따른 토지등소유자의 동의자 수 산정 방법 및 절차 등에 관하여 필요한 사항은 대통령령으로 정한다. <신설 2009.2.6., 2016.1.27.>

제17조의2(토지등소유자의 동의서 재사용의 특례) ① 조합설립 인가(변경인가를 포함한다. 이하 이 조에서 같다)를 받은 후에

동의서 위조, 동의 철회, 동의율 미달 또는 동의자 수 산정방법에 관한 하자 등을 이유로 다툼이 있는 경우로서 다음 각 호의 어느 하나에 해당하는 때에는 동의서의 유효성에 다툼이 없는 토지등소유자의 동의서를 다시 사용할 수 있다.

1. 조합설립인가의 무효 또는 취소소송 중에 일부 동의서를 추가 또는 보완하여 조합설립 변경인가를 신청하는 때
2. 법원의 판결로 조합설립인가의 무효 또는 취소가 확정되어 조합설립인가를 다시 신청하는 때

② 조합(제1항제2호의 경우에는 추진위원회를 말한다)이 제1항에 따른 토지등소유자의 동의서를 다시 사용하려면 다음 각 호의 요건을 충족하여야 한다.

1. 토지등소유자에게 기존 동의서를 다시 사용할 수 있다는 취지와 반대의사 표시의 절차 및 방법을 설명 · 고지할 것
2. 제1항제2호의 경우에는 다음 각 목의 요건
    가. 조합설립인가의 무효 또는 취소가 확정된 조합과 새롭게 설립하려는 조합이 추진하고자 하는 정비사업의 목적과 방식이 동일할 것
    나. 조합설립인가의 무효 또는 취소가 확정된 날부터 3년의 범위에서 대통령령으로 정하는 기간 내에 새로운 조합을 설립하기 위한 창립총회를 개최할 것

③ 제1항에 따른 토지등소유자의 동의서 재사용의 방법, 절차, 정비사업의 내용 및 정비계획의 변경범위 등에 필요한 사항은 대통령령으로 정한다.

[본조신설 2015.9.1.]

제18조(조합의 법인격 등) ①조합은 법인으로 한다.

②조합은 조합 설립의 인가를 받은 날부터 30일 이내에 주된 사무소의 소재지에서 대통령령이 정하는 사항을 등기함으로써 성립한다.

③조합은 그 명칭 중에 "정비사업조합"이라는 문자를 사용하여야 한다.

제19조(조합원의 자격 등) ①정비사업(시장·군수 또는 주택공사등이 시행하는 정비사업을 제외한다)의 조합원은 토지등소유자(주택재건축사업과 가로주택정비사업의 경우에는 주택재건축사업과 가로주택정비사업에 각각 동의한 자만 해당한다)로 하되, 다음 각 호의 어느 하나에 해당하는 때에는 그 수인을 대표하는 1인을 조합원으로 본다. 다만, 「국가균형발전 특별법」 제18조에 따른 공공기관지방이전시책 등에 따라 이전하는 공공기관이 소유한 토지 또는 건축물을 양수한 경우 양수한 자(공유의 경우 대표자 1인을 말한다)를 조합원으로 본다. <개정 2005.3.18., 2009.2.6., 2012.2.1., 2016.1.27.>

1. 토지 또는 건축물의 소유권과 지상권이 수인의 공유에 속하는 때
2. 수인의 토지등소유자가 1세대에 속하는 때(이 경우 동일한 세대별 주민등록표 상에 등재되어 있지 아니한 배우자 및 미혼인 20세 미만의 직계비속은 1세대로 보며, 1세대로 구성된 수인의 토지등소유자가 조합설립인가 후 세대를 분리하여 동일한 세대에 속하지 아니하는 때에도 이혼 및 20세 이상 자녀의 분가를 제외하고는 1세대로 본다)
3. 조합설립인가 후 1인의 토지등소유자로부터 토지 또는 건축물의 소유권이나 지상권을 양수하여 수인이 소유하게 된 때

②「주택법」 제63조제1항의 규정에 의한 투기과열지구(이하 "투기과열지구"라 한다)로 지정된 지역안에서의 주택재건축사업의 경우 제16조의 규정에 의한 조합설립인가후 당해 정비사업의 건축물 또는 토지를 양수(매매·증여 그 밖의 권리의 변동을 수반하는 일체의 행위를 포함하되, 상속·이혼으로 인

한 양도·양수의 경우를 제외한다. 이하 이 조에서 같다)한 자는 제1항의 규정에 불구하고 조합원이 될 수 없다. 다만, 양도자가 다음 각호의 1에 해당하는 경우 그 양도자로부터 그 건축물 또는 토지를 양수한 자는 그러하지 아니하다. <신설 2003.12.31., 2005.3.18., 2009.2.6., 2013.12.24., 2016.1.19.>

1. 세대원(세대주가 포함된 세대의 구성원을 말한다. 이하 이 조에서 같다)의 근무 또는 생업상의 사정이나 질병치료·취학·결혼으로 인하여 세대원 전원이 당해 사업구역이 위치하지 아니한 특별시·광역시·특별자치시·특별자치도·시 또는 군으로 이전하는 경우

2. 상속에 의하여 취득한 주택으로 세대원 전원이 이전하는 경우

3. 세대원 전원이 해외로 이주하거나 세대원 전원이 2년 이상의 기간동안 해외에 체류하고자 하는 경우

4. 그 밖에 불가피한 사정으로 양도하는 경우로서 대통령령이 정하는 경우

③사업시행자는 제2항 각호외의 부분 본문의 규정에 의하여 조합설립인가후 당해 정비사업의 건축물 또는 토지를 양수한 자로서 조합원의 자격을 취득할 수 없는 자에 대하여는 제47조의 규정을 준용하여 현금으로 청산하여야 한다. <신설 2003.12.31., 2009.2.6.>

[제목개정 2003.12.31.]

[법률 제13912호(2016.1.27.) 부칙 제2조의 규정에 의하여 이 조 제1항 단서는 2018년 1월 26일까지 유효함]

제20조(정관의 작성 및 변경) ①조합은 다음 각호의 사항이 포함된 정관을 작성하여야 한다. <개정 2012.2.1.>

1. 조합의 명칭 및 주소

2. 조합원의 자격에 관한 사항

3. 조합원의 제명·탈퇴 및 교체에 관한 사항

4. 정비사업 예정구역의 위치 및 면적

5. 제21조의 규정에 의한 조합의 임원(이하 "조합임원"이라
   한다)의 수 및 업무의 범위

6. 조합임원의 권리·의무·보수·선임방법·변경 및 해임에
   관한 사항

7. 대의원의 수, 의결방법, 선임방법 및 선임절차

8. 조합의 비용부담 및 조합의 회계

9. 정비사업의 시행연도 및 시행방법

10. 총회의 소집절차·시기 및 의결방법

11. 총회의 개최 및 조합원의 총회소집요구에 관한 사항

11의2. 제47조제2항에 따른 이자 지급에 관한 사항

12. 정비사업비의 부담시기 및 절차

13. 정비사업이 종결된 때의 청산절차

14. 청산금의 징수·지급의 방법 및 절차

15. 시공자·설계자의 선정 및 계약서에 포함될 내용

16. 정관의 변경절차

17. 그 밖에 정비사업의 추진 및 조합의 운영을 위하여 필요
   한 사항으로서 대통령령이 정하는 사항

②국토교통부장관은 제1항 각호의 내용이 포함된 표준정관을
작성하여 보급할 수 있다. <개정 2008.2.29., 2013.3.23.>

③조합이 정관을 변경하고자 하는 경우에는 제16조제1항부터
제3항까지에도 불구하고 총회를 개최하여 조합원 과반수(제1
항제2호 내지 제4호·제8호·제12호 또는 제15호의 경우에
는 3분의 2이상을 말한다)의 동의를 얻어 시장·군수의 인가
를 받아야 한다. 다만, 대통령령이 정하는 경미한 사항을 변경
하고자 하는 때에는 이 법 또는 정관으로 정하는 방법에 따라
변경하고 시장·군수에게 신고하여야 한다. <개정 2005.3.18.,
2009.2.6.>

④ 삭제 <2009.2.6.>

제21조(조합의 임원) ①조합은 다음 각호의 임원을 둔다.

1. 조합장 1인
2. 이사
3. 감사

②제1항의 이사와 감사의 수에 관하여 필요한 사항은 대통령령이 정하는 범위안에서 정관으로 정한다.

③ 추진위원회 또는 조합은 총회 의결을 거쳐 추진위원회 위원 또는 조합임원의 선출에 관한 선거관리를 「선거관리위원회법」 제3조에 따라 선거관리위원회에 위탁할 수 있다. <신설 2010.4.15.>

④ 누구든지 추진위원회 위원 또는 조합 임원의 선출과 관련하여 다음 각 호의 행위를 할 수 없다. <신설 2012.2.1.>

1. 금품, 향응 또는 그 밖의 재산상 이익을 제공하거나 제공의 사를 표시하거나 제공을 약속하는 행위
2. 금품, 향응 또는 그 밖의 재산상 이익을 제공받거나 제공의 사 표시를 승낙하는 행위
3. 제3자를 통하여 제1호 또는 제2호에 해당하는 행위를 하는 행위

⑤ 조합임원의 임기는 3년 이하의 범위에서 정관으로 정하되, 연임할 수 있다. <신설 2016.1.19.>

⑥ 조합임원의 선출방법 등은 정관으로 정한다. 다만, 조합임원이 사임, 해임, 유고 등으로 6개월 이상 선임되지 아니한 경우 시장·군수는 시·도조례로 정하는 바에 따라 변호사·회계사·기술사 등으로서 대통령령으로 정하는 요건을 갖춘 자를 전문조합관리인으로 선정하여 조합임원의 업무를 대행하도록 할 수 있다. <신설 2016.1.27.>

⑦ 제6항에 따른 전문조합관리인의 업무집행, 선정절차 등에

필요한 사항은 대통령령으로 정한다. <신설 2016.1.27.>

제22조(조합임원의 직무 등) ①조합장은 조합을 대표하고, 그 사무를 총괄하며, 총회 또는 제25조의 규정에 의한 대의원회의 의장이 된다.

② 삭제 <2009.2.6.>

③ 삭제 <2009.2.6.>

④조합장 또는 이사의 자기를 위한 조합과의 계약이나 소송에 관하여는 감사가 조합을 대표한다.

⑤조합임원은 같은 목적의 정비사업을 하는 다른 조합의 임원 또는 직원을 겸할 수 없다.

제23조(조합임원의 결격사유 및 해임) ①다음 각호의 1에 해당하는 자는 조합의 임원이 될 수 없다. <개정 2005.3.31., 2009.2.6.>

1. 미성년자·금치산자 또는 한정치산자

2. 파산선고를 받은 자로서 복권되지 아니한 자

3. 금고 이상의 실형의 선고를 받고 그 집행이 종료(종료된 것으로 보는 경우를 포함한다)되거나 집행이 면제된 날부터 2년이 경과되지 아니한 자

4. 금고 이상의 형의 집행유예를 받고 그 유예기간중에 있는 자

5. 이 법을 위반하여 벌금 100만원 이상의 형을 선고받고 5년이 지나지 아니한 자

②조합임원이 제1항 각호의 1에 해당하게 되거나 선임 당시 그에 해당하는 자이었음이 판명된 때에는 당연 퇴임한다.

③제2항의 규정에 의하여 퇴임된 임원이 퇴임전에 관여한 행위는 그 효력을 잃지 아니한다.

④조합임원의 해임은 제24조에도 불구하고 조합원 10분의 1 이상의 발의로 소집된 총회에서 조합원 과반수의 출석과 출석

조합원 과반수의 동의를 얻어 할 수 있다.이 경우 발의자 대
표로 선출된 자가 해임 총회의 소집 및 진행에 있어 조합장의
권한을 대행한다. <개정 2005.3.18., 2009.2.6.>

⑤ 삭제 <2009.2.6.>

제24조(총회개최 및 의결사항) ①조합에 조합원으로 구성되는
총회를 둔다.

②총회는 제23조제4항의 경우를 제외하고는 조합장의 직권
또는 조합원 5분의 1 이상 또는 대의원 3분의 2 이상의 요구
로 조합장이 소집한다. <개정 2009.2.6.>

③다음 각호의 사항은 총회의 의결을 거쳐야 한다. <개정
2009.2.6., 2009.5.27., 2010.4.15., 2012.2.1., 2014.5.21.>

1. 정관의 변경(제20조제3항 단서의 규정에 의한 경미한 사항
   의 변경의 경우 이 법 또는 정관에서 총회의결사항으로 정
   한 경우에 한한다)
2. 자금의 차입과 그 방법·이율 및 상환방법
3. 제61조의 규정에 의한 비용의 금액 및 징수방법
4. 정비사업비의 사용
5. 예산으로 정한 사항외에 조합원의 부담이 될 계약
6. 시공자·설계자 또는 감정평가업자(제48조제5항에 따라 시
   장·군수가 선정·계약하는 감정평가업자는 제외한다)의 선
   정 및 변경. 다만, 감정평가업자 선정 및 변경은 총회 의결
   을 거쳐 시장·군수에게 위탁할 수 있다.
7. 정비사업전문관리업자의 선정 및 변경
8. 조합임원의 선임 및 해임
9. 정비사업비의 조합원별 분담내역
9의2. 제30조에 따른 사업시행계획서의 수립 및 변경(제28조
   제1항에 따른 정비사업의 중지 또는 폐지에 관한 사항을 포
   함하며, 같은 항 단서에 따른 경미한 변경은 제외한다)

10. 제48조의 규정에 의한 관리처분계획의 수립 및 변경(제
    48조제1항 단서에 따른 경미한 변경은 제외한다).

11. 제57조의 규정에 의한 청산금의 징수·지급(분할징수·분
    할지급을 포함한다)과 조합 해산시의 회계보고

12. 그 밖에 조합원에게 경제적 부담을 주는 사항 등 주요한
    사항을 결정하기 위하여 필요한 사항으로서 대통령령 또는
    정관이 정하는 사항

④제3항 각호의 사항중 이 법 또는 정관의 규정에 의하여 조
합원의 동의가 필요한 사항은 총회에 상정하여야 한다.

⑤ 조합원은 서면 또는 다음 각 호의 어느 하나에 해당하는
경우에는 대리인을 통하여 의결권을 행사할 수 있다. 서면으
로 의결권을 행사하는 경우에는 정족수 산정에 관하여 출석한
것으로 본다. <신설 2015.9.1.>

1. 조합원이 권한을 행사할 수 없어 배우자, 직계존비속 또는
   형제자매 중에서 성년자를 대리인으로 정하여 위임장을 제
   출하는 경우

2. 해외에 거주하는 조합원이 대리인을 지정하는 경우

3. 법인인 토지등소유자가 대리인을 지정하는 경우. 이 경우
   법인의 대리인은 조합의 임원 또는 대의원으로 선임될 수
   있다.

⑥총회의 소집절차·시기 및 의결방법 등에 관하여는 정관으
로 정한다. 다만, 총회에서 의결을 하는 경우에는 조합원의
100분의 10(창립 총회, 사업시행계획서와 관리처분계획의 수
립 및 변경을 의결하는 총회 등 대통령령으로 정하는 총회의
경우에는 조합원의 100분의 20을 말한다) 이상이 직접 출석
하여야 한다. <개정 2009.5.27., 2012.2.1., 2015.9.1.>

⑦ 제3항제9호의2 및 제10호의 경우에는 조합원 과반수의 동
의를 받아야 한다. 다만, 정비사업비가 100분의 10(생산자물

가상승률분, 제47조에 따른 현금청산 금액은 제외한다) 이상 늘어나는 경우에는 조합원 3분의 2 이상의 동의를 받아야 한다. <신설 2012.2.1., 2013.12.24., 2015.9.1.>

⑧ 제2항과 제6항에도 불구하고 조합 임원의 퇴임 또는 해임 후 6개월 이상 조합 임원이 선임되지 아니한 경우에는 시장·군수가 조합 임원 선출을 위하여 총회를 소집할 수 있다. <신설 2012.2.1., 2015.9.1.>

⑨ 제2항 또는 제8항에 따라 총회를 소집하는 자는 총회 개최 7일 전까지 회의목적·안건·일시 및 장소를 정하여 조합원에게 통지하여야 한다. <신설 2014.5.21., 2015.9.1.>

제25조(대의원회) ①조합원의 수가 100인 이상인 조합은 대의원회를 두어야 한다. <개정 2009.2.6.>

②대의원회는 조합원의 10분의 1 이상으로 하되 조합원의 10분의 1이 100인을 넘는 경우에는 조합원의 10분의 1 범위 안에서 100인 이상으로 구성할 수 있으며, 총회의 의결사항중 대통령령이 정하는 사항을 제외하고는 총회의 권한을 대행할 수 있다. <개정 2005.3.18., 2009.2.6.>

③제21조의 규정에 의한 조합장이 아닌 조합임원은 대의원이 될 수 없다.

④대의원의 수·의결방법·선임방법 및 선임절차 등에 관하여는 대통령령이 정하는 범위안에서 정관으로 정한다.

제26조(주민대표회의) ①정비구역안[제2조제9호나목(2)에 따라 정비구역이 아닌 구역에서 주택재건축사업을 시행하는 경우 그 구역을 포함한다]의 토지등소유자가 시장·군수 또는 주택공사등의 사업시행을 원하는 경우 사업시행을 원활하게 하기 위한 주민대표기구(이하 "주민대표회의"라 한다)를 정비구역지정 고시 후 구성하여야 한다. <개정 2003.5.29., 2009.2.6.>

1. 삭제 <2009.2.6.>

2. 삭제 <2009.2.6.>

3. 삭제 <2009.2.6.>

②주민대표회의는 5인 이상 25인 이하로 한다. <개정 2007.12.21.>

③ 주민대표회의는 토지등소유자의 과반수의 동의를 얻어서 (이 경우 주민대표회의 구성에 동의한 자는 제8조제4항제7호에 따른 사업시행자의 지정에 동의한 것으로 본다. 다만, 사업시행자의 지정 요청 전에 시장·군수 및 주민대표회의에 사업시행자의 지정에 대한 반대의 의사표시를 한 토지등소유자의 경우에는 그러하지 아니하다) 구성하며, 이를 구성한 때에는 국토교통부령으로 정하는 방법 및 절차에 따라 시장·군수의 승인을 얻어야 한다. <개정 2009.2.6., 2013.3.23.>

④주민대표회의 또는 세입자(상가세입자를 포함한다. 이하 같다)는 사업시행자가 다음 각호의 사항에 관하여 제30조제8호의 규정에 의한 시행규정을 정하는 때에 의견을 제시할 수 있다. 이 경우 사업시행자는 주민대표회의 또는 세입자의 의견을 반영하기 위하여 노력하여야 한다. <개정 2009.5.27.>

1. 건축물의 철거에 관한 사항

2. 주민이주에 관한 사항(세입자의 퇴거에 관한 사항을 포함한다)

3. 토지 및 건축물의 보상에 관한 사항(세입자에 대한 주거이전비 등 보상에 관한 사항을 포함한다)

4. 정비사업비의 부담에 관한 사항

4의2. 세입자에 대한 임대주택의 공급 및 입주자격에 관한 사항

5. 그 밖에 정비사업의 시행을 위하여 필요한 사항으로서 대통령령이 정하는 사항

⑤주민대표회의의 운영, 비용부담, 위원 선임방법 및 절차 등

에 관하여 필요한 사항은 대통령령으로 정한다.

제26조의2(토지등소유자 전체회의) ① 제8조제4항제8호에 따라 사업시행자로 지정된 신탁업자는 다음 각 호의 사항에 관하여 해당 정비사업의 토지등소유자(주택재건축사업의 경우에는 신탁업자를 사업시행자로 지정하는 것에 동의한 토지등소유자를 말한다. 이하 이 조에서 같다) 전원으로 구성되는 회의(이하 "토지등소유자 전체회의"라 한다)의 의결을 거쳐야 한다.

1. 시행규정의 확정 및 변경에 관한 사항
2. 정비사업비의 사용 및 변경
3. 정비사업전문관리업자와의 계약 등 토지등소유자의 부담이 될 계약
4. 시공자의 선정 및 변경에 관한 사항
5. 정비사업비의 토지등소유자별 분담내역
6. 제24조제3항제2호 · 제3호 · 제9호의2 · 제10호 및 제11호에 규정된 사항
7. 그 밖에 토지등소유자의 부담이 될 사항으로 시행규정으로 정하는 사항

② 토지등소유자 전체회의는 사업시행자의 직권 또는 토지등소유자 5분의 1 이상의 요구로 사업시행자가 소집한다.

③ 토지등소유자 전체회의의 소집절차 · 시기 및 의결방법 등에 관하여는 제24조제6항 및 제7항을 준용한다. 이 경우 "총회"는 "토지등소유자 전체회의"로, "정관"은 "시행규정"으로, "조합원"은 "토지등소유자"로 본다.

[본조신설 2015.9.1.]

제27조(민법의 준용) 조합에 관하여는 이 법에 규정된 것을 제외하고는 민법중 사단법인에 관한 규정을 준용한다.

제3절 사업시행계획 등

제28조(사업시행인가) ①사업시행자(제8조제1항 내지 제3항의 규정에 의한 공동시행의 경우를 포함하되, 사업시행자가 시장·군수인 경우를 제외한다)는 정비사업을 시행하고자 하는 경우에는 제30조의 규정에 의한 사업시행계획서(이하 "사업시행계획서"라 한다)에 정관등과 그 밖에 국토교통부령이 정하는 서류를 첨부하여 시장·군수에게 제출하고 사업시행인가를 받아야 한다. 인가받은 내용을 변경하거나 정비사업을 중지 또는 폐지하고자 하는 경우에도 또한 같다. 다만, 대통령령이 정하는 경미한 사항을 변경하고자 하는 때에는 시장·군수에게 이를 신고하여야 한다. <개정 2005.3.18., 2008.2.29., 2013.3.23.>

②시장·군수는 제4조제1항의 규정에 의한 정비구역이 아닌 구역에서 시행하는 주택재건축사업의 사업시행인가를 하고자 하는 경우에는 건축물의 높이·층수·용적률 등 대통령령이 정하는 사항에 대하여 「건축법」 제4조에 따라 특별자치시·특별자치도·시·군·구(자치구를 말한다)에 설치하는 건축위원회(이하 "건축위원회"라 한다)의 심의를 거쳐야 한다. <개정 2009.2.6., 2013.12.24.>

③ 시장·군수는 제1항에 따른 사업시행인가(시장·군수가 사업시행계획서를 작성한 경우를 포함한다)를 하고자 하는 경우(인가받은 내용을 변경하는 경우를 포함한다) 정비구역으로부터 200미터 이내에 교육시설이 설치되어 있는 때에는 해당 지방자치단체의 교육감 또는 교육장과 협의하여야 한다. <신설 2007.12.21.>

④시장·군수는 제1항의 규정에 의한 사업시행인가(시장·군수가 사업시행계획서를 작성한 경우를 포함한다)를 하거나 그 정비사업을 변경·중지 또는 폐지하는 경우에는 국토교통부령이 정하는 방법 및 절차에 의하여 그 내용을 당해 지방자치단

체의 공보에 고시하여야 한다. 다만, 제1항 단서의 규정에 의한 경미한 사항을 변경하고자 하는 경우에는 그러하지 아니하다. <개정 2007.12.21., 2008.2.29., 2013.3.23.>

⑤사업시행자(시장·군수 또는 주택공사등을 제외한다)는 사업시행인가를 신청(인가받은 내용을 변경하거나 정비사업을 중지 또는 폐지하고자 하는 경우를 포함한다)하기 전에 미리 총회를 개최하여 조합원 동의를 얻어야 한다. 다만, 사업시행자가 지정개발자인 경우에는 정비구역 안의 토지면적 50퍼센트 이상 토지소유자의 동의와 토지등소유자 과반수의 동의를 각각 얻어야 하며, 제1항 단서에 따른 경미한 변경인 경우에는 총회 의결을 필요로 하지 아니한다. <개정 2005.3.18., 2007.12.21., 2009.2.6., 2012.2.1.>

⑥ 제8조제4항제1호에 따른 사업시행자는 제5항 단서에도 불구하고 토지등소유자의 동의를 필요로 하지 아니한다. <신설 2016.1.27.>

⑦ 제8조제3항에 따라 도시환경정비사업을 토지등소유자가 시행하고자 하는 경우에는 사업시행인가를 신청하기 전에 제30조에 따른 사업시행계획서에 대하여 토지등소유자의 4분의 3 이상의 동의를 얻어야 한다. 다만, 인가받은 사항을 변경하고자 하는 경우에는 규약이 정하는 바에 따라 토지등소유자의 과반수의 동의를 얻어야 하며, 제1항 단서에 따른 경미한 변경인 경우에는 토지등소유자의 동의를 필요로 하지 아니한다. <신설 2009.2.6.>

제28조의2(정비구역의 범죄 예방) 시장·군수는 제28조제1항에 따른 사업시행인가를 한 경우 그 사실을 관할 경찰서장에게 통보하여야 하며, 사업시행인가 후 정비구역 내 주민 안전 등을 위하여 다음 각 호의 사항을 관할 지방경찰청장 또는 경찰서장에게 요청할 수 있다.

1. 순찰 강화
2. 순찰초소의 설치 등 범죄 예방을 위하여 필요한 시설의 설치 및 관리
3. 그 밖에 주민의 안전을 위하여 필요하다고 인정하는 사항
[본조신설 2012.2.1.]

제29조(지정개발자의 정비사업비의 예치 등) ①시장·군수는 도시환경정비사업의 사업시행인가를 하고자 하는 경우 해당 정비사업의 사업시행자가 지정개발자인 때에는 정비사업비의 100분의 20의 범위 이내에서 시·도조례로 정하는 금액을 예치하게 할 수 있다. <개정 2012.2.1.>
②제1항의 규정에 의한 예치금은 제57조제1항의 규정에 의한 청산금의 지급이 완료된 때에 이를 반환한다.
③제1항의 규정에 의한 예치 및 반환 등에 관하여 필요한 사항은 시·도조례로 정한다.

제30조(사업시행계획서의 작성) 사업시행자는 제4조제6항에 따라 고시된 정비계획에 따라 다음 각호의 사항을 포함하여 사업시행계획서를 작성하여야 한다. <개정 2005.3.18., 2007.12.21., 2009.2.6., 2009.4.22., 2009.5.27., 2012.2.1., 2013.12.24., 2015.9.1.>
1. 토지이용계획(건축물배치계획을 포함한다)
2. 정비기반시설 및 공동이용시설의 설치계획
3. 임시수용시설을 포함한 주민이주대책
4. 세입자의 주거 및 이주 대책
4의2. 사업시행기간 동안의 정비구역 내 가로등 설치, 폐쇄회로 텔레비전 설치 등 범죄예방대책
5. 임대주택의 건설계획(주택재건축사업의 경우 제30조의3제2항에 따른 소형주택의 건설계획을 말한다)
5의2. 기업형임대주택 또는 임대관리 위탁주택의 건설계획(필요한 경우에 한정한다)

6. 건축물의 높이 및 용적률 등에 관한 건축계획

7. 정비사업의 시행과정에서 발생하는 폐기물의 처리계획

7의2. 교육시설의 교육환경 보호에 관한 계획(정비구역으로부터 200미터 이내에 교육시설이 설치되어 있는 경우에 한한다)

8. 시행규정(시장·군수, 주택공사등 또는 신탁업자가 단독으로 시행하는 정비사업에 한한다)

8의2. 정비사업비

9. 그 밖에 사업시행을 위하여 필요한 사항으로서 대통령령으로 정하는 바에 따라 시·도조례로 정하는 사항

제30조의2(시행규정의 작성 등) 시장·군수, 주택공사등 또는 신탁업자가 단독으로 시행하는 정비사업의 경우 시장·군수, 주택공사등 또는 신탁업자는 다음 각 호의 사항이 포함된 시행규정을 작성하여야 한다.

1. 정비사업의 종류 및 명칭

2. 정비사업의 시행연도 및 시행방법

3. 비용부담 및 회계에 관한 사항

4. 토지등소유자의 권리·의무에 관한 사항

5. 정비기반시설 및 공동이용시설의 부담에 관한 사항

6. 공고·공람 및 통지의 방법

7. 토지 및 건축물에 관한 권리의 평가방법에 관한 사항

8. 관리처분계획 및 청산(분할징수 또는 납입에 관한 사항을 포함한다)에 관한 사항(수용의 방법으로 시행하는 경우에는 제외한다)

9. 시행규정의 변경에 관한 사항

10. 사업시행계획서의 변경에 관한 사항

11. 제26조의2에 따른 토지등소유자 전체회의에 관한 사항(신탁업자가 사업시행자인 경우로 한정한다)

12. 그 밖에 시·도조례로 정하는 사항

[본조신설 2015.9.1.]

제30조의3(주택재건축사업 등의 용적률 완화 및 소형주택 건설 등) ① 다음 각 호의 어느 하나에 해당하는 정비사업(「도시재정비 촉진을 위한 특별법」 제2조제1호에 따른 재정비촉진지구에서 시행되는 주택재건축사업 및 주택재개발사업은 제외한다. 이하 이 조에서 같다)을 시행하는 경우 그 사업시행자(이하 이 조에서 "사업시행자"라 한다)는 제4조에 따라 정비계획(이 법에 따라 정비계획으로 의제되는 계획을 포함한다. 이하 이 조에서 같다)으로 정하여진 용적률에도 불구하고 같은 조 제4항에 따른 지방도시계획위원회의 심의를 거쳐 「국토의 계획 및 이용에 관한 법률」 제78조 및 관계 법률에 따른 용적률의 상한(이하 이 조에서 "법적상한용적률"이라 한다)까지 건축할 수 있으며, 사업시행자가 정비계획으로 정하여진 용적률을 초과하여 건축하고자 하는 경우에는 「국토의 계획 및 이용에 관한 법률」 제78조에 따라 특별시·광역시·특별자치시·특별자치도·시 또는 군의 조례로 정한 용적률 제한 및 정비계획으로 정한 허용세대수 제한을 받지 아니한다. <개정 2012.2.1., 2013.12.24.>

1. 「수도권정비계획법」 제6조제1항제1호에 따른 과밀억제권역(이하 "과밀억제권역"이라 한다)에서 시행하는 주택재건축사업 및 주택재개발사업

2. 제1호 외의 경우 시·도조례로 정하는 지역에서 시행하는 주택재건축사업 및 주택재개발사업

② 사업시행자는 법적상한용적률에서 정비계획으로 정하여진 용적률을 뺀 용적률의 다음 각 호에 따른 비율에 해당하는 면적에 주거전용면적 60제곱미터 이하의 소형주택을 건설하여야 한다. 다만, 제8조제4항제1호에 따른 정비사업을 시행하는

경우에는 그러하지 아니하다. <개정 2012.2.1., 2013.12.24., 2016.1.27.>

1. 과밀억제권역에서 시행하는 주택재건축사업의 경우 100분의 30 이상 100분의 50 이하로서 시·도조례로 정하는 비율
2. 과밀억제권역에서 시행하는 주택재개발사업의 경우 100분의 50 이상 100분의 75 이하로서 시·도조례로 정하는 비율
3. 과밀억제권역 외의 지역에서 시행하는 주택재건축사업의 경우 100분의 50 이하로서 시·도조례로 정하는 비율
4. 과밀억제권역 외의 지역에서 시행하는 주택재개발사업의 경우 100분의 75 이하로서 시·도조례로 정하는 비율

③ 사업시행자는 제1항에 따라 정비계획상 용적률을 초과하여 건축하는 경우 그 초과한 용적률에 제2항에 따라 시·도조례로 정하는 비율을 곱한 용적률에 해당하는 면적에 제2항에 따라 건설한 소형주택을 국토교통부장관, 시·도지사, 시장, 군수, 구청장 또는 주택공사등(이하 이 조에서 "인수자"라 한다)에 공급하여야 한다. 이 경우 소형주택의 공급가격은 「공공주택 특별법」 제50조의2에 따라 국토교통부장관이 고시하는 공공건설임대주택의 표준건축비로 하며, 부속토지는 인수자에게 기부채납한 것으로 본다. <개정 2012.2.1., 2013.3.23., 2013.12.24., 2015.8.28.>

④ 제1항에 따른 관계 법률에 따른 용적률의 상한은 다음 각 호의 어느 하나에 해당하여 건축행위가 제한되는 경우 건축이 가능한 용적률을 말한다. <개정 2013.12.24., 2016.3.29.>

1. 「국토의 계획 및 이용에 관한 법률」 제76조에 따른 건축물의 층수제한
2. 「건축법」 제60조에 따른 높이제한
3. 「건축법」 제61조에 따른 일조 등의 확보를 위한 건축물의 높이제한

4. 「공항시설법」 제34조에 따른 장애물 제한표면구역 내 건축물의 높이제한

5. 「군사기지 및 군사시설 보호법」 제10조에 따른 비행안전구역 내 건축물의 높이제한

6. 「문화재보호법」 제12조에 따른 건설공사 시 문화재보호를 위한 건축제한

7. 그 밖에 건축 관계 법률에 따른 건축제한으로 인하여 용적률의 완화가 불가능하다고 시장·군수가 관계 법률의 근거를 제시하여 제1항에 따른 지방도시계획위원회 또는 「건축법」 제4조에 따라 시·도에 두는 건축위원회의 심의를 거쳐 용적률 완화가 불가능하다고 인정된 경우

⑤ 제1항에 따라 정비계획상 용적률을 초과하여 건축하고자 하는 경우 사업시행자는 사업시행인가를 신청하기 전에 미리 제3항에 따른 소형주택에 관한 사항을 인수자와 협의하여 사업시행계획서에 반영하여야 한다. <개정 2012.2.1.>

⑥ 제3항에 따른 소형주택의 인수를 위한 절차와 방법에 관하여 필요한 사항은 대통령령으로 별도로 정할 수 있으며, 인수된 소형주택은 대통령령으로 정하는 장기공공임대주택으로 활용하여야 한다. 다만, 토지등소유자의 부담 완화 등 대통령령으로 정하는 요건에 해당하는 경우에는 인수된 소형주택을 임대주택으로 활용할 수 있으며, 그 임대주택에 대하여 인수자는 임대의무기간에 따라 감정평가액의 100분의 50 범위에서 대통령령으로 정하는 가격으로 부속토지를 인수하여야 한다. <개정 2012.2.1., 2016.1.27.>

[본조신설 2009.4.22.]

[제목개정 2012.2.1.]

제31조(관계서류의 공람과 의견청취) ①시장·군수는 사업시행인가를 하고자 하거나 사업시행계획서를 작성하고자 하는 경

우에는 대통령령이 정하는 방법 및 절차에 따라 관계서류의 사본을 14일 이상 일반인이 공람하게 하여야 한다. 다만, 제28조제1항 단서의 규정에 의한 경미한 사항을 변경하고자 하는 경우에는 그러하지 아니하다. <개정 2009.2.6.>

②토지등소유자 또는 조합원 그 밖에 정비사업과 관련하여 이해관계를 가지는 자는 제1항의 공람기간 이내에 시장·군수에게 서면으로 의견을 제출할 수 있다.

③시장·군수는 제2항의 규정에 의하여 제출된 의견을 심사하여 채택할 필요가 있다고 인정하는 때에는 이를 채택하고, 그러하지 아니한 경우에는 의견을 제출한 자에게 그 사유를 알려주어야 한다.

제32조(다른 법률의 인·허가등의 의제) ①사업시행자가 사업시행인가를 받은 때(시장·군수가 직접 정비사업을 시행하는 경우에는 사업시행계획서를 작성한 때를 말한다. 이하 이 조에서 같다)에는 다음 각 호의 인가·허가·승인·신고·등록·협의·동의·심사 또는 해제(이하 "인·허가등"이라 한다)가 있은 것으로 보며, 제28조제4항에 따른 사업시행인가의 고시가 있은 때에는 다음 각 호의 관계 법률에 따른 인·허가등의 고시·공고 등이 있은 것으로 본다. <개정 2002.12.30., 2003.5.29., 2005.3.18., 2005.8.4., 2006.9.27., 2007.4.6., 2007.4.11., 2007.12.21., 2008.3.21., 2009.1.30., 2009.2.6., 2009.6.9., 2010.5.31., 2011.4.14., 2012.2.1., 2014.1.14., 2014.6.3., 2016.1.19.>

1. 「주택법」 제15조의 규정에 의한 사업계획의 승인

2. 「건축법」 제11조의 규정에 의한 건축허가, 같은 법 제20조에 따른 가설건축물의 건축허가 또는 축조신고 및 같은 법 제29조에 따른 건축협의

3. 「도로법」 제36조에 따른 도로관리청이 아닌 자에 대한 도로공사 시행의 허가 및 같은 법 제61조에 따른 도로의

점용 허가

4. 사방사업법 제20조의 규정에 의한 사방지 지정의 해제

5. 「농지법」 제34조의 규정에 의한 농지전용의 허가·협의 및 같은 법 제35조의 규정에 의한 농지전용신고

6. 「산지관리법」 제14조·제15조에 따른 산지전용허가 및 산지전용신고, 같은 법 제15조의2에 따른 산지일시사용허가·신고와 「산림자원의 조성 및 관리에 관한 법률」 제36조제1항·제4항에 따른 입목벌채등의 허가 및 「산림보호법」 제9조제1항 및 제2항제1호에 따른 산림보호구역에서의 행위의 허가. 다만, 「산림자원의 조성 및 관리에 관한 법률」에 따른 채종림·시험림과 「산림보호법」에 따른 산림유전자원보호구역의 경우는 제외한다.

7. 「하천법」 제30조에 따른 하천공사 시행의 허가 및 하천공사실시계획의 인가, 같은 법 제33조에 따른 하천의 점용허가 및 같은 법 제50조에 따른 하천수의 사용허가

8. 「수도법」 제17조에 따른 일반수도사업의 인가 및 같은 법 제52조 또는 제54조에 따른 전용상수도 또는 전용공업용수도 설치의 인가

9. 「하수도법」 제16조의 규정에 의한 공공하수도 사업의 허가 및 같은 법 제34조제2항에 따른 개인하수처리시설의 설치신고

10. 「공간정보의 구축 및 관리 등에 관한 법률」 제15조제3항에 따른 지도등의 간행 심사

11. 유통산업발전법 제8조의 규정에 의한 대규모점포의 등록

12. 「국유재산법」 제30조에 따른 사용허가(주택재개발사업 및 도시환경정비사업에 한한다)

13. 「공유재산 및 물품 관리법」 제20조에 따른 사용·수익 허가(주택재개발사업 및 도시환경정비사업만 해당한다)

14. 「공간정보의 구축 및 관리 등에 관한 법률」 제86조제1항에 따른 사업의 착수·변경의 신고

15. 「국토의 계획 및 이용에 관한 법률」 제86조에 따른 도시·군계획시설사업시행자의 지정 및 같은 법 제88조에 따른 실시계획의 인가

16. 「전기사업법」 제62조에 따른 자가용 전기설비공사계획의 인가 및 신고

17. 「소방시설설치 및 안전관리에 관한 법률」 제7조제1항에 따른 건축허가등의 동의, 「위험물안전관리법」 제6조제1항에 따른 제조소등의 설치의 허가(제조소등은 공장건축물 또는 그 부속시설에 관계된 것에 한한다)

②사업시행자가 공장이 포함된 구역에 대한 도시환경정비사업에 대하여 사업시행인가를 받은 때에는 제1항의 규정에 의한 인·허가등이 있은 것으로 보는 것 외에 다음 각호의 인·허가등이 있은 것으로 보며, 제28조제4항의 규정에 의한 사업시행인가의 고시가 있은 때에는 다음 각호의 관계 법률에 의한 인·허가 등의 고시·공고 등이 있은 것으로 본다. <개정 2003.5.29., 2005.3.31., 2006.9.27., 2007.4.11., 2007.4.27., 2007.5.17., 2007.12.21., 2009.6.9., 2015.1.6.>

1. 산업집적활성화및공장설립에관한법률 제13조의 규정에 의한 공장설립등의 승인 및 동법 제15조의 규정에 의한 공장설립등의 완료신고

2. 삭제 <2009.2.6.>

3. 「폐기물관리법」 제29조제2항의 규정에 의한 폐기물처리시설의 설치승인 또는 설치신고(변경승인 또는 변경신고를 포함한다)

4. 삭제 <2009.2.6.>

5. 삭제 <2009.2.6.>

6. 「대기환경보전법」 제23조, 「수질 및 수생태계 보전에 관한 법률」 제33조 및 「소음·진동관리법」 제8조의 규정에 의한 배출시설설치의 허가 및 신고

7. 「총포·도검·화약류 등의 안전관리에 관한 법률」 제25조제1항에 따른 화약류저장소 설치의 허가

③사업시행자는 정비사업에 대하여 제1항 및 제2항의 규정에 의한 인·허가등의 의제를 받고자 하는 경우에는 제28조제1항의 규정에 의한 사업시행인가를 신청하는 때에 해당 법률이 정하는 관계서류를 함께 제출하여야 한다. 다만, 사업시행인가를 신청한 때에 시공자가 선정되어 있지 아니하여 관계서류를 제출할 수 없는 경우이거나 제5항에 따라 사업시행인가를 하는 때에는 시장·군수가 정하는 기한까지 이를 제출할 수 있다. <개정 2005.3.18., 2009.2.6.>

④시장·군수는 제28조제1항의 규정에 의한 사업시행인가를 하거나 사업시행계획서를 작성하고자 함에 있어서 제1항 각호 및 제2항 각호의 규정에 의하여 의제되는 인·허가등에 해당하는 사항이 있는 경우에는 미리 관계 행정기관의 장과 협의하여야 하며, 협의를 요청받은 관계행정기관의 장은 요청받은 날(제3항 단서의 경우에는 서류가 관계행정기관의 장에게 도달된 날을 말한다)부터 20일 이내에 의견을 제출하여야 한다. 이 경우 관계행정기관의 장은 당해 법률에서 규정한 인·허가 등의 기준을 위반하여 협의에 응하여서는 아니된다. <개정 2005.3.18.>

⑤ 제4항에도 불구하고 천재지변이나 그 밖의 불가피한 사유로 인하여 긴급히 정비사업을 시행할 필요가 있다고 시장·군수가 인정하는 때에는 관계 행정기관의 장과 협의를 마치기 전에 제28조제1항에 따른 사업시행인가를 할 수 있다. 이 경우 협의를 마칠 때까지는 제1항 및 제2항에 따른 인·허가등

을 받은 것으로 보지 아니한다. <신설 2009.2.6.>

⑥ 정비사업에 대하여 제1항이나 제2항에 따라 다른 법률에 따른 인·허가등을 받은 것으로 보는 경우에는 관계 법률 또는 시·도조례에 따라 해당 인·허가등의 대가로 부과되는 수수료와 해당 국유지·공유지의 사용 또는 점용에 따른 사용료 또는 점용료를 면제한다. <개정 2012.2.1.>

제32조(다른 법률의 인·허가등의 의제) ①사업시행자가 사업시행인가를 받은 때(시장·군수가 직접 정비사업을 시행하는 경우에는 사업시행계획서를 작성한 때를 말한다. 이하 이 조에서 같다)에는 다음 각 호의 인가·허가·승인·신고·등록·협의·동의·심사 또는 해제(이하 "인·허가등"이라 한다)가 있은 것으로 보며, 제28조제4항에 따른 사업시행인가의 고시가 있은 때에는 다음 각 호의 관계 법률에 따른 인·허가등의 고시·공고 등이 있은 것으로 본다. <개정 2002.12.30., 2003.5.29., 2005.3.18., 2005.8.4., 2006.9.27., 2007.4.6., 2007.4.11., 2007.12.21., 2008.3.21., 2009.1.30., 2009.2.6., 2009.6.9., 2010.5.31., 2011.4.14., 2012.2.1., 2014.1.14., 2014.6.3., 2016.1.19.>

1. 「주택법」 제15조의 규정에 의한 사업계획의 승인
2. 「건축법」 제11조의 규정에 의한 건축허가, 같은 법 제20조에 따른 가설건축물의 건축허가 또는 축조신고 및 같은 법 제29조에 따른 건축협의
3. 「도로법」 제36조에 따른 도로관리청이 아닌 자에 대한 도로공사 시행의 허가 및 같은 법 제61조에 따른 도로의 점용 허가
4. 사방사업법 제20조의 규정에 의한 사방지 지정의 해제
5. 「농지법」 제34조의 규정에 의한 농지전용의 허가·협의 및 같은 법 제35조의 규정에 의한 농지전용신고
6. 「산지관리법」 제14조·제15조에 따른 산지전용허가

및 산지전용신고, 같은 법 제15조의2에 따른 산지일시사용허가·신고와 「산림자원의 조성 및 관리에 관한 법률」 제36조제1항·제4항에 따른 입목벌채등의 허가 및 「산림보호법」 제9조제1항 및 제2항제1호에 따른 산림보호구역에서의 행위의 허가. 다만, 「산림자원의 조성 및 관리에 관한 법률」에 따른 채종림·시험림과 「산림보호법」에 따른 산림유전자원보호구역의 경우는 제외한다.

7. 「하천법」 제30조에 따른 하천공사 시행의 허가 및 하천공사실시계획의 인가, 같은 법 제33조에 따른 하천의 점용허가 및 같은 법 제50조에 따른 하천수의 사용허가

8. 「수도법」 제17조에 따른 일반수도사업의 인가 및 같은 법 제52조 또는 제54조에 따른 전용상수도 또는 전용공업용수도 설치의 인가

9. 「하수도법」 제16조의 규정에 의한 공공하수도 사업의 허가 및 같은 법 제34조제2항에 따른 개인하수처리시설의 설치신고

10. 「공간정보의 구축 및 관리 등에 관한 법률」 제15조제3항에 따른 지도등의 간행 심사

11. 유통산업발전법 제8조의 규정에 의한 대규모점포의 등록

12. 「국유재산법」 제30조에 따른 사용허가(주택재개발사업 및 도시환경정비사업에 한한다)

13. 「공유재산 및 물품 관리법」 제20조에 따른 사용·수익허가(주택재개발사업 및 도시환경정비사업만 해당한다)

14. 「공간정보의 구축 및 관리 등에 관한 법률」 제86조제1항에 따른 사업의 착수·변경의 신고

15. 「국토의 계획 및 이용에 관한 법률」 제86조에 따른 도시·군계획시설사업시행자의 지정 및 같은 법 제88조

에 따른 실시계획의 인가

16. 「전기사업법」 제62조에 따른 자가용 전기설비공사계획의 인가 및 신고

17. 「소방시설설치 및 안전관리에 관한 법률」 제7조제1항에 따른 건축허가등의 동의, 「위험물안전관리법」 제6조제1항에 따른 제조소등의 설치의 허가(제조소등은 공장건축물 또는 그 부속시설에 관계된 것에 한한다)

②사업시행자가 공장이 포함된 구역에 대한 도시환경정비사업에 대하여 사업시행인가를 받은 때에는 제1항의 규정에 의한 인·허가등이 있은 것으로 보는 것 외에 다음 각호의 인·허가등이 있은 것으로 보며, 제28조제4항의 규정에 의한 사업시행인가의 고시가 있은 때에는 다음 각호의 관계 법률에 의한 인·허가 등의 고시·공고 등이 있은 것으로 본다. <개정 2003.5.29., 2005.3.31., 2006.9.27., 2007.4.11., 2007.4.27., 2007.5.17., 2007.12.21., 2009.6.9., 2015.1.6., 2017.1.17.>

1. 산업집적활성화및공장설립에관한법률 제13조의 규정에 의한 공장설립등의 승인 및 동법 제15조의 규정에 의한 공장설립등의 완료신고

2. 삭제 <2009.2.6.>

3. 「폐기물관리법」 제29조제2항의 규정에 의한 폐기물처리시설의 설치승인 또는 설치신고(변경승인 또는 변경신고를 포함한다)

4. 삭제 <2009.2.6.>

5. 삭제 <2009.2.6.>

6. 「대기환경보전법」 제23조, 「물환경보전법」 제33조 및 「소음·진동관리법」 제8조의 규정에 의한 배출시설 설치의 허가 및 신고

7. 「총포·도검·화약류 등의 안전관리에 관한 법률」 제

25조제1항에 따른 화약류저장소 설치의 허가

③사업시행자는 정비사업에 대하여 제1항 및 제2항의 규정에 의한 인·허가등의 의제를 받고자 하는 경우에는 제28조제1항의 규정에 의한 사업시행인가를 신청하는 때에 해당 법률이 정하는 관계서류를 함께 제출하여야 한다. 다만, 사업시행인가를 신청한 때에 시공자가 선정되어 있지 아니하여 관계서류를 제출할 수 없는 경우이거나 제5항에 따라 사업시행인가를 하는 때에는 시장·군수가 정하는 기한까지 이를 제출할 수 있다. <개정 2005.3.18., 2009.2.6.>

④시장·군수는 제28조제1항의 규정에 의한 사업시행인가를 하거나 사업시행계획서를 작성하고자 함에 있어서 제1항 각호 및 제2항 각호의 규정에 의하여 의제되는 인·허가등에 해당하는 사항이 있는 경우에는 미리 관계 행정기관의 장과 협의하여야 하며, 협의를 요청받은 관계행정기관의 장은 요청받은 날(제3항 단서의 경우에는 서류가 관계행정기관의 장에게 도달된 날을 말한다)부터 20일 이내에 의견을 제출하여야 한다. 이 경우 관계행정기관의 장은 당해 법률에서 규정한 인·허가등의 기준을 위반하여 협의에 응하여서는 아니된다. <개정 2005.3.18.>

⑤ 제4항에도 불구하고 천재지변이나 그 밖의 불가피한 사유로 인하여 긴급히 정비사업을 시행할 필요가 있다고 시장·군수가 인정하는 때에는 관계 행정기관의 장과 협의를 마치기 전에 제28조제1항에 따른 사업시행인가를 할 수 있다. 이 경우 협의를 마칠 때까지는 제1항 및 제2항에 따른 인·허가등을 받은 것으로 보지 아니한다. <신설 2009.2.6.>

⑥ 정비사업에 대하여 제1항이나 제2항에 따라 다른 법률에 따른 인·허가등을 받은 것으로 보는 경우에는 관계 법률 또는 시·도조례에 따라 해당 인·허가등의 대가로 부과되

는 수수료와 해당 국유지·공유지의 사용 또는 점용에 따른 사용료 또는 점용료를 면제한다. <개정 2012.2.1.>

[시행일 : 2018.1.18.] 제32조

제33조(사업시행인가의 특례) ①사업시행자는 일부 건축물의 존치 또는 리모델링(「주택법」 제2조제25호 또는 「건축법」 제2조제1항제10호에 따른 리모델링을 말한다. 이하 같다)에 관한 내용이 포함된 사업시행계획서를 작성하여 사업시행인가의 신청을 할 수 있다. 이 경우 시장·군수는 존치 또는 리모델링되는 건축물 및 건축물이 있는 토지가 주택법 및 건축법 상의 다음 각호의 건축관련 기준에 적합하지 아니하더라도 대통령령이 정하는 기준에 따라 사업시행인가를 할 수 있다. <개정 2003.5.29., 2008.3.21., 2012.2.1., 2016.1.19.>

1. 「주택법」 제2조제12호의 규정에 의한 주택단지의 범위
2. 「주택법」 제35조제1항제3호 및 제4호의 규정에 의한 부대시설 및 복리시설의 설치 기준
3. 「건축법」 제44조의 규정에 의한 대지와 도로의 관계
4. 「건축법」 제46조의 규정에 의한 건축선의 지정
5. 「건축법」 제61조의 규정에 의한 일조등의 확보를 위한 건축물의 높이 제한

②사업시행자가 제1항의 규정에 의하여 사업시행계획서를 작성하고자 하는 경우에는 존치 또는 리모델링되는 건축물 소유자의 동의(집합건물의소유및관리에관한법률 제2조제2호의 규정에 의한 구분소유자가 있는 경우에는 구분소유자의 3분의 2 이상의 동의와 당해 건축물 연면적의 3분의 2 이상의 구분소유자의 동의로 한다)를 얻어야 한다. <개정 2009.2.6.>

제34조(정비구역의 분할 및 결합) ①시장·군수는 정비사업의 효율적인 추진 또는 도시의 경관보호를 위하여 필요하다고 인정하는 경우에는 제4조의 규정에 의한 정비구역을 2 이상의

구역으로 분할하거나, 서로 떨어진 2 이상의 구역(제4조제1항에 따라 대통령령으로 정하는 요건에 해당하는 구역에 한한다) 또는 정비구역을 제4조제1항에 따라 하나의 정비구역으로 지정 신청할 수 있다. <개정 2009.2.6.>

② 제1항에 따라 정비구역을 분할하거나 서로 떨어진 지역을 하나의 정비구역으로 지정하여 정비사업을 시행하고자 하는 경우 시행 방법과 절차에 관한 세부사항은 시·도조례로 정한다. <신설 2009.2.6., 2012.2.1.>

제35조(순환정비방식의 정비사업) ①사업시행자는 제2조제2호 가목 내지 마목의 정비사업을 원활히 시행하기 위하여 정비구역의 내·외에 새로 건설한 주택 또는 이미 건설되어 있는 주택에 그 정비사업의 시행으로 철거되는 주택의 소유자 또는 세입자(정비구역에서 실제 거주하는 자에 한한다. 이하 이 항 및 제36조제1항에서 같다)가 임시로 거주하게 하는 등의 방식으로 그 정비구역을 순차적으로 정비하는 등 주택의 소유자 또는 세입자의 이주대책을 수립하여야 한다. <개정 2006.12.28., 2009.5.27., 2014.5.21.>

②사업시행자는 제1항의 규정에 의한 방식으로 정비사업을 시행하는 경우에는 그 임시로 거주하는 주택(이하 "순환용주택"이라 한다)을 「주택법」 제54조의 규정에 불구하고 제36조의 규정에 의한 임시수용시설로 사용하거나 임대할 수 있으며, 대통령령으로 정하는 방법과 절차에 따라 주택공사등이 보유한 공공임대주택을 순환용주택으로 우선 공급할 것을 요청할 수 있다. <개정 2003.5.29., 2009.5.27., 2016.1.19.>

③ 순환용주택에 거주하는 자가 정비사업이 완료된 후에도 순환용주택에 계속 거주하기를 희망하는 때에는 대통령령으로 정하는 바에 따라 이를 분양하거나 계속 임대할 수 있다. 이 경우 사업시행자가 소유하는 순환용주택은 제48조에 따라 인

가받은 관리처분계획에 따라 토지등소유자에게 처분된 것으로 본다. <신설 2009.5.27.>

제4절 정비사업시행을 위한 조치 등

제36조(임시수용시설의 설치 등) ①사업시행자는 주거환경개선사업 및 주택재개발사업의 시행으로 철거되는 주택의 소유자 또는 세입자에 대하여 당해 정비구역 내·외에 소재한 임대주택 등의 시설에 임시로 거주하게 하거나 주택자금의 융자알선 등 임시수용에 상응하는 조치를 하여야 한다. 이 경우 사업시행자는 그 임시수용을 위하여 필요한 때에는 국가·지방자치단체 그 밖의 공공단체 또는 개인의 시설이나 토지를 일시 사용할 수 있다. <개정 2006.12.28.>

②국가 또는 지방자치단체는 사업시행자로부터 제1항의 임시수용시설에 필요한 건축물이나 토지의 사용신청을 받은 때에는 대통령령이 정하는 사유가 없는 한 이를 거절하지 못한다. 이 경우 그 사용료 또는 대부료는 이를 면제한다.

③사업시행자는 정비사업의 공사를 완료한 때에는 그 완료한 날부터 30일 이내에 임시수용시설을 철거하고, 그 건축물이나 토지를 원상회복하여야 한다.

제36조의2(임시상가의 설치 등) 도시환경정비사업의 사업시행자는 사업시행으로 이주하는 상가세입자가 사용할 수 있도록 정비구역 또는 정비구역의 인근에 임시상가를 설치할 수 있다.
[본조신설 2012.2.1.]

제37조(손실보상) ①제36조의 규정에 의하여 공공단체(지방자치단체를 제외한다) 또는 개인의 시설이나 토지를 일시 사용함으로써 손실을 받은 자가 있는 경우에는 사업시행자는 그 손실을 보상하여야 하며, 손실을 보상함에 있어서는 손실을 받

은 자와 협의하여야 한다.

②사업시행자 또는 손실을 받은 자는 제1항의 규정에 의한 손실보상의 협의가 성립되지 아니하거나 협의할 수 없는 경우에는 공익사업을위한토지등의취득및보상에관한법률 제49조의 규정에 의하여 설치되는 관할 토지수용위원회에 재결을 신청할 수 있다.

③손실보상에 관하여는 이 법에 규정된 것을 제외하고는 공익사업을위한토지등의취득및보상에관한법률을 준용한다.

제38조(토지 등의 수용 또는 사용) 사업시행자는 정비구역안에서 정비사업(주택재건축사업의 경우에는 제8조제4항제1호의 규정에 해당하는 사업으로 한정한다)을 시행하기 위하여 필요한 경우에는 공익사업을위한토지등의취득및보상에관한법률 제3조의 규정에 의한 토지·물건 또는 그 밖의 권리를 취득하거나 사용할 수 있다. 다만, 가로주택정비사업의 경우에는 그러하지 아니하다. <개정 2005.3.18., 2012.2.1.>

제39조(매도청구) 사업시행자는 주택재건축사업 또는 가로주택정비사업을 시행할 때 다음 각 호의 어느 하나에 해당하는 자의 토지 또는 건축물에 대하여는 「집합건물의 소유 및 관리에 관한 법률」 제48조의 규정을 준용하여 매도청구를 할 수 있다. 이 경우 재건축결의는 조합 설립에 대한 동의(제3호의 경우에는 사업시행자 지정에 대한 동의를 말한다)로 보며, 구분소유권 및 대지사용권은 사업시행구역의 매도청구의 대상이 되는 토지 또는 건축물의 소유권과 그 밖의 권리로 본다. <개정 2009.2.6., 2012.2.1., 2015.9.1.>

1. 제16조제2항 및 제3항에 따른 조합 설립의 동의를 하지 아니한 자
2. 건축물 또는 토지만 소유한 자(주택재건축사업의 경우만 해당한다)

3. 제8조제4항에 따라 시장·군수, 주택공사등 또는 신탁업자의 사업시행자 지정에 동의를 하지 아니한 자

제40조(공익사업을위한토지등의취득및보상에관한법률의 준용)

①정비구역안에서 정비사업의 시행을 위한 토지 또는 건축물의 소유권과 그 밖의 권리에 대한 수용 또는 사용에 관하여는 이 법에 특별한 규정이 있는 경우를 제외하고는 「공익사업을 위한 토지 등의 취득 및 보상에 관한 법률」을 준용한다. 다만, 정비사업의 시행에 따른 손실보상의 기준 및 절차에 관하여는 대통령령으로 따로 정할 수 있다. <개정 2009.2.6., 2009.5.27.>

②제1항의 규정에 의하여 공익사업을위한토지등의취득및보상에관한법률을 준용함에 있어서 사업시행인가의 고시(시장·군수가 직접 정비사업을 시행하는 경우에는 제28조제4항의 규정에 의한 사업시행계획서의 고시를 말한다. 이하 이 조에서 같다)가 있은 때에는 공익사업을위한토지등의취득및보상에관한법률 제20조제1항 및 제22조제1항의 규정에 의한 사업인정 및 그 고시가 있은 것으로 본다. <개정 2007.12.21.>

③제1항의 규정에 의한 수용 또는 사용에 대한 재결의 신청은 공익사업을위한토지등의취득및보상에관한법률 제23조 및 동법 제28조제1항의 규정에 불구하고 사업시행인가를 할 때 정한 사업시행기간 이내에 이를 행하여야 한다.

④대지 또는 건축물을 현물보상하는 경우에는 공익사업을위한토지등의취득및보상에관한법률 제42조의 규정에 불구하고 제52조의 규정에 의한 준공인가 이후에 그 현물보상을 할 수있다.

제40조의2(용적률에 관한 특례)
사업시행자가 제40조제1항 단서에 따라 대통령령으로 따로 정하는 손실보상의 기준 이상으로 세입자에게 주거이전비를 지급하거나 영업의 폐지 또는 휴

업에 따른 손실을 보상하는 경우 또는 제40조제1항 단서에 따른 손실보상에 더하여 임대주택 추가 건설, 임대상가 건설 등 추가적인 세입자 손실보상 대책을 수립하여 시행하는 경우에는 「국토의 계획 및 이용에 관한 법률」 제78조제1항에도 불구하고 해당 정비구역에 적용되는 용적률의 100분의 125 이하의 범위에서 대통령령으로 정하는 바에 따라 특별시·광역시·특별자치시·특별자치도·시 또는 군의 조례로 용적률을 완화하여 정할 수 있다. <개정 2012.2.1., 2013.12.24.>
[본조신설 2009.5.27.]

제41조(주택재건축사업의 범위에 관한 특례) ①사업시행자 또는 추진위원회는 「주택법」 제15조제1항의 규정에 의하여 사업계획승인을 받아 건설한 2 이상의 건축물이 있는 주택단지에 주택재건축사업을 하는 경우, 제16조제2항의 규정에 의한 조합 설립의 동의요건을 충족시키기 위하여 필요한 경우에는 그 주택단지안의 일부 토지에 대하여 「건축법」 제57조의 규정에 불구하고 분할하고자 하는 토지면적이 동법 동조에서 정하고 있는 면적에 미달되더라도 토지분할을 청구할 수 있다. <개정 2003.5.29., 2008.3.21., 2016.1.19.>
②사업시행자 또는 추진위원회는 제1항의 규정에 의하여 토지분할청구를 하는 때에는 토지분할대상이 되는 토지 및 그 위의 건축물과 관련된 토지등소유자와 협의하여야 한다.
③사업시행자 또는 추진위원회는 제2항의 규정에 의한 토지분할의 협의가 성립되지 아니한 경우에는 법원에 토지분할을 청구할 수 있다.
④제3항의 규정에 의하여 토지분할이 청구된 경우 시장·군수는 분할되어나갈 토지 및 그 위의 건축물이 다음 각호의 요건을 충족하는 경우에는 토지분할이 완료되지 아니하여 제1항의 규정에 의한 동의요건에 미달되더라도 건축위원회의 심의를

거쳐 제16조의 규정에 의한 조합 설립의 인가와 제28조의 규정에 의한 사업시행인가를 할 수 있다.

1. 당해 토지 및 건축물과 관련된 토지등소유자의 수가 전체의 10분의 1 이하일 것
2. 분할되어 나가는 토지 위의 건축물이 분할선상에 위치하지 아니할 것
3. 그 밖에 사업시행인가를 위하여 필요한 사항으로서 대통령령이 정하는 요건에 해당할 것

제42조(건축규제의 완화 등에 관한 특례) ①주거환경개선사업에 따른 건축허가를 받는 때와 부동산등기(소유권 보존등기 또는 이전등기에 한한다)를 하는 때에는 「주택도시기금법」 제8조의 국민주택채권의 매입에 관한 규정은 적용하지 아니한다. <개정 2003.5.29., 2015.1.6.>

②주거환경개선구역안에서 「국토의 계획 및 이용에 관한 법률」 제43조제2항에 따른 도시·군계획시설의 결정·구조 및 설치의 기준 등에 관하여는 국토교통부령으로 정하는 바에 따른다. <개정 2008.2.29., 2011.4.14., 2012.2.1., 2013.3.23.>

③사업시행자는 주거환경개선구역안에서 다음 각호의 1에 해당하는 사항에 대하여는 시·도조례가 정하는 바에 의하여 그 기준을 따로 정할 수 있다. <개정 2008.3.21.>

1. 「건축법」 제44조의 규정에 의한 대지와 도로의 관계(소방활동에 지장이 없는 경우에 한한다)
2. 「건축법」 제60조 및 제61조의 규정에 의한 건축물의 높이제한(사업시행자가 공동주택을 건설·공급하는 경우에 한한다)

④ 사업시행자는 가로주택정비사업 또는 제8조제4항제1호에 따른 주택재건축사업의 구역에서 다음 각 호의 어느 하나에 해당하는 사항에 대하여는 대통령령으로 정하는 범위에서 「건축

법」 제72조제2항에 따른 지방건축위원회의 심의를 거쳐 그 기준을 완화받을 수 있다. <신설 2012.2.1., 2014.5.21., 2016.1.27., 2016.1.19.>

1. 「건축법」 제42조에 따른 대지의 조경기준

2. 「건축법」 제55조에 따른 건폐율 산정기준(경사지에 위치한 가로구역으로 한정한다)

3. 「건축법」 제58조에 따른 대지 안의 공지 기준

4. 「건축법」 제60조 및 제61조에 따른 건축물의 높이 제한

5. 「주택법」 제35조제1항제3호 및 제4호에 따른 부대시설 및 복리시설의 설치기준

6. 제1호부터 제5호까지에서 규정한 사항 외에 가로주택정비사업 또는 제8조제4항제1호에 따른 주택재건축사업의 원활한 시행을 위하여 대통령령으로 정하는 사항

[제목개정 2012.2.1.]

제43조(다른 법령의 적용 및 배제) ①주거환경개선구역은 당해 정비구역의 지정고시가 있은 날부터 국토의계획및이용에관한법률 제36조제1항제1호 가목 및 제2항에 따라 주거지역을 세분하여 정하는 지역중 대통령령이 정하는 지역으로 결정·고시된 것으로 본다.다만, 다음 각 호의 어느 하나에 해당하는 경우에는 그러하지 아니하다. <개정 2009.2.6., 2015.9.1.>

1. 해당 정비구역이 「개발제한구역의 지정 및 관리에 관한 특별조치법」 제3조제1항에 따라 결정된 개발제한구역인 경우

2. 시장·군수가 주거환경개선사업을 위하여 필요하다고 인정하여 해당 정비구역 일부분은 종전 용도지역을 그대로 유지하거나 동일면적 범위 안에서 위치를 변경하는 내용으로 정비계획을 수립한 경우

3. 시장·군수가 제4조제1항제7호의2다목의 사항을 포함하는

정비계획을 수립한 경우

② 「도시개발법」 제28조부터 제49조까지의 규정은 정비사업과 관련된 환지에 관하여 이를 준용한다. 이 경우 동법 제41조제2항의 규정에 의한 "환지처분을 하는 때"는 이를 "사업시행인가를 하는 때"로 본다. <개정 2008.3.21.>

③ 주거환경개선사업의 경우에는 「공익사업을 위한 토지 등의 취득 및 보상에 관한 법률」 제78조제4항을 적용하지 아니한다. <신설 2009.2.6.>

제44조(지상권 등 계약의 해지) ①정비사업의 시행으로 인하여 지상권·전세권 또는 임차권의 설정목적을 달성할 수 없는 때에는 그 권리자는 계약을 해지할 수 있다.

②제1항의 규정에 의하여 계약을 해지할 수 있는 자가 가지는 전세금·보증금 그 밖의 계약상의 금전의 반환청구권은 사업시행자에게 이를 행사할 수 있다.

③제2항의 규정에 의한 금전의 반환청구권의 행사에 따라 당해 금전을 지급한 사업시행자는 당해 토지등소유자에게 이를 구상할 수 있다.

④사업시행자는 제3항의 규정에 의한 구상이 되지 아니하는 때에는 당해 토지등소유자에게 귀속될 대지 또는 건축물을 압류할 수 있다.이 경우 압류한 권리는 저당권과 동일한 효력을 가진다.

⑤제48조에 따라 관리처분계획의 인가를 받은 경우 지상권·전세권설정계약 또는 임대차계약의 계약기간에 대하여는 민법 제280조·제281조 및 제312조제2항, 주택임대차보호법 제4조제1항, 상가건물임대차보호법 제9조제1항의 규정은 이를 적용하지 아니한다. <개정 2005.3.18., 2009.2.6.>

제45조(소유자의 확인이 곤란한 건축물 등에 대한 처분) ①사업

시행자는 정비사업을 시행함에 있어 제16조의 규정에 의한 조합 설립의 인가일(제8조제3항에 따라 도시환경정비사업을 토지등소유자가 시행하는 경우에는 제28조에 따른 사업시행인가일을 말하고, 제8조제4항에 따라 시장·군수가 직접 정비사업을 시행하거나 주택공사등 또는 지정개발자를 사업시행자로 지정한 경우에는 제8조제5항에 따른 고시일을 말한다. 이하 이 조에서 같다) 현재 건축물 또는 토지의 소유자의 소재확인이 현저히 곤란한 경우에는 전국적으로 배포되는 2 이상의 일간신문에 2회 이상 공고하고, 그 공고한 날부터 30일 이상이 지난 때에는 그 소유자의 소재확인이 현저히 곤란한 건축물 또는 토지의 감정평가액에 해당하는 금액을 법원에 공탁하고 정비사업을 시행할 수 있다. <개정 2009.2.6., 2012.2.1., 2015.9.1.>

②주택재건축사업을 시행함에 있어 조합 설립의 인가일 현재 조합원 전체의 공동소유인 토지 또는 건축물에 대하여는 조합 소유의 토지 또는 건축물로 본다.

③제2항의 규정에 의하여 조합 소유로 보는 토지 또는 건축물의 처분에 관한 사항은 제48조제1항의 규정에 의한 관리처분계획에 이를 명시하여야 한다.

④제1항의 규정에 의한 토지 또는 건축물의 감정평가에 관하여는 제48조제5항제1호를 준용한다. <개정 2009.5.27.>

제5절 관리처분계획 등

제46조(분양공고 및 분양신청) ①사업시행자는 제28조제4항의 규정에 의한 사업시행인가의 고시가 있은 날(사업시행인가 이후 시공자를 선정한 경우에는 시공자와 계약을 체결한 날)부터 60일 이내에 개략적인 부담금내역 및 분양신청기간 그 밖에 대통령령이 정하는 사항을 토지등소유자에게 통지하고 분

양의 대상이 되는 대지 또는 건축물의 내역 등 대통령령이 정하는 사항을 해당 지역에서 발간되는 일간신문에 공고하여야한다. 이 경우 분양신청기간은 그 통지한 날부터 30일 이상 60일 이내로 하여야 한다. 다만, 사업시행자는 제48조제1항의 규정에 의한 관리처분계획의 수립에 지장이 없다고 판단하는 경우에는 분양신청기간을 20일의 범위 이내에서 연장할 수 있다. <개정 2005.3.18., 2007.12.21., 2009.2.6.>

②대지 또는 건축물에 대한 분양을 받고자 하는 토지등소유자는 제1항의 규정에 의한 분양신청기간 이내에 대통령령이 정하는 방법 및 절차에 의하여 사업시행자에게 대지 또는 건축물에 대한 분양신청을 하여야 한다.

제46조의2(기업형임대사업자의 선정) ① 사업시행자는 기업형임대주택을 원활히 공급하기 위하여 제28조에 따른 사업시행인가를 받은 후에 「민간임대주택에 관한 특별법」 제2조제8호에 따른 기업형임대사업자(이하 "기업형임대사업자"라 한다)를 선정할 수 있다. 이 경우 국토교통부장관이 정하는 경쟁입찰의 방법으로 기업형임대사업자를 선정하여야 한다.

② 제1항에 따른 기업형임대사업자의 선정절차 등에 필요한 사항은 국토교통부장관이 정하여 고시할 수 있다.

[본조신설 2015.9.1.]

제47조(분양신청을 하지 아니한 자 등에 대한 조치) ①사업시행자는 분양신청을 하지 아니한 자, 분양신청기간 종료 이전에 분양신청을 철회한 자 또는 제48조에 따라 인가된 관리처분계획에 따라 분양대상에서 제외된 자에 대해서는 관리처분계획 인가를 받은 날의 다음 날로부터 90일 이내에 대통령령으로 정하는 절차에 따라 토지·건축물 또는 그 밖의 권리에 대하여 현금으로 청산하여야 한다. <개정 2012.2.1., 2013.12.24.>

1. 삭제 <2013.12.24.>

2. 삭제 <2013.12.24.>

3. 삭제 <2012.2.1.>

② 사업시행자는 제1항에 따른 기간 내에 현금으로 청산하지 아니한 경우에는 정관등으로 정하는 바에 따라 해당 토지등소유자에게 이자를 지급하여야 한다. <신설 2012.2.1.>

제48조(관리처분계획의 인가 등) ①사업시행자(제6조제1항제1호부터 제3호까지의 방법으로 시행하는 주거환경개선사업 및 같은 조 제5항의 방법으로 시행하는 주거환경관리사업의 사업시행자는 제외한다)는 제46조에 따른 분양신청기간이 종료된 때에는 제46조에 따른 분양신청의 현황을 기초로 다음 각호의 사항이 포함된 관리처분계획을 수립하여 시장·군수의 인가를 받아야 하며, 관리처분계획을 변경·중지 또는 폐지하고자 하는 경우에도 같으며, 이 경우 조합은 제24조제3항제10호의 사항을 의결하기 위한 총회의 개최일부터 1개월 전에 제3호부터 제5호까지에 해당하는 사항을 각 조합원에게 문서로 통지하여야 한다. 다만, 대통령령이 정하는 경미한 사항을 변경하고자 하는 때에는 시장·군수에게 신고하여야 한다. <개정 2009.2.6., 2009.5.27., 2012.2.1., 2015.9.1.>

1. 분양설계

2. 분양대상자의 주소 및 성명

3. 다음 각 목에 따른 분양대상자별 분양예정인 대지 또는 건축물의 추산액. 다만, 가목과 다목의 경우에는 제46조의2제1항에 따라 선정된 기업형임대사업자의 성명 및 주소(법인인 경우에는 법인의 명칭 및 소재지와 대표자의 성명 및 주소)를 포함한다.

   가. 조합원 분양분(임대관리 위탁주택에 관한 내용을 포함한다)

   나. 일반 분양분

다. 기업형임대주택

라. 임대주택

마. 그 밖에 부대·복리시설 등

4. 분양대상자별 종전의 토지 또는 건축물의 명세 및 사업시
   행인가의 고시가 있은 날을 기준으로 한 가격(사업시행인가
   전에 제48조의2제2항에 따라 철거된 건축물의 경우에는 시
   장·군수에게 허가 받은 날을 기준으로 한 가격)

5. 정비사업비의 추산액(주택재건축사업의 경우에는「재건축
   초과이익 환수에 관한 법률」에 따른 재건축부담금에 관한
   사항을 포함한다) 및 그에 따른 조합원 부담규모 및 부담시
   기

6. 분양대상자의 종전의 토지 또는 건축물에 관한 소유권 외
   의 권리명세

7. 세입자별 손실보상을 위한 권리명세 및 그 평가액

8. 그 밖에 정비사업과 관련한 권리 등에 대하여 대통령령이
   정하는 사항

②제1항에 따른 관리처분계획의 내용은 다음 각 호의 기준에
따른다. <개정 2005.3.18., 2009.2.6., 2009.5.27., 2012.2.1.,
2013.12.24., 2014.12.31., 2016.1.27.>

1. 종전의 토지 또는 건축물의 면적·이용상황·환경 그 밖의
   사항을 종합적으로 고려하여 대지 또는 건축물이 균형있게
   분양신청자에게 배분되고 합리적으로 이용되도록 한다.

2. 지나치게 좁거나 넓은 토지 또는 건축물에 대하여 필요한
   경우에는 이를 증가하거나 감소시켜 대지 또는 건축물이 적
   정 규모가 되도록 한다.

3. 너무 좁은 토지 또는 건축물이나 정비구역 지정후 분할된
   토지를 취득한 자에 대하여는 현금으로 청산할 수 있다.

4. 재해 또는 위생상의 위해를 방지하기 위하여 토지의 규모

를 조정할 특별한 필요가 있는 때에는 너무 좁은 토지를 증가시키거나 토지에 갈음하여 보상을 하거나 건축물의 일부와 그 건축물이 있는 대지의 공유지분을 교부할 수 있다.

5. 분양설계에 관한 계획은 제46조의 규정에 의한 분양신청기간이 만료되는 날을 기준으로 하여 수립한다.

6. 1세대 또는 1인이 하나 이상의 주택 또는 토지를 소유한 경우 1주택을 공급하고, 같은 세대에 속하지 아니하는 2인 이상이 1주택 또는 1토지를 공유한 경우에는 1주택만 공급한다.

가. 삭제 <2012.2.1.>

나. 삭제 <2012.2.1.>

다. 삭제 <2012.2.1.>

7. 제6호에도 불구하고 다음 각 목의 경우에는 각 목의 방법에 따라 주택을 공급할 수 있다.

가. 2인 이상이 1토지를 공유한 경우로서 시·도조례로 주택공급에 관하여 따로 정하고 있는 경우에는 시·도조례로 정하는 바에 따라 주택을 공급할 수 있다.

나. 다음 어느 하나에 해당하는 토지등소유자에게는 소유한 주택 수만큼 공급할 수 있다.

　1) 「수도권정비계획법」 제6조제1항제1호에 따른 과밀억제권역에 위치하지 아니한 주택재건축사업의 토지등소유자

　2) 근로자(공무원인 근로자를 포함한다) 숙소, 기숙사 용도로 주택을 소유하고 있는 토지등소유자

　3) 국가, 지방자치단체 및 주택공사등

　4) 「국가균형발전 특별법」 제18조에 따른 공공기관지방이전시책 등에 따라 이전하는 공공기관이 소유한 주택을 양수한 자

다. 제1항제4호에 따른 가격의 범위 또는 종전 주택의 주거전용면적의 범위에서 2주택을 공급할 수 있고, 이 중 1주택은 주거전용면적을 60제곱미터 이하로 한다. 다만, 60제곱미터 이하로 공급받은 1주택은 제54조제2항에 따른 이전고시일 다음 날부터 3년이 지나기 전에는 주택을 전매(매매·증여나 그 밖에 권리의 변동을 수반하는 모든 행위를 포함하되 상속의 경우는 제외한다)하거나 이의 전매를 알선할 수 없다.

라. 가로주택정비사업의 경우에는 3주택 이하로 한정하되, 다가구주택을 소유한 자에 대하여는 제1항제4호에 따른 가격을 분양주택 중 최소분양단위 규모의 추산액으로 나눈 값(소수점 이하는 버린다)만큼 공급할 수 있다.

마. 「수도권정비계획법」 제6조제1항제1호에 따른 과밀억제권역에서 투기과열지구에 위치하지 아니한 주택재건축사업의 경우에는 3주택 이하로 한정하여 공급할 수 있다.

③사업시행자는 제46조의 규정에 의하여 분양신청을 받은 후 잔여분이 있는 경우에는 정관등 또는 사업시행계획이 정하는 목적을 위하여 보류지(건축물을 포함한다)로 정하거나 조합원 외의 자에게 분양할 수 있다. 이 경우 분양공고와 분양신청절차 등 필요한 사항은 대통령령으로 정한다.

④정비사업의 시행으로 조성된 대지 및 건축물은 관리처분계획에 의하여 이를 처분 또는 관리하여야 한다.

⑤주택재개발사업, 주택재건축사업, 도시환경정비사업 또는 가로주택정비사업에서 제1항제3호·제4호 및 제7호에 따라 재산 또는 권리를 평가할 때에는 다음 각 호의 방법에 의한다. <개정 2005.1.14., 2009.5.27., 2012.2.1., 2014.5.21., 2016.1.19.>

1. 「감정평가 및 감정평가사에 관한 법률」에 따른 감정평가

업자 중 다음 각 목의 구분에 따른 감정평가업자가 평가한 금액을 산술평균하여 산정한다. 다만, 관리처분계획을 변경·중지 또는 폐지하고자 하는 경우에는 분양예정 대상인 대지 또는 건축물의 추산액과 종전의 토지 또는 건축물의 가격은 사업시행자 및 토지등소유자 전원이 합의하여 이를 산정할 수 있다.

　가. 주택재개발사업 또는 도시환경정비사업: 시장·군수가 선정·계약한 2인 이상의 감정평가업자

　나. 주택재건축사업 또는 가로주택정비사업: 시장·군수가 선정·계약한 1인 이상의 감정평가업자와 조합총회의 의결로 정하여 선정·계약한 1인 이상의 감정평가업자

2. 시장·군수는 제1호에 따라 감정평가업자를 선정·계약하는 경우 감정평가업자의 업무수행능력, 소속 감정평가사의 수, 감정평가 실적, 법규 준수 여부, 평가계획의 적정성 등을 고려하여 객관적이고 투명한 절차에 따라 선정하여야 한다. 이 경우 감정평가업자의 선정·절차 및 방법 등에 관하여 필요한 사항은 시·도조례로 정한다.

3. 사업시행자는 제1호에 따라 감정평가를 하고자 하는 경우 시장·군수에게 감정평가업자의 선정·계약을 요청하고 감정평가에 필요한 비용을 미리 예치하여야 한다. 시장·군수는 감정평가가 끝난 경우 예치된 금액에서 감정평가 비용을 직접 지불한 후 나머지 비용은 사업시행자와 정산하여야 한다.

⑥ 삭제 <2014.5.21.>

⑦제1항의 규정에 의한 관리처분계획의 내용, 관리처분의 방법·기준 등에 관하여 필요한 사항은 대통령령으로 정한다.

⑧제1항 각호의 관리처분계획의 내용과 제2항 내지 제7항의 규정은 시장·군수가 직접 수립하는 관리처분계획에 관하여

이를 준용한다.

[법률 제13912호(2016.1.27.) 부칙 제2조의 규정에 의하여 이 조 제2항제7호나목4)는 2018년 1월 26일까지 유효함]

제48조의2(건축물의 철거 등) ① 사업시행자는 제48조제1항에 따른 관리처분계획의 인가를 받은 후 기존의 건축물을 철거하여야 한다.

② 사업시행자는 다음 각 호의 어느 하나에 해당하는 경우에는 제1항에도 불구하고 기존 건축물의 소유자의 동의 및 시장·군수의 허가를 얻어 해당 건축물을 철거할 수 있다. 이 경우 건축물의 철거에도 불구하고 토지등소유자로서의 권리·의무에 영향을 주지 아니한다. <개정 2012.2.1.>

1. 「재난 및 안전관리 기본법」·「주택법」·「건축법」 등 관계 법령에 따라 기존 건축물의 붕괴 등 안전사고의 우려가 있는 경우

2. 폐공가(廢公家)의 밀집으로 우범지대화의 우려가 있는 경우

③ 시장·군수는 사업시행자가 제1항에 따라 기존의 건축물을 철거하는 경우 다음 각 호의 어느 하나에 해당하는 시기에는 건축물의 철거를 제한할 수 있다. <신설 2012.2.1.>

1. 일출 전과 일몰 후

2. 호우, 대설, 폭풍해일, 지진해일, 태풍, 강풍, 풍랑, 한파 등으로 해당 지역에 중대한 재해발생이 예상되어 기상청장이 「기상법」 제13조에 따라 특보를 발표한 때

3. 「재난 및 안전관리 기본법」 제3조에 따른 재난이 발생한 때

4. 제1호부터 제3호까지에 준하는 시기로서 시장·군수가 인정하는 시기

[본조신설 2009.2.6.]

제49조(관리처분계획의 공람 및 인가절차 등) ①사업시행자는 제48조에 따른 관리처분계획의 인가를 신청하기 전에 관계서류의 사본을 30일 이상 토지등소유자에게 공람하게 하고 의견을 들어야 한다. 다만, 제48조제1항 단서에 따른 대통령령으로 정하는 경미한 사항을 변경하고자 하는 경우에는 토지등소유자의 공람 및 의견청취절차를 거치지 아니할 수 있다. <개정 2009.2.6.>

②시장·군수는 사업시행자의 관리처분계획의 인가신청이 있은 날부터 30일 이내에 인가여부를 결정하여 사업시행자에게 통보하여야 한다. 다만, 시장·군수는 대통령령으로 정하는 공공기관에 인가 신청된 관리처분계획의 타당성 검증을 요청하는 경우에는 관리처분계획 인가신청을 받은 날부터 60일 이내에 인가 여부를 결정하여 사업시행자에게 알려야 한다. <개정 2012.2.1.>

③시장·군수는 제2항의 규정에 의하여 관리처분계획을 인가하는 때에는 그 내용을 당해 지방자치단체의 공보에 고시하여야 한다.

④ 사업시행자는 제1항 또는 제3항에 따라 공람을 실시하고자 하거나 시장·군수의 고시가 있은 때에는 대통령령으로 정하는 방법과 절차에 따라 토지등소유자 또는 분양신청을 한 자에게 공람계획 또는 관리처분계획의 인가 내용 등을 통지하여야 한다. <개정 2009.2.6.>

⑤제1항, 제3항 및 제4항의 규정은 시장·군수가 직접 관리처분계획을 수립하는 경우에 이를 준용한다.

⑥제3항의 규정에 의한 고시가 있은 때에는 종전의 토지 또는 건축물의 소유자·지상권자·전세권자·임차권자 등 권리자는 제54조의 규정에 의한 이전의 고시가 있은 날까지 종전의 토지 또는 건축물에 대하여 이를 사용하거나 수익할 수 없다.

다만, 사업시행자의 동의를 받거나 제40조 및 「공익사업을 위한 토지 등의 취득 및 보상에 관한 법률」에 따른 손실보상이 완료되지 아니한 권리자의 경우에는 그러하지 아니하다. <개정 2009.5.27.>

제50조(주택의 공급 등) ①사업시행자는 정비사업(제6조제1항제1호부터 제3호까지의 방법으로 시행하는 주거환경개선사업 및 같은 조 제5항의 방법으로 시행하는 주거환경관리사업의 사업시행자는 제외한다)의 시행으로 건설된 건축물을 제48조의 규정에 의하여 인가된 관리처분계획에 따라 토지등소유자에게 공급하여야 한다. <개정 2012.2.1.>

②사업시행자가 정비구역안에 주택을 건설하는 경우에는 입주자 모집조건·방법·절차, 입주금(계약금·중도금 및 잔금을 말한다)의 납부방법·시기·절차, 주택공급방법·절차 등에 관하여는 「주택법」 제54조의 규정에 불구하고 대통령령이 정하는 범위안에서 시장·군수의 승인을 얻어 사업시행자가 이를 따로 정할 수 있다. <개정 2003.5.29., 2016.1.19.>

③ 국토교통부장관, 시·도지사, 시장, 군수, 구청장 또는 주택공사등은 조합이 요청하는 경우 주택재개발사업의 시행으로 건설된 임대주택을 인수하여야 한다. 이 경우 재개발임대주택의 인수 절차 및 방법, 인수 가격 등에 대하여는 대통령령으로 정한다. <신설 2008.3.28., 2009.5.27., 2013.3.23., 2013.12.24.>

④정비사업의 시행으로 임대주택을 건설하는 경우에 임차인의 자격·선정방법·임대보증금·임대료 등 임대조건에 관한 기준 및 무주택세대주에게 우선 매각하도록 하는 기준 등에 관하여는 「민간임대주택에 관한 특별법」 제42조 및 제44조, 「공공주택 특별법」 제48조, 제49조 및 제50조의3의 규정에 불구하고 대통령령이 정하는 범위안에서 시장·군수의 승인을 얻어 사업시행자가 이를 따로 정할 수 있다. 다만, 재개발임대

주택으로서 최초의 임차인 선정이 아닌 경우에는 대통령령이 정하는 범위 안에서 인수자가 이를 따로 정한다. <개정 2005.3.18., 2008.3.28., 2009.4.22., 2015.8.28.>

⑤사업시행자는 제1항부터 제4항까지에 따른 공급대상자에게 주택을 공급하고 남은 주택에 대하여는 제1항부터 제4항까지에 따른 공급대상자외의 자에게 공급할 수 있다. 이 경우 주택의 공급방법·절차 등에 관하여는 「주택법」 제54조를 준용한다. 다만, 사업시행자가 제39조에 따른 매도청구소송을 통해 법원의 승소판결을 받은 후 입주예정자에게 피해가 없도록 청산금액을 공탁하고 분양예정인 건축물을 담보한 경우에는 법원의 승소판결이 확정되기 전이라도 「주택법」 제54조에도 불구하고 입주자를 모집할 수 있으나, 제52조에 따른 준공인가 신청 선까지 해낭 주택건설대지의 소유권을 확보하여야 한다. <개정 2003.5.29., 2008.3.28., 2009.2.6., 2016.1.19.>

⑥사업시행자는 제2항의 규정에 의하여 주택을 공급하는 때에 제48조제2항제6호의 규정에 의한다. <개정 2005.3.18., 2008.3.28.>

⑦ 국토교통부장관, 시·도지사, 시장, 군수, 구청장 또는 주택공사등은 정비구역에 세입자와 대통령령으로 정하는 면적 이하의 토지 또는 주택을 소유한 자의 요청이 있는 경우에는 제3항에 따라 인수한 임대주택의 일부를 「주택법」에 따른 토지임대부 분양주택으로 전환하여 공급하여야 한다. <신설 2009.5.27., 2013.3.23., 2013.12.24., 2016.1.19.>

제50조의2(주택등 건축물의 분양 받을 권리산정 기준일) ① 정비사업으로 인하여 주택 등 건축물을 공급하는 경우 제4조제6항에 따른 고시가 있은 날 또는 시·도지사가 투기억제를 위하여 기본계획수립 후 정비구역지정·고시 전에 따로 정하는 날(이하 이 조에서 "기준일"이라 한다)의 다음 날부터 다음 각

호의 어느 하나에 해당하는 경우에는 해당 토지 또는 주택 등 건축물의 분양받을 권리는 기준일을 기준으로 산정한다. <개정 2012.2.1., 2013.12.24.>

1. 1필지의 토지가 수개의 필지로 분할되는 경우
2. 단독 또는 다가구주택이 다세대주택으로 전환되는 경우
3. 하나의 대지범위 안에 속하는 동일인 소유의 토지와 주택 등 건축물을 토지와 주택 등 건축물로 각각 분리하여 소유하는 경우
4. 나대지에 건축물을 새로이 건축하거나 기존 건축물을 철거하고 다세대주택, 그 밖의 공동주택을 건축하여 토지등소유자가 증가되는 경우

② 시·도지사는 제1항에 따라 기준일을 따로 정하는 경우에는 기준일·지정사유·건축물의 분양받을 권리의 산정 기준 등을 해당 지방자치단체의 공보에 고시하여야 한다.

[본조신설 2009.2.6.]

제50조의3(지분형주택의 공급 등) 정비사업의 사업시행자(주택 공사등이 사업시행자인 경우로 한정한다)는 분양대상자와 사업시행자가 공동 소유하는 방식으로 주택(이하 "지분형주택"이라 한다)을 공급할 수 있다. 이 경우 공급되는 지분형주택의 규모, 공동 소유기간, 분양대상자 등 지분형주택의 공급에 필요한 사항은 대통령령으로 정한다.

[본조신설 2012.2.1.]

제51조(시공보증) ①조합이 정비사업의 시행을 위하여 시장·군수 또는 주택공사등이 아닌 자를 시공자로 선정(제8조제1항 또는 제3항의 규정에 의한 공동사업시행자가 시공하는 경우를 포함한다)한 경우 그 시공자는 공사의 시공보증(시공자가 공사의 계약상 의무를 이행하지 못하거나 의무이행을 하지 아니할 경우 보증기관에서 시공사를 대신하여 계약이행의무를 부

담하거나 총 공사금액의 100분의 50 이하 대통령령으로 정하는 비율 이상의 범위 안에서 사업시행자가 정하는 금액을 납부할 것을 보증하는 것을 말한다)을 위하여 국토교통부령이 정하는 기관의 시공보증서를 조합에 제출하여야 한다. <개정 2005.3.18., 2008.2.29., 2009.2.6., 2013.3.23.>

②시장·군수는 「건축법」 제21조의 규정에 의한 착공신고를 받는 경우에는 제1항의 규정에 의한 시공보증서 제출여부를 확인하여야 한다. <개정 2008.3.21.>

제6절 공사완료에 따른 조치 등

제52조(정비사업의 준공인가) ①시장·군수가 아닌 사업시행자는 정비사업에 관한 공사를 완료한 때에는 대통령령이 정하는 방법 및 절차에 의하여 시장·군수의 준공인가를 받아야 한다.

②제1항의 규정에 의하여 준공인가신청을 받은 시장·군수는 지체없이 준공검사를 실시하여야 한다. 이 경우 시장·군수는 효율적인 준공검사를 위하여 필요한 때에는 관계행정기관·정부투자기관·연구기관 그 밖의 전문기관 또는 단체에 준공검사의 실시를 의뢰할 수 있다.

③시장·군수는 제2항 전단 또는 후단의 규정에 의한 준공검사의 실시결과 정비사업이 인가받은 사업시행계획대로 완료되었다고 인정하는 때에는 준공인가를 하고 공사의 완료를 당해 지방자치단체의 공보에 고시하여야 한다.

④시장·군수는 직접 시행하는 정비사업에 관한 공사가 완료된 때에는 그 공사의 완료를 당해 지방자치단체의 공보에 고시하여야 한다.

⑤시장·군수는 제1항의 규정에 의한 준공인가를 하기 전이라도 완공된 건축물이 사용에 지장이 없는 등 대통령령이 정하는 기준에 적합한 경우에는 입주예정자가 완공된 건축물을 사

용할 것을 사업시행자에 대하여 허가할 수 있다. 다만, 자신이
사업시행자인 경우에는 허가를 받지 아니하고 입주예정자가
완공된 건축물을 사용하게 할 수 있다.

⑥제3항 및 제4항의 규정에 의한 공사완료의 고시절차 및 방
법 그 밖에 필요한 사항은 대통령령으로 정한다.

제53조(공사완료에 따른 관련 인·허가등의 의제) ①제52조제1
항 내지 제4항의 규정에 의하여 준공인가를 하거나 공사완료
의 고시를 함에 있어 시장·군수가 제32조의 규정에 의하여
의제되는 인·허가등에 따른 준공검사·준공인가·사용검사·
사용승인 등(이하 "준공검사·인가등"이라 한다)에 관하여 제
3항의 규정에 의하여 관계행정기관의 장과 협의한 사항에 대
하여는 당해 준공검사·인가등을 받은 것으로 본다.

②시장·군수가 아닌 사업시행자는 제1항의 규정에 의한 준공
검사·인가등의 의제를 받고자 하는 경우에는 제52조제1항의
규정에 의한 준공인가를 신청하는 때에 해당 법률이 정하는
관계서류를 함께 제출하여야 한다.

③시장·군수는 제52조제1항 내지 제4항의 규정에 의한 준공
인가를 하거나 공사완료의 고시를 함에 있어서 그 내용에 제
32조의 규정에 의하여 의제되는 인·허가 등에 따른 준공검
사·인가등에 해당하는 사항이 있은 때에는 미리 관계행정기
관의 장과 협의하여야 한다.

④제32조제5항의 규정은 제1항의 규정에 의한 준공검사·인
가등의 의제에 관하여 이를 준용한다.

제54조(이전고시 등) ①사업시행자는 제52조제3항 및 제4항의
규정에 의한 고시가 있은 때에는 지체없이 대지확정측량을 하
고 토지의 분할절차를 거쳐 관리처분계획에 정한 사항을 분양
을 받을 자에게 통지하고 대지 또는 건축물의 소유권을 이전

하여야 한다. 다만, 정비사업의 효율적인 추진을 위하여 필요한 경우에는 당해 정비사업에 관한 공사가 전부 완료되기 전에 완공된 부분에 대하여 준공인가를 받아 대지 또는 건축물별로 이를 분양받을 자에게 그 소유권을 이전할 수 있다.

②사업시행자는 제1항의 규정에 의하여 대지 및 건축물의 소유권을 이전하고자 하는 때에는 그 내용을 당해 지방자치단체의 공보에 고시한 후 이를 시장·군수에게 보고하여야 한다. 이 경우 대지 또는 건축물을 분양받을 자는 고시가 있은 날의 다음 날에 그 대지 또는 건축물에 대한 소유권을 취득한다. <개정 2009.2.6.>

제55조(대지 및 건축물에 대한 권리의 확정) ①대지 또는 건축물을 분양받을 자에게 제54조제2항의 규정에 의하여 소유권을 이전한 경우 종전의 토지 또는 건축물에 설정된 지상권·전세권·저당권·임차권·가등기담보권·가압류 등 등기된 권리 및 주택임대차보호법 제3조제1항의 요건을 갖춘 임차권은 소유권을 이전받은 대지 또는 건축물에 설정된 것으로 본다.

②제1항의 규정에 의하여 취득하는 대지 또는 건축물중 토지등소유자에게 분양하는 대지 또는 건축물은 「도시개발법」 제40조의 규정에 의하여 행하여진 환지로 보며, 제48조제3항의 규정에 의한 보류지와 일반에게 분양하는 대지 또는 건축물은 「도시개발법」 제34조의 규정에 의한 보류지 또는 체비지로 본다. <개정 2008.3.21.>

제56조(등기절차 및 권리변동의 제한) ①사업시행자는 제54조제2항의 규정에 의한 이전의 고시가 있은 때에는 지체없이 대지 및 건축물에 관한 등기를 지방법원지원 또는 등기소에 촉탁 또는 신청하여야 한다.

②제1항의 등기에 관하여 필요한 사항은 대법원규칙으로 정한다.

③정비사업에 관하여 제54조제2항의 규정에 의한 이전의 고시가 있은 날부터 제1항의 규정에 의한 등기가 있을 때까지는 저당권 등의 다른 등기를 하지 못한다.

제57조(청산금 등) ①대지 또는 건축물을 분양받은 자가 종전에 소유하고 있던 토지 또는 건축물의 가격과 분양받은 대지 또는 건축물의 가격사이에 차이가 있는 경우에는 사업시행자는 제54조제2항의 규정에 의한 이전의 고시가 있은 후에 그 차액에 상당하는 금액(이하 "청산금"이라 한다)을 분양받은 자로부터 징수하거나 분양받은 자에게 지급하여야 한다. 다만, 정관 등에서 분할징수 및 분할지급에 대하여 정하고 있거나 총회의 의결을 거쳐 따로 정한 경우에는 관리처분계획인가후부터 제54조제2항의 규정에 의한 이전의 고시일까지 일정기간별로 분할징수하거나 분할지급할 수 있다.

②제1항의 규정을 적용함에 있어서 종전에 소유하고 있던 토지 또는 건축물의 가격과 분양받은 대지 또는 건축물의 가격은 그 토지 또는 건축물의 규모·위치·용도·이용상황·정비사업비 등을 참작하여 평가하여야 한다.

③제2항의 규정에 의한 가격평가의 방법 및 절차 등에 관하여 필요한 사항은 대통령령으로 정한다.

제58조(청산금의 징수방법 등) ①청산금을 납부할 자가 이를 납부하지 아니하는 경우에는 시장·군수인 사업시행자는 지방세 체납처분의 예에 의하여 이를 징수(분할징수를 포함한다.이하 이 조에서 같다)할 수 있으며, 시장·군수가 아닌 사업시행자는 시장·군수에게 청산금의 징수를 위탁할 수 있다. 이 경우 제61조제5항을 준용한다. <개정 2009.2.6.>

②제57조제1항의 규정에 의한 청산금을 지급받을 자가 이를 받을 수 없거나 거부한 때에는 사업시행자는 그 청산금을 공

탁할 수 있다.

③청산금을 지급(분할지급을 포함한다)받을 권리 또는 이를 징수할 권리는 제54조제2항의 규정에 의한 이전의 고시일 다음 날부터 5년간 이를 행사하지 아니하면 소멸한다.

제59조(저당권의 물상대위) 정비사업을 시행하는 지역안에 있는 토지 또는 건축물에 저당권을 설정한 권리자는 저당권이 설정된 토지 또는 건축물의 소유자가 지급받을 청산금에 대하여 청산금을 지급하기 전에 압류절차를 거쳐 저당권을 행사할 수 있다.

제4장 비용의 부담 등

제60조(비용부담의 원칙) ①정비사업비는 이 법 또는 다른 법령에 특별한 규정이 있는 경우를 제외하고는 사업시행자가 부담한다.

②시장·군수는 시장·군수가 아닌 사업시행자가 시행하는 정비사업의 정비계획에 따라 설치되는 도시·군계획시설중 대통령령으로 정하는 주요 정비기반시설, 공동이용시설 및 제36조의 규정에 의한 임시수용시설(이하 "임시수용시설"이라 한다)에 대하여는 그 건설에 소요되는 비용의 전부 또는 일부를 부담할 수 있다. <개정 2005.3.18., 2011.4.14., 2012.2.1.>

제61조(비용의 조달) ①사업시행자는 토지등소유자로부터 제60조제1항의 규정에 의한 비용과 정비사업의 시행과정에서 발생한 수입의 차액을 부과금으로 부과·징수할 수 있다.

②사업시행자는 토지등소유자가 제1항의 규정에 의한 부과금의 납부를 태만히 한 때에는 연체료를 부과·징수할 수 있다.

③제1항 및 제2항의 규정에 의한 부과금 및 연체료의 부과·

징수에 관하여 필요한 사항은 정관등으로 정한다.

④시장·군수가 아닌 사업시행자는 부과금 또는 연체료를 체납하는 자가 있는 때에는 시장·군수에게 그 부과·징수를 위탁할 수 있다.

⑤시장·군수는 제4항의 규정에 의하여 부과·징수를 위탁받은 경우에는 지방세체납처분의 예에 의하여 이를 부과·징수할 수 있다. 이 경우 사업시행자는 징수한 금액의 100분의 4에 해당하는 금액을 당해 시장·군수에게 교부하여야 한다.

제62조(정비기반시설 관리자의 비용부담) ①시장·군수는 그가 시행하는 정비사업으로 인하여 현저한 이익을 받는 정비기반시설의 관리자가 있는 경우에는 대통령령이 정하는 방법 및 절차에 따라 당해 정비사업비의 일부를 그 정비기반시설의 관리자와 협의하여 그 관리자에게 이를 부담시킬 수 있다.

②사업시행자는 정비사업을 시행하는 지역에 전기·가스 등의 공급시설을 설치하기 위하여 공동구를 설치하는 경우에는 다른 법령에 의하여 그 공동구에 수용될 시설을 설치할 의무가 있는 자에게 공동구의 설치에 소요되는 비용을 부담시킬 수 있다.

③제2항의 비용부담의 비율 및 부담방법과 공동구의 관리에 관하여 필요한 사항은 국토교통부령으로 정한다. <개정 2008.2.29., 2013.3.23.>

제63조(보조 및 융자) ①국가 또는 시·도는 시장, 군수, 구청장 또는 주택공사등이 시행하는 정비사업에 관한 기초조사 및 정비사업의 시행에 필요한 시설로서 대통령령이 정하는 정비기반시설, 임시수용시설 및 주거환경관리사업에 따른 공동이용시설의 건설에 소요되는 비용의 일부를 보조하거나 융자할 수 있다. 이 경우 국가 또는 시·도는 시장, 군수, 구청장 또는 주택공사등이 시행하는 주거환경관리사업(제4조의3에 따라 해제

된 정비구역등 또는 「도시재정비 촉진을 위한 특별법」 제7
조제2항에 따라 재정비촉진지구가 해제된 지역에서 시행하는
주거환경관리사업으로 한정한다) 및 국가 또는 지방자치단체
가 도시영세민을 이주시켜 형성된 낙후지역으로서 대통령령으
로 정하는 지역에서 시행하는 주택재개발사업(사업시행자가
시장·군수 또는 주택공사등이 단독으로 시행하는 경우로 한
정한다)에 우선 보조하거나 융자할 수 있다. <개정 2005.3.18.,
2012.2.1., 2013.12.24., 2014.5.21., 2016.1.27.>
②시장·군수는 사업시행자가 주택공사등인 주거환경개선사
업·주거환경관리사업 및 가로주택정비사업과 관련하여 제1항
에 따른 정비기반시설, 임시수용시설 및 주거환경관리사업에
따른 공동이용시설을 건설하는 경우 건설에 소요되는 비용의
전부 또는 일부를 주택공사등에게 보조하여야 한다. <개정
2005.3.18., 2012.2.1., 2014.5.21.>
③국가 또는 지방자치단체는 시장·군수가 아닌 사업시행자가
시행하는 정비사업에 소요되는 비용의 일부를 보조 또는 융자
하거나 융자를 알선할 수 있다.
④국가 또는 지방자치단체는 제1항 및 제2항의 규정에 따라
정비사업에 필요한 비용을 보조 또는 융자하는 경우 제35조
제1항의 규정에 따른 순환정비방식의 정비사업에 우선적으로
지원할 수 있다. 이 경우 순환정비방식의 정비사업의 원활한
시행을 위하여 국가 또는 지방자치단체는 제35조제2항의 규
정에 따른 순환용주택의 건설비, 공가관리비의 일부를 보조
또는 융자할 수 있다. <신설 2006.12.28.>
⑤ 국가는 다음 각 호의 어느 하나에 해당하는 비용의 전부
또는 일부를 지방자치단체 또는 주택공사등에 보조 또는 융자
할 수 있다. <신설 2009.5.27., 2013.12.24.>
1. 제35조제2항에 따라 주택공사등이 보유한 공공임대주택을

순환용주택으로 조합에게 제공하는 경우 그 건설비 및 공가 (空家)관리비 등의 비용

2. 제50조제3항에 따라 시·도지사, 시장, 군수, 구청장 또는 주택공사등이 재개발임대주택을 인수하는 경우 그 인수 비용

⑥ 국가 또는 지방자치단체는 제50조제7항에 따라 토지임대부 분양주택을 공급받는 자에게 해당 공급비용의 전부 또는 일부를 보조 또는 융자할 수 있다. <신설 2009.5.27.>

제64조(정비기반시설의 설치 등) ①사업시행자는 관할지방자치단체장과의 협의를 거쳐 정비구역안에 정비기반시설(주거환경관리사업의 경우에는 공동이용시설을 포함한다. 이하 이 조에서 같다)을 설치하여야 한다. <개정 2012.2.1.>

②제1항에 따른 정비기반시설의 설치를 위하여 토지 또는 건축물이 수용된 자는 해당 정비구역안에 소재하는 대지 또는 건축물로서 매각대상이 되는 대지 또는 건축물에 대하여 제50조제5항에 불구하고 다른 사람에 우선하여 매수청구할 수 있다. 이 경우 당해 대지 또는 건축물이 국가 또는 지방자치단체의 소유인 때에는 「국유재산법」 제9조 또는 「공유재산 및 물품 관리법」 제10조에 따른 국유재산관리계획 또는 공유재산관리계획과 「국유재산법」 제43조 또는 「공유재산 및 물품 관리법」 제29조에 따른 계약의 방법에도 불구하고 수의계약으로 매각할 수 있다. <개정 2009.1.30., 2009.2.6., 2012.2.1.>

③시·도지사 또는 대도시의 시장은 제4조의 규정에 의하여 정비구역을 지정함에 있어서 정비구역의 진입로 설치를 위하여 필요한 경우에는 진입로 지역과 그 인접지역을 포함하여 정비구역을 지정할 수 있다. <개정 2008.3.28.>

④제2항의 규정에 의한 매각대금의 결정방법·납부기간 및 납부방법 등에 관하여 필요한 사항은 대통령령으로 정한다.

제65조(정비기반시설 및 토지 등의 귀속) ①시장·군수 또는 주택공사등이 정비사업의 시행으로 새로이 정비기반시설을 설치하거나 기존의 정비기반시설에 대체되는 정비기반시설을 설치한 경우에는 「국유재산법」 및 「공유재산 및 물품 관리법」에도 불구하고 종래의 정비기반시설은 사업시행자에게 무상으로 귀속되고, 새로이 설치된 정비기반시설은 그 시설을 관리할 국가 또는 지방자치단체에 무상으로 귀속된다. 이 경우 정비기반시설에 해당하는 도로는 다음 각 호의 어느 하나에 해당하는 도로를 말한다. <개정 2012.2.1., 2015.9.1.>

1. 「도로법」 제23조에 따라 도로관리청이 관리하는 도로
2. 「국토의 계획 및 이용에 관한 법률」 제30조에 따라 도시·군관리계획으로 결정되어 설치된 도로
3. 「도시개발법」 등 다른 법률에 따라 설치된 국가 또는 지방자치단체 소유의 도로
4. 그 밖에 「공유재산 및 물품 관리법」에 따른 공유재산 중 일반인의 교통을 위하여 제공되고 있는 부지. 이 경우 부지의 사용 형태, 규모, 기능 등 구체적인 기준을 시·도조례로 정할 수 있다.

②시장·군수 또는 주택공사등이 아닌 사업시행자가 정비사업의 시행으로 새로이 설치한 정비기반시설은 그 시설을 관리할 국가 또는 지방자치단체에 무상으로 귀속되고, 정비사업의 시행으로 인하여 용도가 폐지되는 국가 또는 지방자치단체 소유의 정비기반시설은 그가 새로이 설치한 정비기반시설의 설치비용에 상당하는 범위안에서 사업시행자에게 무상으로 양도된다.

③시장·군수는 제1항 및 제2항의 규정에 의한 정비기반시설의 귀속 및 양도에 관한 사항이 포함된 정비사업을 시행하고자 하거나 그 시행을 인가하고자 하는 경우에는 미리 그 관리청의 의견을 들어야 한다. 인가받은 사항을 변경하고자 하는

경우에도 또한 같다.

④사업시행자는 제1항 및 제2항의 규정에 의하여 관리청에 귀속될 정비기반시설과 사업시행자에게 귀속 또는 양도될 재산의 종류와 세목을 정비사업의 준공전에 관리청에 통지하여야 하며, 당해 정비기반시설은 그 정비사업이 준공인가되어 관리청에 준공인가통지를 한 때에 국가 또는 지방자치단체에 귀속되거나 사업시행자에게 귀속 또는 양도된 것으로 본다.

⑤제4항의 규정에 의한 정비기반시설의 등기에 있어서는 정비사업의 시행인가서와 준공인가서(시장·군수가 직접 정비사업을 시행하는 경우에는 제28조제4항의 규정에 의한 사업시행인가의 고시와 제52조제4항의 규정에 의한 공사완료의 고시를 말한다)는 부동산등기법에 의한 등기원인을 증명하는 서류에 갈음한다. <개정 2007.12.21.>

제66조(국유·공유 재산의 처분 등) ①시장·군수는 제28조 및 제30조의 규정에 의하여 인가하고자 하는 사업시행계획 또는 직접 작성하는 사업시행계획서에 국·공유재산의 처분에 관한 내용이 포함되어 있는 때에는 미리 관리청과 협의하여야 한다. 이 경우 관리청이 불분명한 재산중 도로·하천·구거 등에 대하여는 국토교통부장관을, 그 외의 재산에 대하여는 기획재정부장관을 관리청으로 본다. <개정 2008.2.29., 2013.3.23.>

②제1항의 규정에 의하여 협의를 받은 관리청은 20일 이내에 의견을 제시하여야 한다.

③정비구역안의 국·공유재산은 정비사업외의 목적으로 매각하거나 양도할 수 없다.

④정비구역안의 국유·공유 재산은 「국유재산법」 제9조 또는 「공유재산 및 물품 관리법」 제10조에 따른 국유재산관리계획 또는 공유재산관리계획과 「국유재산법」 제43조 및 「공유재산 및 물품 관리법」 제29조에 따른 계약의 방법에

도 불구하고 사업시행자 또는 점유자 및 사용자에게 다른 사람에 우선하여 수의계약으로 매각 또는 임대할 수 있다. <개정 2009.1.30., 2012.2.1.>

⑤제4항에 따라 다른 사람에 우선하여 매각 또는 임대할 수 있는 국유·공유 재산은 「국유재산법」, 「공유재산 및 물품 관리법」 및 그 밖에 국유지·공유지의 관리와 처분에 관하여 규정한 관계 법령에도 불구하고 사업시행인가의 고시가 있은 날부터 종전의 용도가 폐지된 것으로 본다. <개정 2012.2.1.>

⑥제4항에 따라 정비사업을 목적으로 우선 매각하는 국유지·공유지의 평가는 사업시행인가의 고시가 있은 날을 기준으로 하여 행하며, 주거환경개선사업의 경우 매각가격은 이 평가금액의 100분의 80으로 한다. 다만, 사업시행인가의 고시가 있은 날부터 3년 이내에 매매계약을 체결하지 아니한 국유지·공유지는 「국유재산법」 또는 「공유재산 및 물품 관리법」에서 정하는 바에 따른다. <개정 2012.2.1.>

[제목개정 2012.2.1.]

제67조(국유·공유 재산의 임대) ①지방자치단체 또는 주택공사 등은 주거환경개선구역 및 주택재개발구역에서 임대주택을 건설하는 경우에는 「국유재산법」 제46조제1항 또는 「공유재산 및 물품 관리법」 제31조에도 불구하고 국유지·공유지 관리청과 협의하여 정한 기간동안 국유지·공유지를 임대할 수 있다. <개정 2009.1.30., 2012.2.1., 2015.8.28.>

②시장·군수는 제1항에 따라 임대하는 국유지·공유지는 「국유재산법」 제18조제1항 또는 「공유재산 및 물품 관리법」 제13조에도 불구하고 그 토지위에 공동주택 그 밖의 영구건축물을 축조하게 할 수 있다. 이 경우 해당 시설물의 임대기간이 종료되는 때에는 임대한 국유지·공유지 관리청에 기부 또는 원상으로 회복시켜서 반환하거나 국유지·공유지

관리청으로부터 매입하여야 한다. <개정 2009.1.30., 2012.2.1.>

③ 제1항에 따라 임대하는 국유지·공유지의 임대료는 「국유재산법」 또는 「공유재산 및 물품 관리법」에서 정하는 바에 따른다. <개정 2012.2.1.>

[제목개정 2012.2.1.]

제67조의2(공동이용시설 사용료의 면제) ① 지방자치단체의 장은 마을공동체 활성화 등 공익 목적을 위하여 「공유재산 및 물품 관리법」 제20조에 따라 주거환경관리사업구역 내 공동이용시설에 대한 사용 허가를 하는 경우 같은 법 제22조에도 불구하고 그 사용료를 면제할 수 있다.

② 제1항에 따른 공익 목적의 기준, 사용료 면제 대상 및 그 밖에 필요한 사항은 시·도조례로 정한다.

[본조신설 2014.5.21.]

제68조(국유지·공유지의 무상양여 등) ①다음 각 호의 어느 하나에 해당하는 구역에서 국가 또는 지방자치단체가 소유하는 토지는 제28조제4항에 따른 사업시행인가의 고시가 있은 날부터 종전의 용도가 폐지된 것으로 보며, 「국유재산법」, 「공유재산 및 물품 관리법」 및 그 밖에 국유지·공유지의 관리 및 처분에 관하여 규정한 관계 법령에도 불구하고 해당 사업시행자에게 무상으로 양여된다. 다만, 「국유재산법」 제6조제2항에 따른 행정재산 또는 「공유재산 및 물품 관리법」 제5조제2항에 따른 행정재산과 국가 또는 지방자치단체가 양도계약을 체결하여 정비구역지정 고시일 현재 대금의 일부를 수령한 토지에 대하여는 그러하지 아니하다. <개정 2007.12.21., 2009.1.30., 2012.2.1., 2016.1.27.>

1. 주거환경개선구역
2. 국가 또는 지방자치단체가 도시영세민을 이주시켜 형성된 낙후지역으로서 대통령령으로 정하는 주택재개발구역(본문

에도 불구하고 무상양여 대상에서 국유지는 제외하고, 공유지는 시장·군수 또는 주택공사등이 단독으로 사업시행자가 되는 경우로 한정한다)

②제1항 각 호에 해당하는 구역에서 국가 또는 지방자치단체가 소유하는 토지는 제4조제6항에 따른 정비구역지정의 고시가 있은 날부터 정비사업외의 목적으로 이를 양도하거나 매각할 수 없다. <개정 2009.2.6., 2013.12.24., 2016.1.27.>

③제1항의 규정에 의하여 무상양여된 토지의 사용수익 또는 처분으로 인한 수입은 주거환경개선사업 또는 주택재개발사업 외의 용도로 이를 사용할 수 없다. <개정 2016.1.27.>

④시장·군수는 제1항의 규정에 의한 무상양여의 대상이 되는 국·공유지를 소유 또는 관리하고 있는 국가 또는 지방자치단체와 협의를 하여야 한다.

⑤사업시행자에게 양여된 토지의 관리처분에 관하여 필요한 사항은 국토교통부장관의 승인을 얻어 당해 시·도조례 또는 주택공사등의 시행규정으로 정한다. <개정 2008.2.29., 2013.3.23.>

[제목개정 2012.2.1.]

제5장 정비사업전문관리업

제69조(정비사업전문관리업의 등록) ①정비사업의 시행을 위하여 필요한 다음 각호의 사항을 추진위원회 또는 사업시행자로부터 위탁받거나 이와 관련한 자문을 하고자 하는 자는 대통령령이 정하는 자본·기술인력 등의 기준을 갖춰 시·도지사에게 등록 또는 변경(대통령령이 정하는 경미한 사항의 변경을 제외한다)등록하여야 한다. 다만, 주택의 건설·감정평가 등 정비사업관련 업무를 하는 정부투자기관 등으로 대통령령

이 정하는 기관의 경우에는 그러하지 아니하다. <개정 2005.3.18., 2006.12.28., 2009.2.6., 2010.4.15.>

1. 조합 설립의 동의 및 정비사업의 동의에 관한 업무의 대행
2. 조합 설립인가의 신청에 관한 업무의 대행
3. 사업성 검토 및 정비사업의 시행계획서의 작성
4. 설계자 및 시공자 선정에 관한 업무의 지원
5. 사업시행인가의 신청에 관한 업무의 대행
6. 관리처분계획의 수립에 관한 업무의 대행
7. 제77조의4제2항제2호에 따라 시장·군수가 정비사업전문관리업자를 선정한 경우에는 추진위원회 설립에 필요한 다음 각 목의 업무
   가. 동의서 징구(徵求)
   나. 운영규정 작성 지원
   다. 그 밖에 조례로 정하는 사항
8. 삭제 <2009.2.6.>

②제1항의 규정에 의한 등록의 절차 및 방법, 등록수수료 등에 관하여 필요한 사항은 대통령령으로 정한다.

③시·도지사는 제1항 및 제73조제1항의 규정에 따라 정비사업전문관리업의 등록 또는 변경등록한 현황 및 등록취소 또는 업무정지를 명한 현황을 국토교통부령이 정하는 방법 및 절차에 따라 국토교통부장관에게 보고하여야 한다. <신설 2006.12.28., 2008.2.29., 2013.3.23.>

제70조(정비사업전문관리업자의 업무제한 등) 정비사업전문관리업자는 동일한 정비사업에 대하여 다음 각호의 업무를 병행하여 수행할 수 없다.

1. 건축물의 철거
2. 정비사업의 설계
3. 정비사업의 시공

4. 정비사업의 회계감사

5. 그 밖에 정비사업의 공정한 질서유지에 필요하다고 인정하여 대통령령이 정하는 업무

제71조(정비사업전문관리업자와 위탁자와의 관계) 정비사업전문관리업자에게 업무를 위탁하거나 자문을 요청한 자와 정비사업전문관리업자 사이의 관계에 관하여 이 법에 규정이 있는 것을 제외하고는 민법중 위임에 관한 규정을 준용한다.

제72조(정비사업전문관리업자의 결격사유) ①다음 각 호의 어느 하나에 해당하는 자는 정비사업전문관리업의 등록을 신청할 수 없으며, 정비사업전문관리업자의 업무를 대표 또는 보조하는 임직원이 될 수 없다. <개정 2005.3.31., 2006.12.28., 2009.2.6.>

1. 미성년자(대표 또는 임원이 되는 경우에 한한다)·금치산자 또는 한정치산자

2. 파산선고를 받은 자로서 복권되지 아니한 자

3. 정비사업의 시행과 관련한 범죄행위로 인하여 금고 이상의 실형의 선고를 받고 그 집행이 종료(종료된 것으로 보는 경우를 포함한다)되거나 집행이 면제된 날부터 2년이 경과되지 아니한 자

4. 정비사업의 시행과 관련한 범죄행위로 인하여 금고 이상의 형의 집행유예를 받고 그 유예기간중에 있는 자

5. 이 법을 위반하여 벌금형 이상의 선고를 받고 2년이 경과되지 아니한 자

6. 제73조에 따른 등록이 취소된 후 2년이 경과되지 아니한 자(법인인 경우 그 대표자를 말한다)

7. 법인의 업무를 대표 또는 보조하는 임직원중 제1호 내지 제6호의 1에 해당하는 자가 있는 법인

②정비사업전문관리업자의 업무를 대표 또는 보조하는 임직원

이 제1항 각호의 1에 해당하게 되거나 선임 당시 그에 해당하는 자이었음이 판명된 때에는 당연 퇴직한다.

③제2항의 규정에 의하여 퇴직된 임직원이 퇴직전에 관여한 행위는 그 효력을 잃지 아니한다.

제73조(정비사업전문관리업의 등록취소 등) ①시·도지사는 정비사업전문관리업자가 다음 각 호의 어느 하나에 해당하는 때에는 그 등록을 취소하거나 1년 이내의 기간을 정하여 업무의 전부 또는 일부의 정지를 명할 수 있다. 다만, 제1호·제2호의3·제6호 및 제7호에 해당하는 때에는 그 등록을 취소하여야 한다. <개정 2006.12.28., 2009.2.6., 2010.4.15., 2015.9.1.>

1. 사위 그 밖의 부정한 방법으로 등록을 한 때
2. 제69조제1항의 규정에 의한 등록기준에 미달하게 된 때
2의2. 추진위원회, 사업시행자 또는 시장·군수의 위탁이나 자문에 관한 계약 없이 제69조제1항 각 호에 규정된 업무를 수행한 때
2의3. 제69조제1항 각 호에 따른 업무를 직접 수행하지 아니한 때
3. 고의 또는 과실로 조합에게 계약금액(정비사업전문관리업자가 조합과 체결한 총계약금액을 말한다)의 3분의 1 이상의 재산상 손실을 끼친 때
4. 제74조의 규정에 의한 보고·자료제출을 하지 아니하거나 허위로 한 때 또는 조사·검사를 거부·방해 또는 기피한 때
5. 제75조의 규정에 의한 보고·자료제출을 하지 아니하거나 허위로 한 때 또는 조사를 거부·방해 또는 기피한 때
6. 최근 3년간 2회 이상의 업무정지처분을 받은 자로서 그 정지처분을 받은 기간이 합산하여 12월을 초과한 때
7. 다른 사람에게 자기의 성명 또는 상호를 사용하여 이 법이 정한 업무를 수행하게 하거나 등록증을 대여한 때

8. 이 법을 위반하여 벌금형 이상의 선고를 받은 경우(법인의 경우에는 그 소속 임직원을 포함한다)

9. 그 밖에 이 법 또는 이 법에 의한 명령이나 처분을 위반한 때

②제1항의 규정에 의한 등록의 취소 및 업무의 정지처분에 관한 기준은 대통령령으로 정한다.

③정비사업전문관리업자는 제1항의 규정에 의하여 등록취소처분 등을 받은 경우에는 당해 내용을 지체 없이 사업시행자에게 통지하여야 한다. <신설 2005.3.18.>

④정비사업전문관리업자는 제1항의 규정에 의하여 등록취소처분 등을 받기 전에 계약을 체결한 업무는 이를 계속하여 수행할 수 있다. 이 경우 정비사업전문관리업자는 당해 업무를 완료할 때까지는 정비사업전문관리업자로 본다. <신설 2005.3.18.>

⑤정비사업전문관리업자는 제4항 전단의 규정에 불구하고 다음 각호의 어느 하나에 해당하는 경우에는 업무를 계속하여 수행할 수 없다. <신설 2005.3.18.>

1. 사업시행자가 제3항의 규정에 의한 통지를 받거나 처분사실을 안 날부터 3월 이내에 총회 또는 대의원회의 의결을 거쳐 당해 업무계약을 해지한 경우

2. 정비사업전문관리업자가 등록취소처분 등을 받은 날부터 3월 이내에 사업시행자로부터 업무의 계속수행에 대하여 동의를 받지 못한 경우. 이 경우 사업시행자가 동의를 하고자 하는 때에는 총회 또는 대의원회의 의결을 거쳐야 한다.

3. 제1항 단서의 규정에 의하여 등록이 취소된 경우

제74조(정비사업전문관리업자에 대한 조사 등) ①국토교통부장관 또는 시·도지사는 정비사업전문관리업자에 대하여 그 업무의 감독상 필요한 때에는 그 업무에 관한 사항을 보고하게 하거나 자료의 제출 그 밖의 필요한 명령을 할 수 있으며, 소

속 공무원으로 하여금 영업소 등에 출입하여 장부 · 서류 등을 조사 또는 검사하게 할 수 있다. <개정 2006.12.28., 2008.2.29., 2013.3.23.>

②제1항의 규정에 의하여 출입 · 검사 등을 하는 공무원은 그 권한을 표시하는 증표를 지니고 이를 관계인에게 내보여야 한다.

제74조의2(교육 등) 국토교통부장관, 시 · 도지사, 시장, 군수 또는 구청장은 추진위원회의 위원장 및 감사, 조합의 임원, 정비사업전문관리업자의 대표자 및 기술인력 등에 대하여 대통령령으로 정하는 바에 따라 교육을 실시할 수 있다. <개정 2013.3.23., 2013.12.24.>
[본조신설 2009.2.6.]

제74조의3(정비사업전문관리업 정보의 종합관리) ① 국토교통부장관은 정비사업전문관리업자의 자본금 · 사업실적 · 경영실태 등에 관한 정보를 종합적이고 체계적으로 관리하고 이를 추진위원회 또는 사업시행자 등에게 제공하기 위하여 정비사업전문관리업 정보종합체계를 구축 · 운영할 수 있다. <개정 2013.3.23.>
② 제1항에 따른 정비사업전문관리업 정보종합체계의 구축 · 운영에 필요한 사항은 국토교통부령으로 정한다. <개정 2013.3.23.>
[본조신설 2010.4.15.]

제74조의4(협회의 설립 등) ① 정비사업전문관리업자는 정비사업전문관리업의 전문화와 정비사업의 건전한 발전을 도모하기 위하여 정비사업전문관리업자단체(이하 "협회"라 한다)를 설립할 수 있다.
② 협회는 법인으로 한다.
③ 협회는 그 주된 사무소의 소재지에서 설립등기를 함으로써 성립한다.

④ 협회를 설립하고자 할 때에는 회원의 자격이 있는 50인 이상을 발기인으로 하여 정관을 작성한 후 창립총회의 의결을 거쳐 국토교통부장관의 인가를 받아야 한다. 협회가 정관을 변경하고자 하는 때에도 또한 같다. <개정 2013.3.23.>

⑤ 이 법에 따라 시·도지사로부터 업무정지처분을 받은 회원의 권리·의무는 그 영업정지기간 중 정지되며, 정비사업전문관리업의 등록이 취소된 때에는 회원의 자격을 상실한다.

⑥ 협회의 정관, 설립인가의 취소, 그 밖에 필요한 사항은 대통령령으로 정한다.

⑦ 협회에 관하여 이 법에 규정된 사항을 제외하고는 「민법」 중 사단법인에 관한 규정을 준용한다.

[본조신설 2010.4.15.]

제74조의5(협회의 업무 및 감독) ① 협회의 업무는 다음 각 호와 같다.

1. 정비사업전문관리업 및 정비사업의 건전한 발전을 위한 조사·연구

2. 회원의 상호 협력증진을 위한 업무

3. 정비사업전문관리 기술 인력과 정비사업전문관리업 종사자의 자질향상을 위한 교육 및 연수

4. 그 밖에 대통령령으로 정하는 업무

② 국토교통부장관은 감독상 필요한 때에는 협회에 대하여 그 업무에 관한 사항을 보고하게 하거나 자료의 제출, 그 밖에 필요한 명령을 할 수 있으며, 협회의 업무에 대한 조사·검사와 그 밖에 협회의 감독에 필요한 사항은 대통령령으로 정한다. <개정 2013.3.23.>

[본조신설 2010.4.15.]

제6장 감독 등

제75조(자료의 제출 등) ①시·도지사는 국토교통부령이 정하는 방법 및 절차에 의하여 정비사업추진실적을 분기별로 국토교통부장관에게, 시장, 군수 또는 구청장은 시·도조례가 정하는 바에 의하여 정비사업의 추진실적을 특별시장·광역시장 또는 도지사에게 보고하여야 한다. <개정 2008.2.29., 2013.3.23., 2013.12.24.>

②국토교통부장관, 시·도지사, 시장, 군수 또는 구청장은 정비사업의 원활한 시행을 위하여 감독상 필요하다고 인정하는 때에는 추진위원회·사업시행자·정비사업전문관리업자·철거업자·설계자 및 시공자 등 이 법에 의한 업무를 하는 자에 대하여 국토교통부령이 정하는 내용에 따라 보고 또는 자료의 제출을 명할 수 있으며 소속 공무원으로 하여금 그 업무에 관한 사항을 조사하게 할 수 있다. <개정 2008.2.29., 2013.3.23., 2013.12.24.>

③제2항의 규정에 의하여 업무를 조사하는 공무원은 국토교통부령이 정하는 방법 및 절차에 따라 조사일시·조사목적 등을 미리 알려주어야 한다. <개정 2008.2.29., 2013.3.23.>

제76조(회계감사) ①시장·군수 또는 주택공사등이 아닌 사업시행자는 대통령령이 정하는 방법 및 절차에 의하여 각호의 1에 해당하는 시기에 주식회사의외부감사에관한법률 제3조의 규정에 의한 감사인의 회계감사를 받아야 하며, 그 감사결과를 회계감사가 종료된 날부터 15일 이내에 시장·군수에게 보고하고 이를 당해 조합에 보고하여 조합원이 공람할 수 있도록 하여야 한다. 다만, 지정개발자가 사업시행자인 경우 제2호 및 제3호에 해당하는 시기에 한정한다. <개정 2007.12.21., 2009.5.27., 2015.9.1.>

1. 제15조제5항의 규정에 의하여 추진위원회에서 조합으로 인계되기 전 7일 이내

2. 제28조제4항의 규정에 의한 사업시행인가의 고시일부터 20일 이내

3. 제52조제1항의 규정에 의한 준공인가의 신청일부터 7일 이내

② 제1항에 따라 회계감사가 필요한 경우 사업시행자는 그 시장·군수에게 회계감사기관의 선정·계약을 요청하여야 하며, 그 요청이 있는 경우 시장·군수는 즉시 회계감사기관을 선정하여 회계감사가 이루어지도록 하여야 한다. 〈신설 2009.5.27.〉

③ 제2항에 따라 회계감사기관을 선정·계약한 경우 시장·군수는 공정한 회계감사를 위하여 선정된 회계감사기관을 감독하여야 하며, 필요한 처분이나 조치를 명할 수 있다. 〈신설 2009.5.27.〉

④ 사업시행자는 제2항에 따라 회계감사기관의 선정·계약을 요청하고자 하는 경우 시장·군수에게 회계감사에 필요한 비용을 미리 예치하여야 한다. 시장·군수는 회계감사가 끝난 경우 예치된 금액에서 회계감사비용을 직접 지불한 후 나머지 비용은 사업시행자와 정산하여야 한다. 〈신설 2009.5.27.〉

제77조(감독) ①정비사업의 시행이 이 법 또는 이 법에 의한 명령·처분이나 사업시행계획서 또는 관리처분계획에 위반되었다고 인정되는 때에는 정비사업의 적정한 시행을 위하여 필요한 범위안에서 국토교통부장관은 시·도지사, 시장, 군수, 구청장, 추진위원회, 주민대표회의, 사업시행자 또는 정비사업전문관리업자에게, 특별시장, 광역시장 또는 도지사는 시장, 군수, 구청장, 추진위원회, 주민대표회의, 사업시행자 또는 정비사업전문관리업자에게, 시장·군수는 추진위원회, 주민대표회의, 사업시행자 또는 정비사업전문관리업자에게 그 처분의 취소·변

경 또는 정지, 그 공사의 중지·변경, 임원의 개선 권고 그 밖의 필요한 조치를 취할 수 있다. <개정 2008.2.29., 2009.2.6., 2013.3.23., 2013.12.24.>

② 삭제 <2009.2.6.>

③국토교통부장관은 이 법에 의한 정비사업의 원활한 시행을 위하여 관계공무원 및 전문가로 구성된 점검반을 구성하여 정비사업 현장조사를 통하여 분쟁의 조정, 위법사항의 시정요구 등 필요한 조치를 할 수 있다. 이 경우 관할 지방자치단체의 장과 조합 등은 대통령령이 정하는 자료의 제공 등 점검반의 활동에 적극 협조하여야 한다. <개정 2008.2.29., 2013.3.23.>

④제75조제3항의 규정은 제3항의 정비사업 현장조사를 하는 공무원에 대하여 이를 준용한다.

제77조의2(도시분쟁조정위원회의 구성 등) ① 정비사업의 시행으로 인하여 발생된 분쟁의 조정을 위하여 정비구역이 지정된 특별자치시, 특별자치도, 또는 시·군·구(자치구를 말한다. 이하 이 조에서 같다)에 도시분쟁조정위원회(이하 "조정위원회"라 한다)를 둔다. <개정 2013.12.24.>

② 조정위원회는 부시장·부지사·부구청장 또는 부군수를 위원장으로 한 10인 이내의 위원으로 구성하며, 위원은 다음 각 호의 어느 하나에 해당하는 자 중에서 시장·군수가 임명 또는 위촉한다. 이 경우 제1호 및 제3호의 어느 하나에 해당하는 자가 각 2인 이상이 포함되어야 한다. <개정 2013.12.24.>

1. 해당 특별자치시, 특별자치도 또는 시·군·구에서 정비사업 관련 업무에 종사하는 5급 이상 공무원

2. 대학이나 연구기관에서 부교수 이상 또는 이에 상당하는 직에 재직하고 있는 자

3. 변호사, 건축사, 감정평가사, 공인회계사

4. 그 밖에 정비사업에 전문적 지식을 갖춘 자로서 시·도조

례로 정하는 자

③ 조정위원회는 정비사업의 시행과 관련한 분쟁 사항을 심사·조정하되, 「주택법」, 「공익사업을 위한 토지 등의 취득 및 보상에 관한 법률」, 그 밖의 관계 법률에 따라 설치된 위원회의 심사대상에 포함되는 사항은 제외할 수 있다.

④ 조정위원회에는 위원 3인으로 구성된 분과위원회(이하 "분과위원회"라 한다)를 두며, 분과위원회에는 제2항제1호 및 제3호의 어느 하나에 해당하는 자가 각 1인 이상 포함되어야 한다.

[본조신설 2009.5.27.]

제77조의3(조정위원회의 조정 등) ① 정비사업과 관련한 분쟁당사자는 조정위원회에 조정을 신청할 수 있으며, 조정위원회는 조정의 신청을 받은 날부터 60일 이내에 조정절차를 마쳐야 한다. 다만, 기간 내에 조정절차를 마칠 수 없다고 판단되는 경우에는 조정위원회의 의결로 그 기간을 1회에 한하여 연장할 수 있으며 그 기간은 30일 이내로 한다.

② 조정위원회의 위원장은 조정위원회의 심사에 앞서 분과위원회에서 사전 심사를 담당하게 할 수 있으며, 분과위원회의 위원 전원이 일치된 의견으로 조정위원회 심사가 필요 없다고 인정하는 경우에는 조정위원회에 회부하지 아니하고 분과위원회의 심사로 조정절차를 끝낼 수 있다.

③ 조정위원회 또는 분과위원회는 제1항에 따른 조정절차를 마친 경우 조정안을 작성하여 지체 없이 각 당사자에게 제시하여야 하며, 조정안을 제시받은 각 당사자는 그 제시받은 날부터 15일 이내에 그 수락 여부를 조정위원회 또는 분과위원회에 통보하여야 한다.

④ 당사자가 조정안을 수락한 경우 조정위원회는 즉시 조정서를 작성하고, 위원장 및 각 당사자는 이에 서명·날인하여야

한다. 이 경우 당사자 간 조정서와 동일한 내용의 합의가 성립된 것으로 본다.

⑤ 조정위원회의 구성·운영 및 비용의 부담, 그 밖에 필요한 사항은 시·도조례로 정한다.

[본조신설 2009.5.27.]

제77조의4(정비사업의 공공지원과 정보공개) ① 시장·군수는 정비사업의 투명성 강화 및 효율성 제고를 위하여 시·도조례로 정하는 정비사업에 대하여 사업시행 과정을 지원(이하 "공공지원"이라 한다)하거나 주택공사등, 신탁업자, 「주택도시기금법」에 따른 주택도시보증공사 또는 이 법 제69조제1항 각 호 외의 부분 단서에 따라 대통령령으로 정하는 기관에 공공지원을 위탁할 수 있다. <개정 2015.1.6., 2015.9.1.>

② 제1항에 따라 정비사업을 공공지원하는 시장·군수 및 공공지원을 위탁받은 자(이하 "위탁관리자"라 한다)는 다음 각 호의 업무를 수행한다. <개정 2012.2.1., 2013.12.24., 2015.9.1.>

1. 추진위원회 또는 주민대표회의 구성을 위한 업무 지원
2. 정비사업전문관리업자의 선정(위탁관리자는 선정을 위한 지원에 한한다)
3. 설계자 및 시공자 선정 방법 등에 대한 지원
4. 제30조제4호에 따른 세입자의 주거 및 이주 대책(이주 거부에 따른 협의 대책을 포함한다) 수립에 관한 지원
5. 관리처분계획 수립에 관한 지원
6. 그 밖에 시·도조례로 정하는 사항

③ 시장·군수는 위탁관리자의 공정한 업무수행을 위하여 관련 자료의 제출 및 조사, 현장점검 등 필요한 조치를 할 수 있으며, 위탁관리자의 행위에 대한 대외적인 책임은 시장·군수에게 있다.

④ 공공지원에 필요한 비용은 시장·군수가 부담하되, 특별시

장, 광역시장 또는 도지사는 관할 구역의 시장, 군수 또는 구청장에게 특별시·광역시 또는 도의 조례로 정하는 바에 따라 그 비용의 일부를 지원할 수 있다. <개정 2013.12.24., 2015.9.1.>

⑤ 추진위원회가 제2항제2호에 따라 시장·군수가 선정한 정비사업전문관리업자를 선정하는 경우에는 제14조제2항을 적용하지 아니한다.

⑥ 시장·군수는 정비사업의 투명성 강화를 위하여 조합이 시행하는 정비사업에 관한 다음 각 호의 사항을 매년 1회 이상 인터넷과 그 밖의 방법을 병행하여 공개하여야 한다. 이 경우 공개의 방법 및 시기 등 필요한 사항은 시·도조례로 정한다. <신설 2015.9.1.>

1. 제48조제1항에 따라 관리처분계획의 인가(변경인가를 포함한다. 이하 이 조에서 같다)를 받은 사항 중 시공자의 공사비

2. 제48조제1항에 따라 관리처분계획의 인가를 받은 사항 중 정비사업에서 발생한 이자

3. 그 밖에 시·도조례로 정하는 사항

⑦ 공공지원의 시행을 위한 방법과 절차, 기준 및 도시·주거환경정비기금의 지원, 시공자 선정 시기 등 필요한 사항은 시·도조례로 정하는 바에 따른다. <개정 2012.2.1., 2015.9.1.>

⑧ 제7항에도 불구하고 다음 각 호의 어느 하나에 해당하는 경우에는 토지등소유자(제16조에 따라 조합을 설립한 경우에는 조합원을 말한다)의 과반수 동의를 얻어 제11조제1항에 따라 시공자를 선정할 수 있다. 다만, 제1호의 경우에는 해당 건설업자를 시공자로 본다. <신설 2015.9.1.>

1. 조합이 제8조제1항부터 제3항까지의 규정에 따라 건설업자와 공동으로 정비사업을 시행하는 경우로서 조합과 건설업자 간 협약을 체결하는 경우

2. 제9조제1항 및 제2항에 따라 사업대행자가 정비사업을 시
행하는 경우

⑨ 제8항제1호의 협약사항에 관한 구체적인 내용은 시·도조
례로 정할 수 있다. <신설 2015.9.1.>

[본조신설 2010.4.15.]

[제목개정 2015.9.1.]

제77조의5(사업시행인가 및 관리처분계획의 인가 시기 조정) ①
특별시장·광역시장 또는 도지사는 정비사업의 시행으로 인하
여 정비구역 주변 지역에 현저한 주택 부족이나 주택시장의
불안정이 발생하는 등 특별시·광역시 또는 도의 조례로 정하
는 사유가 발생하는 경우에는 「주거기본법」 제9조에 따른
시·도 주거정책심의위원회의 심의를 거쳐 사업시행인가 또는
제48조에 따른 관리처분계획 인가의 시기를 조정하도록 해당
시장, 군수 또는 구청장에게 요청할 수 있으며, 요청을 받은
시장, 군수 또는 구청장은 특별한 사유가 없으면 그 요청에 따
라야 한다. 이 경우 사업시행인가 또는 관리처분계획 인가의
조정 시기는 그 인가 신청일로부터 1년을 넘을 수 없다. <개정
2013.12.24., 2015.6.22.>

② 특별자치시장 및 특별자치도지사는 정비구역 주변 지역에
현저한 주택 부족이나 주택시장의 불안정이 발생하는 등 특별
자치시 및 특별자치도의 조례로 정하는 사유가 발생하는 경우
에는 「주거기본법」 제9조에 따른 시·도 주거정책심의위원
회의 심의를 거쳐 사업시행인가 또는 제48조에 따른 관리처
분계획 인가의 시기를 조정할 수 있다. 이 경우 사업시행인가
또는 관리처분계획 인가의 조정 시기는 그 인가 신청일로부터
1년을 넘을 수 없다. <개정 2013.12.24., 2015.6.22.>

③ 제1항 및 제2항에 따른 사업시행인가 또는 관리처분계획
인가의 시기 조정에 관한 방법 및 절차 등에 관하여 필요한

사항은 특별시·광역시·특별자치시·도 또는 특별자치도의 조례로 정한다. <개정 2013.12.24.>

[본조신설 2012.2.1.]

제78조(청문) 국토교통부장관, 시·도지사, 시장, 군수 또는 구청장은 다음 각호의 1에 해당하는 처분을 하고자 하는 경우에는 청문을 실시하여야 한다. <개정 2008.2.29., 2009.2.6., 2013.3.23., 2013.12.24.>

1. 제73조제1항의 규정에 의한 정비사업전문관리업의 등록취소
2. 제77조제1항에 따른 추진위원회 승인의 취소, 조합 설립인가의 취소, 사업시행인가의 취소 또는 관리처분계획인가의 취소

제7장 보칙

제79조(정비구역안에서의 건축물의 유지·관리) ①시장·군수는 정비사업으로 건축된 건축물에 대하여 기본계획 및 정비계획에 포함된 건축기준에 적합하게 유지·관리하여야 한다.

②시장·군수는 제52조제3항 및 제4항의 규정에 의한 공사완료의 고시가 된 후에 정비기반시설의 설치가 필요한 경우에는 제1항의 규정에 불구하고 국토의계획및이용에관한법률 제85조 내지 제100조의 규정에 의한 도시·군계획시설의 설치에 관한 규정을 적용하여 이를 설치할 수 있다. <개정 2011.4.14.>

③ 토지등소유자는 자신이 소유하는 정비구역 내 토지 또는 건축물에 대하여 매매·전세·임대차 또는 지상권 설정 등 부동산 거래를 위한 계약 시 다음 각 호의 사항을 거래 상대방에게 설명·고지하고, 거래 계약서에 기재 후 서명·날인하여

야 한다. <신설 2009.5.27.>

1. 해당 정비사업의 추진단계

2. 퇴거예정시기(건축물의 경우 철거예정시기를 포함한다)

3. 제5조, 제19조, 제44조제5항, 제50조의2에 따른 권리제한

4. 그 밖에 거래 상대방의 권리·의무에 중대한 영향을 미치
   는 사항으로서 대통령령으로 정하는 사항

④ 제3항 각 호의 사항은 「공인중개사의 업무 및 부동산 거
래신고에 관한 법률」 제25조제1항제2호의 "법령의 규정에
의한 거래 또는 이용제한사항"으로 본다. <신설 2009.5.27.>

제80조(주택재개발사업의 시행방식의 전환) ①시장·군수는 제9
조제1항의 규정에 의하여 사업대행자를 지정하거나, 토지등소
유자의 5분의 4 이상의 요구가 있어 제6조제2항의 규정에 의
한 주택재개발사업의 시행방식의 전환이 필요하다고 인정하는
경우에는 정비사업이 완료되기 전이라도 대통령령이 정하는
범위안에서 정비구역의 전부 또는 일부에 대하여 시행방식의
전환을 승인할 수 있다.

②사업시행자는 제1항의 규정에 의하여 시행방식을 전환하기
위하여 관리처분계획을 변경하고자 하는 경우 토지면적의 3분
의 2 이상의 동의와 토지등소유자의 5분의 4 이상의 동의를
얻어야 하며 변경절차에 관하여는 제48조제1항의 관리처분계
획 변경에 관한 규정을 준용한다.

③사업시행자는 제1항의 정비구역의 일부에 대하여 시행방식
을 변경하고자 하는 경우에 주택재개발사업이 완료된 부분에
대하여는 제52조의 규정에 따라 준공인가를 거쳐 당해 지방
자치단체의 공보에 공사완료의 고시를 하여야 하며, 변경하고
자 하는 부분에 대하여는 이 법에서 정하고 있는 절차에 따라
시행방식을 전환하여야 한다.

④제3항의 규정에 따라 공사완료의 고시를 한 때에는 「공간

정보의 구축 및 관리 등에 관한 법률」 제86조제3항에도 불구하고 관리처분계획의 내용에 따라 제54조의 규정에 의한 이전이 된 것으로 본다. <개정 2009.6.9., 2014.6.3.>

제81조(관련자료의 공개와 보존 등) ① 추진위원회위원장 또는 사업시행자(조합의 경우 청산인을 포함한 조합임원, 도시환경정비사업을 토지등소유자가 단독으로 시행하는 경우 그 대표자를 말한다)는 정비사업의 시행에 관한 다음 각 호의 서류 및 관련 자료가 작성되거나 변경된 후 15일 이내에 이를 조합원, 토지등소유자 또는 세입자가 알 수 있도록 인터넷과 그 밖의 방법을 병행하여 공개하여야 한다. <개정 2007.12.21., 2009.5.27., 2012.2.1., 2012.12.18., 2016.1.27.>

1. 추진위원회 운영규정 및 정관등
2. 설계자·시공자·철거업자 및 정비사업전문관리업자 등 용역업체의 선정계약서
3. 추진위원회·주민총회·조합총회 및 조합의 이사회·대의원회의 의사록
4. 사업시행계획서
5. 관리처분계획서
6. 해당 정비사업의 시행에 관한 공문서
7. 회계감사보고서
8. 월별 자금의 입금·출금 세부내역
9. 청산인의 업무 처리 현황
10. 그 밖에 정비사업시행에 관하여 대통령령으로 정하는 서류 및 관련 자료

② 추진위원회원회위원장·정비사업전문관리업자 또는 사업시행자(조합의 경우 청산인을 포함한 조합임원, 제8조제3항에 따라 도시환경정비사업을 토지등소유자가 시행하는 경우 그 대표자를 말한다)는 제1항에 따른 서류 및 관련 자료와 총회

또는 중요한 회의(조합원 또는 토지등소유자의 비용부담을 수반하거나 권리와 의무의 변동을 발생시키는 경우로서 대통령령으로 정하는 회의를 말한다)가 있은 때에는 속기록·녹음 또는 영상자료를 만들어 이를 청산 시까지 보관하여야 하며, 제1항에 따라 공개의 대상이 되는 서류 및 관련 자료의 경우 분기별로 공개대상의 목록, 개략적인 내용, 공개장소, 열람·복사 방법 등을 대통령령으로 정하는 방법과 절차에 따라 조합원 또는 토지등소유자에게 서면으로 통지하여야 한다. <개정 2009.2.6., 2012.12.18., 2016.1.27.>

③ 추진위원회 위원장 또는 사업시행자는 제1항 및 제6항에 따라 공개 및 열람·복사 등을 하는 경우에는 주민등록번호를 제외하고 공개하여야 하며, 그 밖의 공개 절차 등 필요한 사항은 국토교통부령으로 정한다. <개정 2012.2.1., 2013.3.23.>

④시장·군수 또는 주택공사등이 아닌 사업시행자는 정비사업을 완료하거나 폐지한 때에는 시·도조례가 정하는 바에 따라 관계서류를 시장·군수에게 인계하여야 한다.

⑤시장·군수 또는 주택공사등인 사업시행자와 제4항의 규정에 의하여 관계서류를 인계받은 시장·군수는 당해 정비사업의 관계서류를 5년간 보관하여야 한다.

⑥ 제1항에 따른 서류 및 다음 각 호를 포함하여 정비사업 시행에 관한 서류와 관련 자료를 조합원, 토지등소유자가 열람·복사 요청을 한 경우 추진위원회 위원장이나 사업시행자는 15일 이내에 그 요청에 따라야 한다. 이 경우 복사에 필요한 비용은 실비의 범위에서 청구인이 부담한다. <신설 2012.2.1.>

1. 토지등소유자 명부
2. 조합원 명부
3. 그 밖에 대통령령으로 정하는 서류 및 관련 자료

⑦ 제6항에 따른 청구인은 제공받은 서류와 자료를 사용목적 외의 용도로 이용·활용하여서는 아니 된다. <신설 2012.2.1.>

제82조(도시·주거환경정비기금의 설치 등) ①제3조에 따라 기본계획을 수립하거나 승인하는 특별시장·광역시장·특별자치시장·도지사·특별자치도지사 또는 시장은 정비사업의 원활한 수행을 위하여 도시·주거환경정비기금(이하 "정비기금"이라 한다)을 설치하여야 한다. 다만, 기본계획을 수립하지 아니한 시장 및 군수의 경우에도 정비기금을 설치할 수 있다. <개정 2009.2.6., 2013.12.24., 2016.1.27.>

②정비기금은 다음 각 호의 어느 하나에 해당하는 금액을 재원으로 조성한다. <개정 2005.3.18., 2006.5.24., 2008.3.28., 2009.4.22., 2010.12.27., 2012.2.1., 2013.12.24., 2016.1.27.>

1. 「지방세법」 제112조(같은 조 제1항제1호는 제외한다)에 따라 부과·징수되는 재산세중 대통령령이 정하는 일정률 이상의 금액

2. 제62조의 규정에 의한 부담금 및 정비사업으로 발생한 「개발이익환수에 관한 법률」에 의한 개발부담금중 지방자치단체의 귀속분의 일부

2의2. 「재건축초과이익 환수에 관한 법률」에 의한 재건축부담금 중 동법 제4조제3항 및 제4항에 의한 지방자치단체 귀속분

3. 제66조의 규정에 의한 정비구역(주택재건축구역을 제외한다)안의 국·공유지 매각대금중 대통령령이 정하는 일정률 이상의 금액

4. 제30조의3제3항에 따라 시·도지사, 시장, 군수 또는 구청장에게 공급된 소형주택의 임대보증금 및 임대료

4의2. 제4조제10항에 따라 사업시행자가 현금으로 납부한 금액

5. 그 밖에 시·도조례가 정하는 재원

③정비기금은 다음 각 호의 어느 하나의 용도 이외의 목적으로 사용하여서는 아니 된다. <개정 2006.5.24., 2009.2.6., 2012.2.1.>

1. 이 법에 의한 정비사업으로서 다음 각 목의 어느 하나에 해당하는 사항
   가. 기본계획의 수립
   나. 안전진단 및 정비계획의 수립
   다. 추진위원회의 운영자금 대여
   라. 그 밖에 이 법과 시·도조례로 정하는 사항
2. 임대주택의 건설·관리
3. 임차인 주거안정 지원
4. 「재건축초과이익 환수에 관한 법률」에 의한 재건축부담금의 부과·징수
5. 주택개량 지원

④정비기금의 관리·운용과 개발부담금의 지방자치단체의 귀속분중 정비기금으로 적립되는 비율 등에 관하여 필요한 사항은 시·도조례로 정한다.

제82조의2(노후·불량주거지 개선계획의 수립) 국토교통부장관은 주택 또는 기반시설이 열악한 주거지의 주거환경개선을 위하여 5년마다 개선대상지역을 조사하고 연차별 재정지원계획 등을 포함한 노후·불량주거지 개선계획을 수립하여야 한다. <개정 2008.2.29., 2013.3.23.>
[본조신설 2005.3.18.]

제83조(권한의 위임 등) ①국토교통부장관은 이 법의 규정에 의한 권한의 일부를 대통령령이 정하는 바에 의하여 시·도지사, 시장, 군수 또는 구청장에게 위임할 수 있다. <개정 2008.2.29., 2010.4.15., 2013.3.23., 2013.12.24.>

② 국토교통부장관, 시·도지사, 시장, 군수 또는 구청장은 이

법의 효율적인 집행을 위하여 필요한 경우에는 대통령령으로 정하는 바에 따라 다음 각 호의 어느 하나에 해당하는 사무를 협회 등 대통령령으로 정하는 기관 또는 단체에 위탁할 수 있다. <신설 2010.4.15., 2013.3.23., 2013.12.24.>

1. 제74조의2에 따른 교육의 실시
2. 제74조의3에 따른 정비사업전문관리업 정보종합체계의 구축·운영
3. 그 밖에 대통령령으로 정하는 사무

[제목개정 2010.4.15.]

제8장 벌칙

제84조(벌칙적용에 있어서의 공무원 의제) 형법 제129조 내지 제132조의 적용에 있어서 추진위원회의 위원장·조합임원·청산인·전문조합관리인 및 정비사업전문관리업자의 대표자(법인인 경우에는 임원을 말한다)·직원 및 위탁관리자는 이를 공무원으로 본다. <개정 2009.2.6., 2010.4.15., 2016.1.27.>

제84조의2(벌칙) 다음 각 호의 어느 하나에 해당하는 자는 5년 이하의 징역 또는 5천만원 이하의 벌금에 처한다. <개정 2012.2.1.>

1. 제11조제5항 각 호의 어느 하나를 위반하여 금품이나 그 밖의 재산상 이익을 제공하거나 제공의사를 표시하거나 제공을 약속하는 행위를 하거나, 제공을 받거나 제공의사 표시를 승낙한 자
2. 제17조에 따른 토지등소유자의 서면동의서를 위조한 자
3. 제21조제4항 각 호의 어느 하나를 위반하여 금품이나 그 밖의 재산상의 이익을 제공하거나 제공의사를 표시하거나

제공을 약속하는 행위를 하거나, 제공을 받거나 제공의사
표시를 승낙한 자

[본조신설 2009.2.6.]

[종전 제84조의2는 제84조의3으로 이동 <2009.2.6.>]

제84조의3(벌칙) 다음 각호의 1에 해당하는 자는 3년 이하의
징역 또는 3천만원 이하의 벌금에 처한다. <개정 2005.3.18.,
2009.2.6., 2012.2.1., 2016.1.27.>

1. 제11조의 규정을 위반하여 시공자를 선정한 자 및 시공자
   로 선정된 자
2. 거짓 또는 부정한 방법으로 제19조제2항의 규정을 위반하
   여 조합원 자격을 취득한 자와 조합원 자격을 취득하게 하
   여준 토지등소유자 및 조합의 임직원(전문조합관리인을 포
   함한다)
3. 제19조제2항의 규정을 회피하여 분양주택을 이전 또는 공
   급받을 목적으로 건축물 또는 토지의 양도·양수사실을 은
   폐한 자
4. 제13조제2항에 따른 시장·군수의 추진위원회 승인을 받지
   아니하고 정비사업전문관리업자를 선정한 자
5. 제14조제2항에 따른 경쟁입찰의 방법에 의하지 아니하고
   정비사업전문관리업자를 선정한 추진위원장(전문조합관리인
   을 포함한다)
6. 제17조에 따른 토지등소유자의 서면동의서를 매도하거나
   매수한 자
7. 제48조제2항제7호다목 단서를 위반하여 주택을 전매하거
   나 이의 전매를 알선한 자

[본조신설 2003.12.31.]

[제84조의2에서 이동 <2009.2.6.>]

제85조(벌칙) 다음 각 호의 어느 하나에 해당하는 자는 2년 이

하의 징역 또는 2천만원 이하의 벌금에 처한다. <개정 2005.12.7.,
2009.2.6., 2015.9.1., 2016.1.27.>

1. 제5조제1항의 규정을 위반하여 허가 또는 변경허가를 받지
   아니하거나 거짓 그 밖에 부정한 방법으로 허가 또는 변경
   허가를 받아 행위를 한 자
2. 제12조제4항의 규정에 의한 안전진단결과보고서를 거짓으
   로 작성한 자
3. 제13조제2항 또는 제26조제3항을 위반하여 추진위원회 또
   는 주민대표회의의 승인을 얻지 아니하고 제14조제1항 각
   호의 업무를 수행하거나 주민대표회의를 구성·운영한 자
4. 제16조의 규정에 의하여 조합이 설립되었는데도 불구하고
   추진위원회를 계속 운영하는 자
5. 제24소의 규정에 의한 총회의 의결을 거치지 아니하고 동
   조제3항 각호의 사업을 임의로 추진하는 조합의 임원(전문
   조합관리인을 포함한다)
6. 제13조제2항 또는 제26조제3항에 따라 승인받은 추진위원
   회 또는 주민대표회의가 구성되어 있음에도 불구하고 임의
   로 추진위원회 또는 주민대표회의를 구성하여 이 법에 따른
   정비사업을 추진하는 자
7. 제28조의 규정에 의한 사업시행인가를 받지 아니하고 정비
   사업을 시행한 자와 동 사업시행계획서를 위반하여 건축물
   을 건축한 자
8. 제48조의 규정에 의한 관리처분계획의 인가를 받지 아니하
   고 제54조의 규정에 의한 이전을 한 자
9. 제69조제1항에 따른 등록을 하지 아니하고 이 법에 따른
   정비사업을 위탁받은 자
10. 사위 그 밖의 부정한 방법으로 등록을 한 정비사업전문관
    리업자

11. 제73조제1항 단서의 규정에 의하여 등록이 취소되었음에
    도 불구하고 영업을 하는 자
12. 제77조제1항의 규정에 따른 처분의 취소·변경 또는 정
    지, 그 공사의 중지 및 변경에 관한 명령을 받고도 이에 응
    하지 아니한 사업시행자 및 정비사업전문관리업자
13. 제81조제1항에 따른 서류 및 관련 자료를 거짓으로 공개
    한 추진위원회위원장 또는 조합임원(도시환경정비사업을 토
    지등소유자가 단독으로 시행하는 경우 그 대표자)
14. 제81조제6항에 따른 열람·등사 요청에 허위의 사실이
    포함된 자료를 열람·등사해 준 추진위원회위원장 또는 조
    합임원(도시환경정비사업을 토지등소유자가 단독으로 시행
    하는 경우 그 대표자)

제86조(벌칙) 다음 각 호의 어느 하나에 해당하는 자는 1년 이
하의 징역 또는 1천만원 이하의 벌금에 처한다. <개정
2007.12.21., 2009.2.6., 2012.2.1., 2015.9.1., 2016.1.27.>
1. 제15조제5항의 규정을 위반하여 추진위원회의 회계장부 및
   관계서류를 조합에 인계하지 아니하는 추진위원회 임원(전
   문조합관리인을 포함한다)
2. 제52조제1항의 규정에 의한 준공인가를 받지 아니하고 건
   축물 등을 사용한 자와 동조제5항의 규정에 의하여 시장·
   군수의 사용허가를 받지 아니하고 건축물을 사용하는 자
3. 다른 사람에게 자기의 성명 또는 상호를 사용하여 이 법이
   정한 업무를 수행하게 하거나 등록증을 대여한 정비사업전
   문관리업자
3의2. 제69조제1항 각 호에 따른 업무를 다른 용역업체 및
    그 직원에게 수행하도록 한 정비사업전문관리업자
4. 제76조의 규정에 의한 회계감사를 받지 아니한 자
5. 삭제 <2009.2.6.>

6. 제81조제1항을 위반하여 정비사업시행과 관련한 서류 및 자료를 인터넷과 그 밖의 방법을 병행하여 공개하지 아니하거나 제81조제6항을 위반하여 조합원 또는 토지등소유자의 열람·등사 요청에 응하지 아니하는 추진위원장, 조합임원 또는 전문조합관리인(도시환경정비사업을 토지등소유자가 단독으로 시행하는 경우 그 대표자와 청산인을, 제8조제4항에 따른 지정개발자가 사업시행자인 경우 그 대표자를 말한다)

7. 제81조제2항을 위반하여 속기록 등을 만들지 아니하거나 관련 자료를 청산 시까지 보관하지 아니한 추진위원장, 조합임원 또는 전문조합관리인(제8조제3항에 따라 도시환경정비사업을 토지등소유자가 시행하는 경우에는 그 대표자와 청산인을, 제8조제4항에 따른 지정개발자가 사업시행자인 경우 그 대표자를 말한다)

제87조(양벌규정) 법인의 대표자나 법인 또는 개인의 대리인, 사용인, 그 밖의 종업원이 그 법인 또는 개인의 업무에 관하여 제84조의2, 제85조, 제86조의 어느 하나에 해당하는 위반행위를 하면 그 행위자를 벌하는 외에 그 법인 또는 개인에게도 해당 조문의 벌금형을 과(科)한다. 다만, 법인 또는 개인이 그 위반행위를 방지하기 위하여 해당 업무에 관하여 상당한 주의와 감독을 게을리하지 아니한 경우에는 그러하지 아니하다.
[전문개정 2009.2.6.]

제88조(과태료) ①제77조제3항에 따라 점검반의 현장조사를 거부·기피 또는 방해한 자에게는 1천만원의 과태료를 부과한다.
<개정 2009.2.6.>
1. 삭제 <2009.2.6.>
2. 삭제 <2009.2.6.>
3. 삭제 <2009.2.6.>

② 다음 각 호의 어느 하나에 해당하는 자에게는 500만원 이하의 과태료를 부과한다. <개정 2009.2.6.>

1. 제49조제4항 또는 제54조제1항에 따른 통지를 태만히 한 자

2. 제74조제1항 및 제75조제2항에 따른 보고 또는 자료의 제출을 태만히 한 자

3. 제81조제4항에 따른 관계 서류의 인계를 태만히 한 자

③ 제1항 및 제2항에 따른 과태료는 대통령령으로 정하는 방법 및 절차에 따라 국토교통부장관, 시·도지사, 시장, 군수 또는 구청장이 부과·징수한다. <개정 2009.2.6., 2013.3.23., 2013.12.24.>

④ 삭제 <2009.2.6.>

⑤ 삭제 <2009.2.6.>

부칙
<제14113호, 2016.3.29.> (공항시설법)

제1조(시행일) 이 법은 공포 후 1년이 경과한 날부터 시행한다.
제2조부터 제16조까지 생략

제17조(다른 법률의 개정) ①부터 ⑨까지 생략

⑩ 도시 및 주거환경정비법 일부를 다음과 같이 개정한다.
제30조의3제4항제4호 중 "「항공법」 제82조에 따른 비행안전구역"을 "「공항시설법」 제34조에 따른 장애물 제한표면구역"으로 한다.

⑪부터 ㉖까지 생략

제18조 생략

◆ 편저 김 만 기 ◆
• 전(前) 서울지방법원민사과장
• 전(前) 고등법원종합민원실장

• 저서 : 재건축 재개발 처음부터 끝까지
        주택 임대차 해설과 분쟁해결하기(공저)
        상가건물 임대차 분쟁해결하기

최신 개정된 법률·규정에 의한

주택·아파트 재건축 한권으로 해결하세요	정가 28,000원

2017年 7月 25日 인쇄
2017年 7月 30日 발행
편 저 : 김 만 기
발행인 : 김 현 호
발행처 : 법문 북스
공급처 : 법률미디어

ⅠⅤⅡ-ⅠⅤⅠ
서울 구로구 경인로 54길4(구로동 636-62)
TEL : 2636-2911~2, FAX : 2636-3012
등록 : 1979년 8월 27일 제5-22호
Home : www.lawb.co.kr

▌ISBN 978-89-7535-608-7 (13360)
▌이 도서의 국립중앙도서관 출판예정도서목록(CIP)은 서지정보유통지원시스템 홈페이지
(http://seoji.nl.go.kr)와 국가자료공동목록시스템(http://www.nl.go.kr/kolisnet)에
서 이용하실 수 있습니다.(CIP제어번호: CIP2017018054)
▌파본은 교환해 드립니다.
▌본서의 무단 전재·복제행위는 저작권법에 의거, 3년 이하의
징역 또는 3,000만원 이하의 벌금에 처해집니다.

신간 · 개정판 안내(법문북스·법률미디어)

책 명	저 자	정 가
1. 현대 형벌법대전(전2권)	이 상 범	280,000
2. 범죄수사규칙	신 현 덕	160,000
3. 사이버 수사형벌총서	김 창 범 외	160,000
4. 쉬운 상업등기 실제	김 영 환	160,000
5. 법률학대사전	이 병 태	180,000
6. 법인 상업등기 실무사례총서	김 만 기	160,000
7. 수사해법과 형벌사례연구	이 창 현	140,000
8. 형벌법요설과 수사기술	김 정 수	68,000
9. 조세의 정의와 실무이론	생활법률연구원	70,000
10. 민사소송의 실제와 기술	대한법령편찬연구회	90,000
11. 형벌형법의 실제와 정해	이 상 범	140,000
12. 형벌형사특별법의 실제와 정해	이 상 범	140,000
13. 부동산제문제와 법률적 연구	대한부동산법률문제연구회	85,000
14. 민사소송실제와 법원유해(전2권)	김 만 길	340,000
15. 상거래시 수표.어음의 법률적 문제와 이해	김 창 범	65,000
16. 민사소송실제와 법원유해(전2권)	김 만 길	340,000
17. 채권 총론·각론의 조문분석과 법리	이 기 옥	85,000
18. 형사특별법 형벌문제분석과 조사기법	김 정 수	130,000
19. 형법 형사문제문제분석과 조사기법	김 정 수	130,000
20. 형벌의 이해와 실제연구	김 창 범	80,000
21. 법률학지식입문대사전	이 상 범 외	160,000
22. 실용법인등기요설	김 만 길	160,000
23. 토지건물소송과 법원처리절차	김 용 한	160,000
24. 물권법.민법총칙의 이해와 분석	이 기 옥	85,000
25. 친족상속의 이해와 분석	이 기 옥	85,000
26. 정석상업등기실무해설 (전2권)	정 재 영 외	340,000
27. 정석부동산등기실무해결 (전2권)	김 만 길 외	340,000
28. 가사(가족관계)소송과 실무정해	박 근 영 외	160,000
29. 민법주석대전(전3권)	경 수 근 외	450,000
30. 민사소송집행실무이론절차(전4권)	김 만 길 외	600,000
31. 법률종합서식	오 시 영 외	150,000
32. 최신계약실무이론총서(전2권)	박 종 훈 외	320,000
33. 민사집행.경매 실무이론	이 재 천	140,000
34. 채무자 회생 파산 분석 요해	이 상 범	160,000
35. 가압류가처분경매총서	김 만 길 외	320,000
36. 실용법인등기요설	김 만 길 외	180,000
37. 법률법원규정특별연구(전2권)	이 상 범	320,000

법률서적 명리학서적 외국어서적 서예·한방서적 등

최고의 인터넷 서점으로
각종 명품서적만 제공합니다

각종 명품서적과 신간서적도 보시고
정보도 얻으시고
홈페이지 이벤트를 통해서
상품도 받아갈 수 있는

핵심법률서적 종합 사이트
www.lawb.co.kr

(모든 신간서적 특별공급)

대표전화 (02) 2636 - 2911